EinFach Deutsch
Unterrichtsmodell

Naturlyrik

Von
Gerhard Friedl

Herausgegeben von
Johannes Diekhans

Fortsetzung Baustein 2			
2.5	Zwei Lieder eines Einsiedlers	H. J. C. v. Grimmelshausen: Lied des Einsiedlers (aus dem Roman *Der abenteuerliche Simplicissimus Deutsch*) J. v. Eichendorff: Der Einsiedler	Arbeitsblatt 21 Unterrichtsgespräch Gruppenarbeit Mal- und Zeichenauftrag

Baustein 3: Wolken, Gestirne und Zeiten (S. 91–121 im Modell)

3.1	Nebel und Wolken	H. Hesse: Im Nebel C. Morgenstern: An die Wolken	Arbeitsblätter 22, 23 Einzel- und Gruppenarbeit Unterrichtsgespräch Schreibauftrag
3.2	Sonne, Mond und Sterne	I. Bachmann: An die Sonne dazu P. v. Matt: Die unersättlichen Augen (Frankfurter Anthologie) und weitere Gedichte J. V. Eichendorff: Mondnacht G. Kunert: Mondnacht G. Keller: Nacht VI	Arbeitsblätter 24–27 Zusatzmaterial 6 Einzel- und Partnerarbeit Unterrichtsgespräch Tafelbilder Schreibauftrag
3.3	Tageszeiten	U. Schacht: Ferner Morgen G. Keller: Nacht VI	Arbeitsblatt 28 Einzelarbeit, Unterrichtsgespräche Schreibauftrag
3.4	Jahreszeiten	J. W. v. Goethe: Frühzeitiger Frühling; Herbstgefühl M. Keléko: Betrifft: Erster Schnee A. v. Droste-Hülshoff: Sommer; Herbst S. Kirsch: Im Sommer R. M. Rilke: Herbsttag	Arbeitsblätter 29–31 Einzel- und Gruppenarbeit Unterrichtsgespräche Tafelbilder

Baustein 4: Belebte Natur und Landschaften (S. 122–148 im Modell)

4.1	Blumen und Gärten	G. Keller: In eines Armen Gärtchen R. Ausländer: Rose und Schmetterling S. Kirsch: Selektion H. M. Enzensberger: Fremder Garten	Arbeitsblätter 32–34 Projekt Unterrichtsgespräch
4.2	Bäume und Wald	F. Hölderlin: Die Eichbäume L. Uhland: Einkehr J. v. Eichendorff: Abschied J. R. Becher: Dem Schwarzwald zu	Arbeitsblätter 32, 35, 36 Projekt Unterrichtsgespräch
4.3	Tiere	J. W. Goethe: Adler und Taube R. M. Rilke: Der Panther C. Baudelaire: Der Albatros	Arbeitsblätter 32, 37, 38 Projekt Unterrichtsgespräch
4.4	Landschaften der Natur und des Gemüts	A. Goes: Landschaft der Seele H. Opitz: Schlechte Laune vor reizvoller Landschaft	Arbeitsblatt 39 Einzelarbeit, Tafelbilder Schreibauftrag

Naturlyrik

Baustein 1: Gestaltende und analytische Zugänge (S. 20–60 im Modell)

1.1	Vom Beobachten zum lyrischen Schreiben	J. v. Eichendorff: Schneeglöckchen H. Heine: Die blauen Frühlingsaugen W. Borchert: Muscheln, Muscheln P. Huchel: Wilde Kastanie	Arbeitsblätter 1, 2 Schreibaufträge Einzel- und Partnerarbeit Unterrichtsgespräche, Tafelbild Mal-, Zeichen- und Bastelauftrag
1.2	Inhaltliche, sprachliche und formale Analyse	F. Schiller: Meine Blumen F. Hölderlin: An die Natur	Arbeitsblätter 3, 4; Zusatzmaterial 1–3 Einzel-, Partner- und Gruppenarbeit Arbeitsfrage, Unterrichtsgespräch Schreibauftrag
1.3	Unterschiedliche Wirkungen von Natureindrücken	A. v. Haller: Morgengedanken M. L. Kaschnitz: Juni J. Bobrowski: Immer zu benennen	Arbeitsblätter 5, 6 Einzel- und Partnerarbeit Unterrichtsgespräch
1.4	Naturwahrnehmungen als Erkenntnis- und Erinnerungsimpulse	P. Gerhardt: Nun ruhen alle Wälder Michael Donhauser: Der Abend P. Celan: Espenbaum	Arbeitsblätter 7–9 Einzel-, Partner- und Gruppenarbeit Unterrichtsgespräche, Tafelbild Schreib- und Bastelauftrag
1.5	Natur und Poesie in zwei Gedichten Goethes	An den Mond Zueignung (Ausschnitte)	Arbeitsblätter 10, 11 Einzel- und Partnerarbeit Unterrichtsgespräch
1.6	Interpretationshypothesen	J. Wagner: Chamäleon dazu Uwe Wittstock: Zwischen Himmel und Boden (Frankfurter Anthologie)	Arbeitsblätter 12, 13 Einzel- und Gruppenarbeit Unterrichtsgespräch
1.7	Semantische Felder	M. Hermann-Neiße: Notturno	Arbeitsblatt 14 Einzel- und Partnerarbeit Schreibauftrag

Baustein 2: Empfindungen und Reflexionen (S. 61–90 im Modell)

2.1	Liebe	H. Heine: Berg' und Burgen schaun herunter; Es stehen unbeweglich; Die Lotusblume ängstigt; Ein Fichtenbaum steht einsam; Es fällt ein Stern herunter; Unterm weißen Baume sitzend	Arbeitsblatt 15 Gruppenarbeit Mal- und Zeichenauftrag Unterrichtsgespräch
2.2	Vergänglichkeit und neues Leben	R. M. Rilke: Blaue Hortensie B. Jentsch: Sommer	Arbeitsblatt 16 Unterrichtsgespräch, Partnerarbeit Tafelbild
2.3	Religion	F. G. Klopstock: Die Frühlingsfeier (zweiter Teil) 18. Psalm (Ausschnitt); Goethe: Die Leiden des jungen Werthers (Ausschnitt) P. Celan: Psalm; Ausschnitte aus der Büchner-Preis-Rede 1960	Arbeitsblätter 17, 18 Unterrichtsgespräch Einzel- und Partnerarbeit Tafelbilder
2.4	Existenzielle Fragen	H. Heine: Fragen C. F. Meyer: Möwenflug Y. Goll: Die Frager vor dem Ozean	Arbeitsblätter 19, 20 Zusatzmaterial 5 Einzel- und Partnerarbeit Unterrichtsgespräche Schreibauftrag Tafelbild

Bildnachweis:

S. 13: aus: Claudio Hils: Abseits. Hrsg. von der LEADER-Aktionsgruppe Oberschwaben in Sigmaringen, Tübingen, Klöpfer & Meyer 2012, S. 70 – S. 47, 188: © INTERFOTO/Sammlung Rauch – S. 51: © picture-alliance/Quagga Illustrations – S. 52 li., 82, 87, 89, 90, 113 li., 116, 117, 120, 142, 143, 144, 184, 186, 187, 192, 215, 218 o.: © akg-images; S. 52 re.: © ullstein bild - Heinz Köster – S. 53, 145, 163, 189: © picture-alliance/akg-images – S. 54: © picture-alliance/APA/picturedesk.com – S. 55: © picture-alliance – S. 56:picture-alliance/akg-images – S. 58: Wildlife Bildagentur GmbH/Ingo Arndt – S. 60: © Estate of George Grosz, Princeton, N.J./VG Bild-Kunst, Bonn 2013/Foto: akg-images – S. 83: © motorlka - Fotolia.com; © picture-alliance/dpa; © bpk – S. 85: © picture-alliance/akg-images/Heiner Heine – S. 88: © ullstein bild - Roger Viollet/Henri Martinie – S. 113 re.: ullstein bild – S. 114: ullstein bild/Buhs-Remmler – S. 118:ullstein bild - B. Friedrich – S. 119, 161, 221: © ullstein bild – S. 120 re.: picture-alliance/dpa/dpaweb – S. 147:© picture-alliance/Mary Evans Picture Library – S. 148: © INTERFOTO/ATV; Foto: Roland Brinkmann – S. 162, 219: picture-alliance / dpa – S. 164: © Peter Peitsch/peitschphoto.com – S. Picture-Alliance GmbH/ZB/Soeren Stache – S. 166: © ullstein bild-Teutopress – S. 168, 181 u.: © photothailand/Fotolia.com – S. 181 o.: © akg-images/Nimatallah – S. 185: Wikimedia commons – S. 217: © picture-alliance/dpa – S. 218 u.: INTERFOTO/D.H. Teuffen – S. 242: © Les and Dave Jacobs/Cultura/Avenue Image – s. 244: © Deutsches Literaturarchiv – S. 245: REWE AG

Zu diesem Heft gibt es eine Hör-CD: EinFach ZuHören. Naturlyrik. Best.-Nr. 062642-2. Sie enthält zahlreiche der in diesem Heft abgedruckten Texte. Diese sind im Inhaltsverzeichnis mit 🎧 gekennzeichnet.

© 2014 Bildungshaus Schulbuchverlage
Westermann Schroedel Diesterweg Schöningh Winklers GmbH
Braunschweig, Paderborn, Darmstadt

www.schoeningh-schulbuch.de
Schöningh Verlag, Jühenplatz 1–3, 33098 Paderborn

Das Werk und seine Teile sind urheberrechtlich geschützt.
Jede Nutzung in anderen als den gesetzlich zugelassenen Fällen bedarf der vorherigen schriftlichen Einwilligung des Verlages.
Hinweis zu § 52a UrhG: Weder das Werk noch seine Teile dürfen ohne eine solche Einwilligung gescannt und in ein Netzwerk gestellt werden.
Das gilt auch für Intranets von Schulen und sonstigen Bildungseinrichtungen.

Auf verschiedenen Seiten dieses Buches befinden sich Verweise (Links) auf Internetadressen. Haftungshinweis: Trotz sorgfältiger inhaltlicher Kontrolle wird die Haftung für die Inhalte der externen Seiten ausgeschlossen. Für den Inhalt dieser externen Seiten sind ausschließlich deren Betreiber verantwortlich. Sollten Sie dabei auf kostenpflichtige, illegale oder anstößige Inhalte treffen, so bedauern wir dies ausdrücklich und bitten Sie, uns umgehend per E-Mail davon in Kenntnis zu setzen, damit beim Nachdruck der Verweis gelöscht wird.

Druck 5 4 3 2 / Jahr 2017 16 15 14
Die letzte Zahl bezeichnet das Jahr dieses Druckes.

Umschlaggestaltung: Jennifer Kirchhof
Druck und Bindung: westermann druck GmbH, Braunschweig

ISBN 978-3-14-022550-2

Baustein 5: Verlorene, bedrohte und zerstörte Natur (S. 149–166 im Modell)

5.1	Verlorene Natur	C. F. D. Schubart: Die Aussicht B. Brecht: Über das Frühjahr	Arbeitsblatt 40 Partnerarbeit Tafelbild
5.2	Bedrohte Natur	J. Kerner: Im Grase C. F. Meyer: Der verwundete Baum L. Fels: Natur	Arbeitsblätter 41, 42 Einzel- und Partnerarbeit Unterrichtsgespräche Schreibaufträge Arbeitsfrage
5.3	Zerstörte Natur	V. Braun: Durchgearbeitete Landschaft M. Schreiber: Landschaft bei Dormagen	Arbeitsblätter 43, 44 Zusatzmaterial 7 Unterrichtsgespräche Einzel- und Partnerarbeit Tafelbilder Schreibauftrag

Baustein 6: Naturlyrik von der Antike bis zur Romantik (S. 167–192 im Modell)

6.1	Antike und Altes Testament	In der Art Anakreons: An die Zikade; Auf Dionysos Psalm 104 (erster Teil)	Arbeitsblätter 45, 46 Einzel- und Partnerarbeit Arbeitsfrage Unterrichtsgespräch, Tafelbilder
6.2	Mittelalter	W. v. d. Vogelweide: Muget ir schouwen literaturgeschichtliche Informationen	Arbeitsblatt 47 Einzelarbeit, Unterrichtsgespräch Tafelbild
6.3	Barock	A. Gryphius: Einsamkeit Gemälde und literaturgeschichtliche Erläuterungen	Arbeitsblatt 48 Unterrichtsgespräche Mal- und Zeichenauftrag Partnerarbeit, Tafelbilder
6.4	Aufklärung, Rokoko, Sturm und Drang, Klassik	A. v. Haller: Morgengedanken F. v. Hagedorn: Der Morgen F. Schiller: Morgenfantasie J. W. v. Goethe: Zueignung; Parabase F. Hölderlin: Der Neckar literaturgeschichtliche Epochenskizzen	Arbeitsblätter 5, 11, 49–51 Einzel-, Partner und Gruppenarbeit Tafelbilder Unterrichtsgespräch
6.5	Romantik	C. Brentano: Hörst du wie die Brunnen rauschen literaturgeschichtliche Epochenskizze	Arbeitsblatt 52 Unterrichtsgespräch, Einzelarbeit Tafelbild

Baustein 7: Naturlyrik in der Moderne (S. 193–221 im Modell)

7.1	Realismus und Naturalismus	G. Keller: Aus dem Leben. I A. Holz: Mählich durchbrechende Sonne literaturgeschichtliche Epochenskizze	Arbeitsblätter 53, 54 Partnerarbeit, Unterrichtsgespräche Tafelbilder
7.2	Impressionismus und Expressionismus	E. Stadler: Die Rosen im Garten R. M. Rilke: Wilder Rosenbusch	Arbeitsblatt 55 Einzel- und Partnerarbeit Unterrichtsgespräch
7.3	Nationalsozialismus und Zweiter Weltkrieg	B. Brecht: Frühling 1938 H. Lenz: Russischer Herbst N. Sachs: Ihr Zuschauenden E. Langgässer: Frühling 1946	Arbeitsblätter 56 Einzel- und Gruppenarbeit Unterrichtsgespräch Tafelbilder Arbeitsfragen

Fortsetzung Baustein 7

7.4	Von der Nachkriegszeit bis in die Gegenwart	H. M. Enzensberger: das ende der eulen M. Buselmeier: Gedenken an E.	Arbeitsblatt 57 Einzel- oder Gruppenarbeit Unterrichtsgespräch Tafelbild
7.5	Poetologische Naturgedichte	B. Brecht: Schlechte Zeit für Lyrik E. Fried: Neue Naturdichtung R. Ausländer: Die Bäume	Arbeitsblätter 58, 59 Partnerarbeit, Unterrichtsgespräch Tafelbild

Baustein 8: Der Interpretationsaufsatz (S. 222–234 im Modell)

8.1	Inhalt – Aufbau – Teilübungen		Arbeitsblatt 60 Zusatzmaterial 1 Einzelarbeit, Unterrichtsgespräch Schreibaufträge
8.2	Schriftliche Gedichtinterpretation	Goethe: An den Mond Beispielaufsatz	Arbeitsblätter 4, 10, 61 Einzel- und Partnerarbeit Unterrichtsgespräch
8.3	Gedichtvergleich	J. v. Eichendorff: Stimmen der Nacht 1. I. Bachmann: Entfremdung Beispielaufsatz	Arbeitsblätter 62, 63 Unterrichtsgespräch, Tafelbild Einzel- und Partnerarbeit
8.4	Überarbeitung und Besprechung von Schüleraufsätzen		Zusatzmaterial 9 Gruppenarbeit

Vorwort

Der vorliegende Band ist Teil einer Reihe, die Lehrerinnen und Lehrern erprobte und an den Bedürfnissen der Schulpraxis orientierte Unterrichtsmodelle zu ausgewählten Ganzschriften und weiteren relevanten Themen des Faches Deutsch bietet.
Im Mittelpunkt der Modelle stehen Bausteine, die jeweils thematische Schwerpunkte mit entsprechenden Untergliederungen beinhalten.
In übersichtlich gestalteter Form erhält der Benutzer/die Benutzerin zunächst einen Überblick zu den im Modell ausführlich behandelten Bausteinen.

Es folgen:

- Vorüberlegungen zur Behandlung der Gedichte im Unterricht
- Hinweise zur Konzeption des Modells
- Ausführliche Darstellung der einzelnen Bausteine
- Zusatzmaterialien

Ein besonderes Merkmal der Unterrichtsmodelle ist die Praxisorientierung. Enthalten sind kopierfähige Arbeitsblätter, Vorschläge für Klassen- und Kursarbeiten, Tafelbilder, konkrete Arbeitsaufträge, Projektvorschläge. Handlungsorientierte Methoden sind in gleicher Weise berücksichtigt wie eher traditionelle Verfahren der Texterschließung und -bearbeitung.
Das Bausteinprinzip ermöglicht es dabei den Benutzern, Unterrichtsreihen in unterschiedlicher Weise und mit unterschiedlichen thematischen Akzentuierungen zu konzipieren. Auf diese Weise erleichtern die Modelle die Unterrichtsvorbereitung und tragen zu einer Entlastung der Benutzer bei.

 Arbeitsfrage

 Einzelarbeit

 Partnerarbeit

 Gruppenarbeit

 Unterrichtsgespräch

 Schreibauftrag

 szenisches Spiel, Rollenspiel

 Mal- und Zeichenauftrag

 Bastelauftrag

 Projekt, offene Aufgabe

Inhaltsverzeichnis

1. **Vorüberlegungen zur Behandlung der Gedichte im Unterricht** 14

2. **Konzeption des Unterrichtsmodells** 17

3. **Die thematischen Bausteine des Unterrichtsmodells** 20

   Baustein 1: Gestaltende und analytische Zugänge 20
   - 1.1 Vom Beobachten zum lyrischen Schreiben 20
   - 1.2 Inhaltliche, sprachliche und formale Analyse 23
   - 1.3 Unterschiedliche Wirkungen von Natureindrücken 27
   - 1.4 Naturwahrnehmungen als Erkenntnis- und Erinnerungsimpulse 32
   - 1.5 Natur und Poesie in zwei Gedichten Goethes (An den Mond; Zueignung) 36
   - 1.6 Interpretationshypothesen 40
   - 1.7 Semantische Felder 41

   - Arbeitsblatt 1: Von der Naturbeobachtung zum Gedicht 45
   - Arbeitsblatt 2: Lyrische Zuschreibungen in Gedichten über Blumen, Kastanien, die Nachtigall und Muscheln (◎ J. v. Eichendorff: Schneeglöckchen; ◎ H. Heine: Die blauen Frühlingsaugen; ◎ W. Borchert: Muscheln, Muscheln; ◎ P. Huchel: Wilde Kastanie) 46
   - Arbeitsblatt 3: Friedrich Schiller: Meine Blumen 47
   - Arbeitsblatt 4: Friedrich Hölderlin: An die Natur 49
   - Arbeitsblatt 5: Lyrische Reaktionen auf Natureindrücke (I) (A. v. Haller: Morgengedanken) 51
   - Arbeitsblatt 6: Lyrische Reaktionen auf Natureindrücke (II) (◎ M. L. Kaschnitz: Juni; ◎ J. Bobrowski: Immer zu benennen) 52
   - Arbeitsblatt 7: Paul Gerhardt: Abendlied 53
   - Arbeitsblatt 8: Michael Donhauser: Der Abend 54
   - Arbeitsblatt 9: Paul Celan: Espenbaum 55
   - Arbeitsblatt 10: Johann Wolfgang von Goethe: An den Mond 56
   - Arbeitsblatt 11: Die *Zueignung* am Anfang von Goethes Gedichtsammlung und Werkausgaben 57
   - Arbeitsblatt 12: Interpretationshypothesen zu dem Gedicht ◎ *chamäleon* von Jan Wagner 58
   - Arbeitsblatt 13: Uwe Wittstock: Zwischen Himmel und Boden (zu Jan Wagners Gedicht *chamäleon*) 59
   - Arbeitsblatt 14: Semantische Felder in Max Herrmann-Neißes Gedicht ◎ *Notturno* 60

   Baustein 2: Empfindungen und Reflexionen 61
   - 2.1 Liebe 61
   - 2.2 Vergänglichkeit und neues Leben 65
   - 2.3 Religion 67
   - 2.4 Existenzielle Fragen 73
   - 2.5 Zwei Lieder eines Einsiedlers 78

   - Arbeitsblatt 15: Fassetten der Liebe in Naturgedichten von Heinrich Heine (Berg' und Burgen schaun herunter; Es stehen unbeweglich; Die Lotosblume ängstigt; Ein Fichtenbaum steht einsam; Es fällt ein Stern herunter; Unterm weißen Baume sitzend) 81

Arbeitsblatt 16: Vergleich der beiden Gedichte *Blaue Hortensie* von Rainer Maria Rilke und ⓐ *Sommer* von Bernd Jentzsch   83
Arbeitsblatt 17: ⓐ Friedrich Gottlieb Klopstock: Die Frühlingsfeier (zweiter Teil)   84
Arbeitsblatt 18: ⓐ Paul Celan: Psalm   86
Arbeitsblatt 19: Existenzielle Fragen in zwei Gedichten von Heinrich Heine und Conrad Ferdinand Meyer (Fragen; ⓐ *Möwenflug*)   87
Arbeitsblatt 20: Yvan Goll: Die Frager vor dem Ozean   88
Arbeitsblatt 21: Zwei Lieder eines Einsiedlers (Gedichte von Grimmelshausen und ⓐ Eichendorff)   89

Baustein 3: Wolken, Gestirne und Zeiten   91
3.1   Nebel und Wolken   91
3.2   Sonne, Mond und Sterne   93
3.3   Tageszeiten   101
3.4   Jahreszeiten   103
Arbeitsblatt 22: Nebel und Wolken: Rekonstruktion zweier Gedichte (ⓐ H. Hesse: Im Nebel; ⓐ C. Morgenstern: An die Wolken)   112
Arbeitsblatt 23: Nebel und Wolken: Originalversionen der rekonstruierten Gedichte   113
Arbeitsblatt 24: ⓐ Ingeborg Bachmann: An die Sonne   114
Arbeitsblatt 25: Interpretationsansätze zu Bachmanns Sonnengedicht und Anspielungen auf andere lyrische Texte   115
Arbeitsblatt 26: Zwei Mondnachtgedichte (J. v. Eichendorff: Mondnacht; ⓐ G. Kunert: Mondnacht)   116
Arbeitsblatt 27: „Sternenzeit" (ⓐ G. Keller: Nacht)   117
Arbeitsblatt 28: Ulrich Schacht: Ferner Morgen und die Nacht davor   118
Arbeitsblatt 29: Ein Frühlings- und ein Wintergedicht (ⓐ J. W. Goethe: Frühzeitiger Frühling; M. Kaléko: Betrifft: Erster Schnee)   119
Arbeitsblatt 30: Zwei Sommergedichte (A. v. Droste-Hülshoff: Sommer; ⓐ S. Kirsch: Im Sommer)   120
Arbeitsblatt 31: Drei Herbstgedichte (J. W. v. Goethe: Herbstgefühl; A. v. Droste-Hülshoff: Herbst; ⓐ R. M. Rilke: Herbsttag)   121

Baustein 4: Belebte Natur und Landschaften   122
4.1   Blumen und Gärten   122
4.2   Bäume und Wald   128
4.3   Tiere   133
4.4   Landschaften der Natur und des Gemüts   138
Arbeitsblatt 32: Ein Brief zur eigenständigen Interpretation von Naturgedichten   141
Arbeitsblatt 33: Rose und Schmetterling (G. Keller: In eines Armen Gärtchen; R. Ausländer: Rose und Schmetterling)   142
Arbeitsblatt 34: Gärten (S. Kirsch: Selektion; H. M. Enzensberger: Fremder Garten)   143
Arbeitsblatt 35: Bäume (F. Hölderlin: Die Eichbäume; L. Uhland: Einkehr)   144
Arbeitsblatt 36: Wald (J. v. Eichendorff: Abschied; J. R. Becher: Dem Schwarzwald zu)   145
Arbeitsblatt 37: J. W. Goethe: Adler und Taube   146
Arbeitsblatt 38: Zwei Tiergedichte (R. M. Rilke: Der Panther; C. Baudelaire: Der Albatros)   147
Arbeitsblatt 39: Zwei Landschaftsgedichte (ⓐ A. Goes: Landschaft der Seele; H. Opitz: Schlechte Laune vor reizvoller Landschaft)   148

Baustein 5: Verlorene, bedrohte und zerstörte Natur 149
5.1   Verlorene Natur   149
5.2   Bedrohte Natur   151
5.3   Zerstörte Natur   156
Arbeitsblatt 40:   Naturverlust (C. F. D. Schubart: Die Aussicht;
                   B. Brecht: Über das Frühjahr)   161
Arbeitsblatt 41:   J. Kerner: Im Grase   163
Arbeitsblatt 42:   Verletzte Natur (C. F. Meyer: Der verwundete Baum;
                   L. Fels: Natur)   164
Arbeitsblatt 43:   Volker Braun: Durchgearbeitete Landschaft   165
Arbeitsblatt 44:   Mathias Schreiber: Landschaft bei Dormagen   166

Baustein 6: Naturlyrik von der Antike bis zur Romantik   167
6.1   Antike und Altes Testament   167
6.2   Mittelalter   170
6.3   Barock   172
6.4   Aufklärung, Rokoko, Sturm und Drang, Klassik   174
6.5   Romantik   179
Arbeitsblatt 45:   Zwei anakreontische Lieder (Auf Dionysos; An die Zikade)   181
Arbeitsblatt 46:   Psalm 104, Verse 1–24   182
Arbeitsblatt 47:   Walther von der Vogelweide: Muget ir schouwen (Mittelhoch-
                   deutsch und Übersetzung)   183
Arbeitsblatt 48:   Naturmotive im Barock (A. Gryphius: Einsamkeit)   185
Arbeitsblatt 49:   Morgengedichte der Aufklärung, des Rokoko, des Sturm und Drang
                   und der Klassik (A. v. Haller: Morgengedanken; F. v. Hagedorn: Der
                   Morgen; F. Schiller: Morgenfantasie; J. W. v. Goethe: Zueig-
                   nung)   187
Arbeitsblatt 50:   Skizzen literaturgeschichtlicher Epochen im 18. Jahrhundert
                   (Aufklärung, Rokoko, Sturm und Drang, Klassik)   189
Arbeitsblatt 51:   Die Grundlagen der Klassik am Beispiel von zwei Naturgedichten
                   (J. W. Goethe: Parabase; F. Hölderlin: Der Neckar)   191
Arbeitsblatt 52:   Ein romantisches Gedicht von Clemens Brentano: Hörst du wie
                   die Brunnen rauschen   192

Baustein 7: Naturlyrik in der Moderne   193
7.1   Realismus und Naturalismus   193
7.2   Impressionismus und Expressionismus   196
7.3   Nationalsozialismus und Zweiter Weltkrieg   198
7.4   Von der Nachkriegszeit bis in die Gegenwart   205
7.5   Poetologische Naturgedichte   209
Arbeitsblatt 53:   Ein Gedicht von Gottfried Keller aus der Epoche des Realismus
                   (Aus dem Leben. I)   214
Arbeitsblatt 54:   Naturalismus: Ein Gedicht von Arno Holz (Mählich durchbrechende
                   Sonne)   215
Arbeitsblatt 55:   Impressionismus und Expressionismus: Zwei Rosengedichte
                   (R. M. Rilke: Wilder Rosenbusch; E. Stadler: Die Rosen
                   im Garten)   216
Arbeitsblatt 56:   Naturgedichte über die Zeit des Nationalsozialismus und des Zwei-
                   ten Weltkriegs (B. Brecht: Frühling 1938; H. Lenz: Russischer Herbst,
                   N. Sachs: Ihr Zuschauenden; E. Langgässer: Frühling 1946)   217

Arbeitsblatt 57: Nachkriegszeit und Gegenwart (H. M. Enzensberger: das ende der eulen; M. Buselmeier: Gedenken an E.) 219
Arbeitsblatt 58: Bertolt Brecht: Schlechte Zeit für Lyrik 220
Arbeitsblatt 59: Zwei poetologische Naturgedichte über Bäume (E. Fried: Neue Naturdichtung; R. Ausländer: Die Bäume) 221

Baustein 8: Der Interpretationsaufsatz 222
8.1 Inhalt – Aufbau – Teilübungen 222
8.2 Schriftliche Gedichtinterpretation 224
8.3 Gedichtvergleich 225
8.4 Überarbeitung und Besprechung von Schüleraufsätzen 226
Arbeitsblatt 60: Hinweise zum Verfassen eines Interpretationsaufsatzes 228
Arbeitsblatt 61: Beispielaufsatz zu Goethes Gedicht *An den Mond* 229
Arbeitsblatt 62: Interpretation und Vergleich zweier Gedichte (J. v. Eichendorff: Stimmen der Nacht, 1.; I. Bachmann: Entfremdung) 231
Arbeitsblatt 63: Beispielaufsatz eines Gedichtvergleichs 232

4. Zusatzmaterialien 235

Z1 Gesichtspunkte für die Interpretation von Lyrik 235
Z2 Lyrische Formen mit Übungen 236
Z3 Rhetorische Figuren 238
Z4 Handlungs- und produktionsorientierte Formen des Lyrikunterrichts 241
Z5 Am Meer 242
Z6 Hymnen auf die Schöpfung, und die Sonne und die Augen 243
Z7 Bildvergleich 245
Z8 Kompetenzentwicklung durch den Interpretationsaufsatz 246
Z9 Bewertungsbogen *Lyrikinterpretation* 247

5. Register 248

6. Literaturhinweise 251

Naturlyrik

Ich beharre auf der Vorstellung, es gibt etwas in uns, das langsamer funktioniert als die Gesellschaft, in der wir leben.

Peter Turrini

Claudio Hils: Abseits. Vorwort von Winfried Kretschmann. Textbeiträge von Peter Renz, Walle Sayer, Manfred Schmalriede. Hrsg. von der LEADER-Aktionsgruppe Oberschwaben in Sigmaringen. Tübingen: Klöpfer & Meyer 2012, S. 70 Bild, 97 Zitat.

Vorüberlegungen zur Behandlung der Gedichte im Unterricht

Die Vorstellung Peter Turrinis auf der vorausgehenden Seite, es gebe „etwas in uns, das langsamer funktioniert als die Gesellschaft, in der wir leben", scheint sich auf dem Bild zu bestätigen: Menschen aus unterschiedlichen Generationen kommen in der Natur zur Ruhe und blicken entspannt und fasziniert zugleich ins Wasser, als ob ihnen daraus neue Lebenskraft zuströme. Die Szene vermittelt den Eindruck, dass Menschen solche Orte suchen oder von ihnen angezogen werden. In einer künstlich-technischen Welt begegnen sie dem natürlich-kreatürlichen Sein. Die Natur ist aber nicht nur ein Raum der Muße, sondern auch des Staunens und Nachdenkens sowie ein Spiegel von Gefühlen und Stimmungen. Sie „kann aufgefasst werden als die Gesamtheit dessen, was nicht vom Menschen geschaffen wurde, sondern unabhängig von ihm in der Welt existiert. Ihr steht die Sphäre der Kultur gegenüber, die alles einschließt, was sein Dasein dem von Absichten und Zwecken geleiteten menschlichen Handeln verdankt". (Kittstein[1], S. 9) Der Mensch steht zwischen beiden Bereichen: Einerseits ist er „Schöpfer der Kultur" und „*Objekt* kultureller Prägungen", andererseits durch „seine Leiblichkeit und seine Triebstruktur auch ein Teil der Natur" (ebd.). „Triebe und Affekte, Gefühle und Leidenschaften unterliegen freilich […] in so hohem Maße kulturellen Einflüssen, dass die klare Abgrenzung einer ‚inneren Natur' des Menschen äußerst fragwürdig erscheint." (Ebd.) Die Gegenüberstellung von Natur und Kultur wirft auch dadurch Probleme auf, dass diese aus jener hervorgeht: „Kultur ist letztlich nichts anderes als ein Bezirk geformter und bearbeiteter Natur." (Ebd.) Und schließlich kann Natur nur „aus dem Blickwinkel eines menschlichen Subjekts" erfasst werden, den das „kulturelle[ ] Umfeld beeinflusst" – „so, wie der Mensch sie zu sehen vermag, stellt Natur immer ein kulturelles Konstrukt dar" (ebd., S. 9f.).

„In historischer und systematischer Perspektive können sehr verschiedenartige Typen der Beziehung des Menschen zur Natur […] rekonstruiert werden – animistische, mythische, religiöse, philosophische, ästhetische, wissenschaftliche und technische Einstellungen" (ebd., S. 10). „Ältere Naturkonzepte werden keineswegs einfach durch jüngere abgelöst, um spurlos zu verschwinden, sondern existieren in modifizierter Gestalt weiter" (ebd.). „Dass sich der Mensch als betrachtendes, reflektierendes und forschendes Ich-Subjekt der Natur gegenüberstellt, ist keine genuine Errungenschaft der Neuzeit" (ebd., S. 11). „In der Antike wie im Mittelalter erblickten die meisten Philosophen ihr Ideal in einer kontemplativen Naturbetrachtung im Sinne der ‚Theoria', der geistigen Schau von Wahrheit und Erkenntnis als Selbstzweck." (Ebd., S. 11f.). Die Natur war „fraglos eine Schöpfung Gottes", galt „als geschlossene und […] statische Größe" und „trat als Offenbarung ihres Schöpfers gleichberechtigt neben die biblischen Schriften" (ebd., S. 12). Diese Ideen verloren in der Neuzeit ihre Überzeugungskraft (vgl. ebd., S. 12f.). „Letztlich hat die moderne Naturwissenschaft Gott, die Teleologie und die immanente Sinnhaftigkeit aus der Natur verbannt – die natürliche Sphäre erscheint nunmehr als bloßes Gefüge von gesetzmäßigen Kausalbeziehungen, die der Mensch nach selbstgeschaffenen (mathematischen) Modellen rekonstruiert, um sie kontrollieren und in seinen Dienst stellen zu können." (Ebd., S. 13) Er „begreift die Natur vorrangig als ein Reservoir an Stoffen und Kräften, das er beherrschen und für seine Zwecke ausbeuten kann" (ebd., S. 11). Dadurch ist er „der Natur in weit geringerem Maße ausgeliefert als alle seine Vorfahren" (ebd., S. 13), das „wissenschaftlich-technisch-instrumentelle Verhältnis zur Natur" hat aber auch bewirkt, „dass die Mensch-

---

[1] Auf Quellen, die in den Literaturhinweisen am Ende des Modells verzeichnet sind, wird im laufenden Text in Kurzform hingewiesen. Die ausführlichen bibliografischen Angaben anderer Werke finden sich auf der Seite, auf der diese zum ersten Mal erwähnt werden.

heit [...] darauf hinarbeitet, die Grundlagen ihrer eigenen Existenz zu zerstören" (ebd., S. 15).

Die Natur ist wie die Liebe oder der Tod eines der großen Themen in der Literatur, das die Menschen umtreibt, fasziniert und aus der Fassung bringt, das sie zu ergründen suchen und das doch letzten Endes ein Rätsel bleibt. Naturlyrik thematisiert *„die Beziehung des Menschen zur Natur"* (ebd., S. 15) und entfaltet „Ansätze zum Verständnis der Natur", die sich nicht im Rahmen der „wissenschaftlich-technisch-instrumentellen Denkweise" bewegen (ebd., S. 16). „Gemeinsam ist den Texten der Gattung somit zunächst ein *negatives* Moment: Naturgedichte skizzieren Formen der menschlichen Naturbeziehung, die nicht vom Interesse an Beherrschung und Ausbeutung diktiert sind und eher als ‚kontemplativ' zu bezeichnen wären. Auf diese Weise erweitern sie das Reservoir an kulturellen Deutungsmustern" (ebd.). „Sie eröffnen [...] Freiräume, in denen Erfahrungen, Probleme, Sehnsüchte oder auch Ängste ihrer Epoche durchgespielt und mit sprachlichen Mitteln inszeniert werden können. [...] Als Sprachkunstwerke bieten solche Gedichte Perspektiven auf die Natur, die kein anderer Diskurs zu schaffen imstande ist." (Ebd., S. 17f.) „Die Naturbegegnung ist in der deutschen Lyrik meist eine einsame Erfahrung: Das Ich ist allein und sieht sich einer menschenleeren und menschenfernen Natur gegenüber." (Ebd., S. 18) Allerdings verbindet sich damit nicht zwangsläufig Weltflucht, „denn auch ein isoliertes Ich kann [...] Spuren gesellschaftlicher Verhältnisse an sich tragen – ein Flüchtling ist in hohem Maße von dem geprägt, was er flieht" (ebd., S. 18f.).

Die von Turrini reklamierte Verlangsamung lässt sich nicht nur in der Natur erleben, sondern auch bei der Lektüre von Gedichten, die sich einem schnellen Zugriff verweigern und stattdessen verlangen, sich geduldig, sensibel und nachdenklich auf kunstvoll gestaltete sprachliche Gebilde einzulassen. „Ein Gedicht [...] ist nie nur die Summe seiner Teile, sondern immer ein Organismus, der stirbt, wenn man ihn zerschneidet. [...] Gedichte versteht man nur ganz, während man sie liest. Nicht davor und nicht danach. Das ist ähnlich wie mit der Musik. Gedichte sind keine Gegenstände, eher Zustände. Deswegen können wir sie auch schlecht zu uns herüberziehen in die Prosa unserer Verhältnisse. Wir müssen uns schon aufmachen, zu ihnen zu kommen. Nur so erfahren wir endlich einmal etwas vollkommen Neues."[1] Deshalb „bilden [Gedichteleser] den harten Kern der literarischen Gemeinde. Sie erwarten nicht das Bekömmliche und Kommensurable; sie sind bereit, sich dem Ungewissen, Unwegsamen auszuliefern."[2] Diese Rezeptionshaltung, welche die offenste, sprachkünstlerisch dichteste und den Horizont der Leserinnen und Leser am stärksten einbeziehende literarische Gattung verlangt, steht in einem Spannungsverhältnis zu dem Interpretationsaufsatz, wie ihn Schülerinnen und Schüler schreiben müssen, und den Kompetenzen, die sie dabei erwerben sollen (vgl. Zusatzmaterial 8 auf S. 246). Die Analyse zerlegt Gedichte nämlich in Teile, wobei nach Radisch ihr Organismus zugrunde gehe. Die Feststellungen, dass sie nur während des Lesens ganz zu verstehen und Zustände seien, welche die Rezipienten – so ist zu ergänzen – kennen und nachempfinden können, verlangt Rahmenbedingungen und individuelle Dispositionen, wie sie in der Schule nur selten gegeben sind. Vor allem aber ziehen Interpretationsaufsätze und die damit verfolgten Lernziele Gedichte „in die Prosa unserer Verhältnisse", was kaum möglich sei. Dennoch lassen sich Interpretationsaufsätze der Schülerinnen und Schüler rechtfertigen, wenn sie einen intensiven Leseprozess lyrischer Texte dokumentieren, der die Bereitschaft voraussetzt, „sich dem Ungewissen, Unwegsamen auszuliefern" und „etwas vollkommen Neues" zu erfahren. Diese Prämisse sollte nicht nur für den Interpretationsaufsatz gelten, sondern für den Lyrikunterricht insgesamt und selbstverständlich auch für den Lehrer oder die Lehrerin, deren hermeneutische Flexibilität bei dieser Gattung besonders gefordert ist. Deshalb können und

---

[1] Iris Radisch: Nie wieder Versfüßchen. Wie liest man eigentlich Gedichte? Die schönsten aus den vergangenen 25 Jahren – ein Lektürebericht. In: DIE ZEIT vom 24. Mai 2007.
[2] Ulrich Greiner: Alles Lyrik! Weshalb die ZEIT-Literatur sechs Seiten dem Gedicht widmet. In: DIE ZEIT vom 24. Mai 2007.

wollen die Vorschläge dieses Modells nur vorläufige, individuell geprägte Anregungen sein, die das eigene, selbstständige, abenteuerliche, aber vielversprechende Lesen von Gedichten in Gang bringen oder weiterführen. Den Weg ins Ungewisse und zu „etwas vollkommen Neue[m]" dürfen die einzelnen Baustein nicht versperren.

Konzeption des Unterrichtsmodells

Die Schöpfungsgeschichte, mit der das Alte Testament am Anfang des Ersten Buches Mose beginnt, beschreibt die Entstehung der Natur und bringt ihre Vielfalt in eine Ordnung, die sich auch auf Naturgedichte anwenden lässt und eine Gruppierung nach dem Inhalt nahelegt: Tag und Nacht – Himmel und Erde – Land und Meer – Pflanzen – Sonne, Mond und Sterne – Tiere – Menschen. Diese Einteilung ist insbesondere in den Bausteinen 3 und 4 wiederzuerkennen, doch lassen sich auch die anderen Gedichte den genannten Themen zuordnen. Es versteht sich von selbst, dass solche Entscheidungen bei inhaltlich vielschichtigen lyrischen Texten durchaus unterschiedlich ausfallen können. Umgekehrt lassen sich die einzelnen Gedichte über den Teilbereich der Natur hinaus, dem sie zugeordnet werden, in Zusammenhängen behandeln, die sich aus der Gliederung des Modells ergeben: bei der Einübung von Analyse und Interpretation in den Bausteinen 1 und 8, bei der Besprechung von Empfindungen und Reflexionen, wie sie in der Naturlyrik zum Ausdruck kommen, in den Bausteinen 1 und 2 oder bei den Einblicken in die Literaturgeschichte, welche die Bausteine 6 und 7 gewähren. Nach Möglichkeit wird auf derartige Verbindungen verwiesen, sodass das Modell ein flexibel einsetzbares Angebot von Textbeispielen und Arbeitsaufträgen zur Verfügung stellt. Gleichwohl erlauben es die Bausteine und Kapitel, Schwerpunkte zu setzen und dabei die Bedürfnisse und Interessen der Schülerinnen und Schüler zu berücksichtigen. So ist es zum Beispiel denkbar, sich auf Empfindungen und Reflexionen, die in der Natur entstehen, zu konzentrieren (Baustein 2), sich einzelnen Naturbereichen zuzuwenden (Bausteine 3 und 4) oder an Naturgedichten literaturgeschichtliche Ausprägungen und Entwicklungen zu verfolgen (Bausteine 6 und 7). Es lassen sich jedoch auch thematische Reihen über einzelne Kapitel oder Bausteine hinaus bilden.

Einige **Vorschläge**:
- **Blumen**: Schiller: Meine Blumen (Arbeitsblatt [= AB] 3; Eichendorff: Schneeglöckchen (AB 2); Heine: Die blauen Frühlingsaugen (AB 2), Die Lotosblume ängstigt (AB 15); Keller: In eines Armen Gärtchen (AB 33); Rilke: Blaue Hortensie (AB 16), Wilder Rosenbusch (AB 55); Stadler: Die Rosen im Garten (AB 55); Ausländer: Rose und Schmetterling (AB 33)
- **Bäume**: Hölderlin: Die Eichbäume (AB 35); Heine: Ein Fichtenbaum steht einsam (AB 15); Uhland: Einkehr (AB 35); Celan: Espenbaum (AB 9); Ausländer: Die Bäume (AB 59); Fried: Neue Naturdichtung (AB 59); Buselmeier: Gedenken an E. (AB 57)
- **Morgen**: Haller: Morgengedanken (AB 5); Hagedorn: Der Morgen (AB 49); Schiller: Morgenfantasie (AB 49); Goethe: Zueignung (AB 11); Schacht: Ferner Morgen (AB 28)
- **Abend und Nacht**: Grimmelshausen: Lied des Einsiedlers (AB 21); Gerhardt: Nun ruhen alle Wälder (AB 7); Eichendorff: Der Einsiedler (AB 21), Stimmen der Nacht (AB 62); Brentano: Hörst du wie die Brunnen rauschen (AB 52); Keller: Nacht VI (AB 27); Donhauser: Abend (AB 8)
- **Mond und Sterne**: Goethe: An den Mond (AB 10); Eichendorff: Mondnacht (AB 26); Heine: Es stehen unbeweglich (AB 15), Die Lotosblume ängstigt (AB 15); Kunert: Mondnacht (AB 26)
- **Tiere**: in der Art Anakreons: An die Zikade (AB 45); Goethe: Adler und Taube (AB 37); Meyer: Möwenflug (AB 19); Baudelaire: Der Albatros (AB 38); Rilke: Der Panther (AB 38); Enzensberger: das ende der eulen (AB 57); Wagner: Chamäleon (AB 12)
- **Sommer**: Keller: Aus dem Leben I (AB 53); Droste-Hülshoff: Sommer (AB 30); Kirsch: Im Sommer (AB 30); Jentsch: Sommer (AB 16)
- **Landschaften**: Gryphius: Einsamkeit (AB 48); Hölderlin: Der Neckar (AB 51); Eichendorff: Abschied (AB 36); Heine: Berg' und Burgen schaun herunter (AB 15); Becher: Dem Schwarzwald zu (AB 36); Goes: Landschaft der Seele (AB 39); Opitz: Schlechte Laune vor reizvoller Landschaft (AB 39)

- **Wasser**: Goethe: An den Mond (AB 10); Heine: Berg' und Burgen schaun herunter (AB 15), Fragen (AB 19); Meyer: Möwenflug (AB 19); Goll: Die Frager vor dem Ozean (AB 20)
- **Reflexion/Erkenntnisse**: Goethe: Parabase (AB 51); Hölderlin: An die Natur (AB 4); Heine: Fragen (AB 19); Meyer: Möwenflug (AB 19); Keller: Aus dem Leben I (AB 53); Goll: Die Frager vor dem Ozean (AB 20); Ausländer: Die Bäume (AB 59); Fried: Neue Naturdichtung (AB 59)
- **Goethe/Klassik**: An den Mond (AB 10); Zueignung (AB 11); Frühzeitiger Frühling (AB 29); Parabase (AB 51); Faust I: Prolog im Himmel (Ausschnitt, Zusatzmaterial 6); Faust II: Türmerlied (Zusatzmaterial 6); Hölderlin: Der Neckar (AB 51)
- **Eichendorff/Romantik**: Schneeglöckchen (AB 2); Der Einsiedler (AB 21); Mondnacht (AB 26); Abschied (AB 36); Stimmen der Nacht (AB 62); Brentano: Hörst du wie die Brunnen rauschen (AB 52)
- **Keller**: Nacht VI (AB 27); In eines Armen Gärtchen (AB 33); Aus dem Leben I (AB 53); Abendlied (Zusatzmaterial 6)
- **Rilke**: Blaue Hortensie (AB 16); Herbsttag (AB 31); Der Panther (AB 38); Wilder Rosenbusch (AB 55)
- **Naturlyrik der Gegenwart**: Donhauser: Der Abend (AB 8); Wagner: Chamäleon (AB 12); Opitz: Schlechte Laune vor reizvoller Landschaft (AB 39); Buselmeier: Gedenken an E. (AB 57)

Die Erläuterungen zu den Gedichten beanspruchen nicht, sie umfassend in allen inhaltlichen, sprachlichen und formalen Details zu interpretieren. Vollständigkeit wird auch in den Arbeiten der Schülerinnen und Schüler nicht erwartet. Vielmehr sollen sie in der Lage sein, inhaltlich und sprachlich Wesentliches, das Charakteristische der Gedichte also, klar, strukturiert und differenziert darzustellen. Insbesondere sollen sie die Wechselbeziehung zwischen Inhalt, Sprache und Form an aufschlussreichen Textstellen beschreiben und in ihrer Wirkung untersuchen. Das fördert ihre Sensibilität für die Sprache und deren kunstvolle Gestaltung. Die komplexe Interpretationsaufgabe wird meistens in mehrere Teile zerlegt, bei deren Bearbeitung die Schülerinnen und Schüler in überschaubaren, didaktisch angemessenen Quanten allmählich die dazu erforderlichen Fähigkeiten erwerben.

Da ein einzelnes Gedicht nicht alle Schülerinnen und Schüler anspricht, können sie, wenn das Erreichen des gemeinsamen Ziels nicht beeinträchtigt wird, unter mehreren Textangeboten dasjenige auswählen, mit dem sie sich beschäftigen möchten. Diese Beteiligung bei der Textauswahl steigert das Verantwortungsgefühl für das Ergebnis und verbessert die Qualität des Unterrichts, dessen Ertrag allen zugutekommt. Durch diese Differenzierung bringen die Schülerinnen und Schüler ihre Stärken in die gemeinsame Arbeit ein oder identifizieren Schwachstellen, die es zu beheben gilt.

Der größere Teil der Gedichte eignet sich wegen des Schwierigkeitsgrads und der Themen für die Oberstufe, das Modell bietet aber auch leichter zugängliche Gedichte für Mittelstufenklassen an. Zu ihnen gehören *Die blauen Frühlingsaugen* von Heinrich Heine, *Muscheln, Muscheln* von Wolfgang Borchert und *Wilde Kastanie* von Peter Huchel auf dem AB 2 (S. 46), *Juni* von Marie Luise Kaschnitz auf dem AB 6 (S. 52), *Es stehen unbeweglich*, *Ein Fichtenbaum steht einsam* und *Unterm weißen Baume sitzend* von Heinrich Heine auf dem AB 15 (S. 81f.), *Mondnacht* von Joseph von Eichendorff auf dem AB 26 (S. 116), *Sommer* und *Herbst* von Annette von Droste-Hülshoff auf den AB 30 und 31 (S. 120f.), *In eines Armen Gärtchen* von Gottfried Keller auf dem AB 33 (S. 142), *Einkehr* von Ludwig Uhland auf dem AB 35 (S. 144), *Abschied* von Joseph von Eichendorff auf dem AB 36 (S. 145), *Adler und Taube* von Johann Wolfgang Goethe auf dem AB 37 (S. 146), *Der Panther* von Rainer Maria Rilke auf dem AB 38 (S. 147), *Im Grase* von Justinus Kerner auf dem AB 41 (S. 163) sowie *Der verwundete Baum* von Conrad Ferdinand Meyer und *Natur* von Ludwig Fels auf dem AB 42 (S. 164).

Die Aufgaben konzentrieren sich zum größeren Teil auf Analyse und Interpretation, laden aber auch zur Rekonstruktion von Gedichten oder zur Gestaltung eigener lyrischer Texte ein. Darüber hinaus ist zu wünschen, dass sich die Schülerinnen und Schüler mit dem gegenwärtigen Verhältnis des Menschen zur Natur auseinandersetzen. Die Besprechung der Gedichte geht, wenn möglich, von Beobachtungen und Erlebnissen der Schülerinnen und Schüler in der Natur oder von Naturgegenständen aus, um ihnen über eigene Anschauungen, Vorstellungen und Erfahrungen den Zugang zu lyrischen Texten zu erleichtern und sie dadurch zu motivieren, sich auf Neues und Ungewohntes einzulassen. Dazu tragen auch die biografischen Notizen bei, die sich in der Regel jeweils auf den Arbeitsblättern mit dem ersten Text eines Dichters finden.

Baustein 1 führt die Schülerinnen und Schüler über Naturelemente, deren Wahrnehmung und Beobachtung sowie Eindrücke von ihnen an die Lyrik heran, die daraus hervorgeht. Einerseits sollen gestaltende Aufgaben die Kreativität fördern, andererseits wird bei der Analyse und Interpretation das Instrumentarium für eine sachgemäße Rezeption von Gedichten vermittelt.

Baustein 2 befasst sich mit unterschiedlichen Empfindungen und Reflexionen des Menschen in der Natur, die sich um elementare Bereiche seines Daseins drehen: um die Liebe, deren Facetten sechs Gedichte von Heinrich Heine entfalten, um Vergehen und neues Leben, um unterschiedliche religiöse Haltungen, um grundlegende Fragen der menschlichen Existenz und Identität, die am Meer aufkommen, und um das Leben in Einsamkeit.

Baustein 3 geht mit Nebel und Wolken auf Naturphänomene ein, welche die Fantasie beflügeln, vor allem aber auf die Himmelskörper und die Tages- und Jahreszeiten, die der Lauf der Erde festlegt. Aus den Gedichten über die jahreszeitlichen Abschnitte, welche die Natur bestimmt, wählen die Schülerinnen und Schüler eines oder zwei aus, um sie zunächst allein und dann in der Gruppe unter einem bestimmten Gesichtspunkt zu interpretieren oder zu vergleichen.

Baustein 4 setzt die Form des selbstbestimmten Arbeitens mit Naturgedichten fort und bezieht auch visuelle Interpretationen der Schülerinnen und Schüler ein. Die Thematik verlagert sich auf die belebte Natur, Gärten und Landschaften.

Baustein 5 wendet sich Situationen zu, in denen die Natur dem Menschen fremd geworden ist. Dabei zeigt sich, dass ihre Bedrohung, Verletzung und Zerstörung Folgen sind, die sich nicht erst seit einigen Jahren abzeichnen.

Baustein 6 veranschaulicht an repräsentativen Naturgedichten zunächst literarische Epochen von der Antike bis zur Romantik. Die Verknüpfung von theoretischen und lyrischen Texten trägt dazu bei, literaturgeschichtliche Merkmale im Gedächtnis zu verankern und die historische Einordnung von Gedichten zu erleichtern.

Baustein 7 schließt sich mit literarhistorischen Betrachtungen zu moderner Naturlyrik an. Ab der Zeit des Nationalsozialismus bis in die Gegenwart rücken anstelle kunstgeschichtlicher Hintergründe historische Ereignisse ins Blickfeld. Außerdem wird deutlich, dass in der jüngeren Moderne poetologische Naturgedichte über die eigene Gattung oder das Schreiben lyrischer Texte reflektieren.

Baustein 8 konzentriert sich auf das Schreiben von Interpretationsaufsätzen. Er informiert über Inhalt und Aufbau und fasst Teilübungen, die auf ihn vorbereiten, noch einmal zusammen. Beispielaufsätze zur Interpretation eines einzelnen Gedichts und zum Vergleich zweier lyrischer Texte geben Anhaltspunkte, wie sie aussehen können.

Für **Klassenarbeiten** werden in der Regel zwei Gedichte ausgewählt, die in einem inhaltlichen Zusammenhang oder Gegensatz stehen, um sie zu interpretieren und zu vergleichen. In einem noch nicht so weit fortgeschrittenen Stadium des Unterrichts können sich die Aufgaben auf ein einzelnes Gedicht beschränken.

Die thematischen Bausteine des Unterrichtsmodells

Baustein 1
Gestaltende und analytische Zugänge

1.1 Vom Beobachten zum lyrischen Schreiben

Die Schülerinnen und Schüler nähern sich der Naturlyrik, indem sie eigene Beobachtungen schrittweise zu lyrischen Versen formen.[1] Einerseits finden sie dadurch Zugang zum Inhalt der Gedichte, andererseits erfahren sie beim Gestalten lyrischer Texte, wie diese entstehen und sich in ihrem Bedeutungsgehalt erweitern. **Arbeitsblatt 1** auf S. 45 informiert über die einzelnen Stufen des Schreibprozesses vom Beobachten in der Umgebung der Schule oder zu Hause, dessen Ergebnisse schriftlich in einem Fließtext festgehalten werden, über die Verdichtung dieses ersten Entwurfs und den Zeilenbruch bis zur endgültigen Version und veranschaulicht sie an einem Beispiel. Die fertigen, am PC in ansprechender Druckform erstellten Gedichte werden im Kursraum ausgestellt und beurteilt: Jede Schülerin und jeder Schüler erläutert an dem Text, der ihr oder ihm am besten gefällt, welche über die Naturbeschreibung hinausgehende Aussage oder Botschaft sie oder er in ihm erkennt, was sie oder ihn zu dieser Deutung bewegt und was Sprache und Form dazu beitragen.

- *Verfassen Sie ein Naturgedicht in den auf dem Arbeitsblatt 1 angegebenen Schritten. Bringen Sie das Gedicht am PC in eine ansprechende Druckform.*
- *Lesen Sie die im Kursraum ausgestellten Gedichte.*
  Erläutern Sie bei dem Gedicht, das Ihnen am besten gefällt, welche Aussagen oder Botschaften es enthält, die über die Beschreibung von Naturerscheinungen oder -vorgängen hinausgehen. Was bewegt Sie zu dieser Deutung? Was tragen Sprache und Form dazu bei?

Das Beispielgedicht auf dem Arbeitsblatt 1 enthält über die Beschreibung eines blühenden Apfelbaumes hinaus den Gegensatz zwischen Alt und Jung. Während der mächtige gerade Stamm in dem Parallelismus in den V. 2f. eine sprachliche Entsprechung findet, weist die Aufzählung von Adjektiven in V. 9 auf die vielen Blüten des an den Enden sich verzweigenden und verjüngenden Geästs hin. Durch sie entsteht etwas Neues, vom Stamm fallen dagegen kleine alte Rindenstücke ab. Diesen Kontrast verdeutlichen dunkle und helle Vokale akustisch. Die Personifizierungen „Gäste" und „Wirt" in den Schlussversen legen eine Über-

---

[1] Der Vorschlag folgt den Ausführungen von Marina Dahmen in *Praxis Deutsch*, Heft 149, Mai 1998, S. 41–43: *Schreiben vor Ort. Von der Materialbeschaffung zum fertigen Naturgedicht.* Das für die Jahrgangsstufen 5–7 entworfene Unterrichtskonzept lässt sich auch auf höhere Stufen als gestaltender Einstieg in das Thema *Naturlyrik* übertragen.

Baustein 1: Gestaltende und analytische Zugänge

tragung auf das menschliche Leben nahe, die auch die Überschrift andeutet. Die Schönheit der Blüten und ihr gastfreundliches Nahrungsangebot setzen etwas voraus, das meistens kaum beachtet und bewundert wird: den Baumstamm. Auf diesen Zusammenhang machen die vollständigen Sätze in V. 5 und 11 aufmerksam; sie weisen über die botanischen Feststellungen in den elliptischen Sätzen der anderen Verse hinaus.

Dass sich auch namhafte Dichter durch Naturobjekte inspirieren lassen, zeigen vier kurze Gedichte über Schneeglöckchen, Veilchen und die Nachtigall, Muscheln und Kastanien auf dem **Arbeitsblatt 2** (S. 46). Joseph von Eichendorffs Verse in vierhebigen Trochäen und Kreuzreimen mit übergreifender Bindung der männlichen Kadenzen (Nacht/-wacht/dacht/sacht/ Pracht) schildern Schneeglöckchen als vorzeitige Frühlingsboten, die nächtliche Küsse zum Klingen bringen, was wie Gesang erscheint, und die als Erste die wärmere Jahreszeit ankündigen wollen. In ihrer Ungeduld fallen sie aber dem „letzten Schnee" (V. 12) zum Opfer, was das lyrische Ich mit dem Empfindungswort „Ach" (V. 11) beklagt und es zu einem Vergleich mit Dichtern anregt, die mit dem Frühling zwar eine hoffnungsvolle Zeit hervorrufen, ihre Schaffens- und Lebenskraft aber bald verlieren. In Heines Gedicht aus drei Strophen mit jeweils vier dreihebigen Jambenzeilen, von denen sich die zweite und vierte stumpf reimen, rufen „[d]ie blauen Frühlingsaugen" (V. 1) der Veilchen im Subjekt Gedanken wach, die in seinem „Herzen seufzen" (V. 7) und sich um ein „zärtliches Geheimnis" (V. 11) ranken. Es handelt sich also um Liebesschmerz, den die Nachtigall, deren „nächtliche[r] Gesang[]" als „Symbol der Liebe und des Schmerzes"[1] wahrgenommen wird, im Wald laut bekannt macht. Für das lyrische Ich in Borcherts dreistrophigem Gedicht lebt die kindliche Begeisterung über Muschelgehäuse und das in ihnen zu hörende Rauschen des Windes in sich wiederholenden und variierenden Wortfolgen wieder auf. Als es in der dritten Strophe jedoch den Inhalt des Windgesangs verstehen will, muss es erkennen, dass die Freude über Muscheln und die Klänge in ihnen zur Kindheit gehören und vergangen sind (V. 12). „[I]n alten Hafenkneipen/und in Kinderzimmern" (V. 7 f.) haben sich noch Reste ihres Reizes erhalten, die sich in Museen weiter verringern, worauf Änderungen des Wortschatzes, des Versmaßes und der Reimform hinweisen. Die einfachen Kinderverse mit vier- und dreihebigen Trochäen sowie männlichen Kreuzreimen in der ersten und dritten Strophe kommen in der mittleren durch zwei Senkungen (V. 6), weibliche Kadenzen und zwei Waisen (V. 5, 7) aus dem Takt. Huchel schließlich singt in zwei Strophen mit je acht vierhebigen Jamben und Kreuzreimen ein Loblied auf wilde Kastanien, die Kinder mehr als alle anderen Beeren erfreuten, obwohl sie gar nicht essbar sind, und von denen im Ofen ein sinnliches Vergnügen ausgeht, das die Synästhesie „braune[s] Knallen (V. 1) beschreibt. Im Sommer von „Stachelschale[n]" geschützt und für Mensch und Tier unerreichbar ruhig heranreifend, setzt der Herbstwind die reifen Kastanien in Bewegung und spielt mit den kleinen Bällen.

Nach ihren eigenen Schreibversuchen sollen die Schülerinnen und Schüler an den vier Gedichten vor allem erkennen, welche Bedeutungen deren Verfasser Blumen, Kastanien, der Nachtigall und Muscheln zuschreiben. Formale und sprachliche Aspekte bleiben noch im Hintergrund, sind auf dem folgenden Tafelbild aber vermerkt und können gleichwohl angesprochen werden.

> ■ *Untersuchen Sie, welche Bedeutung die Gedichte auf dem Arbeitsblatt 2 Blumen, der Nachtigall, Muscheln und wilden Kastanien zuschreiben.*
>
> ■ *Vergleichen Sie Ihre Ergebnisse mit denen Ihres Sitznachbarn. Erläutern Sie Ihre Erkenntnisse zu einem der vier Gedichte im Kurs*

---

[1] Christoph Wetzel: Das große Lexikon der Symbole. Lizenzausg. f. d. Wiss. Buchgesellschaft. Darmstadt: Primus Verlag 2008, S. 206.

Der Bedeutungsgehalt in vier Gedichten über Blumen, die Nachtigall, Muscheln und wilde Kastanien

	Deutung	Hinweise zu Sprache und Form
Eichendorff: **Schneeglöckchen**	• vorzeitige Frühlingsboten, die ihrer Ungeduld zum Opfer fallen • Übertragung auf Dichter, die Hoffnungen auf bessere Zeiten wecken, ihre Schaffens- und Lebenskraft aber bald verlieren	• 4-hebige Trochäen • Kreuzreime mit übergreifender Bindung der männlichen Kadenzen (Nacht/-wacht/-dacht/sacht) • direkte Rede/Personifizierung
Heine: **Die blauen Frühlingsaugen**	• aufkommende Liebesschmerzen beim Anblick und Pflücken der Veilchen • Verbreitung der Gedanken und Gefühle durch die Nachtigall	• 3 Strophen mit jeweils 4 3-hebigen Jambenzeilen • stumpfe Reime im 2. und 4. Vers • Personifizierung („blaue[ ] Frühlingsaugen")
Borchert: **Muscheln, Muscheln**	• kindliche Begeisterung • nur noch als Erinnerung	• einfache Kinderverse mit 4- und 3-hebigen Trochäen sowie männlichen Kreuzreimen in der 1./3. Strophe • Abweichungen des Wortschatzes, des Versmaßes und der Reimformen in der 2. Strophe • Wiederholung und Variation
Huchel: **Wilde Kastanien**	• Loblied • sinnliches Vergnügen trotz der Ungenießbarkeit • Schutz und Unerreichbarkeit im Sommer/Spiel des Herbstwinds mit den reifen Früchten	• 2 Strophen aus je acht 4-hebigen Jamben • Kreuzreime • Synästhesie (V. 1)

Eine weitere Gestaltungsaufgabe, das Verfassen von Haikus, kurzen, japanischen Gedichten, die Naturgegenstände und Jahreszeiten thematisieren, lenkt die Aufmerksamkeit auf eine lyrische Form, die strengen Regeln unterliegt. Die Schülerinnen und Schüler schreiben ihre Verse in ansprechender Form auf, unterstreichen den Inhalt durch grafische Elemente, tragen ihre Texte im Kurs vor und kleben sie auf ein Plakat, das die Haikus in thematischen Gruppen versammelt.

■ *Verfassen Sie ein Haiku nach den Regeln, die für diese kurze japanische Gedichtform gelten.*

> Ein **Haiku** (jap.: lustiger Vers) besteht aus drei Verszeilen (Wortgruppen mit 5, 7 und 5 Silben (Lauteinheiten). Sie beziehen sich möglichst konkret auf einen Naturgegenstand, die Jahreszeiten und eine einmalige Situation bzw. ein Ereignis in der Gegenwart.
> Beispiel: Baumzweig im Herbstwald
> von schräger Sonne erhellt:
> Lichtblick im Trüben.

- *Schreiben Sie Ihr Gedicht in ansprechender Form auf und unterstreichen Sie seinen Inhalt durch grafische Elemente.*

- *Tragen Sie Ihr Haiku vor und kleben Sie es anschließend auf das vorbereitete Plakat.*

In einem Unterrichtsgespräch können die Schülerinnen und Schüler zum Inhalt der Gedichte Stellung nehmen oder deren Qualität beurteilen, indem sie das für sie beeindruckendste auswählen.

- *Wählen Sie das Haiku aus, das Ihnen am besten gefällt, und begründen Sie Ihre Entscheidung mit dem Inhalt oder der Form.*

1.2 Inhaltliche, sprachliche und formale Analyse

Durch Haikus für die Sprachform sensibilisiert, erschließen die Schülerinnen und Schüler nun die Funktion von Sprache und Form und deren Wechselbeziehung mit dem Inhalt an zwei Gedichten. Sie lernen dabei, beide Komponenten aufeinander zu beziehen und dadurch literarische Texte in ihrer Vielschichtigkeit besser zu verstehen. Außerdem üben sie, den inhaltlichen Aufbau sowie sprachliche und formale Merkmale auf dem Textblatt farbig zu markieren und damit den Interpretationsaufsatz vorzubereiten. In dem Gedicht *Meine Blumen* des jungen Schiller (**Arbeitsblatt 3** auf S. 47) sind Inhalt und Gestaltung leichter zugänglich als in Hölderlins Hymne *An die Natur* (**Arbeitsblatt 4** auf S. 49), in der das Subjekt den Verlust der kindlichen Nähe zum angesprochenen Gegenüber beklagt. Der Haltung in diesem Gedicht, dessen Titel das Thema dieses Lyrikmodells benennt, folgen in den Kapiteln 1.3 bis 1.5 andere Einstellungen zur Natur, zu ihren Wirkungen und zu ihren poetischen Potenzialen. Die Hymne *An die Natur* bietet sich deshalb als Überleitung an.

Schillers inhaltlich und formal klar strukturiertes Jugendgedicht aus drei Strophen mit jeweils zehn Versen in vierhebigen Jamben sowie Kreuz-, Paar- und umarmenden Reimen enthält zahlreiche in ihrer Funktion transparente rhetorische Figuren. Die Blumen werden als „Frühlingskinder" (V. 1, 8, 18, 29) personifiziert, in ihrer Schönheit in der ersten Strophe bewundert und mit dem Nachdruck von Ausrufesätzen aufgefordert, sich zu freuen. Im Gegensatz dazu gibt es jedoch auch Ursache zur Trauer, weil ihnen Flora und die Natur Seelen und Liebe versagt haben. Die zweite Strophe steht ganz im Zeichen der Liebe, deren Macht die Nachtigall und der Thron des Blütenkelchs symbolisieren. Der Gefühlskontrast zwischen Lächeln und Jauchzen einerseits und Weinen und Trauern andererseits kommt in Parallelismen und Chiasmen noch stärker zur Geltung. Die dritte Strophe, eingeleitet durch das adversative „Aber", hebt diesen Gegensatz aber wieder auf, indem die Geliebte „ihrem Dichter" (V. 24) einen Blumenkranz schickt. Deren tiefe, widersprüchliche Empfindungen bringen die Metonymie „tränend" (V. 24) und das Oxymoron „süße[ ] Schmerzen" (V. 26) zum Ausdruck, die paradoxe Wirkung auf die Blumen – sie erhalten „Leben, Sprache, Seelen, Herzen" (V. 25), wenn sie „zerknickt" (V. 22) werden – eine Aufzählung und die überwältigenden Gefühle des Empfängers der Satzbruch durch einen Gedankenstrich (V. 24f.).

Ein erstes Bewusstsein für die Form lyrischer Texte entwickeln die Schülerinnen und Schüler beim eigenen Sprechen, das sich auf einzelne Strophen oder anders abgrenzbare Teile beschränken kann und am besten – entsprechend der Strophenzahl – in Dreiergruppen stattfindet. Damit alle Gruppen die Möglichkeit zum Vortrag haben, mit der Aufmerksamkeit der Kursmitglieder rechnen können und nicht zu viele Wiederholungen stattfinden, wird in diese Arbeitsphase schon Hölderlins Gedicht *An die Natur* einbezogen, das im Anschluss an Schillers Text besprochen und zu Beginn rezitiert wird. Diese Gruppen bereiten jeweils vier Strophen des längeren und schwierigeren Gedichts vor. Ihre Mitglieder teilen die Strophen oder Sprechanteile unter sich auf und einigen sich über das Arrangement ihrer Rezitation. Bei beiden Gedichten ist es durchaus denkbar, dass einzelne Passagen von mehreren Personen gesprochen und dadurch als wichtig herausgestellt werden. Alle Gruppen bereiten den Vortrag an ihren Tischen vor und probieren ihn im Stehen oder Gehen aus. Dabei lernen sie, die Satzzeichen zu beachten, herausgehobene Worte, Satzteile oder ganze Sätze angemessen zu betonen und Stimmungen sensibel wiederzugeben.

- *Bereiten Sie das Gedicht „Meine Blumen" von Friedrich Schiller auf dem Arbeitsblatt 3 in Dreiergruppen und die Strophen 1–4 bzw. 5–8 in dem Gedicht „An die Natur" von Friedrich Hölderlin auf dem Arbeitsblatt 4 in Vierergruppen für eine Rezitation vor.*

- *Überlegen Sie, wie Sie den Vortrag gestalten möchten, und teilen Sie dementsprechend den Text unter sich auf. Zum Beispiel könnte jedes Mitglied ihrer Gruppe eine Strophe übernehmen. Es ist aber auch möglich, dass einzelne Passagen mehrere Personen sprechen.*

- *Bereiten Sie das Sprechen durch Bleistiftmarkierungen im Text vor[1]:*
  - *Satzzeichen, die sich auf den Vortrag auswirken (Ausrufezeichen, Doppelpunkte, Gedankenstriche)*
  - *zu betonende Wörter/Satzteile oder Sätze (Punkte), Zäsuren ('), Pausen (|)*
  - *Vortragsweise, zum Beispiel laut (↑), leise (↓), ängstlich (☹), fröhlich (☺)*

- *Proben Sie den Vortrag, indem Sie im Klassenraum stehen oder auch gehen. Korrigieren Sie sich gegenseitig und ergänzen Sie Ihre Anmerkungen im Text.*

Nach dieser Übungsphase tragen einige Gruppen Schillers Gedicht vor. Die zuhörenden Schülerinnen und Schüler setzen sich mit deren Interpretation auf der Grundlage ihrer eigenen Vorstellungen auseinander. Weitere Rezitationen mit anschließendem Reflexionsgespräch leiten den nächsten Deutschunterricht an einem der folgenden Tage ein.

- *Beurteilen Sie, ob das Gedicht angemessen rezitiert wurde.*
  Vergleichen Sie den Vortrag mit Ihren eigenen Vorstellungen.
  Weisen Sie insbesondere auf gelungene Passagen hin und begründen Sie Ihr Urteil.
  Welche Stellen oder Passagen wurden beim Sprechen hervorgehoben?

Solche Sprechübungen können im weiteren Verlauf des Unterrichts wiederholt werden, indem die Gruppen zum Beispiel unterschiedliche Gedichte für den Vortrag einstudieren.

---

[1] Vgl. Jürgen Baurmann, Wolfgang Menzel: Vorlesen – Vortragen. Basisartikel in *Praxis Deutsch* Nr. 199, September 2006, S. 6–13, und Claus Claussen: Tipps fürs Vorlesen. Ebd., S. 14.

An die Vortragsweisen des Gedichts *Meine Blumen* anknüpfend, lenkt der Lehrer oder die Lehrerin die Aufmerksamkeit des Kurses auf die rhetorischen Figuren, die Reimformen und das Versmaß, indem er oder sie Hinweise auf auffällige Artikulationen, Betonungen oder Stimmlagen aufgreift oder selbst gibt. Außerdem können die Schülerinnen und Schüler ihr bereits vorhandenes Wissen einbringen und schließlich besondere sprachliche Formen nach einem Anstoß des Lehrers oder der Lehrerin auch selbst entdecken. Die rhetorischen Mittel werden auf dem **Arbeitsblatt 3** mit unterschiedlichen Farben oder Markierungen gekennzeichnet, benannt und nach Möglichkeit in ihrer Funktion bestimmt. Auf Seite 48 findet sich ein **Lösungsvorschlag**. Während die unterschiedlichen Endreimformen in der Regel schnell erkannt sind, bereitet es oft Schwierigkeiten, das Versmaß zu bestimmen. Es empfiehlt sich, von den natürlichen Wortbetonungen – bei einfachen Substantiven, Verben, Adjektiven die erste Silbe bzw. der Wortstamm – auszugehen, diese mit einem Akzentzeichen zu versehen (') und nach einem regelmäßigen Wechsel von betonten und unbetonten Silben zu suchen. So entstehen Takte wie in der Musik, die das Klatschen der Hände noch verdeutlichen. **Zusatzmaterial 2** enthält auf S. 237 weitere metrische Übungen. Die Entsprechung von formaler und inhaltlicher Gliederung verfolgen die Schülerinnen und Schüler, indem sie jeder Strophe eine Überschrift geben.

- *Erkennen Sie an den Stellen oder Passagen, die beim Sprechen besonders hervorgehoben wurden, rhetorische Figuren?*

- *Welche weiteren sprachlichen Mittel finden Sie? Was bringen diese zum Ausdruck?*
  Ergänzend weist der Lehrer oder die Lehrerin auf Stellen oder Verse hin, an denen die Schülerinnen oder Schüler sprachliche Formen identifizieren können:
  V. 1 f., 5–10, 18, 20, 29 f. Personifizierungen; V. 11, 16 Symbole der Liebe; V. 24 Metonymie; V. 3, 13, 26 Neologismen; V. 2, 7 f., 10, 20, 26, 30 Ausrufesätze; V. 1 f., 8, 10, 18, 20, 29 f. Imperative; V 1 f., 29 f. Chiasmus; V 5 f. Anaphern; V. 1/8, 2/10, 18/29, 20/30 Gegensätze und Parallelismen; V. 26 Oxymoron; V. 15–17 rhetorische Frage; V. 24 Satzbruch; V. 25 Aufzählung.

- *Ermitteln Sie Reimformen und Versmaß. Bestimmen Sie Letzteres, indem Sie natürlich betonte Silben mit einen Akzent (') versehen. Suchen Sie anschließend nach einer Regelmäßigkeit im Wechsel von betonten und unbetonten Silben.*

- *Finden Sie für jede Strophe eine Überschrift, die deren Inhalt kurz und prägnant erfasst.*

In Hölderlins Gedicht *An die Natur* auf dem **Arbeitsblatt 4** (S. 49) blickt das lyrische Ich als Erwachsener auf die Kinder- und Jugendjahre zurück, in denen es in und mit ihr lebte und durch sie Freude, Schönheit und Liebe empfand. Mit ihnen sind die tiefen Eindrücke und Gefühle vergangen, sodass sich das Subjekt verloren wie in Schillers Gedicht *Die Götter Griechenlandes* vorkommt, dem es Wilhelm von Humboldt zu sehr ähnelt[1]. Die ersten beiden Strophen, wie die zwei folgenden aus einem einzigen Satzgefüge, beschreiben das innige Verhältnis des Ichs zur Natur, die es personifiziert, die es als Gegenüber anspricht und mit der es sich durch das Herz (V. 3 f., 9, 15) verbunden weiß. Dass es sich um eine vergangene Lebensphase handelt, verdeutlicht das wiederholte, in den Versen 2 f. anaphorische Adverb „noch". Die Strophen 3 und 4 schildern intensive sinnliche Wahrnehmungen der Natur in unterschiedlichen Umgebungen, die angenehm-heilsame oder gewaltig-bedrohliche Empfindungen erzeugen, die Gegensätze verstärken und durch die das Subjekt der „Seele der

---

[1] Vgl. den Brief an Schiller vom 2. Oktober 1795. Was dort die griechischen Götter in der Antike bewirkten und mit ihrem Verschwinden in der Gegenwart fehlt, schreibt Hölderlin der Natur zu. Am deutlichsten sind die Parallelen in der Anrufung der „Schöne[n] Welt!" in beiden Gedichten. Eine gekürzte Fassung von Schillers Gedicht bietet das Arbeitsblatt 25 auf den Seiten 116 f. in dem Unterrichtsmodell *Klassik* dieser Reihe.

Natur" (V. 32) begegnet. In Strophe 5 zeigen sich die Wirkungen: Das Ich überlässt sich nämlich ganz der Fülle, Schönheit und Unendlichkeit der Natur und überwindet dadurch seine Einsamkeit. Zwei Vergleiche und Freuderufe betonen das Glück dieses Zustands, der in der nächsten Strophe für das Geschenk der Herzensbildung noch einmal gepriesen und gesegnet sowie durch sprachliche Bilder hervorgehoben wird. Hinter der enthusiastischen Erinnerung deutet sich aber bereits des „Lebens Armut" (V. 42) an, die in den letzten beiden Strophen nach dem Untergang der Natur als Erzieherin und jugendliche Erlebnis-, Vorstellungs- und Gefühlswelt dominiert. Die Anapher „Tot" und der Gegensatz „nun"/„einst" unterstreichen das Ausmaß des Verlusts in der siebten Strophe, während die achte eher auf die Folgen eingeht: den Mangel, vor allem an Liebe, die Entfremdung vom Lebensmittelpunkt und die Beschränkung auf Traum- und Schattenbilder. So kennzeichnet der Kontrast zwischen den Strophen 1–6 und 7/8 das Gedicht. Das „Herz" weist als Schlüsselwort auf die Gefühle als Zentrum des kindlichen Naturerlebens hin, die Farbadjektive „golden" (V. 16, 24, 41, 59) zeichnen sie als etwas Wertvolles und in Anlehnung an das Goldene Zeitalter der Antike Ideales aus. Die acht Strophen bestehen jeweils aus acht Versen mit fünfhebigen Trochäen und Kreuzreimen mit weiblichen und männlichen Endungen im Wechsel.

Nachdem Gruppen das Gedicht vorgetragen haben (vgl. S. 23 f.), wird sein Thema im Unterrichtsgespräch formuliert. Die Schülerinnen und Schüler gliedern es dann, fassen seinen Inhalt zusammen, suchen nach Entsprechungen in Sprache und Form und bestimmen im Anschluss daran die Funktion weiterer rhetorischer und formaler Mittel, die für das Gedicht insgesamt maßgebend sind. Dabei sollen sie auf die Wechselbeziehung zwischen Inhalt und sprachlich-formaler Gestaltung als Grundlage der Lyrikinterpretation aufmerksam werden. Den Schülerpaaren fällt ihr Auftrag leichter, wenn die Aufgabe 2 auf dem Arbeitsblatt 4 für die ersten beiden Strophen gemeinsam im Kurs bearbeitet wird. Außerdem helfen ihnen die Zusatzmaterialien 1–3, unterschiedliche Interpretationsaspekte zu berücksichtigen. Denkbar ist auch, einzelne Teile des Gedichts und den Arbeitsauftrag 3 von unterschiedlichen Paaren bearbeiten zu lassen.

- *Benennen Sie das Thema des Gedichts (Aufgabe 1 auf dem Arbeitsblatt 4).*
- *Bearbeiten Sie die Aufgaben 2 und 3 auf dem Arbeitsblatt 4.*

Wie der Lösungsvorschlag zum Arbeitsblatt 4 auf S. 50 genutzt werden kann, um den Schülerinnen und Schülern die Wechselbeziehung zwischen Inhalt, Sprache und Form als wichtigen Aspekt des Interpretationsaufsatzes vor Augen zu führen, wird in Kapitel 8.2 auf S. 225 ausgeführt.

Hölderlins Gedicht legt es nahe, dass die Schülerinnen und Schüler ihr eigenes Verhältnis zur Natur überdenken und im Unterrichtsgespräch diskutieren. Vermutlich befremden sie der hymnische Enthusiasmus, die subjektiv-fantasievolle Betrachtungsweise eines jungen Menschen und die radikale Desillusionierung im Erwachsenenalter. Stattdessen stehen sie der Natur vielleicht distanziert gegenüber, sehen sie durch wirtschaftliche Ausbeutung bedroht oder sorgen sich um ihre Erhaltung. Die Gesprächsbeiträge können in Sach- oder literarische Texte unter der Überschrift „An die Natur" münden, etwa Briefe oder Verse nach Hölderlins Muster oder in freien Rhythmen. Für das kreative Schreiben bietet sich eine Personifizierung der Natur an.

- *Vergleichen Sie Ihr eigenes Verhältnis zur Natur mit demjenigen in Hölderlins Gedicht. Diskutieren Sie unterschiedliche Auffassungen.*
- *Verfassen Sie unter der Überschrift „An die Natur" einen Sach- oder literarischen Text, etwa einen Brief oder Verse nach Hölderlins Muster oder in freien Rhythmen. Vielleicht hilft es Ihnen, die Natur zu personifizieren.*
  Sie können auf Beiträge im vorausgehenden Unterrichtsgespräch zurückgreifen, aber auch darüber hinausgehende Überlegungen und neue Ideen zur Sprache bringen.

1.3 Unterschiedliche Wirkungen von Natureindrücken

Wahrnehmungen der Natur als Gesamteindruck oder in einzelnen Teilen lösen bei den Menschen ganz unterschiedliche Reaktionen aus, wie an den Gedichten von Albrecht von Haller, Marie Luise Kaschnitz und Johannes Bobrowski auf den **Arbeitsblättern 5** und **6** (S. 51 f.) in Verbindung mit Hölderlins Hymne zu sehen ist. Sie repräsentieren menschliche Grundhaltungen gegenüber der Natur. Hallers Lehrgedicht schließt von Beobachtungen der Naturvorgänge am Morgen auf die Allmacht und Unendlichkeit Gottes als Schöpfer, vor dem das lyrische Ich demütig seine Begrenztheit anerkennt. In dem Gedicht von Kaschnitz bewundert das Subjekt die Schönheit und Jugend der Erde, ihrer Landschaften und ihrer Bewohner im Vorsommermonat Juni. Von einem Schöpfer ist keine Rede mehr, aber am Schluss von der Nacht, die sich trotz des „reinen Himmel[s]" (V. 3) und dessen „siebenfache[m] Licht" (V. 22) auf „die junge Erde" (V. 21) legt – zur Zeit der Entstehung des Gedichts wahrscheinlich eine Anspielung auf das totalitäre Regime der Nationalsozialisten, heute vielleicht ein Hinweis auf Klimaveränderungen, den Rückgang der Artenvielfalt, rücksichtslose Ausbeutung von Rohstoffen oder – zusammenfassend – die Zerstörung des ökologischen Gleichgewichts. Bobrowskis Ich bezweifelt, dass es mit den geläufigen Bezeichnungen den Naturobjekten gerecht wird, und wendet sich dem zu, was auf diese Weise nicht zu erfassen ist, den mythischen Tiefendimensionen des Seins, die nur mit göttlicher Hilfe zu erschließen sind.

Die Schülerinnen und Schüler lesen die drei Gedichte auf den, ermitteln jeweils die Wirkungen der Natur auf das lyrische Ich im Unterrichtsgespräch und wählen dann einen der Texte aus, mit dem sie sich in Partnerarbeit näher beschäftigen. Die Paare entscheiden dann, ob sie Inhalt und Aufbau oder Form und Sprache ihres Gedichts erarbeiten.

> ■ *Lesen Sie die drei Gedichte auf den Arbeitsblättern 5 und 6 und stellen Sie jeweils fest, wie die Natur auf das lyrische Ich wirkt (Aufgabe 1).*
>
> ■ *Entscheiden Sie sich für eines der Gedichte, in dem Sie entweder Inhalt und Aufbau oder Form und Sprache untersuchen (Aufgabe 2).*
> *Notieren Sie Ihre Ergebnisse übersichtlich und teilen Sie sie dem Kurs mit.*

Hallers Gedicht *Morgengedanken* beschreibt in den ersten fünf Strophen das Ende der Nacht, das Morgenrot, den Sonnenaufgang, die erblühenden und duftenden Blumen, den fröhlichen Beginn der Feldarbeit sowie den Gesang und Flug der Vögel. Ab Strophe 6 setzen die Schlussfolgerungen ein, die das Erwachen der Welt am Morgen im lyrischen Ich hervorruft: Es preist Gott als „Schöpfer" und „Seele der Natur" (V. 21 f.), der Gestirne, Winde, Gebirge, Wasser- und Landtiere ebenso erschaffen hat wie „aus dem Nichts" (V. 40) den „weiten Himmelsraum[]" als „Der Gottheit große Stadt" (V. 37–40). In der vorletzten Strophe steht der unbegrenzten Schöpferkraft die Unfähigkeit der Geschöpfe gegenüber, die Dimensionen der göttlichen Werke zu erfassen. Deshalb entschließt sich das Subjekt in der letzten Strophe, die ihm gesetzten engen Grenzen zu respektieren, und es betont die Unabhängigkeit des Schöpfers vom Lob der durch ihn erschaffenen Lebewesen. Das Gedicht besteht aus zwölf Strophen mit jeweils vier Versen – sechs- und vierhebigen Jamben mit einer Zäsur in den längeren Zeilen – und Kreuzreimen, in denen sich weibliche und männliche Endungen abwechseln. Die Faszination des morgendlichen Naturgeschehens kommt in zahlreichen Metaphern zur Sprache, dem Schleier des Nebels (V. 1), dem Feuer der Sonne und ihrem „brennend[en] Gold" auf dem Feld (V. 3, 12), dem Heer und der Bühne der Sterne (V. 8 f.), dem „rote[n] Morgentor" der Morgenröte (V. 9), die als Person im Mittelpunkt steht (V. 6 f.) und deren „Purpur" (V. 5) ihre farbliche Pracht hervorhebt; Edelsteine (V. 5, 11, 37) verdeutlichen das Majestätische der Natureindrücke. Am Anfang der sechsten Strophe und an weiteren Stellen (V. 41, 45) wird Gott in seiner Größe emphatisch angerufen, und die Vielfalt seiner Werke unterstreicht die Anapher „Du" über mehrere Strophen hinweg.

Albrecht von Haller: Morgengedanken

Wirkung der Natur
Schluss vom morgendlichen Naturgeschehen auf die Allmacht des Schöpfergottes

Inhalt und Aufbau

Beschreibungen:
- Ende der Nacht
- Morgenrot und Sonnenaufgang
- erblühende und duftende Blumen
- froher Beginn der Feldarbeit
- Gesang und Flug der Vögel

Folgerungen:
- Lobpreis Gottes als Schöpfer und „Seele der Natur" (V. 21 f.)
- Vielfalt seiner Werke

Einschränkung:
- Unfähigkeit der Geschöpfe, die Dimensionen der Schöpfung zu erfassen

Entschluss:
- Akzeptanz der menschlichen Beschränkungen

Fazit:
- Unabhängigkeit des Schöpfers vom Lob der erschaffenen Lebewesen

Albrecht von Haller: Morgengedanken

Form und Sprache

- 12 Strophen mit jeweils vier 6- (Mittelzäsur) und 4-hebigen Jamben
- Kreuzreime mit weiblichen/männlichen Endungen im Wechsel
- sprachliche Bilder → Faszination des Naturgeschehens am Morgen
- Personifizierung der Morgenröte ⎫
- deren Farbenpracht ⎬ Mittelpunkt
- Edelsteinmetaphern (V. 5, 11, 37) → majestätische Natureindrücke
- emphatische Anrufung Gottes als Schöpfer (V. 21, 41, 45) ⎫
- Anapher „Du" (V. 22–35) ⎬ Bewunderung

In dem Gedicht *Juni* von Marie Luise Kaschnitz blickt das Ich in der ersten und letzten Strophe, die einen Rahmen bilden, vom Weltraum aus auf die Erde, wie sie durch den Himmel treibt, und ist von der Schönheit und Jugendlichkeit des Planeten begeistert. In der zweiten Strophe treten einzelne Landschaften hervor, in der dritten junge Tiere mit ihrem Drang nach Bewegung und Nahrung, in der vierten schließlich Kinder mit ihrer Spielfreude in der Natur. Die ersten vier Strophen spiegeln die Genese der Erde, ohne dass ein Schöpfer am Werk ist. In die schwebende Leichtigkeit und Harmonie des Anfangs dringt mit dem Geschrei der jungen Vögel und dem Lärm der Kinder ein neuer Ton. Die fünfte Strophe greift das Motiv des Windes in der ersten, wo er als Element die Erde trägt, und auch zweiten, wo er das Rauschen der Wälder erzeugt, auf. Unter seinem „Atem" biegen sich junge, zarte Pflanzen, er treibt aber ebenso schwere Windmühlen an oder drückt Segel zur Seite. In dieser Strophe sind Bemühungen des Menschen zu erkennen, Kräfte der Natur zu nutzen, und vielleicht lässt sich damit der Anflug der Nacht begründen, mit dem das Gedicht endet. Denn mit der Ausbeutung von Naturkräften und -schätzen verliert die Erde ihre kindliche Unschuld und endet die paradiesische Zeit, die im Frühsommermonat noch einmal zu erahnen ist. Das Gedicht setzt sich aus sechs Strophen mit je vier Versen aus fünfhebigen Trochäen ohne Endreim zusammen. Es enthält ausschließlich Hauptsätze, die manchmal aneinandergereiht (V. 7f., 10–12, 17–20), gelegentlich parallel gebaut (V. 10f., 19f.) und sogar durch einen Chiasmus verflochten sind (V. 13–15). Die Schönheit der Erde in ihrem „[p]rangend[en]", „wunderbaren Glanz" (V. 3f.), im Funkeln der Seen (V. 5) oder in ihrer Farbenpracht (V. 5, 13, 15, 17) korrespondiert mit dem „reinen Himmel" (V. 3) und seinem „siebenfachen Licht" (V. 22). Die Sieben symbolisiert die „Himmel und Erde umfassende[ ] Einheit"[1] und Totalität, sowohl in der Bibel als auch in Märchen und Brauchtum[2]. Religiöse Bezüge eröffnet das Gedicht allerdings nicht. Glanz und Licht kontrastieren insbesondere mit den „schwere[n] Flügel[n]" der Windmühle (V. 19), aber auch den Pflanzen und Segeln, die sich unter einer äußeren Kraft neigen (V. 17f., 20). Ebenfalls im Gegensatz stehen die durch die Anfangswörter anaphorisch verstärkte Unaufhörlichkeit des Geschehens in den letzten zwei Strophen und die Flüchtigkeit der Nacht auf dem „Angesicht" der Erde; sie wird dadurch wie der Wind (V. 18) personifiziert. Die gegensätzlichen Eindrücke von der Erde heben Vergleiche hervor: mit einer Insel als festem Land im Wasser (V. 2) und mit dem Schatten als substanzloses Gebilde (V. 23).

Marie Luise Kaschnitz: Juni

Wirkung der Natur

- Staunen über die Schönheit und Jugend der Erde, ihrer Landschaften und ihrer Bewohner
- kurzer nächtlicher Schatten: Andeutung einer Bedrohung (Nationalsozialismus, Gefährdung des ökologischen Gleichgewichts)

Inhalt und Aufbau

Rahmen:
- 1. Str. Blick vom Weltall auf die Erde
- 2. Str. harmonische Landschaftsformationen ⎱ Spiegelung der Erdgeschichte
- 3. Str. Tiere: Bewegung, Nahrung
- 4. Str. Kinder: Spielfreude
- 5. Str. Kraft und Nutzung des Windes
- 6. Str. flüchtige Erscheinung der Nacht ⎱ Ende der paradiesischen Zeit, die im Frühsommer noch einmal zu erahnen ist

Verzicht auf religiöse Bezüge

---

[1] Wetzel: Großes Lexikon der Symbole. A.a.O., S. 304.
[2] Vgl. Udo Becker: Lexikon der Symbole. Lizenzausgabe für KOMET Frechen. Breisgau: Herder, S. 272f.

Baustein 1: Gestaltende und analytische Zugänge

> **Marie Luise Kaschnitz: Juni**
>
> **Sprache und Form**
> - Einheit von schöner, glänzender Erde und reinem, lichtdurchflutetem Himmel (V. 1, 3 f., 22)
> - Sieben als Zahlensymbol (V. 22): Einheit und Totalität
> - Farbenpracht (V. 5, 13, 15, 17)
> - Gegensätze: schwebende Leichtigkeit und Harmonie ↔ Vogelgeschrei und Kinderlärm
>   Glanz, Licht ↔ „schwere Flügel" der Windmühlen (V. 19),
>   Unaufhörlichkeit (V. 17, 21) ↔ Flüchtigkeit
> - Vergleiche (Insel, V. 2; Wolkenschatten, V. 23)
> - Personifizierungen (des Windes, V. 18; der Erde, V. 24)
> - 6 Strophen zu je 4 Versen aus 5–hebigen Trochäen
> - Hauptsätze, manchmal aneinandergereiht (V. 7 f., 10–12, 17–20) oder parallelisiert (V. 10 f., 19)
> - Chiasmus (V. 13–15)

Bobrowskis Gedicht *Immer zu benennen* stellt in diesem Eingangsvers eine scheinbare Selbstverständlichkeit fest, nämlich die sprachliche Bezeichnung von Naturobjekten, und veranschaulicht sie an typischen Beispielen: dem Baum, dem Vogel, dem Fels und dem Fisch. Dann kommen dem Subjekt aber Zweifel, ob die Mittel der Benennungen – „Zeichen, Farben" (V. 7) – den Objekten auch gerecht werden, denn es handle sich um ein Spiel. Das Ich sucht fragend Unterweisung darin, was es dabei „vergaß" (V. 11 f.): dem Schlaf der Steine, Vögel und Bäume „als Vertretung des mineralischen, pflanzlichen und tierischen Bereichs"[1]; der „Fisch/im weißen Rauch" (V. 4 f.) – ein Hinweis auf den abendlichen Nebel über dem Strom oder auf das Feuer, an dem die Mahlzeit zubereitet wird[2]? – fehlt in dieser Aufzählung. Solche Mitteilungen aus dem Dunkeln, den Tiefen des Unterbewussten, Lieder, die nach Eichendorffs Gedicht *Wünschelrute* in allen Dingen schlafen, „[d]ie da träumen fort und fort"[3], oder Erkenntnisse über die „Seele der Natur" (vgl. Hölderlin: An die Natur, V. 32/ Arbeitsblatt 4 auf S. 49, und Haller: Morgengedanken, V. 22/Arbeitsblatt 5 auf S. 51), sind sprachlich nicht ohne göttliche Hilfe zu erfassen, weil sie irrationale, mythische Schichten berühren. „Seit Wittgenstein wissen wir: Das Sprachspiel ist Lebensform. Der richtige Ausdruck für das mythische Erleben dagegen, so Wittgenstein, ist ‚kein in der Sprache geäußerter Satz', es ist ‚die Existenz der Sprache selbst' "[4]. Die Schlussstrophe gibt einen Ausblick auf die mögliche Beseitigung der sprachlichen Unzulänglichkeiten: der Ruf eines Mensch gewordenen Gottes, auf den das Subjekt wartet und von dem es sich Inspiration erhofft. Der Konjunktiv II verneint aber diese Aussicht. In dem Gedicht aus vier Strophen in freien Rhythmen sind die erste und dritte durch ihre Länge und die Aufzählung gleicher Naturobjekte nach Doppelpunkten aufeinander bezogen. Sie unterscheiden sich jedoch durch Aussage- und Frageform und andersartige Attribuierungen: Während die Objekte in der dritten Strophe ausschließlich mit dem Schlaf eine Verbindung eingehen, sind die Attribute in der er-

---
[1] Alfred Behrmann: Einführung in den neueren deutschen Vers. Von Luther bis zur Gegenwart. Eine Vorlesung. Stuttgart: Metzler 1989, S. 117.
[2] Vgl. Jürgen Theobaldy: Ohne Mythos. In: Marcel Reich-Ranicki [Hrsg.]: 1000 Deutsche Gedichte und ihre Interpretationen. 2. Aufl. Bd. 8. Frankfurt am Main und Leipzig 1995, S. 325.
[3] Eichendorff: Sämtliche Gedichte und Versepen. A.a. O., S. 271. Vgl. Theobaldy: Ohne Mythos. A.a.O., S. 325.
[4] Theobaldy, S. 325.

sten in Aussage und Form vielfältiger. Die Eingangsstrophe besteht aus einer Ellipse und in der folgenden betont das isolierte Adjektiv „gerecht" einen hohen Anspruch. Dieser ist nur von einem Subjekt individuell zu erfüllen und geht über allgemeine Benennungen durch vorhandene Sprachmuster weit hinaus. Deshalb tritt das Ich in der ersten Strophe auch nicht in Erscheinung.

Johannes Bobrowski: Immer zu benennen

Wirkung der Natur
- Zweifel an geläufigen Bezeichnungen für Naturobjekte
- Suche nach einer Sprache für die mythischen Tiefendimensionen des Seins

Inhalt und Aufbau
- Feststellung (Str. 1):
  - sprachliche Bezeichnung von Naturobjekten als Selbstverständlichkeit
  - Beispiele
- Zweifel (Str. 2):
  - Benennungen als Spiel
  - Gerechtigkeit im Sinne von Angemessenheit
- Frage (Str. 3):
  - Suche nach Unterweisung über Vergessenes
    - im Dunkeln
    - aus den Tiefen des Unterbewussten
    - in Liedern, die in allen Dingen schlafen (vgl. Eichendorff: Wünschelrute)
    - die „Seele der Natur" (vgl. Hölderlin: An die Natur, V. 32; Haller: Morgengedanken, V. 22)
- Ausblick (Str. 4):
  - mögliche Beseitigung der sprachlichen Unzulänglichkeiten
  - Inspiration durch den Ruf eines Mensch gewordenen Gottes

Johannes Bobrowski: Immer zu benennen

Sprache und Form
- vier Strophen in freien Rhythmen
- Korrespondenz Str. 1/3: gleiche Länge; Aufzählung gleicher Naturobjekte nach Doppelpunkt
- Unterschiede Str. 1/3: Aussage/Frage, unterschiedliche Attribute in Aussage und Form
- Ellipse (Str. 1)
- isoliertes Attribut „gerecht" in V. 10: hoher Anspruch
- Subjekt in Str. 1 abwesend: allgemeine Benennungen durch vorhandene Sprachmuster

  in Str. 2–4 anwesend: individuelle Suche nach sachgerechten Formulierungen
- Konjunktiv 2 (Str. 4): vergebliche Hoffnung

Baustein 1: Gestaltende und analytische Zugänge

1.4 Naturwahrnehmungen als Erkenntnis- und Erinnerungsimpulse

Die neun Strophen in Paul Gerhardts Choral *Nun ruhen alle Wälder* auf dem **Arbeitsblatt 7** (S. 53) bestehen formal aus sechs Versen mit dreihebigen Jamben sowie Paar- und umarmenden Reimen und inhaltlich mit Ausnahme der beiden letzten aus zwei Hälften: Die erste geht jeweils auf abendliche Vorgänge und Stimmungen in der Natur und im Haus ein, die zweite leitet parallel oder im Kontrast dazu Glaubenseinsichten ab, deren kindlich-ungebrochene Frömmigkeit und barocke Weitschweifigkeit den Schülerinnen und Schülern fremd vorkommen dürften. Das vor der Aufklärung entstandene Gedicht strahlt Glaubensgewissheit und Gottvertrauen aus, verkündet seine Botschaften fern von jedem Zweifel und klingt in einem Gebet aus. Der Kurs verfolgt, wie das lyrische Ich Beobachtungen der Natur bei Einbruch der Nacht – und darüber hinaus beim Schlafengehen – überträgt, um Erkenntnisse weiterzugeben und – in diesem Beispiel – den Glauben zu stärken. Die Schülerinnen und Schüler stellen deshalb in einer Tabelle die Inhalte im ersten und zweiten Teil jeder Strophe gegenüber, notieren, ob sie sich entsprechen oder einen Gegensatz bilden, und ermitteln die Intentionen des Gedichts.

■ *Bearbeiten Sie die Aufgaben 1 und 2 auf dem Arbeitsblatt 7.*

Beobachtungen, Einsichten, Bitten und Botschaften in Paul Gerhards Abendlied

Beobachtungen	Einsichten
Str. 1: abendliche Ruhe	**Kontrast:** Aufruf zu religiösem Handeln
Str. 2: nächtliche Abwesenheit der Sonne	**Kontrast:** Jesus als Herzenssonne
Str. 3: funkelnde Sterne	**Parallele:** Leben nach dem Tod
Str. 4: Ablegen der Kleider	**Kontrast:** neue Bekleidung durch Christus
Str. 5: Feierabend	**Parallele:** Befreiung von Elend und Sünden
Str. 6: Zubettgehen	**Parallele:** Begräbnis
Str. 7: Bewusstlosigkeit während des Schlafs	**Kontrast:** göttlicher Schutz

Botschaften: Aufruf zum Leben im christlichen Glauben
Vertrauen auf Gottes Beistand
Gewissheit eines Lebens über den Tod hinaus
Bitte: Abwehr von Gefahren und Verführung (Gebet)

Der privat-vertrauliche Ton des Gedichts entsteht dadurch, dass das Ich nicht nur Personen – „meine Lieben" (V. 49–54), Jesus (V. 43–48) und Gott (V. 40–42) –, sondern auch Teile von sich selbst, „meine Sinnen" (V. 4–6), das Herz (V. 28–30) sowie die „matten Glieder" (V. 31–36) – und sogar die Sonne (V. 7–10), als Gegenüber in der zweiten Person anspricht. Dieses Charakteristikum auch anderer Lieder Gerhardts entdecken die Schülerinnen und Schüler, indem sie solche Stellen markieren und sich fragen, welche Wirkung von ihnen ausgeht.

> ■ *Unterstreichen Sie, wen oder was das Subjekt als Gegenüber in der zweiten Person anspricht (Aufgabe 3 auf dem Arbeitsblatt 7).*
>
> ■ *Welche Stimmung oder Wirkung entsteht dadurch (Aufgabe 3 auf dem Arbeitsblatt 7).*

Das zweite Abendlied stammt von einem Lyriker der Gegenwart (**Arbeitsblatt 8** auf S. 54) und bietet sich zum Vergleich mit demjenigen Gerhardts an. Während sich hier nach der Arbeit des Tages Ruhe ausbreitet und Frömmigkeit und Glaubensüberzeugungen Ausdruck finden, vermittelt das Subjekt dort seine Eindrücke auf einer Wanderung, bei der die Vergangenheit und Erinnerungen an eine unerfüllte Liebe aufleben. In dem Choral wirkt das äußere Geschehen als Impuls für religiöse Aussagen und Aufforderungen, die als Entsprechung oder Gegensatz deutlich auf jenes bezogen sind. Das moderne Gedicht gibt dagegen visuelle und akustische Wahrnehmungen wieder und überlässt die Deutung weitgehend den Lesern und Leserinnen. „[Z]wei Stechpalmen" und die Farbe Rot (V. 12–14, 26) geben als Symbole in Verbindung mit der „Sage/von der unsterblichen Liebe" (V. 16f.) Hinweise, worin die Beziehung des Ichs zu dem Dorf besteht. Dem Kirchenlied liegt ein einheitliches Metrum und Endreimschema zugrunde und die Satzstrukturen stimmen mit dem Versgefüge überein; Donhausers Gedicht verzichtet dagegen darauf: die Strophen haben eine bloß optische und gliedernde Funktion. Deshalb handelt es sich um Prosa in Gedichtform, um ein Prosagedicht.

> ■ *Vergleichen Sie das Abendgedicht auf dem Arbeitsblatt 8 mit dem von Paul Gerhardt auf dem Arbeitsblatt 7.*

Vergleich zweier Abendlieder

Paul Gerhardt: Abendlied	Michael Donhauser: Der Abend
• Ruhe nach der Arbeit des Tages	• Wanderung auf Höhen und Gang durch ein Dorf
• Ausdruck von Frömmigkeit	• Aufleben der Vergangenheit
• Glaubensüberzeugungen	• Erinnerungen an eine unerfüllte Liebe
• äußeres Geschehen als Impulse für religiöse Aussagen/Aufforderungen	• Beschreibung visueller/akustischer Wahrnehmungen
• enge Verknüpfung beider Ebenen durch den Dichter	• Deutung durch die Leser/innen anhand weniger Hinweise, zum Teil in Symbolen
• einheitliches Metrum und Endreimschema	• bloß optische und gliedernde Funktion der Strophen
• Übereinstimmung von Satz- und Versstruktur	• Prosagedicht

Von den sieben Strophen des Prosagedichts stellt die vierte die formale Mitte und das inhaltliche Zentrum dar, das die vorausgehende mit „zwei Stechpalmen vor einem Haus" (V. 12) vorbereitet und das die nachfolgende abschließt, indem sie die in der „Sage" verborgene Erkenntnis „von der unsterblichen Liebe" ausdrücklich benennt (V. 16f.). Wenn von den beiden Stechpalmen „eine […] rote Beeren [trug]" und „die andere/[…] ohne Früchte [stand]" (V. 13f.), so liegt der Schluss auf eine einseitige, unerfüllte Liebe nahe, die im Subjekt wieder auflebt und es in das Dorf auf der Höhe zieht, wo es den Blick in die Ebene „einmal noch" (V. 5) wie früher genießen möchte. Die Strophen 1–3 beschreiben, wie das Ich durch Weinberge und Wald auf die Höhe steigt, was es sieht, was es riecht (V. 4) und was ihm durch den Sinn geht. Das Dorf, in dem die Person wohnte, der die Liebesgefühle galten und die in dem Gedicht gar nicht in Erscheinung tritt, liegt zunächst verborgen (V. 2f.), dann aber „offen und gekehrt in/sich" (V. 10f.) – vermutlich spiegeln sich in diesen visuellen Eindrücken Empfindungen und Erinnerungen des Wanderers. Ob er den anvisierten Ort tatsächlich erreicht oder ihn sich nur vorstellt, bleibt wegen des augenfälligen Konjunktivs II am Anfang der dritten Strophe fraglich. Die Strophen 5–7 schildern den Gang durch das Dorf, die Dämmerung und was in ihr zu hören ist. Dadurch kommt ein Gefühl der Geborgenheit vor der „Kälte" „draußen" (V. 26f.) auf, das „noch im letzten Schein" der Ebene (V. 28) nachklingt und auf den Alltag ausstrahlt.

■ *Untersuchen Sie den inhaltlichen und formalen Aufbau des Gedichts und erschließen Sie seine Aussage (Aufgabe 2 auf dem Arbeitsblatt 8).*

Michael Donhauser: Der Abend – Aufbau und Aussagen

Strophen 1–3
Aufstieg
durch Weinberge und Wald
Anziehungskraft des Dorfes

Sehen:
Höhen und Ebene

Strophe 4
formale Mitte und inhaltliches Zentrum:
zwei Stechpalmen
mit vielen/ohne Früchte(n)

als Symbol
einer einseitigen, unerfüllten, weiterwirkenden Liebe

Strophen 5–7
Gang durch das Dorf in der Dämmerung: tatsächlich oder nur vorgestellt (Konjunktiv II in V. 9)?

Hören
+
Wahrnehmung der Ebene „im letzten Schein" (V. 28)

- Aufleben von Erinnerungen und Empfindungen
- Gefühl der Geborgenheit in Distanz zum Gewohnten („Ebene")
- Ausstrahlung auf den Alltag

Das Gedicht deutet weniges vage an und spart vieles aus, zum Beispiel die geliebte Person, die erste Begegnung mit ihr oder die Reaktionen und das Verhalten des Ichs. Stattdessen geht es auf die Landschaft ein, die beiden Stechpalmen und die Klänge und Laute im abendlichen Dorf. Diese Räume, Gegenstände und Töne können einen Rahmen bilden, den die Schülerinnen und Schüler in der Vers- und Strophenform dieses Prosagedichts, in davon abweichender Weise oder in ungebundener Sprache kreativ mit Ereignissen füllen, an die sich der Wanderer erinnert und die sich etwa im Dorf, vor dem Haus oder beim Blick in die Ebene abspielen. Denkbar wäre auch ein Gegengedicht mit der Überschrift „Der Morgen" oder eine Erzählung mit diesem Titel, die das Entstehen der Liebesgefühle gestalten. Die Schülerinnen und Schüler erhalten so die Möglichkeit, mit unterschiedlichen, sie inspirierenden Formen und Textsorten zu experimentieren.

■ *Verfassen Sie auf der Grundlage von Donhausers Abendgedicht und der in ihm angesprochenen Räume, Gegenstände, Klänge und Laute einen Text in derselben, in einer anderen oder in freier Form, der auf frühere Ereignisse eingeht, die*

in dem lyrischen Ich wieder aufleben. Sie können sich zum Beispiel im Dorf, vor dem Haus mit den beiden Stechpalmen oder beim Blick in die Ebene abgespielt haben. Es ist auch möglich, ein Gegengedicht mit der Überschrift „Der Morgen" oder eine Erzählung mit diesem Titel zu schreiben.

In Paul Celans Gedicht *Espenbaum* auf dem **Arbeitsblatt 9** (S. 55) lösen in den ersten vier Strophen Naturobjekte, die zu Beginn angesprochen und dann durch Eigenschaften, Verhaltensweisen oder Tätigkeiten näher bezeichnet werden, im Folgevers jeweils Erinnerungen an die Mutter und ihr Schicksal aus. Diese klare Strukturierung legt eine Zu- und Anordnungsaufgabe in Gruppen nahe, die jedem Vers auf der linken Seite des oberen Teils des Arbeitsblattes 9 einen zweiten der rechten hinzufügen, eine Reihenfolge der Strophen festlegen, ihr Ergebnis vorstellen und mit anderen vergleichen. Manche Kombinationen liegen durch semantische Verbindungen nahe, etwa in der ersten, dritten und auch letzten Strophe, es lassen sich aber ebenso Abweichungen von der Originalversion begründen, zum Beispiel durch das blonde Haar der Muter (V. 4) und die „goldne Schleife" (V. 7).

- *Bearbeiten Sie die Aufgaben 1 – 3 auf dem Arbeitsblatt 9.*

- *Erörtern Sie unterschiedliche Versionen. Vergleichen Sie anschließend Ihren Text mit der Originalversion des Gedichts auf dem zweiten Teil des Arbeitsblatts 9. Erklären und begründen Sie mögliche Unterschiede (Aufgaben 4 und 5).*

Über seine Mutter teilt das lyrische Ich mit, dass sie blonde Haare hatte – als „goldenes Haar" Margarethes durchzieht das Motiv die *Todesfuge* –, nicht mehr nach Hause kam, nicht alt – ihr „Haar ward nimmer weiß" (V. 2) – und vermutlich erschossen wurde. Die Verwundungen durch Blei können aber auch darauf verweisen, dass Belastungen und Sorgen, die Blei symbolisiert[1], das Herz als Lebens- und Gefühlszentrum des Menschen schwer verletzt haben. Neben diesen Aussagen in der Vergangenheitsform stehen diejenigen in der mittleren und letzten Strophe im Präsens, das am Ende sogar die Zukunft einschließt. Im Weinen der Mutter „für alle" (V. 6) zeigt sich ein ungeheures Ausmaß an Trauer und Schmerzen und im Bewusstsein ihrer dauerhaften Abwesenheit die bleibende Bindung zu ihr. Aus den biografischen Angaben auf dem Arbeitsblatt 9 geht hervor, dass der Dichter mit der Ukraine seine Heimat meint, auf die wahrscheinlich auch die anderen Naturelemente sowie die aus den Angeln gehobene Eichentür verweisen, und dass er die Deportation und Ermordung seiner Eltern und die Folgen für ihn darstellt.

- *Bearbeiten Sie die Aufgaben 6 und 7 auf dem Arbeitsblatt 9.*

Die Sprachform des Gedichts dominieren Parallelismen: Im jeweils ersten Vers folgen der Anrede der Naturobjekte und der Eichentür Aussage- oder Fragesätze, die sich mit Ausnahme der zweiten Strophe an das angesprochene Gegenüber in der zweiten Person richten. Dieses ist in der ersten, dritten und vierten zusätzlich personifiziert. Die Anfangszeile enthält mit dem Gegensatz Weiß-Dunkel schon denjenigen der folgenden Strophen und des gesamten Gedichts. Nur in der letzten Strophe fehlt im ersten Vers die Hinwendung zur Natur und ihren Schönheiten. Stattdessen fragt er nach dem Verursacher von Gewalt. Die zweiten Zeilen heben durch Adjektivattribute oder das Haar und das Herz die schönen Seiten der Mutter hervor, denen Trauer, Verlust und Tod in den anschließenden Satzteilen entgegenstehen.

- *Beschreiben Sie die sprachliche Form von Celans Gedicht (Aufgabe 8 auf dem Arbeitsblatt 9).*

---

[1] Vgl. Wetzel: Großes Lexikon der Symbole. A.a.O., S. 38.

> **Paul Celan: Espenbaum – sprachliche Form**
>
> - Kontraste: Natur ↔ Mutter; deren Schönheit und angenehme Wesenszüge ↔ Verlust; Weiß ↔ Dunkelheit (Str. 1); Beobachtungen ↔ Erinnerungen
> - Parallelismen: – Anrede von Naturobjekten und der Eichentür – Eigenschaften, Verhaltensweisen, Tätigkeiten in Aussage- und Fragesätzen (V. 1, 3, 5, 7)
>   – Beschreibungen der Mutter (Haar, Herz, Adjektivattribute) – Abwesenheit, Verletzungen, Tod
> - Anapher: Possessivpronomen „Meine(r)" als Ausdruck der Zusammengehörigkeit
> - Personifizierungen: V. 1, 5, 7
> - Fragesatz nach dem Verursacher von Gewalt (V. 9)

1.5 Natur und Poesie in zwei Gedichten Goethes

Um Goethes herausragenden Rang auch als Naturlyriker angemessen zu würdigen, müsste auf zahlreiche bekannte Gedichte noch einmal eingegangen werden, denen sich bereits andere Hefte dieser Reihe widmen[1]. Damit Wiederholungen und Überschneidungen begrenzt bleiben, sollen an dieser Stelle zwei Naturgedichte diese wichtige Gattung im Werk Goethes repräsentieren. In beiden befindet sich das Ich in der Natur, erfährt deren wohltuende Wirkung und reflektiert über sich selbst oder wird sich der Aufgabe und Wirkung des Dichters bewusst. Bei der Bearbeitung der Gedichte kann es den Schülerinnen und Schülern überlassen werden, für welches sie sich entscheiden.

In dem Gedicht *An den Mond* auf dem **Arbeitsblatt 10** (S. 56) blickt das Subjekt über das beschienene neblige Tal und fühlt sich auch in seiner Seelenlandschaft erleichtert und erquickt. Es spricht den Mond in den Strophen 1, 2, 8 und 9 als teilnehmenden, verständnisvollen, mitfühlenden, helfenden, heilsamen und beständigen Freund an, in dessen Gegenwart es sich entspannen kann, mit dem es seine Geheimnisse teilt und mit dem es in der Einsamkeit selig ist. In den Strophen 4, 6 und 7 wendet sich das Ich dem Fluss zu, der es an Ereignisse und Beziehungen erinnert, die vergangen, aber nicht vergessen sind. Sein Rauschen, zu dem es ihn auffordert, ist eine Inspirationsquelle für den Dichter (V. 23 f.), wenn der Fluss im Winter innere Aufwühlung und heftige Erregung und im Frühling neues Leben und die Schönheit aufblühender Pflanzen intoniert. Stärker als der durch das fließende Wasser aufkommende Gedanke an die Vergänglichkeit belasten das Subjekt die vielfältigen bleibenden Erinnerungen an frohe und traurige Tage. Es wahrt Distanz zur Welt und zu den Menschen und zieht sich in sein inneres Empfindungsgefilde zurück, in das ihn nur der Mond begleitet. Möglicherweise sucht es in einer Krisensituation Klarheit über sich selbst und findet Geborgenheit in der nächtlichen Natur. Die neun Strophen bestehen aus jeweils vier Versen mit abwechselnd vier- und dreihebigen Trochäen und Kreuzreimen mit durchgehend männlichen Endungen. Dadurch entsteht eine leichte Wellenbewegung wie in dem Fluss, einem der beiden zentralen Naturelemente des Gedichts, die in der zweiten Person angesprochen werden. Das andere, der Mond, ist als Freund noch stärker personifiziert. Alliterationen und Assonanzen verstärken die Klangwirkung und Vergleiche verbinden die Naturerscheinungen mit dem menschlichen Gefühlsleben.

---

[1] Vgl. Jürgen Möller: Die Lyrik Johann Wolfgang von Goethes (2011); Gerhard Friedl: Liebeslyrik (2009), S. 23–28, 39 f., 80, 82, 86 f., 89, 98, 103, 200–202, 212; Gerhard Friedl: Klassik (2012), Kap. 5.1–5.3 auf S. 147–162 mit Arbeitsblättern auf den S. 166–171.

Die Schülerinnen und Schüler werden auf die Musikalität der lyrischen Gattung aufmerksam, wenn sie das Gedicht, nachdem sie es gelesen haben, in der Vertonung von Franz Schubert[1] hören und darauf achten, wie diese Inhalt und Stimmung wiedergibt. Die langsame, in den Strophen 1, 3, 5 und 8 sich wiederholende Melodie bringt die innere Ruhe und Ausgeglichenheit zum Ausdruck, die das Ich bei der Selbstbesinnung im Mondschein empfindet. Allerdings verdeckt ihr Wohlklang den Gegensatz zwischen „Freud und Schmerz" in der dritten Strophe und die Qual des Nicht-vergessen-Könnens in der fünften. Eine andere Melodie erstreckt sich von der zweiten über die vierte bis zur sechsten Strophe, wo mit dem rauschenden Fluss auch Leben und Abwechslung in der Musik bis hin zu dramatischen Momenten zunehmen, während die Töne in der letzten in die Tiefe wie in „das Labyrinth der Brust" (V. 35) sinken.

> ■ *Lesen Sie Goethes Gedicht „An den Mond" auf dem Arbeitsblatt 10.*
> *Hören Sie anschließend die Vertonung von Franz Schubert. Achten Sie darauf, wie das Lied Inhalt und Stimmung des Gedichts wiedergibt, und beurteilen Sie, ob es seiner Vorlage angemessen ist.*

Anschließend bearbeiten die Schülerinnen und Schüler, die sich für dieses Gedicht entschieden haben, paarweise eine der Aufgaben auf dem Arbeitsblatt 10.

> ■ *Bearbeiten Sie eine der Aufgaben auf dem Arbeitsblatt 10.*

Die Ergebnisse könnten sich folgendermaßen zusammenfügen:

Johann Wolfgang von Goethe: An den Mond

Natur

Mond (Str. 1, 2, 8, 9)
- teilnehmender, verständnisvoller, mitfühlender, helfender, heilsamer und beständiger Freund,
- mit dem das Ich seine Geheimnisse teilt,
- bei dem es Erleichterung und Entspannung findet

Fluss
- Vergänglichkeit von Ereignissen und Beziehungen ↔
- Inspirationsquelle des Dichters
- innere Aufwühlung, heftige Erregung (Winter)

neues Leben, Schönheit aufblühender Pflanzen (Frühling)

lyrisches Ich
- Distanz zur Welt und zu den Menschen
- Rückzug ins innere Empfindungsgefilde

Erinnerungen an frohe/ schmerzliche Zeiten als Belastung

- Selbstbesinnung/-klärung in einer Krisensituation
- wohltuende Wirkung der Natur

---

[1] Franz Schubert: An den Mond. D 296. F. S.: Am Brunnen vor dem Tore. Deutsche Grammophon eloquence. Hamburg: Polydor International. Nr. 459 382–2. Spur 16. Vgl. auch die Eingabe *Schubert An den Mond* bei youtube.com.

Baustein 1: Gestaltende und analytische Zugänge

> **Johann Wolfgang von Goethe: An den Mond**
>
> **Form und Sprache**
> - 9 Strophen zu je 4 Versen mit abwechselnd 4-/3-hebigen Trochäen und männlichen Kreuzreimen: leichte Wellenbewegung
> - Anrede des Mondes/Flusses in der 2. Person
> - Personifizierung des Mondes als Freund
> - Vergleiche: Verbindung von Naturerscheinungen mit menschlichem Gefühlsleben
> - Alliterationen, Assonanzen: Verstärkung der Klangwirkung

Die *Zueignung* auf dem **Arbeitsblatt 11** (S. 57), die nicht den *Faust*, sondern ab 1815 die Sammlung der Gedichte und damit die Ausgaben von Goethes Gesamtwerk einleitet, ist ein „Bekenntnis- und Programmgedicht", das in „allegorisierende[r] Gestaltungsweise" der Frage nachgeht, „was Dichtung ist und vollbringen soll" (Goethe-Handbuch Bd. 1[1], S. 206). Gleichwohl spiegelt es „höchst individuelle[ ] und unmittelbare[ ] Verhältnisse und Probleme" (ebd.). So schildern die ersten vier Strophen unter „Bezug auf konkrete eigene Erfahrungen" zugleich ein „symbolträchtiges und bedeutungsschweres Naturerlebnis" (ebd.). Das lyrische Ich erwacht am Morgen mit neuer Lebenskraft und -lust und wandert auf einen Berg, freut sich an den aufblühenden Blumen und fühlt die Frische der Natur in sich selbst. Nebel und Wolken versperren ihm jedoch die Sicht und engen es ein. Als sich die Sonnenstrahlen durchsetzen, blenden sie den Wanderer, bis eine überirdisch schöne Frau als „Muse der Dichtung" oder „Göttin der Wahrheit" (ebd., S. 208), von dem „reinsten Schleier" (V. 39) umgeben, ihm den Blick ins „Tale" und „Gen Himmel" (V. 37 f.) ermöglicht. Sie schenkt ihm „Der Dichtung Schleier aus der Hand der Wahrheit" (V. 44–48). Er „verhüllt das Licht der Wahrheit nicht, sondern macht dem Menschen überhaupt erst den Blick darauf möglich. Aber es ist doch auch ein Blick, der durch den Schleier hindurch eine Distanz bewahrt und ein letztes Geheimnis unangetastet lässt. Das Gedicht ist damit gleichsam auch die Eröffnung des Weges zur symbolisierenden Kunst G.[oethe]s." (Ebd.) In der vorletzten Strophe beschreibt die Frauengestalt die Wirkung der Dichtung, die das Subjekt in der abschließenden aufgreift und weiterführt: unangenehme Empfindungen durch ihr Gegenteil zu ersetzen, bedrückende Gefühle zu beseitigen, das Auf und Ab des Lebens auszugleichen, das Gemeinschaftsgefühl und das Lebensglück zu stärken sowie die Erfahrungen des Liebens über den Tod hinaus den Nachkommen zu deren Freude weiterzugeben. Die Stanze, eine italienische Strophenform mit acht Versen aus in der Regel elf Silben und dem Reimschema abababcc, diente als „strenge Form [...] der Gewinnung von Maß und Begrenzung, der äußeren wie dann auch der inneren Befriedigung" (ebd., S. 209). Die Landschafts- und Personenallegorie, die sich im Schleier des Nebels und der Dichtung (V. 33–48) verbinden, ersetzen „als ausgedehnte Metapher [...] nicht nur – punktuell – einen Ausdruck durch einen anderen [...], sondern [lassen] ganze (uneigentlich gemeinte und sprachlich realisierte) Sinnzusammenhänge für das eigentlich Gemeinte stehen"[2]. Dieses veranschaulichen sie und zahlreiche Gegensätze spitzen es zu. Die aus mehreren Wörtern zusammengesetzten Neologismen „Abendwindeskühle" und „Blumenwürzgeruch" (V. 51 f.), Sprachkunst höchsten Grades wie das ganze Gedicht, wecken angenehme Empfindungen.

Die Schülerpaare, die sich mit der *Zueignung* befassen, wählen eine der drei Aufgaben auf dem Arbeitsblatt 11 aus. Eines von ihnen bereitet den Vortrag der acht Strophen vor (vgl. S. 24).

---

[1] Bernd Witte u. a. [Hrsg.]: Goethe-Handbuch in 4 Bänden. Sonderausgabe. Bd. 1: Gedichte. Hrsg. von Regine Otto und Bernd Witte. Stuttgart: Metzler, Carl Ernst Poeschel 2004.
[2] Uwe Spörl: Basislexikon Literaturwissenschaft, S. 104.

■ **Ein Paar:** Studieren Sie die Strophen auf dem Arbeitsblatt 11 für den Vortrag in der Klasse ein.
Die anderen Paare: Bearbeiten Sie eine der Aufgaben auf dem Arbeitsblatt 11.

Johann Wolfgang von Goethe: Zueignung

Wirkungen der Natur

- Erwachen am Morgen → neue Lebenskraft, Wanderung auf einen Berg
- aufblühende Blumen → Freude
- Belebung der Natur → Belebung des Menschen
- Nebel, Wolken → versperrte Sicht, Gefühl der Enge
- Sonnenschein durch den Nebel → Blendung

↓

schöne, göttliche Frau: personifizierte Wahrheit/Dichtkunst

- ermöglicht den Blick ins Tal und in den Himmel
- kennt Schwächen/Stärken des Subjekts
- übergibt Gewebe „[a]us Morgenduft […] und Sonnenklarheit" (V. 47 f.):

    „Der Dichtung Schleier"
    Wirkung:
    → Kontrast zu unangenehmen Empfindungen
    → Beseitigung bedrückender Gefühle
    → Ausgleich im Auf und Ab des Lebens
    → Stärkung von Gemeinschaftsgefühl und Lebensglück
    → Weitergabe von Erfahrungen des Liebens über den Tod hinaus

Johann Wolfgang von Goethe: Zueignung

Form und Sprache

- Stanzen (ital. Strophenform aus 8 Versen mit in der Regel 11 Silben/5-hebigen Jamben und dem Reimschema abababcc): Maß, Begrenzung, Ruhe für grundlegende Erkenntnisse
- Allegorien (Morgenlandschaft, Frauengestalt, Schleier des Nebels/der Dichtung) ⎫
- Personifizierung des Morgens (V. 1 f) ⎬ Veranschaulichung/Lebendigkeit abstrakter Begriffe
- direkte Rede ⎭
- Gegensätze (frisch, neu, freuen, erquicken/trüb, Dämmerung; Sonne/Nebel; Wolkenbett/Gruft (V. 54); Nacht/Helligkeit (V. 56); Lebensbürde/ „frischerneuter Segen" (V. 58 f.): Zuspitzung, Verdeutlichung
- Neologismen („Abendwindeskühle", „Blumenwürzgeruch" (V. 51 f.): angenehme Empfindungen

1.6 Interpretationshypothesen

Bei Lyrik, vor allem moderner, handelt es sich oft um hoch verdichtete, vieldeutige und anspielungsreiche Texte, bei deren Erschließung Interpretationshypothesen helfen, die begründet, überprüft und manchmal auch verworfen werden müssen. Am Beispiel des Gedichts über das Chamäleon von Jan Wagner aus dessen Lyrikband *Australien* (**Arbeitsblatt 12** auf S. 58) lernen die Schülerinnen und Schüler, aus dem Inhalt Hypothesen zu entwickeln, sie mit einer Interpretation auf dem **Arbeitsblatt 13** (S. 59) zu vergleichen und daran zu überprüfen sowie darin weitere Deutungsansätze zu erkennen. Aussagen zum Alter, zur Reaktion, zu den Augen und zur Haut der Echse, die im Gedicht Punkte oder Klammern abgrenzen, fungieren als Begründungen für die Hypothesen. Das erste Wort und der Eingangssatz heben das hohe Alter des Chamäleons hervor, das jenes des Bischofsamts übertreffe, dessen Insignie der Form seines Schwanzes entspreche. Die folgenden Beschreibungen der Eigenschaften und Verhaltensweisen legen nahe, dass diese sein Überleben begünstigen. Auf Zurufe (V. 3f., 15) reagiert es nicht; stattdessen konzentriert es sich auf seine Nahrung, richtet jeweils ein Auge nach oben und unten und zieht sich durch Veränderungen der Farben zurück, die seine Empfindungslage zeigen. Die hellwachen, aufmerksamen und neugierigen Augen sind durch einen Schuppenpanzer festungsartig geschützt. Die Häutung gibt Anlass zu dem Vergleich, weder räumlich noch argumentativ gebunden zu sein. Insbesondere die Parallele mit „eine[r] längst geräumte[n] these" richtet die Interpretationsperspektive auf den Menschen. Das Gedicht verzichtet auf Endreime ebenso wie auf ein regelmäßiges Metrum; Enjambements erzeugen am Ende der Verse harte Schnitte. Die Schülerinnen und Schüler tragen in Einzelarbeit in die linke Spalte der ersten Tabelle ein, was sie über das Chamäleon erfahren, und entwickeln daraus Interpretationshypothesen, die sie dann in Gruppen vergleichen und erörtern und, wenn sie überzeugen, im gesamten Kurs vorstellen.

- *Bearbeiten Sie die Aufgaben 1 und 2 auf dem Arbeitsblatt 12.*
- *Vergleichen und erörtern Sie Ihre Ergebnisse. Stellen Sie diejenigen, die Sie überzeugend finden, im Kurs vor.*

Die folgenden Vorschläge sind als Impulse für Nachfragen oder Ergänzungen des Lehrers oder der Lehrerin gedacht und sollen die Kreativität der Schülerinnen und Schüler keinesfalls einschränken.

	Aussagen des Gedichts über das Chamäleon	**Interpretationshypothesen**
Alter	höher als das Bischofsamt	*Das hohe Alter des Chamäleons als Gattung ist auf Eigenschaften und Verhaltensweisen zurückzuführen, die das Überleben begünstigen.*
Reaktionen	*Ignorieren von Zurufen; Konzentration auf die Nahrung; Beobachtung seiner Umgebung; Rückzug*	*Die Echse handelt instinktiv und lässt sich durch Aufforderungen nicht beeinflussen.*
Augen	*Blick in gegensätzliche Richtungen; festungsartiger Schutz der unruhigen Pupillen*	*Von außen kaum zu erkennen, beobachtet sie aufmerksam, neugierig und innerlich erregt, was um sie herum vor sich geht.*
Haut	*Abstreifen und Erneuerung; Vergleich mit aufgegebenen Stützpunkten und verworfenen Thesen*	*Die Häutung ist ein Sinnbild für räumliche und argumentative Flexibilität. Dadurch drängt sich der Vergleich mit dem Menschen auf.*

Uwe Wittstock geht in seiner Interpretation des Gedichts auf dem Arbeitsblatt 13, die unter der Überschrift *Zwischen Himmel und Boden* in der Frankfurter Anthologie der FAZ am 31. Dezember 2011 erschienen ist, auf die dem Chamäleon zugeschriebenen und seine tatsächlichen Eigenschaften ein, bevor er die präzise lyrische Beschreibung des Tiers wiedergibt. Mit Hinweisen auf die Biografie und die Veröffentlichungen des Verfassers belegt er seine Aussage, dem Gedicht liege „eine erfundene oder erlebte Reiseerinnerung" zugrunde (Z. 53 f.). Die Hypothese, die Echse befinde sich zwischen Himmel und Erde in der Position des Menschen, stützt er mit überlieferten Vorstellungen und der Astronomen-Metapher (V. 6 und Z. 54–62). Die ablehnende Reaktion des Chamäleons auf Lockrufe interpretiert Wittstock als Widerstand, den angestammten Lebensraum zu verlassen. Schließlich versteht er das Tier wegen seines Alters als „Symbol der Stabilität und gleichmütigen Beständigkeit" (Z. 86 f.), das „Befürchtungen der modernen Kulturkritik" entgegenstehe und für Zuversicht und Gelassenheit eintrete (Z. 73 f., 77–79).

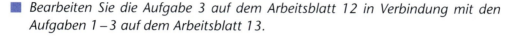 Bearbeiten Sie die Aufgabe 3 auf dem Arbeitsblatt 12 in Verbindung mit den Aufgaben 1–3 auf dem Arbeitsblatt 13.

Weitere Hypothesen in der Interpretation Wittstocks	Begründungen und Erklärungen
Das Gedicht spiegelt einen realen oder fiktiven Reiseeindruck.	Forschungsdrang, Fernweh und Exkursionen des Dichters; Inhalt der veröffentlichten Gedichte; Titel der Lyriksammlung, dem „chamäleon" entstammt
Das Chamäleon nimmt die Position des Menschen zwischen Himmel und Erde ein.	überlieferte Vorstellung vom Wesen des Menschen; der Astronom auf der Erde als Beobachter des Himmels
Es widersteht den Lockrufen, seinen Lebensraum zwischen oben und unten zu verlassen.	Regunglosigkeit
Es ist ein zuversichtlich stimmendes, zu Gelassenheit aufrufendes „Symbol der Stabilität und gleichmütigen Beständigkeit."	Alter der Echse als Entkräftung von „Befürchtungen der modernen Kulturkritik", durch die Übermacht des Wirklichen verliere sich der „Sinn für das Mögliche".

1.7 Semantische Felder

Während Wagner in dem Gedicht über das Chamäleon auf dem Arbeitsblatt 12 distanziert und symbolträchtig beschreibt, was er beobachtet, überstürzen sich in *Notturno* von Max Hermann-Neiße auf dem **Arbeitsblatt 14** (S. 60) Eindrücke und Gefühle expressiv und ekstatisch. „Das Mörderische der Verzweiflung wird gespiegelt in Bildern der Natur." Sie „ist hier das Orchester, das die Stimmung ausdrückt, die Bühne bereitet für den Auftritt des Solisten, des einen Menschen in seiner schaurigen Verlorenheit und seiner Größe, diese benennen zu können". (Bachér[1]) Landschaftselemente, Wetterphänomene, Himmelserscheinungen, Feuer, Helligkeit, Dunkelheit und Traumbilder vermischen sich chaotisch im Zeichen von Gewalt, Zerstörung, Wunden und Tod als Ausdruck des Trennungsschmerzes zweier Liebender. Im Traum fallen mit „Giebel und Gebirg" (V. 6, 12) zwar die Hindernisse zwischen ihnen, aber das Verletzend-Gewaltsame bleibt. Der Kosmos verliert seine Ordnung: „Mond fließt in Mond." (V. 12) Dieses Bild verweist jedoch ebenso auf das Zueinanderfinden der Liebenden und leitet den versöhnlichen und „stille[n] Schluss" (Bachér) ein:

---
[1] Ingrid Bachér: Die Glut des Bleibenden. Frankfurter Anthologie in der FAZ vom 20.8.2011.

"Gott ist mir gut." (V. 12). Dieser Satz ist „der Schlussstein des Gewölbes, des Gedichtes, zu dem die Gewissheit – der Erlösung in einer anderen Dimension – ebenso gehört wie das unstillbare Verlangen nach dem, was man liebt." (Ebd.) Wie häufig in expressionistischen Gedichten widersetzt sich die Form dem inhaltlichen Chaos und versucht es zu bändigen. Die Aussagen der drei Strophen konzentrieren sich um unterschiedliche Schwerpunkte und sind deshalb klar strukturiert: In den bedrückenden und irritierenden Naturbildern der ersten Strophe äußern sich die Empfindungen des Subjekts, das in der zweiten den Grund für seine Stimmung nennt. In der dritten öffnen sich mit Traum und Gott Perspektiven, Trennung und Niedergeschlagenheit zu überwinden, obwohl die äußere Welt ihre Schrecken nicht verliert, sondern diese sich sogar noch steigern. Nicht nur mit ihren Paarreimen unterscheiden sich die erste und dritte Strophe von der mittleren, deren Verse ein Kreuzreim abschließt, sondern auch im Satzbau. Mit einer Ausnahme – dem Konsekutivsatz in Vers 9 f. zu Beginn der Schlussstrophe – besteht das Gedicht zwar aus lauter Hauptsätzen, deren Umfang sich zunehmend ausweitet und gegen Ende wieder verkürzt. In der zweiten Strophe sind diese Sätze aber mit „und" aneinandergereiht und zu einem einzigen verbunden, der sich zudem noch als Fortsetzung vorausgehender Aussagen zu erkennen gibt. Durch die Satzlängen bildet die Mittelstrophe einen Höhepunkt, auf den die einleitende hin- und von der die abschließende wieder wegführt. Die durch Enjambements entstehenden Brüche nehmen im Verlauf des Gedichts ab und zahlreiche Alliterationen und Assonanzen erzeugen einen Wohlklang, der den wilden Inhalt glättet.

Die Aufgabe, zu jeder Strophe eine Interpretationshypothese zu formulieren, knüpft an das Thema des vorausgehenden Kapitels an und schafft gleichzeitig die Grundlage für die Arbeit mit semantischen Feldern. Die Schülerinnen und Schüler achten außerdem auf Formelemente, durch die sich die einzelnen Strophen unterscheiden.

■ *Bearbeiten Sie die Aufgaben 1 und 2 auf dem Arbeitsblatt 14 in der angegebenen Reihenfolge.*

Max Herrmann-Neiße: Notturno
Interpretationsansätze, Form und Sprache

Strophe	Interpretationshypothesen	Form und Sprache
1	Die bedrückenden Wahrnehmungen der Natur spiegeln Empfindungen des Ichs.	Paarreim, länger werdenden Hauptsätze, Vergleich, Personifizierungen, Enjambemements
2	Zwei Liebende leiden unter der Trennung.	Kreuzreim, durch „und" verbundene Hauptsatzreihe mit offenem Anfang, Aufzählung, Vergleiche
3	Traum und Glaube eröffnen Perspektiven, die Niedergeschlagenheit trotz des äußeren Chaos zu überwinden.	Paarreim, Konsekutivsatz, kurze Hauptsätze, Vergleich, Metaphern, Personifizierung, Enjambement

Liebesschmerz in der mittleren Strophe als Höhe- und Wendepunkt des Gedichts.

Im Anschluss daran identifizieren die Kursmitglieder einzeln semantische Felder, vergleichen ihre Ergebnisse mit denen ihres Sitznachbarn, bestimmen zu zweit, was die Wortfelder zum Ausdruck bringen, und suchen nach Beziehungen zwischen ihnen.

- Bearbeiten Sie die Aufgabe 3 auf dem Arbeitsblatt 14.
- Bearbeiten Sie die Aufgabe 4 auf dem Arbeitsblatt 14.

Einzelne Wörter lassen sich mehreren semantischen Feldern zuordnen, etwa das „Sterngeflacker" (V. 2) den Himmelserscheinungen und dem Feuer oder die „Feuersbrunst" (V. 8), die ebenfalls zu diesem Wortfeld, aber auch zu dem mit „Helligkeit/Dunkelheit" bezeichneten gehört. Über die semantischen Felder sind Parallelen zwischen Vorgängen in Natur und Kosmos einerseits und der Liebessehnsucht andererseits zu erkennen. Die weithin leuchtende „Liebesnot" (V. 8) hellt aber auch das Düstere der Trennung auf, sodass das Zusammensein der Liebenden im Traum stattfinden und durch das Ineinanderfließen zweier Monde symbolisiert werden kann. Darin zeigt sich dem Ich Gottes Güte.

Max Herrmann-Neiße: Notturno
Semantische Felder als Interpretationshilfe

Semantische Felder	Bedeutung und Beziehung untereinander
Landschaftselemente: Wald, Teich, Wipfelmeer (Str. 1, V. 11); Feld, Gebirg (V. 6, 12), Land (V. 8)	Schädigung als Opfer von Gewalt; Hindernisse zwischen den Liebenden, die zum Teil vergehen; Ausmaß des Liebesschmerzes
Wetterphänomene: Wind (V. 1, 11); Gewölk (V. 3)	Gewaltursache, unter der die Landschaft leidet
Himmelserscheinungen: Sterngeflacker, Abendrot (V. 2 f.), Sterne (V. 11), Mond (V. 3, 12)	Mondaufgang als irritierendes Ereignis (V. 2 f.); sterbender Kosmos (V. 11 f.)
gefährliche Tiere: Natter (V. 7), Hunde (V. 9)	Sehnsucht und Traumbegegnung als verletzende und schmerzhafte Zustände
Feuer: Feuersbrunst (V. 8), Flammen (V. 10), Flackern von Sternen und Flammen (V. 2, 10)	unruhiges Zucken als **Verbindung von Kosmos und menschlicher Liebe**
Gewalt, Wunden Tod: würgen (V. 1, 11), totgeschlagen (V. 1), schwere Schläge (V. 3), bluten (V. 7, 11), Natter- und Hundebisse (V. 7, 9)	dominante Wahrnehmungen und Empfindungen **in der Natur wie in einer Liebesbeziehung**
Dunkelheit/Helligkeit: dunkel (V. 2), Finsternis (V. 5), helles Feuer (V. 8), doppelter Mond (V. 12)	allmähliche Aufhellung der düstern Stimmung aus dem Leid heraus über das Ineinanderfließen zweier Himmels- und Menschenkörper bis zum Glauben

Schließlich bringen die Schülerinnen und Schüler eines der semantischen Felder mit einer oder mehreren zuvor aufgestellten Interpretationshypothesen in Verbindung, indem sie einen kurzen Text als Vorübung für die schriftliche Interpretation verfassen.

■ *Formulieren Sie einen kurzen Text, wie in Aufgabe 5 auf dem Arbeitsblatt 14 verlangt.*

Eine mögliche Version zum Wortfeld „Landschaftselemente" kann Beispiel für Texte zu den anderen semantischen Feldern sowie für Inhalt und Stil ausführlicherer Interpretationen sein.

> In dem ersten kurzen Satz des Gedichts „Wind würgt den Wald" wird ein Naturgeschehen personifiziert und als Gewalttat dargestellt. Wenn die dritte Strophe diese Feststellung wiederholt, zeigt sich daran, dass sich die Wahrnehmung in dieser Beziehung nicht ändert. Auch der Teich, der „[w]ie totgeschlagen liegt" (V. 1), und „das Wipfel-Meer" (V. 4), auf welches das „Gewölk [schwer] schlägt […]" (V. 3), sind massiver Einwirkung von Gewalt ausgesetzt. Allerdings ist davon in der letzten Strophe nicht mehr die Rede. Damit deutet sich eine Veränderung an, die weitere Landschaftselemente in der zweiten und dritten Strophe verstärken. Während „Feld" und „Gebirg" (V. 6) zunächst unüberwindliche Hindernisse für die Liebenden sind und das Ausmaß ihres Trennungsschmerzes zeigen, vergehen die Berge am Schluss, sodass die Getrennten zueinander finden können. Dieses Landschaftsbild veranschaulicht also unterschiedliche Empfindungen des liebenden Ichs, und daraus ist zu schließen, dass auch Wald und Teich in der Eingangsstrophe dessen bedrückende Stimmung spiegeln, die es am Ende überwindet, obwohl die äußere Gewalt bleibt.

Notizen

Von der Naturbeobachtung zum Gedicht

Lassen Sie sich von Beobachtungen in der Natur zu einem Gedicht anregen. Suchen Sie eine Stelle in der Nähe Ihrer Schule oder an einem anderen Ort, an der Sie Naturerscheinungen oder -vorgänge beobachten können. Bearbeiten Sie dann die folgenden Aufgaben nacheinander:

1. *Schreiben Sie Ihre **Beobachtungen** in einem fortlaufenden „Fließtext" auf.*
2. ***Verdichten** Sie diesen Fließtext, indem Sie entbehrliche, für das Verständnis des Textes nicht notwendige Wörter streichen.*
3. ***Brechen** Sie den Fließtext in Verszeilen **um**, sodass die Form Ihre Aussageabsicht verdeutlicht.*
4. ***Überarbeiten** Sie die Versform, um Ihre Absicht noch stärker hervorzuheben und die Sprache zu präzisieren. Finden Sie außerdem eine passende Überschrift und/oder eine Folgerung, die sich aus dem entstandenen Text ableiten lässt und das Gedicht abschließt.*

Ideen zur inhaltlichen und sprachlichen Verbesserung können Sie in jeder Phase sofort umsetzen.

Beispiel

1. Beobachtungen:
Auf der Wiese steht ein großer alter Apfelbaum mit einem mächtigen Stamm. Dessen Rinde ist graubraun und fühlt sich runzelig an. Kleine Stücke lösen sich und fallen zu Boden. Über mir breiten sich Äste und Zweige aus; sie werden immer dünner, lassen sich schließlich biegen und enden in rosa-weißen, zarten Blüten, die angenehm duften. Bienen besuchen sie, summen, saugen mit ihren Rüsseln Nektar aus ihnen, fliegen kurz auf und setzen sich auf die nächste.

2. Verdichtung:
Auf einer Wiese ein alter Apfelbaum; mächtiger Stamm, graubraun und runzelig. Kleine Stücke lösen sich von der Rinde. Darüber Äste und Zweige, immer dünner, schließlich biegsam. An ihren Enden rosa-weiße, zarte, duftende Blüten; Bienen als Gäste; nach ihrem Besuch fliegen sie summend zur nächsten.

3. Umbruch

Auf einer Wiese
ein alter Apfelbaum.
Mächtiger Stamm,
graubraun und runzelig.
5 Kleine Stücke lösen sich von der Rinde.
Darüber Äste und Zweige,
immer dünner,
schließlich biegsam.
An den Enden rosa-weiße, zarte, duftende Blüten.
10 Bienen kommen als Gäste.
Nach ihrem Besuch fliegen sie summend zur
                                          nächsten.

4. Endfassung

Lebensbaum
Auf einer Wiese
ein alter Apfelbaum.
Ein mächtiger Stamm,
graubraun und runzelig.
5 Kleine Stücke lösen sich von seiner Rinde.
Darüber Äste, Zweige,
immer dünner,
schließlich biegsam.
An den Enden junge rosa-weise zarte duftende
                                          Blüten.
10 Bienen als Gäste.
Nach ihrem Besuch fliegen sie summend zum
nächsten Wirt.

Lyrische Zuschreibungen in Gedichten über Blumen, Kastanien, die Nachtigall und Muscheln

1. Untersuchen Sie, welche Bedeutung die folgenden Gedichte Blumen, der Nachtigall, Muscheln und wilden Kastanien zuschreiben.

2. Informieren Sie sich über die wichtigsten Lebensstationen und die Hauptwerke der Dichter.

Joseph von Eichendorff
Schneeglöckchen

'S war doch wie ein leises Singen
In dem Garten heute Nacht,
Wie wenn laue Lüfte gingen:
„Süße Glöcklein, nun erwacht,
5 Denn die warme Zeit wir bringen,
Eh 's noch Jemand hat gedacht." –
'S war kein Singen, 's war ein Küssen,
Rührt' die stillen Glöcklein sacht,
Dass sie alle tönen müssen
10 Von der künft'gen bunten Pracht.
Ach, sie konnten's nicht erwarten,
Aber weiß vom letzten Schnee
War noch immer Feld und Garten,
Und sie sanken um vor Weh.
15 So schon manche Dichter streckten
Sangesmüde sich hinab,
Und der Frühling, den sie weckten,
Rauschet über ihrem Grab.

J. v. Eichendorff: Sämtliche Gedichte und Versepen. Hrsg. v. Hartwig Schultz. Frankfurt am Main und Leipzig: Insel Verlag 2007, S. 345.

Heinrich Heine

Die blauen Frühlingsaugen
Schaun aus dem Gras hervor;
Das sind die lieben Veilchen,
Die ich zum Strauß erkor.

5 Ich pflücke sie und denke
Und die Gedanken all,
Die mir im Herzen seufzen,
Singt laut die Nachtigall.

Ja, was ich denke, singt sie
10 Lautschmetternd, dass es schallt;
Mein zärtliches Geheimnis
Weiß schon der ganze Wald.

Heinrich Heine: Neue Gedichte. Neuer Frühling Nr. 13. In: H. H.: Ich weiß nicht, was soll es bedeuten. Gedichte. Stuttgart, München: Deutscher Bücherbund 1986, S. 217.

Wolfgang Borchert
Muscheln, Muscheln

Muscheln, Muscheln, blank und bunt,
findet man als Kind.
Muscheln, Muscheln, schlank und rund,
darin rauscht der Wind.

5 Darin singt das große Meer –
in Museen sieht man sie glimmern,
auch in alten Hafenkneipen
und in Kinderzimmern.

Muscheln, Muscheln, rund und schlank,
10 horch, was singt der Wind:
Muscheln, Muscheln, bunt und blank,
fand man einst als Kind!

Conrady, S. 833/W. B.: Das Gesamtwerk, hg. von M. Töteberg unter Mitarbeit v. I. Schindler. © 2007 Rowohlt Verlag, Reinbek bei Hamburg.

Peter Huchel
Wilde Kastanie

Nicht essbar, doch voll braunem Knallen,
wenn sie die Magd ins Feuer drückt,
die liebste Beere wohl von allen,
nach der das Kind im Herbst sich bückt:
5 sie hängt in rauer Stachelschale
und unterm breiten Blätterstern,
zu groß für eine Amselkralle
und für die kleine Hand zu fern.

Doch wenn der Sturm der roten Blätter
10 bis in die alten Wipfel stößt,
im raschelnden Oktoberwetter
die Spinne aus dem Netz sich löst,
dann springen braun Kastanienbälle
von allen Ästen der Allee,
15 sie rollen, von des Windes Kelle
getrieben hin auf der Chaussee.

Deutsche Naturlyrik, S. 138/P.H.: Gesammelte Werke in zwei Bänden. Hrsg. von Axel Vieregg. Bd. 1: Die Gedichte. Frankfurt a. M.: Suhrkamp 1984. © Suhrkamp Verlag Frankfurt am Main/Berlin.

Friedrich Schiller: Meine Blumen

1. Finden Sie für jede Strophe eine Überschrift, die ihren Inhalt kurz und prägnant zusammenfasst.

2. Ermitteln Sie Reimform und Versmaß. Ziehen Sie dabei Zusatzmaterial 2 zu Rate. Bestimmen Sie das Versmaß, indem Sie natürlich betonte Silben (den Wortstamm) mit einem Akzent (') versehen. Suchen Sie dann nach einer Regelmäßigkeit im Wechsel von betonten und unbetonten Silben.

3. Welche rhetorischen Figuren entdecken Sie in dem Gedicht? Was bringen sie zum Ausdruck? In Zusatzmaterial 3 können Sie sich über solche sprachliche Mittel informieren.

Meine Blumen

Schöne Frühlingskinder, lächelt,
    Jauchzet, Veilchen auf der Au!
Süßer Balsamatem fächelt
    Aus des Kelches Himmelblau.
5 Schön das Kleid mit Licht gesticket,
Schön hat Flora[1] euch geschmücket
    Mit des Busens Perlentau!
Holde Frühlingskinder, weinet!
Seelen hat sie euch verneinet,
10   Trauert, Blümchen auf der Au!

Nachtigall und Lerche flöten
    Minnelieder über euch,
Und in euren Balsambeeten
    Gattet sich das Fliegenreich.
15 Schuf nicht für die süßen Triebe
Euren Kelch zum Thron der Liebe
    So wollüstig die Natur?
Sanfte Frühlingskinder, weinet,
Liebe hat sie *euch* verneinet,
20   Trauert, Blümchen auf der Flur!

Aber wenn, vom Dom[2] umzingelt,
    Meine Laura euch zerknickt
Und, in einen Kranz geringelt,
    Tränend ihrem Dichter schickt –
25 Leben, Sprache, Seelen, Herzen
Flügelboten süßer Schmerzen!
    Goss euch dies Berühren ein.
Von Dionen[3] angefächelt,
Schöne Frühlingskinder, lächelt,
30   Jauchzet, Blumen in dem Hain!

[1] römische Göttin der Blüten und des Frühlings
[2] Das Wort geht möglicherweise auf schwäb. täum, mhd. toum: Dunst, Duft, Dampf zurück. (SW I, Anm.) Denkbar ist auch die Ableitung von lat. domus: Haus (Berliner Ausg. Bd. 1. Anm.)
[3] Mutter der Aphrodite, auch: die Liebesgöttin

Friedrich Schiller: Sämtliche Werke. Bd. 1. 8. Aufl. München: Hanser 1987 (Lizenzausg. f. d. Wiss. Buchges. Darmstadt), S. 85 f..

Das Gedicht wurde in der *Anthologie* (griech. Blumenlese: Sammlung ausgewählter Gedichte) *auf das Jahr 1782* veröffentlicht, nachdem Schiller das Medizinstudium auf der Karlsschule des württembergischen Herzogs Carl Eugen abgeschlossen hatte und Regimentsarzt in Stuttgart geworden war. Er wohnte in Untermiete bei der Hauptmannswitwe Luise Vischer, in die er sich wahrscheinlich verliebte und die er in Gedichten als *Laura* unter demselben Namen poetisch überhöhte wie Petrarca seine Geliebte, eine verheiratete Frau.

Friedrich Schiller: Meine Blumen
(Lösungsvorschlag)

- *vierhebige Trochäen*
- *Kreuz-, Paar- und umarmende Reime*

Meine Blumen

Schöne Frühling*kinder*, <u>lächelt</u>,
<u>Jauchzet</u>, Veilchen auf der Au!
Süßer Balsamatem fächelt
Aus des Kelches Himmelblau.
5 Schön das *Kleid* mit Licht *gesticket*,
Schön hat Flora euch *geschmücket*
Mit des Busens *Perlentau*!
Holde Frühling*kinder*, <u>weinet</u>!
Seelen hat sie euch verneinet,
10 <u>Trauert</u>, Blümchen auf der Au!

Nachtigall und Lerche flöten
Minnelieder über euch,
Und in euren Balsambeeten
Gattet sich das Fliegenreich.
15 Schuf nicht für die süßen Triebe
Euren Kelch zum Thron der Liebe
So wollüstig die Natur?
Sanfte Frühling*kinder*, *weinet*,
Liebe hat sie *euch* verneinet,
20 <u>Trauert</u>, Blümchen auf der Flur!

Aber wenn, vom Dom umzingelt,
Meine Laura euch zerknickt
Und, in einen Kranz geringelt,
<u>Tränend</u> ihrem Dichter schickt –
25 Leben, Sprache, Seelen, Herzen
Flügelboten **süßer Schmerzen**!
Goss euch dies Berühren ein.
Von Dionen angefächelt,
Schöne Frühling*kinder*, <u>lächelt</u>,
30 <u>Jauchzet</u>, Blumen in dem Hain!

Annotations (left side):
- lebendige, aber unbeseelte Schönheiten
- Orte der Liebe, an der die Blumen selbst aber nicht teilhaben
- Liebesboten: Vervollständigung menschlicher Eigenschaften

Annotations (right side):
- X *Personifizierungen: Annäherung an die Menschen*
- Anapher: Hervorhebung der Schönheit
- Gegensätze und Parallelismen: Betonung der Schönheit, des Mangels und von Lauras Ausstrahlung
- Ausrufesätze: Verstärkung
- Symbole der Liebe und des Schmerzes sowie der Herrschaft der Liebe
- rhetorische Frage: Nachdruck
- Imperative: Aufforderungen
- Metonymie: Stärke der Empfindungen
- Gedankenstrich/Satzbruch: Gefühlsüberschwang
- Aufzählung: Allmacht der Geliebten/ der Liebe und ihre paradoxe Wirkung
- **Oxymoron: Sehnsucht während der Trennung**
- X Chiasmus: Ausmaß und Vielfalt der frohen Äußerungen

Friedrich Hölderlin: An die Natur (1795)

1. Benennen Sie das Thema des Gedichts.

2. Gliedern Sie seinen Inhalt und fassen Sie ihn zusammen. Versuchen Sie Ihre Einteilung durch die Form und die rhetorischen Mittel zu untermauern. Ziehen Sie bei Bedarf die Gesichtspunkte für die Interpretation von Lyrik, die Übungen zu lyrischen Formen sowie die Liste rhetorischer Mittel in den Zusatzmaterialien 1–3 zu Rate.
Stellen Sie Ihre Ergebnisse in einer Tabelle mit zwei Spalten (Inhalt/Sprache und Form) gegenüber.

3. Suchen Sie weitere markante sprachliche und formale Mittel und bestimmen Sie deren Funktion.

Da ich noch um deinen Schleier spielte,
Noch an dir, wie eine Blüte, hing,
Noch dein Herz in jedem Laute fühlte,
Der mein zärtlichbebend Herz umfing,
5 Da ich noch mit Glauben und mit Sehnen
Reich, wie du, vor deinem Bilde stand,
Eine Stelle noch für meine Tränen,
Eine Welt für meine Liebe fand,

Da zur Sonne noch mein Herz sich wandte,
10 Als vernähme seine Töne sie,
Und die Sterne seine Brüder nannte
Und den Frühling Gottes Melodie,
Da im Hauche, der den Hain bewegte,
Noch dein Geist, dein Geist der Freude sich
15 In des Herzens stiller Welle regte,
Da umfingen goldne Tage mich.

Wenn im Tale, wo der Quell mich kühlte,
Wo der jugendlichen Sträuche Grün
Um die stillen Felsenwände spielte
20 Und der Äther¹ durch die Zweige schien,
Wenn ich da, von Blüten übergossen,
Still und trunken ihren Othem² trank
Und zu mir, von Licht und Glanz umflossen,
Aus den Höhn die goldne Wolke sank –

25 Wenn ich fern auf nackter Heide wallte,
Wo aus dämmernder Geklüfte Schoß
Der Titanensang³ der Ströme schallte
Und die Nacht der Wolken mich umschloss,
Wenn der Sturm mit seinen Wetterwogen
30 Mir vorüber durch die Berge fuhr
Und des Himmels Flammen mich umflogen,
Da erschienst du, Seele der Natur!

Oft verlor ich da mit trunknen Tränen
Liebend, wie nach langer Irre sich
35 In den Ozean die Ströme sehnen,
Schöne Welt! in deiner Fülle mich;
Ach! da stürzt ich mit den Wesen allen
Freudig aus der Einsamkeit der Zeit,
Wie ein Pilger in des Vaters Hallen,
40 In die Arme der Unendlichkeit. –

Seid gesegnet, goldne Kinderträume,
Ihr verbargt des Lebens Armut mir,
Ihr erzogt des Herzens gute Keime,
Was ich nie erringe, schenktet ihr!
45 O Natur! an deiner Schönheit Lichte,
Ohne Müh und Zwang entfalteten
Sich der Liebe königliche Früchte,
Wie die Ernten in Arkadien⁴.

Tot ist nun, die mich erzog und stillte,
50 Tot ist nun die jugendliche Welt,
Diese Brust, die einst ein Himmel füllte,
Tot und dürftig, wie ein Stoppelfeld;
Ach! es singt der Frühling meinen Sorgen
Noch, wie einst, ein freundlich tröstend Lied,
55 Aber hin ist meines Lebens Morgen,
Meines Herzens Frühling ist verblüht.

Ewig muss die liebste Liebe darben,
Was wir lieben, ist ein Schatten nur,
Da der Jugend goldne Träume starben,
60 Starb für mich die freundliche Natur;
Das erfuhrst du nicht in frohen Tagen,
Dass so ferne dir die Heimat liegt,
Armes Herz, du wirst sie nie erfragen,
Wenn dir nicht ein Traum von ihr genügt.

Friedrich Hölderlin: Sämtliche Werke und Briefe. Hrsg. von Günter Mieth. Erster Band. München: Carl Hanser Verlag 1970, S. 177f.

---

[1] blaue Weite des Himmels
[2] Odem: Atem
[3] Titanen: Söhne und Töchter des Uranos und der Gaia, die gegen Unterordnung Widerstand leisten und Unterdrückung bekämpfen
[4] griechische Landschaft der Idylle und des Glücks

Friedrich Hölderlin: An die Natur (Lösungsvorschlag)

Thema: Sentimentaler Rückblick auf das jugendliche Leben im Einklang mit der Natur

Str.	Inhalt	Sprache und Form
1, 2	**Verhältnis des Ichs zur Natur** • innige Beziehung • intensiver Austausch von Wahrnehmungen und Gefühlen • reichhaltige Vorstellungswelt und Ausdruckskraft ↓ Glück einer vergangenen Zeit	• ein einziger Aussagesatz als Abschluss aneinandergereihter Adverbialsätze (temporales „da") • wiederholtes, auch anaphorisches „noch": Gegensatz zur Gegenwart • weitere Anaphern „Eine" (V. 7f.), „Und" (V. 11f.) • Personifizierung der Natur und Anrede in der 2. Person • Gleichklang der Herzen (V. 3f., 9, 15) • Schleiermetapher (V. 1), Blütenvergleich (V. 2) • Neologismus „zärtlichbebend" (V. 4) • nachträgliche Präzisierung (V. 14)
3, 4	**Erleben der Natur** • angenehm-heilsame (Str. 3) und gewaltig-bedrohliche (Str. 4) Natureindrücke in unterschiedlichen Szenerien • Genuss der Naturerscheinungen mit allen Sinnen • deren Ausrichtung auf das Subjekt (V. 23, 30 f.) • Begegnung mit der „Seele der Natur" in ihren unterschiedlichen Ausprägungen	• ein einziger Ausrufesatz als Ziel einer Reihe von Konditionalsätzen, die zum Teil weitere Lokalsätze (V. 17f., 26) enthalten • Gegensätze Stille (V. 19, 22), Helligkeit (V. 20, 23), Pflanzen (V. 18–22)/donnernde Flüsse (V. 26f.), Gewitter (V. 29–31), Dunkelheit (V. 26, 28), „nackte[ ] Heide" (V. 25)
5	**Wirkungen** • empfindsames Versinken in der Fülle, Schönheit und Unendlichkeit der Natur • Überwindung von Isolation	• Vergleiche (Ströme/Ozean, Pilger/Vaterhaus) • Anruf der Natur als „Schöne Welt!" in Parenthese • Interjektion „Ach!" als Freuderuf
6	**Erkenntnis** • Widerspruch zwischen kindlichen Vorstellungen und Lebensrealität • Herzensbildung/Liebe als Geschenk der Natur, nicht als Errungenschaft • Dankbarkeit	• Segen als religiöse Handlung • Gegensätze (Kinderträume/Armut des Lebens, Geschenk/Errungenschaft) • Anruf der Natur in Verbindung mit dem Empfindungswort „O" • Anapher „Ihr" • Vergleich (Arkadien als paradiesische Landschaft) • Aufwertung der „Früchte" als „königlich"
7	**Feststellungen des Erwachsenen** • Untergang der Natur als Erzieherin und jugendliche Erlebnis-, Vorstellungs- und Gefühlswelt • Frühling als Trostlied, das aber keine großen Gefühle mehr erzeugt	• Anapher „Tot (ist nun)": Nachdruck • Gegensatz „nun"/„einst" • Chiasmus (V. 55. f.) • Seufzerruf „Ach!" • Metapher (V. 55)
8	**Folgen** • Empfindungen des Mangels, vor allem an Liebe • Entfremdung vom Lebenszentrum • Beschränkung auf Abbilder der Natur	• Figura etymologica (liebste Liebe, lieben, V. 57 f.) • Chiasmus (V. 59 f.) • Anrede des Herzens

übergreifende sprachliche und formale Mittel	Funktion
Kontrast Str. 1–6/7 f. →	Vergangenheit und Gegenwart
„Herz" als Schlüsselwort →	Betonung der Gefühle im kindlichen Erleben der Natur
Farbadjektive „golden" (V. 16, 24, 41, 59) →	Nähe zur Natur und Vorstellungen von ihr als etwas Wertvolles, Ideales (Goldenes Zeitalter)
Anruf der Natur als „Schöne Welt!" (V. 36, 45) →	Verbindung von Schönheit, Liebe und Natur
8 Strophen aus 8 Versen mit 5-hebigen Trochäen/Kreuzreime mit weiblichen/männlichen Kadenzen im Wechsel	

Lyrische Reaktionen auf Natureindrücke (I)

1. *Ermitteln Sie die Wirkungen der Natur auf das lyrische Ich in Albrecht von Hallers Gedicht „Morgengedanken".*
2. *Untersuchen Sie Inhalt und Aufbau oder Form und Sprache des Gedichts.*

Albrecht von Haller
Morgengedanken
Den 25. März 1725

Der Mond verbirget sich, der Nebel grauer Schleier
Deckt Luft und Erde nicht mehr zu;
Der Sterne Glanz erblasst, der Sonne reges Feuer
Stört alle Wesen aus der Ruh.

5 Der Himmel färbet sich mit Purpur und Saphiren,
Die frühe Morgenröte lacht,
Und vor der Rosen Glanz, die ihre Stirne zieren,
Entflieht das bleiche Heer der Nacht.

Durchs rote Morgentor der heitern Sternenbühne
10 Naht das verklärte Licht der Welt;
Die falben[1] Wolken glühn von blitzendem Rubine,
Und brennend Gold bedeckt das Feld.

Die Rosen öffnen sich und spiegeln an der Sonne
Des kühlen Morgens Perlentau;
15 Der Lilien Ambradampf[2] belebt zu unsrer Wonne
Der zarten Blätter Atlasgrau[3].

Der wache Feldmann eilt mit Singen in die Felder
Und treibt vergnügt den schweren Pflug;
Der Vögel rege Schar erfüllet Luft und Wälder
20 Mit ihrer Stimm und frühem Flug.

O Schöpfer! Was ich seh, sind deiner Allmacht Werke!
Du bist die Seele der Natur;
Der Sterne Lauf und Licht, der Sonne Glanz und Stärke
Sind deiner Hand Geschöpf und Spur.

25 Du steckst die Fackel an, die in dem Mond uns leuchtet,
Du gibst den Winden Flügel zu;
Du leihst der Nacht den Tau, womit sie uns befeuchtet,
Du teilst der Sterne Lauf und Ruh.

Du hast der Berge Stoff aus Ton und Staub gedrehet,
30 Der Schachten Erz aus Sand geschmelzt;
Du hast das Firmament an seinen Ort erhöhet,
Der Wolken Kleid darum gewälzt.

Den Fisch, der Ströme bläst und mit dem Schwanze stürmet,
Hast du mit Adern ausgehöhlt;
35 Du hast den Elefant aus Erden aufgetürmet
Und seinen Knochenberg beseelt.

Des weiten Himmelsraums saphirene Gewölber,
Gegründet auf den leeren Ort,
Der Gottheit große Stadt, begrenzt nur durch sich selber,
40 Hob aus dem Nichts dein einzig Wort.

Doch, dreimal großer Gott! es sind erschaffne Seelen
Für deine Taten viel zu klein;
Sie sind unendlich groß, und wer sie will erzählen,
Muss, gleich wie du, ohn Ende sein!

45 O Unbegreiflicher! Ich bleib in meinen Schranken;
Du, Sonne, blendst mein schwaches Licht;
Und wem der Himmel selbst sein Wesen hat zu danken,
Braucht eines Wurmes Lobspruch nicht.

Conrady, S. 214f./Nach A. v. H.: Gedichte. Hg. von H. Maync. Leipzig: Haessel 1923.

---
[1] blassgelben
[2] Ambra, Amber: wohlriechende Ausscheidung des Pottwals
[3] Atlas: glatte Seide

Albrecht von Haller (1708–1777), Sohn einer Berner Patrizierfamilie, Arzt, Naturwissenschaftler, Professor für Medizin und Botanik, Dichter; aktiv in Politik und Verwaltung; Universalgelehrter von europäischem Rang. Auf der Basis der Vernunft verfasste er philosophisch-ethische Lehrgedichte, zum Beispiel *Die Alpen*, in denen er Gott als Schöpfer versteht und auch Empfindungen zum Ausdruck bringt,.

Lyrische Reaktionen auf Natureindrücke (II)

1. Ermitteln Sie die Wirkungen der Natur auf das lyrische Ich in den beiden Gedichten von Marie Luise Kaschnitz und Johannes Bobrowski.

2. Untersuchen Sie bei einem der Gedichte Inhalt und Aufbau oder Form und Sprache.

Marie Luise Kaschnitz
Juni (1935)

Schön wie niemals sah ich jüngst die Erde.
Einer Insel gleich trieb sie im Winde.
Prangend trug sie durch den reinen Himmel
Ihrer Jugend wunderbaren Glanz.

5 Funkelnd lagen ihre blauen Seen,
Ihre Ströme zwischen Wiesenufern.
Rauschen ging durch ihre lichten Wälder,
Große Vögel folgten ihrem Flug.

Voll von jungen Tieren war die Erde.
10 Fohlen jagten auf den grellen Weiden,
Vögel reckten schreiend sich im Neste,
Gurrend rührte sich im Schilf die Brut.

Bei den roten Häusern im Holunder
Trieben Kinder lärmend ihre Kreisel.
15 Singend flochten sie auf gelben Wiesen
Ketten sich aus Halm und Löwenzahn.

Unaufhörlich neigten sich die grünen
Jungen Felder in des Windes Atem,
Drehten sich der Mühlen schwere Flügel,
20 Neigten sich die Segel auf dem Haff.

Unaufhörlich trieb die junge Erde
Durch das siebenfache Licht des Himmels.
Flüchtig nur wie einer Wolke Schatten
Lag auf ihrem Angesicht die Nacht.

Conrady, S. 775/M. L. K.: Gesammelte Werke.
Hg. v. C. Büttrich u. N. Miller. Bd. 5: Die Gedichte.
Frankfurt/Main: Insel 1985.
© M. L. K.: Überall nie. Ausgewählte Gedichte 1928–1965. 1965 Claassen Verlag in der Ullstein Buchverlage GmbH, Berlin.

Johannes Bobrowski
Immer zu benennen

Immer zu benennen:
den Baum, den Vogel im Flug,
den rötlichen Fels, wo der Strom
zieht, grün, und den Fisch
5 im weißen Rauch, wenn es dunkelt
über die Wälder herab.

Zeichen, Farben, es ist
ein Spiel, ich bin bedenklich,
es möchte nicht enden
10 gerecht.

Und wer lehrt mich,
was ich vergaß: der Steine
Schlaf, den Schlaf
der Vögel im Flug, der Bäume
15 Schlaf, im Dunkel
geht ihre Rede – ?

Wär da ein Gott
und im Fleisch,
und könnte mich rufen, ich würd
20 umhergehn, ich würd
warten ein wenig.

Deutsche Naturlyrik, S. 146 f./J. B.: Gesammelte Werke. Bd. 1: Die Gedichte.
Stuttgart: DVA 1998.
© 1998 DVA München in der Verlagsgruppe Random House GmbH.

Marie Luise Kaschnitz
(1901–1974): In Karlsruhe geboren, wuchs die Tochter des Offiziers von Holzing-Berstett in Potsdam und Berlin auf; nach dem Lyzeum Buchhändlerin; 1925 Heirat mit dem Archäologen Guido Freiherr von Kaschnitz-Weinberg; gemeinsame Reisen und Aufenthalt in Rom; nach dem Tod ihres Mannes lebte sie in Frankfurt/Main. Lyrikerin und Erzählerin zwischen Tradition und Moderne.

Johannes Bobrowski
(1917–1956): Geboren in Tilsit (Ostpreußen) als Sohn eines Eisenbahnbeamten, verbrachte er einen erheblichen Teil seiner Jugend bei den Großeltern in Litauen; ab 1937 Studium der Kunstgeschichte; Arbeits- und Militärdienst; 1945–49 russische Kriegsgefangenschaft; ab 1949 Verlagslektor in Ost-Berlin. Sein lyrisches und erzählerisches Werk befasst sich mit dem Zusammentreffen von deutscher und slawischer Lebensart, der Natur, der Geschichte, den Mythen und der Sprache seiner verlorenen Heimat.

Paul Gerhardt: Abendlied (1647)

1. Stellen Sie in einer Tabelle die Beobachtungen der Natur und des menschlichen Lebens in der linken Spalte und die daraus abgeleiteten Einsichten in der rechten gegenüber. Notieren Sie, ob sich beide Seiten entsprechen oder einen Gegensatz bilden.

2. Ermitteln Sie die Botschaften des bekannten Kirchenlieds.

3. Unterstreichen Sie, wen oder was das Gedicht als Gegenüber in der zweiten Person anspricht. Was folgern Sie daraus für die Stimmung und Wirkung des Lieds?

Nun ruhen alle Wälder,
Vieh, Menschen, Städt und Felder:
Es schläft die ganze Welt.
Ihr aber, meine Sinnen,
5 Auf, auf ihr sollt beginnen
Was eurem Schöpfer wohlgefällt.

Wo bist du, Sonne, blieben?
Die Nacht hat dich vertrieben,
Die Nacht, des Tages Feind;
10 Fahr hin! ein andre Sonne,
Mein Jesus, meine Wonne,
Gar hell in meinem Herzen scheint.

Der Tag ist nun vergangen,
Die güldnen Sternlein prangen
15 Am blauen Himmelssaal;
So, so werd ich auch stehen,
Wann mich wird heißen gehen
Mein Gott aus diesem Jammertal.

Der Leib, der eilt zur Ruhe,
20 Legt ab das Kleid und Schuhe,
Das Bild der Sterblichkeit;
Die zieh ich aus, dargegen
Wird Christus mir anlegen
Den Rock der Ehr und Herrlichkeit.

25 Das Haupt, die Füß und Hände
Sind froh, dass nun zum Ende
Die Arbeit kommen sei;
Herz, freu dich, du sollst werden
Vom Elend dieser Erden
30 Und von der Sünden Arbeit frei.

Nun geht, ihr matten Glieder,
Geht, geht und legt euch nieder,
Der Betten ihr begehrt;
Es kommen Stund und Zeiten,
35 Da man euch wird bereiten
Zur Ruh ein Bettlein in der Erd.

Mein Augen stehn verdrossen,
Im Hui sind sie geschlossen,
Wo bleibt denn Leib und Seel?
40 Nimm sie zu deinen Gnaden,
Sei gut für allen Schaden,
Du Aug und Wächter Israel.

Breit aus die Flügel beide,
O Jesu, meine Freude,
45 Und nimm dein Küchlein[1] ein!
Will Satan mich verschlingen,
So lass die Englein singen:
Dies Kind soll unverletzt sein!

Auch euch, ihr meine Lieben,
50 Soll heute nicht betrüben
Ein Unfall noch Gefahr.
Gott lass euch ruhig schlafen,
Stell euch die güldnen Waffen
Ums Bett und seiner Helden Schar.

Die schönsten Naturgedichte, S. 111 f../P. G.: Dichtungen und Schriften. Hg. von E. von Cranach-Sichart. München: Paul Müller 1957.

---

[1] Küken

Paul Gerhardt (1607–1676), Sohn eines Gastwirts und Bürgermeisters in Gräfenhainichen/Sachsen; 1622–27 Besuch der Fürstenschule Grimma; Theologiestudium in der Lutherstadt Wittenberg und Hauslehrer in Berlin; 1651 Pfarrer in Mittenwalde/Brandenburg, 1657 an St. Nicolai in Berlin; 1667 Amtsenthebung, weil er das Toleranzedikt des Großen Kurfürsten zur Beilegung innerkirchlicher Auseinandersetzungen nicht unterzeichnete; nach zweijähriger Privatlehrertätigkeit ab 1669 wieder Geistlicher in Lübben/Spree. Gerhardt ist der wichtigste Dichter evangelischer Kirchenlieder, u. a. von *Ich steh an deiner Krippen hier, O Haupt voll Blut und Wunden, Befiehl du deine Wege, Die güldne Sonne, Geh aus, mein Herz*.

Michael Donhauser: Der Abend

1. Vergleich Sie das Abendgedicht mit dem Paul Gerhardts auf dem Arbeitsblatt 7.
2. Untersuchen Sie den inhaltlichen und formalen Aufbau des Gedichts und ermitteln Sie seine Aussagen.

Und wie ich abends quer hinan über die
Rücken der Weinberghänge ging, lag
verborgen das Dorf, es waren kahl fast die
Reben und duftete die Erde vom Laub –

5 spät wollte ich die Ebene da einmal noch
sehen, wie sie sich zeigte jener Höhe, von
wo steiler anstieg der Hügel, bewaldet mit
Buchen, Ahorn, Kastanien, Pappeln: dort

läge es dann, unter Gärten als auf einer
10 schmalen Terrasse, offen und gekehrt in
sich, das Dorf – und nahe seinem Eingang
gab es zwei Stechpalmen vor einem Haus:

eine trug rote Beeren in Fülle, die andere
stand ohne Früchte, und beide waren zu
15 Kugeln geschnitten über dem kräftigen
Stamm – ich erkannte in ihnen die Sage

von der unsterblichen Liebe und ging so
weiter und durch das Dorf, wo es schon
dunkelte, während die Amsel ihr Lied
20 in die Dämmerung schlug: und es klang

einsam wider, und voll tönte dann vom
Kirchturm die Glocke, dass ein Hund wie
einstmals heulte, von der Frequenz ihres
Rufs erinnert an seine Herkunft – da war

25 nächtlich der Himmel mit Wolken und
rötlich leuchtete das Gemäuer: draußen
ruhte alles in der Kälte, die Ebene aber
lag lose besiedelt noch im letzten Schein.

Conrady, S. 1277/M. D.: Ich habe lange nicht doch nur an dich gedacht.
Basel/Weil am Rhein und Wien: Urs Engeler Editor 2005.
© Urs Engeler, Editor GmbH & Co. KG, Basel.

Michael Donhauser (geb. 1956), österreichischer, in Liechtenstein aufgewachsener Schriftsteller; ab 1976 Studium der Theologie, Germanistik und Romanistik in Wien; seit 1986 Veröffentlichung von Gedichten, Erzählungen und Essays sowie Übersetzungen von Werken französischer Schriftsteller (Arthur Rimbaud, Francois Ponge). Ausgezeichnet u. a. mit dem Ernst-Jandl- und Georg-Trakl-Preis (2005, 2009).

Paul Celan: Espenbaum

1. Schneiden Sie die ungeordneten Gedichtzeilen aus und fügen Sie jedem Vers auf der linken Seite einen zweiten von rechts hinzu, der Ihnen passend erscheint.
2. Bringen Sie die so entstandenen zweizeiligen Strophen in eine Reihenfolge, die Sie für sinnvoll halten.
3. Erläutern sie das Ergebnis Ihren Mitschülerinnen und Mitschülern.
4. Erörtern Sie unterschiedliche Versionen.
5. Vergleichen Sie Ihren Text mit der Originalversion des Gedichts. Erklären und begründen Sie mögliche Unterschiede.
6. Was erfahren Sie über die Mutter?
7. Überprüfen Sie Ihre Vermutungen über die Mutter an den biografischen Informationen.
8. Beschreiben Sie die sprachliche Form des Gedichts.

Regenwolke, säumst du an den Brunnen?	Meine sanfte Mutter kann nicht kommen.
Eichne Tür, wer hob dich aus den Angeln?	Meine blonde Mutter kam nicht heim.
Espenbaum, dein Laub blickt weiß ins Dunkel.	Meiner Mutter Herz ward wund von Blei.
Löwenzahn, so grün ist die Ukraine.	Meine leise Mutter weint für alle.
Runder Stern, du schlingst die goldne Schleife.	Meiner Mutter Haar ward nimmer weiß.

Paul Celan
Espenbaum (Originalversion)

Espenbaum, dein Laub blickt weiß ins Dunkel.
Meiner Mutter Haar ward nimmer weiß.

Löwenzahn, so grün ist die Ukraine.
Meine blonde Mutter kam nicht heim.

5 Regenwolke, säumst du an den Brunnen?
Meine leise Mutter weint für alle.

Runder Stern, du schlingst die goldne Schleife.
Meiner Mutter Herz ward wund von Blei.

Eichne Tür, wer hob dich aus den Angeln?
10 Meine sanfte Mutter kann nicht kommen.

P. C.: Die Gedichte. Kommentierte Gesamtausgabe in einem Band. Hrsg. und kommentiert von Barbara Wiedemann. Frankfurt am Main: Suhrkamp (st 3665) 2005, S. 30. © DVA Stuttgart 1952.

Paul Celan (1920–1970), der die Silben seines ursprünglichen Nachnamens Anczel vertauschte, wurde als Sohn deutsch-jüdischer Eltern in Czernowitz, der Hauptstadt der Bukowina, in der Ukraine geboren. 1938/39 Studium der Medizin in Frankreich, dann der Romanistik in seiner Heimatstadt. 1942 Besetzung durch deutsche und rumänische Truppen und Deportation der Eltern in ein Vernichtungslager; Flucht aus dem Ghetto und Arbeitslager. 1944 weitere Studien, Übersetzer und Lektor. 1948 Übersiedlung nach Paris, ab 1950 Lehrer für deutsche Sprache und Literatur. 1960 Büchner-Preis. Seine Lyrik unter dem Einfluss des Symbolismus und des Surrealismus thematisiert unter anderem die Verfolgung und Ermordung der Juden sowie die Ausdrucks- und Verständigungsmöglichkeiten der Sprache, aber auch die damit verbundenen Schwierigkeiten.

Johann Wolfgang von Goethe: An den Mond (1789)

1. Ermitteln Sie, welche Bedeutung der Mond und der Fluss für das lyrische Ich haben.
2. Untersuchen Sie die Verfassung des Subjekts und sein Verhältnis zur Natur.
3. Bestimmen Sie Form und sprachliche Mittel des Gedichts sowie deren Funktion.

Füllest wieder Busch und Tal
Still mit Nebelglanz,
Lösest endlich auch einmal
Meine Seele ganz;

5 Breitest über mein Gefild
Lindernd deinen Blick,
Wie des Freundes Auge mild
Über mein Geschick.

Jeden Nachklang fühlt mein Herz
10 Froh' und trüber Zeit,
Wandle zwischen Freud und Schmerz
In der Einsamkeit.

Fließe, fließe, lieber Fluss!
Nimmer werd ich froh,
15 So verrauschte Scherz und Kuss,
Und die Treue so.

Ich besaß es doch einmal,
Was so köstlich ist!
Dass man doch zu seiner Qual
20 Nimmer es vergisst!

Rausche, Fluss, das Tal entlang,
Ohne Rast und Ruh,
Rausche, flüstre meinem Sang
Melodien zu,

25 Wenn du in der Winternacht
Wütend überschwillst
Oder um die Frühlingspracht
Junger Knospen quillst.

Selig, wer sich vor der Welt
30 Ohne Hass verschließt,
Einen Freund am Busen hält
Und mit dem genießt,

Was, von Menschen nicht gewusst
Oder nicht bedacht,
35 Durch das Labyrinth der Brust
Wandelt in der Nacht.

Goethe. Berliner Ausgabe. Bd. 1: Gedichte.
3. Aufl. Berlin und Weimar: Aufbau-Verlag 1976, S. 69f.

Ilmpark in Weimar mit Goethes Gartenhaus; Lithographie um 1840

> Diese Neufassung eines Gedichts aus den Jahren 1777/78 veröffentlichte Goethe erstmals in der Werkausgabe von 1789. Eine weitere Version stammt von Charlotte von Stein, mit der der Dichter 1776–1789, seinem ersten Jahrzehnt in Weimar, eng befreundet war.

Die *Zueignung* am Anfang von Goethes Gedichtsammlung und Werkausgaben (Str. 1–4, 11–14, 1784)

1. Beschreiben Sie die Wirkungen der Natur auf den morgendlichen Wanderer.
2. Ermitteln Sie, um wen es sich bei dem heranschwebenden „göttlich[en] Weib" handelt und was es dem Wanderer mitteilt oder gibt. Wie stellen die Frau und das Ich Wesen und Wirkung der Dichtung dar?
3. Bestimmen Sie Form und sprachliche Mittel des Gedichts sowie deren Funktion.

Zueignung

Der Morgen kam; es scheuchten seine Tritte
Den leisen Schlaf, der mich gelind umfing,
Dass ich, erwacht, aus meiner stillen Hütte
Den Berg hinauf mit frischer Seele ging;
5 Ich freute mich bei einem jeden Schritte
Der neuen Blume, die voll Tropfen hing;
Der junge Tag erhob sich mit Entzücken,
Und alles war erquickt, mich zu erquicken.

Und wie ich stieg, zog von dem Fluss der Wiesen
10 Ein Nebel sich in Streifen sacht hervor.
Er wich und wechselte, mich zu umfließen,
Und wuchs geflügelt mir ums Haupt empor:
Des schönen Blicks sollt ich nicht mehr genießen,
Die Gegend deckte mir ein trüber Flor[1];
15 Bald sah ich mich von Wolken wie umgossen
Und mit mir selbst in Dämmrung eingeschlossen.

Auf einmal schien die Sonne durchzudringen,
Im Nebel ließ sich eine Klarheit sehn.
Hier sank er, leise sich hinabzuschwingen;
20 Hier teilt' er steigend sich um Wald und Höhn.
Wie hofft ich ihr den ersten Gruß zu bringen!
Sie hofft ich nach der Trübe doppelt schön.
Der luft'ge Kampf war lange nicht vollendet,
Ein Glanz umgab mich, und ich stand geblendet.

25 Bald machte mich, die Augen aufzuschlagen,
Ein innrer Trieb des Herzens wieder kühn,
Ich konnt es nur mit schnellen Blicken wagen,
Denn alles schien zu brennen und zu glühn.
Da schwebte, mit den Wolken hergetragen,
30 Ein göttlich Weib vor meinen Augen hin,
Kein schöner Bild sah ich in meinem Leben,
Sie sah mich an und blieb verweilend schweben.
[…]

Da reckte sie die Hand aus in die Streifen
Der leichten Wolken und des Dufts umher;
35 Wie sie ihn fasste, ließ er sich ergreifen,
Er ließ sich zieh, es war kein Nebel mehr.
Mein Auge konnt im Tale wieder schweifen,
Gen Himmel blickt ich, er war hell und hehr[2].
Nur sah ich sie den reinsten Schleier halten,
40 Er floss um sie und schwoll in tausend Falten.

„Ich kenne dich, ich kenne deine Schwächen,
Ich weiß, was Gutes in dir lebt und glimmt!"
- So sagte sie, ich hör sie ewig sprechen –
„Empfange hier, was ich dir lang' bestimmt,
45 Dem Glücklichen kann es an nichts gebrechen[3],
Der dies Geschenk mit stiller Seele nimmt:
Aus Morgenduft gewebt und Sonnenklarheit,
Der Dichtung Schleier aus der Hand der Wahrheit.

Und wenn es dir und deinen Freunden schwüle
50 Am Mittag wird, so wirf ihn in die Luft!
Sogleich umsäuselt Abendwindeskühle,
Umhaucht euch Blumenwürzgeruch und Duft.
Es schweigt das Wehen banger Erdgefühle,
Zum Wolkenbette wandelt sich die Gruft,
55 Besänftiget wird jede Lebenswelle,
Der Tag wird lieblich, und die Nacht wird helle."

So kommt denn, Freunde, wenn auf euren Wegen
Des Lebens Bürde schwer und schwerer drückt,
Wenn eure Bahn ein frischerneuter Segen
60 Mit Blumen ziert, mit goldnen Früchten schmückt,
Wir gehn vereint dem nächsten Tag entgegen!
So leben wir, so wandeln wir beglückt.
Und dann auch soll, wenn Enkel um uns trauern,
Zu ihrer Lust noch unsre Liebe dauern.

Goethe. Berliner Ausgabe. Bd. 1: Gedichte. 3. Aufl. Berlin und Weimar: Aufbau-Verlag 1976, S. 7–10.

---

[1] Blumenreichtum
[2] erhaben-feierlich
[3] fehlen

Das Gedicht war ursprünglich als Einleitung des Epos *Die Geheimnisse* geplant, in dem Goethe Grundfragen des Menschseins nachgehen wollte. Der Dichter platzierte es bei seiner Erstveröffentlichung jedoch am Anfang der 1787 erscheinenden Schriften. Ab 1815 beginnt die Gedichtsammlung als erste Textgruppe der Werkausgabe mit der *Zueignung*, die jene eröffnet. Sie entstand am 8. August 1784, als Goethe auf einer Reise mit dem Herzog Carl August wegen eines Achsenbruchs nicht weiterfahren konnte. Die Liebesbeziehung zu Frau von Stein klingt in der göttlichen Frauengestalt an.

Interpretationshypothesen zu dem Gedicht *chamäleon* von Jan Wagner

1. Tragen Sie in die linke Spalte der ersten Tabelle ein, was Sie in dem Gedicht über das Alter des Chamäleons, seine Reaktionen auf Zurufe, seine Augen und seine Haut erfahren.

2. Entwickeln Sie daraus Interpretationshypothesen und schreiben Sie diese auf die rechte Seite der ersten Tabelle.

> **Hypothese** (griech. hypo: unter, darunter; thesis: Satz, Behauptung):
> Annahme oder Vermutung, die begründet oder widerlegt werden muss.
> Ein Beispiel finden Sie rechts oben in der ersten Tabelle.

3. Vergleichen Sie Ihre Hypothesen mit der Interpretation von Wittstock auf dem Arbeitsblatt 13 und überprüfen Sie Ihre Ergebnisse. Notieren Sie weitere Hypothesen sowie die Begründungen und Erklärungen Wittstocks in der zweiten Tabelle.

Jan Wagner
chamäleon

älter als der bischofsstab,
den es hinter sich herzieht, die krümme
des schwanzes. komm herunter, rufen wir
ihm zu auf seinem ast, während die zunge
5 als teleskop herausschnellt, es das sternbild
einer libelle frisst: ein astronom
mit einem blick am himmel und dem andern
am boden – so wahrt es den abstand
zu beiden. die augenkuppeln, mit schuppen
10 gepanzert, eine festung, hinter der
nur die pupille sich bewegt, ein nervöses
flackern hinter der schießscharte (manchmal
findet man seine haut wie einen leeren
stützpunkt, eine längst geräumte these).

15 komm herunter, rufen wir. doch es regt
sich nicht, verschwindet langsam zwischen
den farben. es versteckt sich in der welt.

FAZ/Frankfurter Anthologie vom 31.12.2011/Jan Wagner: Australien. Gedichte. Berlin: Berlin Verlag 2010.

	Aussagen des Gedichts	Interpretationshypothesen
Alter	höher als das Bischofsamt	Das hohe Alter des Chamäleons als Gattung ist auf Eigenschaften und Verhaltensweisen zurückzuführen, die das Überleben begünstigen.
Reaktionen		
Augen		
Haut		

Weitere Hypothesen in der Interpretation Wittstocks	Begründungen und Erklärungen

Uwe Wittstock:
Zwischen Himmel und Boden

1. Lesen Sie die Interpretation. Vergleichen Sie Ihre Hypothesen mit ihr und überprüfen Sie sie daran.
2. Tagen Sie in die zweite Tabelle auf dem Arbeitsblatt 12 weitere Hypothesen Wittstocks sowie dessen Begründungen und Erklärungen ein.
3. Worüber gibt sein Text darüber hinaus Auskunft?

Es müsste schon mit dem Teufel zugehen, wenn ein Tier mit einer so schnellen und treffsicheren Zunge wie das Chamäleon nicht irgendwann seinen Dichter fände. Üblicherweise gilt es als Meister der Tarnung und als ein Sinnbild für Anpassungsbereitschaft oder Opportunismus. Aber in Jan Wagners Gedicht klingt von diesen Talenten kaum etwas an: Zugegeben, gegen Ende heißt es, der Titelheld verschwände zwischen den Farben. Doch davon, dass er die Farben seiner Umgebung annimmt, um sich zu verbergen, ist nirgendwo die Rede.

Und das ist gut so. Denn die Fähigkeit des Chamäleons zum Farbwechsel zielt nicht darauf, sich zu tarnen, sondern dient der Kommunikation mit den Artgenossen. Das ist keine Neuigkeit. Schon Alfred Brehm stellte vor rund 150 Jahren in seinem „Thierleben" klar, die Veränderung der Hautfarbe sei vor allem Ausdruck von „Gemüthsbewegungen oder Äußerungen des Gemeingefühls: Hunger, Durst, Bedürfnis nach Ruhe, Sättigung, Wollust usw." Wir tun den Chamäleons also übel unrecht, wenn wir Menschen, die es verstehen, sich wechselnden Zeitströmungen besonders elastisch anzuschmiegen, nach ihnen benennen. Im Gegenteil: Das Chamäleon ist kein Gesinnungslump, es hält mit seinen wahren Empfindungen nicht hinter dem Berg, sondern zeigt am ganzen Körper, wie es um es steht.

Wagner beschreibt das Tier ziemlich sorgfältig auf den nur siebzehn Zeilen dieses Gedichts: den spiralförmig gekrümmten Schwanz, der an den Kopf eines Bischofsstabs erinnert, die harpunenartige Zunge, mit der die Nahrung erjagt wird, die unabhängig voneinander beweglichen Augen, die wie auf Kuppeln sitzen, und den Schuppenpanzer, der nicht mit dem Körper wächst, sondern den das Reptil regelmäßig durch Häutung wechselt. Alles in allem ein Beleg dafür, dass Wagner aus gutem Grund für die Präzision und Anschaulichkeit seiner Lyrik gelobt wird.

Wagner wurde 1971 in Hamburg geboren, lebt in Berlin und gehört zu den Poeten mit ausgeprägtem Forschungsdrang. In den vergangenen zehn Jahren veröffentlichte er vier Gedichtbände, die von ausschweifenden Exkursionen zeugen: Die Zahl der lyrischen Landschaftsbilder, Stadtansichten, Reiseimpressionen darin ist enorm. Ob Wagner tatsächlich all die Länder und Kontinente besucht hat, von denen er schreibt, spielt nur eine untergeordnete Rolle. An seiner Weltgier und seinem Fernweh kann kein Zweifel sein. „Man ist glücklich in Australien, sofern man nicht dorthin fährt", zitiert er Álvaro de Campos alias Fernando Pessoa.

Hinter der Begegnung mit dem Chamäleon steckt aber mehr als nur eine erfundene oder erlebte Reiseerinnerung. Den Kopf im Himmel zu haben und zugleich die Füße auf dem Boden beschreibt von alters her den eigentümlichen Standpunkt des Menschen, der sowohl an den Boden der Tatsachen gebunden bleibt, als auch sich denkend einen Himmel von Möglichkeiten erschließen kann. In diese Position rückt Wagner das Chamäleon, wenn er es einen Astronomen nennt, „mit einem blick am himmel und dem andern/am boden".

„Komm herunter, rufen wir", heißt es gleich zweimal in dem Gedicht – und wer oder was auch immer mit dem Wir gemeint sein mag, das da ruft, versucht jenes sonderbare Wesen, das seine Heimat hat zwischen Himmel und Boden, herauszulocken aus seiner zwiespältigen Lebenslage. Nach unten soll es kommen, festen Grund unter die Füße bekommen, sich von den luftigen Höhen verabschieden. Aber seine Reaktion ist eindeutig: „es regt/sich nicht, verschwindet langsam zwischen/den farben. es versteckt sich in der welt."

Es zählt zu den vielfach beschworenen Befürchtungen der modernen Kulturkritik, die Menschen könnten vor lauter Hingabe an das Wirkliche den Sinn für das Mögliche aus den Augen verlieren. Jan Wagner sieht das offenkundig anders, sein Gedicht ist voller Signale der Zuversicht, es plädiert für Gelassenheit: Denn die Natur des Wesens, das hier beschrieben wird, blickt schon auf Jahrtausende zurück, es ist „älter als der bischofsstab,/den es hinter sich herzieht", es ist „gepanzert, eine festung" und wehrhaft, schließlich verfügt es sogar über „schießscharten". So deutet Jan Wagner das Chamäleon, das so oft zum Wappentier haltloser Anpasserei erklärt wird, verblüffend um in ein Symbol der Stabilität und gleichmütigen Beständigkeit.

FAZ vom 31.12.2011 (Frankfurter Anthologie)

Semantische Felder
in Max Herrmann-Neißes Gedicht *Notturno*[1]

1. Formulieren Sie zu jeder Strophe eine Interpretationshypothese.

2. Untersuchen Sie die Form des Gedichts. Berücksichtigen Sie insbesondere den Satzbau.

3. Unterstreichen Sie alle Wörter, die Landschaftselemente (z. B. Wald) bezeichnen. Unterstreichen Sie außerdem mit anderen Farben solche Bezeichnungen, die sich zu weiteren Wortfeldern zusammenfügen (Beispiel „Feuer": Sterngeflacker, flackern, Feuersbrunst, Flammen).

> Solche **Wortfelder** werden bei der Interpretation auch als **semantische Felder** bezeichnet.

4. Vergleichen Sie Ihre Ergebnisse mit denen Ihres Sitznachbarn und bestimmen Sie, was die einzelnen Wortfelder zum Ausdruck bringen und in welchem Verhältnis sie zueinander stehen.

5. Schreiben Sie einen kurzen Text, in dem Sie eines der Wortfelder und dessen Bedeutung mit den Interpretationshypothesen in Verbindung bringen, sodass diese erläutert, begründet, präzisiert oder weitergeführt werden.

Max Herrmann-Neiße
Notturno

Wind würgt den Wald. Wie totgeschlagen liegt
ein dunkler Teich. Ins Sterngeflacker fliegt
aus Abendrot der irre Mond. Gewölk schlägt schwer
wie nasse Segel auf das Wipfel-Meer.

5 … und zwischen mich und dich ist Finsternis
und Feld und Giebel und Gebirg gestellt,
und Sehnsucht blutet so wie Natterbiss,
und wie in Feuersbrunst ist alles Land von unsrer Liebesnot weit überhellt.

Traum trägt mich hoch, dass meine Hände wie zwei Hunde
10 verbissen sich an dir. Flammen flackern von Mund zu Munde.
Wind würgt den Wald. Sterne verströmen ihr Blut.
Mond fließt in Mond. Giebel, Gebirg vergeht. Gott ist mir gut.

FAZ vom 20.8.2011 (Frankfurter Anthologie)/Lyrik des expressionistischen Jahrzehnts. Von den Wegbereitern bis zum Dada. Einleitung von Gottfried Benn. München: dtv 1962 (vergriffen).

Max Herrmann-Neiße (1886–1941), expressionistischer Dichter. Er „war 28 Jahre, als dies Gedicht erschien. Damals lebte er in Berlin und war berühmt als Lyriker, Publizist und Kritiker. Körperlich zwergenhaft, war sein Geist scharfsinnig und unbestechlich. […] Sein Freund George Grosz malte ihn 1925." Er „verließ 1933 Deutschland, obwohl er hätte bleiben können". „Krank vor Heimweh, immer in Geldnot und verlassen von seiner Frau, starb er […] am 8. April 1941 im Londoner Exil." (Ingrid Bachér: Die Glut des Bleibenden. Frankfurter Anthologie in der FAZ vom 20.8.2011)

George Grosz (1893–1959): Porträt des Schriftstellers Max Herrmann-Neiße (Kunsthalle Mannheim)

---
[1] Abendständchen, stimmungsvolles Musikstück

Baustein 2

Empfindungen und Reflexionen

2.1 Liebe

Das Liebesgedicht von Max Herrmann-Neiße auf dem **Arbeitsblatt 14** (S. 60) leitet zum ersten Kapitel in diesem Baustein über, in dem menschliche Empfindungen und Reflexionen, wie sie in Naturgedichten Ausdruck finden, thematisch geordnet sind. Darüber hinaus lassen sich weitere Gedichte, *Die blauen Frühlingsaugen* von Heinrich Heine (S. 21 f., 46), *Meine Blumen* von Friedrich Schiller (S. 23–25, 47 f.), *Der Abend* von Michael Donhauser (S. 33–35, 54), *Sommer* von Bernd Jentzsch (S. 65 f., 83), *In eines Armen Gärtchen* von Gottfried Keller (S. 123 f., 142), *Rose und Schmetterling* von Rose Ausländer (S. 124 f., 142), *Muget ir schouwen* von Walther von der Vogelweide (S. 170 f., 183 f.) und *Der Morgen* von Friedrich von Hagedorn (S. 175–177, 187) im Rahmen des Liebesthemas behandeln. Da auch das Unterrichtsmodell *Liebeslyrik* dieser Reihe auf zahlreiche von Naturbildern bestimmte Texte eingeht, insbesondere in den Bausteinen 3 und 4 sowie auf den Arbeitsblättern 44 und 52, beschränkt sich das Kapitel *Liebe* hier trotz der überragenden Bedeutung des Themas in der Naturlyrik auf fünf Gedichte aus Heinrich Heines *Buch der Lieder* und ein weiteres dieses Dichters aus dem *Neuen Frühling,* dem ersten Teil der *Neuen Gedichte.* Die Schülerinnen und Schüler erschließen gruppenweise in jeweils einem der kurzen, nicht sehr schwierigen Gedichte auf dem **Arbeitsblatt 15** (S. 81 f.) Facetten der Liebe. Sie bestimmen die zentrale Aussage, untersuchen, wie sich diese in Naturbildern entfaltet, sowie Sprache und Form, gestalten oder suchen ein zu dem Gedicht passendes Bild, tragen ihren Text im Kurs vor und präsentieren ihre Ergebnisse. Die Auswahl sollte so erfolgen, dass alle Gedichte bearbeitet werden. Das mit dem Vers „Die blauen Frühlingsaugen" beginnende auf dem **Arbeitsblatt 2** (S. 46) kann an dieser Stelle ebenfalls einbezogen werden.

■ *Wählen Sie eines der Gedichte auf dem Arbeitsblatt 15 aus und bearbeiten Sie die Aufgaben 1 – 3 gemeinsam mit den Kursmitgliedern, die wie Sie entschieden haben. Die Aufgaben 4 und 5 können auch Einzelne von Ihnen übernehmen. Bei der Präsentation der Ergebnisse müssen sich alle beteiligen.*

Das erste Gedicht mit der Anfangszeile *Berg' und Burgen schaun herunter* stellt der Anziehungskraft der Geliebten ihre Gefährlichkeit gegenüber. Bei einer Bootsfahrt auf dem Rhein durch eine romantische Landschaft brechen im Subjekt verborgene Gefühle auf, als es die Wasserbewegung betrachtet. Im Gegensatz zwischen der hellen, angenehmen Oberfläche und bedrohlichen Tiefen zeigen sich Charakter und Wirkungen „der Liebsten" (V. 13); der Fluss wird zur Allegorie widerstrebender Empfindungen. Manfred Windfuhr[1] weist auf „den Bezug zur Tradition der petrarkistischen Liebeslyrik" hin (Heine-Handbuch[2], S. 63). „Immer wieder wird die tückisch-holde, falsch-fromme bzw. süß-falsche Natur der schlangenhaften Geliebten beklagt" (ebd.). „Die Doppelnatur der verführerisch-betrügerischen Frau lässt sich [...] nicht anders als antithetisch oder oxymorisch erfassen" (ebd.). Deshalb prägen

---
[1] Heine und der Petrarkismus. In: Helmut Koopmann [Hrsg.]: Heinrich Heine. Darmstadt 1975, S. 207–231, oder Jahrbuch der deutschen Schillergesellschaft 1966.
[2] Gerhard Höhn: Heine-Handbuch. Zeit, Person, Werk. 3., überarb. u. erw. Aufl. Stuttgart: Metzler- u. C. E. Poeschel Verlag 2004.

Kontraste wie oben/ unten, Äußeres/Inneres, Helligkeit und Glanz/Dunkelheit und Tod das Gedicht. Adjektive, auch in adverbialer Funktion, sind Stimmungsträger, insbesondere in der verstärkenden Metapher „golden" (V. 6). In den beiden letzten Versen betonen sie in einer aufzählenden Verbindung mit Verben die verführerische Seite der Geliebten. Die vier Strophen bestehen aus jeweils vier Versen mit vierhebigen Trochäen und Kreuzreimen.

Das nächste Gedicht *Es stehen unbeweglich* verlagert die Wahrnehmung und den Ausdruck von Liebessehnsucht und -leid von der konventionell geregelten Sprache auf das Schauen. Das Ich personifiziert die Sterne als dauerhafte Bilder seiner Liebesschmerzen, die sich in einer Empfindungssprache nicht kognitiv, sondern visuell mitteilen. Den Reichtum und die Schönheit dieser Sprache heben die durch Akkumulation und das Modaladverb „so" sich verstärkenden Adjektive (V. 6) sowie die Figura etymologica sprechen/Sprache (V. 5) hervor. Gegensätze zwischen der Sprache des Liebesschmerzes und Philologen einerseits sowie zwischen ihnen und dem Ich andererseits machen deutlich, dass sie als Verständigungsmittel einer anderen Dimension angehört. In den drei Strophen aus jeweils einem Satz, vier Versen aus dreihebigen Jamben und männlichen Endreimen in geraden Zeilen bezieht das Ich im letzten Drittel vorausgehende Feststellungen auf sich selbst.

Im dritten Gedicht *Die Lotosblume ängstigt* geht es um die Erwartung des Geliebten und das Zusammensein mit ihm. Die drei Strophen, wieder aus jeweils einem Satz, mit vier Versen aus anfangs drei Jamben, denen sich immer häufiger eine zweite unbetonte Silbe zugesellt, sowie männlichen Reimen in den geraden Versen, beschreiben in der dritten Person in Naturbildern eine Liebesbeziehung zwischen einer Lotosblume und dem Mond. Während der Abwesenheit des Geliebten am Tag lebt die Blume in Angst, Trauer und Träumen. Beim Aufgang des Mondes erwacht sie und bringt ihr Liebesglück in umfassender Weise zum Ausdruck. Es ist allerdings nicht ohne Schmerz zu finden, denn der Tag bringt eine erneute Trennung. Das Ausmaß der Liebe, welche die Lotosblume dem Mond entgegenbringt, zeigt sich in der Akkumulation von Verben in der Schlussstrophe (V. 9, 11), in der Implikation des Religiösen in dem Adjektiv „fromm" (V. 8) und im Symbolgehalt der Blüte (vgl. die Anmerkung auf dem Arbeitsblatt 15). Eine andere Interpretation stellt dagegen „das Grundmotiv der Trennung durch Projektion auf die Natur als ewig und absolut" und die „Liebe zwischen der Lotosblume und dem Mond" als „unerfüllbar[ ]" dar (Heine-Handbuch, S. 64). Beide Hypothesen können in einem Unterrichtsgespräch, nachdem die Gruppe das Gedicht vorgestellt hat, erörtert werden.

Naturbilder in Liebesgedichten von Heinrich Heine (I)

Gedicht	Kernaussage	Inhalt	Form und Sprache
Berg' und Burgen schaun herunter	Anziehungskraft und Gefährlichkeit der Geliebten	• Bootsfahrt auf dem Rhein in romantischer Landschaft • Aufbrechen verborgener Gefühle beim Betrachten der Wasserbewegung • Fluss als Allegorie widerstreitender Empfindungen: Kontrast zwischen heller, angenehmer Oberfläche und bedrohlichen Tiefen im Charakter „der Liebsten"	• 4 Strophen mit je 4 Versen aus 4–hebigen Trochäen und Kreuzreimen • Adjektive als Stimmungsträger • aufzählende Verbindung mit Verben (v. 15 f.): Betonung der verführerischen Seite der Geliebten • Metapher „golden" (V. 6) • Kontraste: oben/unten; Äußeres/Inneres; Helligkeit, Glanz/Dunkelheit, Tod

Baustein 2: Empfindungen und Reflexionen

Gedicht	Kernaussage	Inhalt	Form und Sprache
Es stehen unbeweglich	Wahrnehmung von Liebesschmerzen im Schauen	• Sterne als dauerhafte Bilder menschlicher Liebesschmerzen, die sich in einer reichhaltigen und schönen Empfindungssprache über die Augen mitteilen • Aneignung dieser Sprache durch das Gefühl, nicht den Verstand	• 3 Strophen aus jeweils einem Satz, 4 Versen aus 3–hebigen Jamben und männlichen Endreimen in den geraden Zeilen • Bezug allgemeiner Feststellungen (Str. 1, 2) auf das Ich (Str. 3) • Gegensätze (Gefühlssprache, Ich/Philologen, V. 7, 9) • Personifizierung der Sterne • Akkumulation von Verben („so reich, so schön", V. 6) • Figura etymologica (sprechen/Sprache, V. 5)
Die Lotosblume ängstigt	Erwartung des Geliebten und Zusammensein mit ihm	• Beschreibung einer Liebesbeziehung in Naturbildern (Lotosblume-Mond): • Angst, Trauer und Träumen bei Abwesenheit des Geliebten • dessen Verhalten und die Reaktion der Liebenden beim Zusammentreffen • umfassender Ausdruck des Liebesglücks, das nicht ohne Schmerz – bei erneuter Trennung – zu finden ist.	• 3 Strophen aus jeweils einem Satz, 4 Versen mit anfangs 3 Jamben und immer häufiger einer zweiten unbetonten Silbe sowie männlichen Reimen in den geraden Zeilen • 3. Person • Personifizierungen • religiöse Dimension der Liebe (Symbolik der Lotosblume, „fromm", V. 8) • Akkumulation von Verben (V. 9, 11): Ausmaß des Liebesglücks

■ *Eine Interpretation des dritten Gedichts über die Lotosblume behauptet im Gegensatz zu der hier vertretenen, die „Liebe zwischen der Lotosblume und dem Mond" sei „unerfüllbar[ ]" und die Trennung „ewig und absolut" (Heine-Handbuch, S. 64).*
Erörtern Sie beide Hypothesen.

Auf Dauer ungestillt muss in dem Gedicht *Ein Fichtenbaum steht einsam* dessen „Sehnsucht […] nach der morgenländischen Palme" bleiben (Heine-Handbuch, S. 64). Er träumt sich im Winter hinweg zu einer Geliebten in wärmeren Regionen. Trotz der durch Kontraste unüberwindbar erscheinenden Distanz gibt es in Traum und Trauer eine Verbindung zwischen den Liebenden, die Bilder zweier Bäume aus gegensätzlichen Klimazonen vertreten. Sie stehen einsam (V. 1, 7) „auf kahler Höh'" (V. 2) und „[a]uf brennender Felsenwand" (V. 8) und damit in exponierter und gefährdeter Lage. Die beiden Strophen bestehen wie die vier des folgenden Gedichts *Es fällt ein Stern herunter* aus jeweils vier Versen mit in der Regel dreihebigen Jamben, manchmal aber auch zwei unbetonten Silben nacheinander. Die geraden Zeilen schließen männliche Reime ab. Ein herabstürzender Stern, fallende Apfelbaumblüten und der sterbende Schwan veranschaulichen das Ende einer Liebesbeziehung: als kosmische Katastrophe in drastischer Weise, als luftig-leichtes Spiel herumwirbelnder Blütenblätter und durch den griechischen Mythos vom Sterbegesang der Schwäne, der auch das letzte Werk eines Musikers oder Dichters symbolisiert. Die durch die Verben erzeugte

Dynamik in den ersten drei Strophen lösen in der vierten Stillstand und Dunkelheit ab; an die Stelle des Präsens tritt das Perfekt. Ausrufesätze intensivieren die melancholische Stimmung.

Das letzte Gedicht *Unterm weißen Baume sitzend* schildert im Gegensatz dazu, wie überraschend neue Liebesempfindungen aufkommen. Akustische und visuelle Wahrnehmungen des Ichs in einer Winterlandschaft spiegeln seine innere Leere, Leb- und Empfindungslosigkeit. Die unerwartete Bewegung herabfallender Flocken registriert es als „Schneegestöber" (V. 11), doch es handelt sich um Blüten: Die Winterlandschaft verwandelt sich in eine Frühlingsszenerie, in der Liebesgefühle wieder erwachen. Die winterliche Erstarrung bringen Parallelismen (V. 3, 5, 7) und der Vergleich von „Wald und Flur" mit einem kahl geschorenen Kopf zum Ausdruck, die Begeisterung über den Mai ein elliptischer Ausruf mit einem Adjektiv in Gestalt eines Oxymorons (V. 17), ein Binnenreim (V. 16) und eine Alliteration (V. 18). Das Subjekt spricht von sich durchgehend in der zweiten Person. Die fünf Strophen setzen sich aus jeweils vier Versen mit vierhebigen Trochäen und weiblichen Endreimen in den geraden Zeilen zusammen.

Naturbilder in Liebesgedichten von Heinrich Heine (II)

Gedicht	Kernaussage	Inhalt	Form und Sprache
Ein Fichtenbaum steht einsam	Traum und Trauer weit entfernter Geliebter	• Beschreibung von Liebessehnsucht in Bildern zweier Bäume in gegensätzlichen Klimazonen • exponierte Standorte („auf kahler Höh'", V. 1; „[a]uf brennender Felsenwand", V. 8): Gefährdung • Einsamkeit (V. 1, 7) • Verbindung im Traum und im Gefühl der Trauer trotz räumlicher Trennung	• 2 Strophen aus jeweils vier Versen mit in der Regel 3–hebigen Jamben, manchmal auch 2 unbetonten Silben nacheinander, und männlichen Reimen in den geraden Zeilen • Personifizierungen • Kontraste (Kälte/Morgenland, Winter/Hitze, Fichte/Palme)
Es fällt ein Stern herunter	Ende einer Liebesbeziehung	• Veranschaulichung einer erlöschenden Liebe als kosmische Katastrophe, als Spiel herumwirbelnder Blätter und als Sterbegesang eines Schwans (Str. 1–3) • dynamisches Geschehen in den Str. 1–3 • Folge in Str. 4: Stille, Dunkelheit	• 4 Strophen nach dem gleichen Muster wie in den beiden des vorausgehenden Gedichts • Ausrufesätze: Intensivierung der melancholischen Stimmung • Präsens (Str. 1–3)/Perfekt (Str. 4) • übertragene Bedeutung des Schwanengesangs als letztes Werk eines Musikers oder Dichters
Unterm weißen Baume sitzend	überraschendes Aufkommen neuer Liebesempfindungen	• akustische/visuelle Wahrnehmung des Ichs in einer Winterlandschaft • als Metaphern innerer Leere, Leb- und Empfindungslosigkeit • Fehldeutung herabfallender Flocken (Str. 3)	• 5 Strophen aus jeweils 4 Versen mit 4–hebigen Trochäen und weiblichen Endreimen in den geraden Zeilen • Parallelismen (V. 3, 5, 7), Vergleich (V. 6): winterliche Erstarrung

Gedicht	Kernaussage	Inhalt	Form und Sprache
		• Richtigstellung: Verwandlung der Winter- in eine Frühlingslandschaft • erwachende Liebesgefühle	• elliptischer Ausruf, Oxymoron/Neologismus (V. 17), Binnenreim (V. 16), Alliteration (V. 18): Begeisterung über den Frühling • zweite Person als Anredeform für das Ich

2.2 Vergänglichkeit und neues Leben

Die Natur, insbesondere die jahreszeitliche Veränderung in der Vegetation (vgl. Kap. 3.4), konfrontiert die Menschen seit jeher mit ihrer Vergänglichkeit und mit der Frage des Weiterlebens nach dem Tod. Die beiden Gedichte *Blaue Hortensie* von Rainer Maria Rilke und *Sommer* von Bernd Jentzsch auf dem **Arbeitsblatt 16** (S. 83) befassen sich mit diesem Thema auf unterschiedliche Weise: Im ersten beobachtet der Dichter eine verblühte Blume, genauer: ihre Farben, und öffnet dadurch einen Reflexionsraum. Das Gedicht „beschreibt in der gebundenen Form des Sonetts die kurze Lebensgeschichte [...] [d]er Farbe Blau" (Gruenter[1], S. 288). „Nicht die Pflanze, sondern das Blau ihrer Blüten in allen Stadien und Schattierungen seiner Verfallsverfeinerung ist der Gegenstand, das Thema der lyrischen Komposition." (Ebd., S. 289) „Doch in einer nachbarlichen Dolde der Hortensie kehrt das Blau ‚verneut' in die Blüte zurück, beginnt gleichsam eine neue Kindheit des Blaus" (ebd., S. 288f.). In Jentschs Liebesgedicht dagegen, das auch dem vorausgehenden Kapitel zugeordnet werden kann, widersetzt sich das Ich der Vergänglichkeit handelnd mit dem Zeugungsakt in der freien Natur von Wiesen und Feldern. Neues Leben entzieht dem Tod seine Macht, wie es Mephistopheles in Goethes *Faust I* zur Verzweiflung bringt: „Wie viele hab ich schon begraben!/Und immer zirkuliert ein neues, frisches Blut./So geht es fort, man möchte rasend werden!" (V. 1371–73). Neben dem Tod ist das Tollkraut/Trollkraut durch – im zweiten Fall leicht variierte – Wiederholung hervorgehoben; die auch klanglich aufeinander bezogenen Wörter bilden als Gegensatz das Zentrum des Gedichts, denn beide Kräuter stimulieren den Liebesrausch (vgl. die Anmerkungen auf dem Arbeitsblatt 16). Ein Oxymoron bezeichnet sie als „dunkel und licht" (V. 4). Das Liebeslager befindet sich nicht in einer idyllischen Natur wie zum Beispiel in Walther von der Vogelweides *Unter den Linden*[2], sondern „[a]uf dem offenen Feld" (V. 3) und „in den Mulden" (V. 1); der Hafer sticht (V. 3) und es regnet. Die „schäumenden Wiesen" verwandeln den Ort aber wohltuend wie auch die Personifizierung des Regens, „der uns segnet und sonderbar singt" (V. 2). Dadurch findet der Liebesakt religiösen Zuspruch und das Liebespaar lässt sich durch den Wohlklang der s-Alliteration (V. 2) zum Singen anregen (V. 10). Das Rot des Ackers (V. 8) unterstreicht die Intensität der Liebe ebenso wie die zweimalige Anrede der Liebsten (V. 5, 9). Das Gedicht aus zehn Versen besteht aus einem einzigen Satz: Ohne Halt und voller Tatendrang möchte das Subjekt seine Liebe durch ein neues Leben bestätigt und gefestigt wissen. Die viermalige Ortsbezeichnung „Hier" (V. 1, 5f., 10) zeigt ebenfalls, dass kein Aufschub möglich ist. Es „leitet jeweils eine eindringliche, beschwörende Ortsbestimmung ein, als müsse das *Wo* um so genauer beschrieben werden, weil das *Was* durch ein einziges falsches Wort verdorben werden könnte" (Zeller[3], S. 315). Jentzsch schreckt vor „abgegriffenen, verkitschten Redewendung[en]"

---

[1] Rainer Gruenter: Eine Biografie des Blaus. In: Reich-Ranicki: 1000 Deutsche Gedichte und ihre Interpretationen. 5. Band. A.a.O., S. 288–290.

[2] Vgl. Gerhard Friedl: Unterrichtsmodell *Liebeslyrik* in der Reihe EinFach Deutsch. Hrsg. v. Johannes Diekhans. Paderborn: Schöningh 2009, S. 54–56, 70.

[3] Eva Zeller: Der Ernstfall Liebe. In: Reich-Ranicki [Hrsg.]: 1000 Deutsche Gedichte und ihre Interpretationen. 10. Band. A. a. O., S. 314f.

Baustein 2: Empfindungen und Reflexionen

(ebd.) nicht zurück, wenn der Hafer sticht (V. 3), der Tod „[z]u Tode erschrickt" (V. 6) oder es für das Ich um „mein ein und mein alles" geht (V. 8), aber es gelingt dem Verfasser, ihnen „ihren ursprünglichen innigen Wortsinn zurückzugeben" (ebd.). Das Rilke-Gedicht zeichnen Vergleiche (V. 1, 6–9) und Aufzählungen, insbesondere von Adjektiven (V. 2, 5, 7), Farben (V. 8) oder Partizipien (V. 9f.) aus. Dadurch gelingt es, visuelle Wahrnehmungen nicht nur genau, sondern darüber hinaus in ihrer spezifischen Erscheinung und Bedeutung zu erfassen. So entfärben sich die Blüten zunehmend, indem sie das Blau erst „von ferne", dann „verweint und ungenau" spiegeln und schließlich ganz verlieren wollten, sodass es andere Farben verdrängen (V. 4–8). Der Vergleich der verblühenden Hortensie mit altem Briefpapier und einer verwaschenen Kinderschürze (V. 7–9) bringt Anfang und Ende des menschlichen Lebens ins Blickfeld. Dadurch entsteht im ersten Terzett ein Gefühl für dessen kurze Dauer (V. 11). Dieses Fazit nach einem Doppelpunkt überlagern in der letzten Strophe aber Rührung und Freude, weil eine Blütendolde in voller Farbe prangt.

Bevor die Schülerinnen und Schüler die Gedichte in Partnerarbeit genauer untersuchen, ermitteln sie im Unterrichtsgespräch ihr Thema sowie die Einstellungen zu Vergänglichkeit und neuem Leben, wie sie in ihnen zum Ausdruck kommen.

■ *Bestimmen Sie das Thema der beiden Gedichte auf dem Arbeitsblatt 16 (Aufgabe 1).*
Ermitteln Sie, welche Einstellungen dazu in ihnen zum Ausdruck kommen (Aufgabe 2).

■ *Bearbeiten Sie Aufgabe 3 auf dem Arbeitsblatt 16.*

Vergänglichkeit und neues Leben als Thema zweier Naturgedichte

Rainer Maria Rilke: **Blaue Hortensie**   Bernd Jentzsch: **Sommer**

Einstellungen

- Entfärbung einer verblühten Blume als Zeichen der Vergänglichkeit
- Erneuerung des Blau in einer einzelnen Blüte als Lebenssymbol
- aufkommende Gefühle (für die Kürze des Lebens, V. 11; Rührung, Freude, V. 14) durch Beobachtungen

- Liebe und Zeugung in freier Natur als Widerstand gegen den Tod
- sofortiges Handeln trotz ungünstiger äußerer Bedingungen (im Freien, offenes Feld, Regen, stechender Hafer)
- Umdeutung des Regens, „der uns segnet und […] singt (V. 2, 6), als wohltuende Begleiterscheinung

Sprache und Form

- Sonett (2 Quartette, 2 Terzette, Reimschema abba/bccb/ded/fef
- genaues Erfassen visueller Wahrnehmungen durch
  - Vergleiche (V. 1 f., 6–9)
  - Aufzählung von Adjektiven (V. 2, 5, 7), Farben (V. 8), Partizipien (V. 9 f.)
- zunehmende Entfärbung: Spiegelung „von ferne" (V. 4), „verweint und ungenau" (V. 5), Farbverlust (V. 6)
- Gegensatz Alter/Kindheit (V. 7–10)
- Fazit nach Doppelpunkt (V. 10)
- überraschende Veränderung im zweiten Terzett.

- ein einziger Satz: Tatendrang
- 4-malige Ortsbezeichnung „Hier" (V. 1, 5 f., 10): kein Aufschub
- Wiederholungen/Gleichklang Tod ↔ T(r)ollkraut (V. 4–6): Gegensatz und Zentrum des Gedichts
- Oxymoron „dunkel und licht" (V. 4): berauschende und stärkende Wirkung des T(r)ollkrauts
- Personifizierung und Wohlklang (s-Alliteration, V.2) des Regens
- Aufgreifen seines Gesangs durch das Liebespaar
- sein Segen als religiöser Zuspruch
- Rot (V. 8), Anrede der „Liebste[n]" (V. 5, 9): Intensität der Liebe
- Redewendungen (V. 3, 6, 8) in ihrem ursprünglichen Sinn

Das Bewusstsein der Vergänglichkeit und der Wunsch nach einem neuen oder weiteren Leben verbindet sich oft mit geläufigen Naturmotiven, welche die Schülerinnen und Schüler kennen oder leicht finden, etwa dem Wechsel der Jahres- und Tageszeiten (vgl. Kap. 3.3 und 3.4), dem Wachstumszyklus der Pflanzen (vgl. Kap. 4.1) oder dem Auf- und Untergang der Sonne.

> ■ *Welche Naturerscheinungen eignen sich, die Vergänglichkeit und den Wunsch nach einem neuen Leben darzustellen?*
> *Welche literarischen Beispiele kennen Sie?*

2.3 Religion

In der letzten Strophe von Bobrowskis Gedicht *Immer zu benennen* (Arbeitsblatt 6 auf S. 52) entsteht im Subjekt beim Anblick der Natur der Wunsch, in der Begegnung mit einem persönlichen Gott auch deren vergessene und verborgene Seiten zu erfassen. Paul Gerhardts

Baustein 2: Empfindungen und Reflexionen

Abendlied (Arbeitsblatt 7 auf S. 53) geht auf die Stimmungen und Vorgänge in der Natur und im Haus am Abend ein, um Glaubenseinsichten und -überzeugungen zu vermitteln, und Albrecht von Haller schließt in den *Morgengedanken* (Arbeitsblatt 5 auf S. 51) aus Naturbeobachtungen auf die Tatkraft des Schöpfers, die er durch zahlreiche Beispiele untermauert. Im zweiten Teil von Klopstocks *Frühlingsfeier* auf dem **Arbeitsblatt 17** (S. 84) löst die Erscheinung des Herrn im Gewitter dagegen gewaltige Emotionen aus, sodass ein Vergleich mit den beiden zuvor erwähnten Gedichten den Schülerinnen und Schülern die literaturgeschichtliche Entwicklung von der fromm-belehrenden Haltung des barocken Kirchenlieds über die rationalistische Argumentation in der Aufklärung, dass es Gott als Schöpfer geben muss, bis zu den Gefühlsausbrüchen in Empfindsamkeit und Sturm und Drang nahebringen kann. Gott offenbart sich in Klopstocks Ode, der hohen, feierlichen Form für große Themen, in der Natur, die er geschaffen hat: in sanften Lüften (V. 5–8, 62) oder heftigeren Winden, die ein Gewitter ankündigen (V. 13) oder begleiten (V. 45f.); im dadurch gebeugten Wald oder von Wellen bewegten Fluss (V. 14, 16), aber ebenso in der Stille (V. 9–12, 29f., 47); in dunklen Wolken (V. 11, 21–28, 35f., 47f.), in Blitz und Donner (V. 37–40, 45, 49f.) und schließlich im Regenbogen (V. 64). Das Gedicht spricht den Herrn als „Namenlose[n]" (V. 3) an, weil er auf Moses Frage antwortete: „Ich werde sein, der ich sein werde" (2. Mose 3, V. 13–15), und doch preist das Ich seinen Namen (V. 43f.). Es bezeichnet ihn als „Unendliche[n]" (V. 8, 16), „Ewige[n]" (V. 12) und als „Vater" (V. 24, 28, 54), der „barmherzig und gnädig" ist (V. 19, 42), Segen bringt, erquickt (V. 23, 36, 57–60) und vor Blitzschlag und Feuer beschützt (V. 53–56). Es reagiert auf Gottes Werke, Nähe und Sichtbarkeit (V. 12, 15f.) mit Ehrfurcht (V. 1), Ergriffenheit, Lobpreis und Anbetung (V. 17f., 33, 43f.), bittet um Erbarmen (V. 20), stellt Vermutungen an, dass die dunklen Gewitterwolken Anzeichen von Zorn sein könnten, von denen es sich aber gleich wieder mit Nachdruck distanziert (V. 21–28), wirft die Frage nach der Seele und Unsterblichkeit unscheinbarer Lebewesen auf (V. 31f.) und fühlt sich wie die Natur erfrischt und belebt. In den 16 Strophen des Gedichts zu je vier Versen in freien Rhythmen ohne Endreime vermischen sich, im 18. Jahrhundert keineswegs selbstverständlich, „religiöse und weltliche Texte" (Ketelsen[1], S. 248). Für die Zeitgenossen stellte es eine „unerhörte Steigerung der Emotionalisierung mit den Mitteln der Poesie" dar (ebd., S. 255). Diese Gefühlsintensität entsteht durch zahlreiche Ausrufe, Wiederholungen, Ellipsen und sogar Einwortsätze, wenn der Herr mit unterschiedlichen Attributen in der zweiten Person wie in einem Gebet angesprochen wird. Adjektive steigern das Geschehen (V. 34f.), Alliterationen und Parallelismen (V. 14, 17, 26f., 34f., 38f.) verstärken die Wirkung, die von Gott ausgeht. Wie im Gewitter die Winde aufleben, erweitert sich auch die Satzkonstruktion (V. 46), bevor im Kontrast dazu wieder Ruhe einkehrt. In echten (V. 21, 32) und rhetorischen Fragen (V. 17f., 37–40, 49f.) äußert sich die innere Aufwühlung des Subjekts angesichts des gewaltigen Ereignisses ebenso wie in den in letzteren enthaltenen Aufforderungen, zu sehen und zu hören. Para- und Hypotaxe wechseln sich ab. Die Sprache ähnelt derjenigen in den Psalmen und zahlreiche Textstellen verweisen auf das Alte Testament, etwa das „stille[ ], sanfte[ ] Säuseln" (V. 62) an die Begegnung Elias mit Gott am Berg Horeb (1. Könige 19, V. 11–13) oder der „Bogen des Friedens" (V. 64) an den neuen Bund nach Noahs Rettung vor der Sintflut (1. Mose 9, V. 8–17).

Der Lehrer oder die Lehrerin könnte den Kurs mit dem dritten Satz aus Beethovens 6. Sinfonie, der Pastorale, der ein Gewitter musikalisch schildert, auf Klopstocks Ode einstimmen. Nachdem die Schülerinnen und Schüler das Gedicht gehört und erste Eindrücke zum Inhalt, zur Sprache und Form sowie zur Intention und Wirkung im Unterrichtsgespräch formuliert haben, entscheiden sie sich für eine der ersten vier Aufgaben auf dem Arbeitsblatt 17, die sie allein bearbeiten. Die Ergebnisse werden anschließend gesammelt und verglichen.

---

[1] Uwe-K. Ketelsen: Poetische Emotion und universale Harmonie. Zu Klopstocks Ode *Das Landleben/Die Frühlingsfeier*. In: Karl Richter [Hrsg.]: Gedichte und Interpretationen. Bd. 2: Aufklärung und Sturm und Drang. Stuttgart: Reclam (UB Nr. 7891) 1983, S. 245–256.

■ Welche Eindrücke ruft der zweite Teil der „Frühlingsfeier" in Ihnen hervor? Berücksichtigen Sie den Inhalt, Sprache und Form sowie Intention und Wirkung.

■ Bearbeiten Sie eine der ersten vier Aufgaben auf dem Arbeitsblatt 17. Informieren Sie die Klasse über Ihre Ergebnisse und notieren Sie diejenigen zu den Aufgaben, die Sie nicht bearbeitet haben.

Friedrich Gottlieb Klopstock: Die Frühlingsfeier (zweiter Teil)

Offenbarung Gottes
- als Schöpfer
- in der Natur
  - sanfte oder starke Winde (V. 5–8, 13, 45f., 62)
  - gebeugter Wald, von Wellen bewegter Fluss (V. 14, 16)
  - Blitz und Donner (V. 37–40, 45, 49f.)
  - Stille (V. 9–12, 29f., 47)
  - Regenbogen (V. 64)

Eigenschaften Gottes
- namenlos (V. 3; vgl. 2. Mose 3, V. 13–15)
- unendlich (V. 8, 16)
- ewig (V. 12)
- Vater (V. 24, 28, 54)
- barmherzig und gnädig (V. 19, 42)
- Segen bringend und erquickend (V. 23, 36, 57–60)
- vor Blitzschlag und Feuer beschützend
- (V. 53–56)

Reaktionen des Ichs
- Ehrfurcht (V. 1)
- Ergriffenheit
- Lobpreis und Anbetung (V. 17f., 33, 43f.)
- Bitte um Erbarmen (V. 20)
- Vermutung/Verneinung eines zornigen Gottes
- Frage nach der Seele und Unsterblichkeit unscheinbarer Lebewesen
- Erfrischung und Belebung (V. 5–8)

Sprache und Form
- Ausrufe, Wiederholungen, Ellipsen
- Einwortsätze bei der Anrede des Herrn mit unterschiedlichen Attributen
- Steigerung durch Adjektive (V. 34f.)
- Alliterationen, Parallelismen (V. 14, 17, 26f., 34f., 38f.): Verstärkung der von Gott ausgehenden Wirkung
- Gegensätze (V. 46f., 52f., 61f.)
- echte (V. 21, 32) und rhetorische (V. 17f., 37–40, 49f.) Fragen: innere Aufwühlung des Subjekts
- Wechsel zwischen Para- und Hypotaxe
- Ähnlichkeit mit der Sprache der Psalmen
- Bezüge zu Stellen des Alten Testaments (z. B. V. 3: 2. Mose 3, V. 13–15; V. 62: 1. Könige 19, V. 11–13; V. 64: 1. Mose 9, V. 8–17; Psalm 18, V. 11–15)
- 16 Strophen zu je 4 Versen in freien Rhythmen ohne Endreime

Fazit: starke Emotionen → Epoche der Empfindsamkeit und des Sturm und Drang
Vermischung weltlicher und religiöser Sprache und Texte

Klopstocks Gedicht bietet sich dafür an, literarische Einflüsse und Wirkungen beispielhaft zu verfolgen. Wie in der *Frühlingsfeier* begleiten auch im 18. Psalm (Arbeitsblatt 17 auf S. 85) Winde, aufgewühlte Gewässer, Finsternis, schwarze Wolken sowie Blitz und Donner das Kommen des Herrn. Während in dem religiösen Text des Alten Testaments sich im Gewitter

Gottes Zorn entlädt und vernichtender Hagel fällt, erquickt in Klopstocks Gedicht „gnädige[r] Regen" die Erde, der zum Segen für sie wird.

■ Welche Parallelen, aber auch Unterschiede ergeben sich beim Vergleich mit dem 18. Psalm (Aufgabe 5 auf dem Arbeitsblatt 17).

Vergleich von Klopstocks *Frühlingsfeier* mit dem 18. Psalm (V. 11–16)

Gemeinsamkeiten
- Erscheinen des Herrn
- Winde
- aufgewühlte Gewässer
- Finsternis
- schwarze Wolken
- Blitz und Donner

Unterschiede

18. Psalm	←→	Frühlingsfeier
• Zorn Gottes		Segen
• vernichtender Hagel		erfrischender Regen

In Goethes Roman *Die Leiden des jungen Werthers* schildert die Titelfigur am Ende des umfangreichsten Briefes vom 16. Juni 1771 (Arbeitsblatt 17 auf S. 85), wie sie und Lotte sich auf einem Ball nach einem Gewitter – auch Orest beschreibt in den Versen 1341–64 der *Iphigenie* seine Heilung in diesem Bild – im Zeichen von Klopstock und seiner Ode näherkommen und von Gefühlen füreinander überwältigt werden. Durch die angenehmen Sinnenreize des Regens nach dem Gewitter, den erquickenden Geruch und die wohltuende Wärme stimuliert, berühren sich Blicke und Hände; in dem einzigen Wort „Klopstock" treffen sich ihre Gedanken an die *Frühlingsfeier* und finden ihre Liebesgefühle Ausdruck, sodass Werther in einem „Strome von Empfindungen" (Z. 5) versinkt. Das emotionale Zusammensein, das im Kuss von Lottes Hand gipfelt, begleiten Tränen, die das Ausmaß der Gefühle zu erkennen geben. Anders als Klopstock bezeichnet Werther Gott als „Edle[n]!" und er betrachtet ihn auch nicht als Schöpfer, sondern als durch Lottes Blick Vergötterten. Dadurch wird Gott zum Geschöpf der Liebe und die Religion und ihre Sprache poetisch säkularisiert.

■ Welche Rolle spielt Klopstocks Ode in dem Ausschnitt aus Goethes Briefroman „Die Leiden des jungen Werthers" auf dem Arbeitsblatt 17 (Aufgabe 6)

Klopstocks Ode in Werthers Brief vom 16. Juni 1771

Annäherung von Lotte und Werther unter überwältigenden Gefühlen
- angenehme Sinnenreize durch den Regen eines abziehenden Gewitters, Wohlgeruch und Wärme
- Kontakt durch Blicke und Hände
- gemeinsame Gedanken an die Frühlingsfeier als Ausdruck der Liebe in dem Ausruf „Klopstock!"
- Versinken Werthers in dem dadurch ausgelösten „Strome von Empfindungen"
- Tränen als Begleitung heftiger Emotionen
- Kuss von Lottes Hand als Höhepunkt
- Bezeichnung Gottes als „Edler!", den Lottes Blick vergöttert
  → **Gott** nicht Schöpfer und unendliches, ewiges Gegenüber des Menschen, sondern **Geschöpf der Liebe**
  → **poetische Säkularisierung der Religion und ihrer Sprache**

Baustein 2: Empfindungen und Reflexionen

Der Ehrfurcht vor der Schöpfung und dem Lobpreis des Schöpfers in Klopstocks und Hallers (vgl. das Arbeitsblatt 5 auf S. 51) Gedicht setzt der *Psalm* Paul Celans (**Arbeitsblatt 18** auf S. 86) mit den Wörtern „Niemand" und „Nichts" die Negation des Werks und seines Ursprungs entgegen. Das lyrische Ich gehört zu einem größeren, im Plural der ersten Person erfassten Kreis, der energisch bestreitet, geschaffen und belebt werden zu können (Strophe 1) und etwas zu sein (Strophe 3). Anaphern und der Einwortsatz in Strophe 1 sowie die Aufzählung der Zeitformen in Strophe 3 unterstreichen diese Überzeugung. In Strophe 2 folgt jedoch der Verneinung des Schöpfungsaktes die Hinwendung zu dem „Niemand" und dessen Lobpreis im Blühen, das in Strophe 3 „die Nichts-, die/Niemandsrose" hervorbringt und die vorausgehenden Negationen in sich aufhebt. Die letzte der Strophen mit zunehmender Verszahl (3–5–5–7) beschreibt Bestandteile der Blüte durch Wörter, die nicht nur eine biologische Bedeutung haben, und bezeichnet die Rose und ihr Rot als „vom Purpurwort, das wir sangen" (V. 18), geschaffen, von Dichtern also, „über, o über/dem Dorn" – jenseits von Verletzungen und Schmerzen. „Die Rose ist das Gedicht", so Jean Bollack (S. 84[1]), deren Blühen „wie in vielen anderen Texten Celans […] in den Raum der sprachlichen Kreativität" verweise. „Die Nichtsrose auf Seiten des Gegenstands, der Vernichtung anheimgegeben, und die Niemandsrose aus dem Blickwinkel des formenden, die Tradition umgestaltenden Künstlers sind nicht identisch; die beiden Seiten gehen miteinander eine enge Verbindung ein und fallen schließlich konvergierend zusammen." (Ebd., S. 89)

Die Schülerinnen und Schüler bearbeiten die erste Aufgabe auf dem Arbeitsblatt 18 allein und nach der Besprechung der Antworten die umfangreichere und schwierigere zweite paarweise. Die Ergebnisse werden in einem Tafelbild gesammelt und, falls nötig, auf Nachfragen des Lehrers oder der Lehrerin, etwa zum poetisch-künstlerischen Schöpfungsakt, ergänzt.

- *Was erfahren Sie in Celans „Psalm" über das „Wir" und das „Niemand"? (Aufgabe 1 auf dem Arbeitsblatt 18)[2]*

- *Bearbeiten Sie Aufgabe 2 auf dem Arbeitsblatt 18.*

- *Zu welchen Ergebnissen sind Sie gekommen?*
  Erkennen Sie eine Ordnung oder Entwicklung in der Strophenfolge?
  Welche Rolle spielt das „Purpurwort" (V. 18)?
  Welche Bedeutungen haben die Substantive in V. 15–17?

---

[1] Jean Bollak: Ein Bekenntnis zur Ungebundenheit. Celans Gedicht *Psalm*. In: Hans-Michael Speier [Hrsg.]: Gedichte von Paul Celan. Interpretationen. Stuttgart: Reclam (UB 17518) 2002, S. 84–94.
[2] Vgl. Dieter Hoffmann: Arbeitsbuch deutschsprachige Lyrik seit 1945. Tübingen, Basel: Francke 1988, S. 67.

Baustein 2: Empfindungen und Reflexionen

Paul Celan: Psalm

Inhalt

Personen: „Niemand" wir
 Schöpfer Geschöpfe aus Erde
 Ursprung des Lebens „Ein Nichts"

1. Str.: Verneinung einer neuen Schöpfung

2. Str.: Lobpreis des „Niemand" durch das Blühen

3. Str.: dauerhafte Existenz- und Bedeutungslosigkeit, aber trotzdem blühend als Nichts-/Niemandsrose

4. Str.: Beschreibung der Blütenbestandteile geschaffen durch das „Purpurwort" als Sprachschöpfung jenseits von Verletzungen und Schmerzen

Sprache und Form

- Liedform des Alten Testaments: antithetische Gedankenführung
- zunehmende Strophenlänge: 3, 5, 5, 7 Verse
- Verstärkung durch Anaphern, Ellipsen
- Anrede als Gegenüber in der zweiten Person
- Aufzählung der Zeitformen
- Neologismus: Aufhebung der vorausgehenden Negationen
- Doppeldeutigkeiten: Griffel, Staubfaden (vgl. V. 2), Krone
- Farbsymbolik Rot (Krone, Wort): Majestät, Blut, Liebe

Was die Schülerinnen und Schüler zum Begriff des Psalms und über die Psalmen wissen oder herausgefunden haben, teilen sie ebenso im Kurs mit wie ihre Überlegungen, wie die Überschrift von Celans Gedicht zu verstehen ist.

■ *Was ist ein Psalm? Wie ist der Begriff als Überschrift von Celans Gedicht zu verstehen? (Aufgabe 3 auf dem Arbeitsblatt 18)*

Die folgende Erklärung dient dem Lehrer oder der Lehrerin als Orientierung.

Psalmen [gr. psalmós: das zum Saitenspiel vorgetragene Lied: „150 hebr.[äische] liturg.[ische] Lieder aus dem 10. – 2. Jh. v. Chr., gesammelt im A[lten] T[estament]". Neben Lobpreis und Dank enthalten sie auch recht viele Klagen. „Charakterist.[isch] sind neben Ausdruckstiefe und hymn.[ischer] Frömmigkeit rhythm.[isch] zweigeteilte Verse mit paralleler oder antithet.[ischer] Gedankenführung […] und ein Wechselvortrag in gehobenem Sprechgesang *(Psalmodieren)* zwischen zwei Chören oder zwischen Vorsänger und Chor."
Günther u. Irmgard Schweikle [Hrsg.]: Metzler-Literatur-Lexikon. Begriffe und Definitionen. 2., überarb. Aufl. Stuttgart: Metzler 1990, S. 368.

Der Inhalt von Celans Gedicht mit seinen nachdrücklichen Negationen „Niemand" und „Nichts" steht im Gegensatz zum Glauben an Gott, den Schöpfer, in den Psalmen, deren zweigeteilte, antithetische Gedankenführung gleichwohl im Wechsel zwischen der Verneinung des göttlichen Schöpfungsaktes und der blühenden Rose zu erkennen ist. Da ihre rote Krone durch ein „Purpurwort" entstand, rücken der Dichter und der Kreis, zu dem er gehört, in die Rolle des Schöpfers.

Der Psalm verweigert sich wie Celans Lyrik insgesamt einem schnellen Zugriff und verlangt, sich geduldig auf den Text einzulassen und die Beziehungen zwischen den Aussagen und Bildern des Gedichts behutsam zu erschließen. Durch seine Hermetik an der Grenze der Verstehbarkeit und die Zurückweisung von Glaubensüberzeugungen und -überlieferungen neigt es zum Verstummen. Diesem „Schon-nicht-mehr" stemmt sich jedoch das „Immer-noch" (Ausschnitte aus Celans Büchner-Preis-Rede auf dem Arbeitsblatt 19) des Lobpreises im Blühen und des tradierten lyrischen Bildes der Rose entgegen, welcher der Dichter einen hohen Wert zuschreibt, den das Purpurrot symbolisiert. Celan bindet „[d]ieses Immer-noch des Gedichts" an das „Dasein" und die „Kreatürlichkeit" seines Verfassers, die bei ihm von den Erinnerungen an die verfolgten Juden bestimmt sind. „Das ‚wir' wird auf Celans ‚Urerlebnis' bezogen, auf die Vernichtungsstätten, die unzähligen Opfer, in deren Namen der Schreibende hier schreibt." (Bollack, S. 85). „So wissen denn die Toten, die im Gedicht aufleben, dass sie es sind, die die Rose zur Blüte bringen." (Ebd., S. 87). Die Mitsprache der Toten an diesem Schaffensprozess betrifft ihr „Nichtsein" und hat „eine vollkommene Trennung von der früheren, vor Celan vorhandenen Sprache" zur Folge, in der „sich die neue in der alten [gestaltet]; sie könnte sonst der Vernichtung nicht gerecht werden. So wird der Dichter zu einem ‚Niemand'. Das will heißen, dass er keiner von den anderen ist, oder noch genauer: einer, der keiner ist, weil er in keiner Tradition steht" (ebd., S. 85f.). „Natürlich handelt es sich um eine Loslösung von einer kulturellen Vergangenheit", die „aber ihre Verwendung jenseits der genannten Trennungslinie nicht aus[schließt]" (ebd., S. 86).

■ *Suchen Sie Antworten auf die Fragen in Aufgabe 4 des Arbeitsblattes 18, die sich auf Ausschnitte in Celans Büchner-Preis-Rede beziehen.*

2.4 Existenzielle Fragen

Die Einsamkeit der Natur konfrontiert den Menschen mit sich selbst und Grundfragen seines Daseins[1]. Insbesondere angesichts der unendlichen Weite des Meeres und des Himmels über ihm kommen solche Gedanken auf, wie aus den drei Gedichten auf den **Arbeitsblättern 19 und 20** auf den Seiten 87f. hervorgeht. Die aufgeworfenen Fragen bleiben dort aber unbeantwortet. In Heines Gedicht *Fragen* sucht ein junger Mann am Strand des Meeres bei den Wellen die Lösung des „qualvoll uralte[n] Rätsel[s]" (V. 6) um die Bestimmung, die Herkunft und die Zukunft des Menschen sowie um Gott (V. 12–14), über das Gelehrte in unterschiedlichen Kulturen und Zeiten erfolglos nachgedacht haben (V. 7–11). Der düsteren Stimmung des Fragers, der von Wehmut und Zweifeln erfüllt ist (V. 3f.), entspricht die „wüste[ ], nächtliche[ ]" Atmosphäre der äußeren Szenerie (V. 1). In der dritten Strophe bleiben die „Wogen", das in der zweiten Person angesprochene Gegenüber, die Antwort schuldig und entlarven damit die Sinnlosigkeit der Fragen, die das lyrische Ich im Fazit des letzten Verses drastisch hervorhebt. Die beiden vierzeiligen Beschreibungsszenen am Anfang und Schluss des Gedichts umrahmen die direkte Rede in der mittleren Strophe aus zehn Versen. Mehrfach präzisieren nachträglich hinzugefügte Attribute Substantive, die sich wiederholen: Meer, Rätsel, Häupter und Sterne (V. 1f., 5–11, 17). In Parallelismen kommt das endlos-unabänderliche Gleichmaß der in sich ruhenden, eigenen Gesetzen folgenden und von menschlichen Fragen völlig unberührten Natur, das die Figura etymologica des Murmelns eines „ew'ge[n] Gemurmel[s]" (V. 15) ergänzt, ebenso zum Ausdruck wie die eintönig-triste Verfassung des Jünglings. Auch formal verzichtet das Gedicht – anders als das von Conrad Ferdinand Meyer – auf jeden Prunk durch Endreime oder ein regelmäßiges Versmaß. Im *Möwenflug* fragt das lyrische Ich sich selbst, ob es wie die im Meer gespiegelten

---

[1] Vgl. die berühmten Faust-Monologe auf dem Osterspaziergang sowie in den Szenen *Wald und Höhle* und *Anmutige Gegend* auf dem Arbeitsblatt 37 des Unterrichtsmodells *Klassik* in dieser Reihe (S. 168f.)

Wasservögel real existiere oder nur ein Abbild sei. Da es von seinen Flügeln spricht, setzt es sich möglicherweise mit der Tätigkeit des Dichters auseinander und mit der Frage, ob dieser vielleicht Gaukelwerk und „Fabeldinge[ ]" hervorbringe (V. 19). Angesichts der fliegenden Möwen und ihres Spiegelbilds überkommt den Beobachter ein Grauen und drängen sich ihm Fragen auf, weil „Trug und Wahrheit" nicht mehr zu unterscheiden sind (V. 12), obwohl der „Meeresspiegel" die Grenze bildet. In den beiden Strophen aus zwölf und acht Versen in fünfhebigen Trochäen verfolgt das Subjekt die kreisenden Vögel und ihre Spiegelung im Wasser und überträgt die Wahrnehmung auf seine eigene Existenz. Paarreime überwiegen, doch als sich der Schein als völlig identisch darstellt, verändert sich mit der Überraschung, dadurch aufkommender Unruhe und zunehmender Irritation auch das Reimschema, denn ein Kreuz- und ein umarmender Reim schieben sich dazwischen (V. 5–12) und bringen die Ordnung durcheinander. Gegensätze prägen das Gedicht, etwa zwischen Oben und Unten (V. 11) oder „Trug und Wahrheit" (V. 12), vor allem aber zwischen der Bewegung des Möwenflugs in der ersten Strophe und dem Stillstand des Verharrens (V. 15), Starrens (V. 16) und Fragens in der zweiten.

Bevor sich die Schülerinnen und Schüler mit den beiden Gedichten beschäftigen, betrachten und beschreiben sie die Fotografie in **Zusatzmaterial 5** auf Seite 242. Außerdem notieren sie in einigen Sätzen, was dem Mann, der sich in einer ähnlichen Umgebung wie die Fragesteller in den Gedichten befindet, durch den Kopf gehen könnte. Nachdem einige Schülerinnen und Schüler vorgelesen haben, was der Mann beim Blick auf das Meer denkt, bearbeitet der Kurs die erste und zweite Aufgabe auf dem Arbeitsblatt 19 in Einzel- und die dritte in Partnerarbeit, die den Vergleich der vorausgehenden Ergebnisse einschließt. Die Einsichten werden gemeinsam besprochen und die vor der Interpretation geschriebenen Schülertexte dem Inhalt der Gedichte gegenübergestellt, um Übereinstimmungen und Abweichungen festzustellen und zu begründen.

- *Beschreiben Sie die Fotografie auf Zusatzmaterial 5 (Aufgabe 1).*
- *Bearbeiten Sie Aufgabe 2 in Zusatzmaterial 5.*
- *Lesen Sie vor, was dem Mann in Zusatzmaterial 5 durch den Kopf gehen könnte.*
- *Bearbeiten Sie die Aufgaben 1 und 2 auf dem Arbeitsblatt 19.*
- *Vergleichen Sie Ihre Ergebnisse und untersuchen Sie dann die sprachliche und formale Gestaltung der Gedichte (Aufgabe 3 auf dem Arbeitsblatt 19).*

Menschliche Grundfragen in zwei Gedichten

	H. Heine: **Fragen**	C. F. Meyer: **Möwenflug**
Fragen	• nach der Bestimmung, der Herkunft und Zukunft des Menschen sowie nach Gott	• an die eigene Person, ob sie real existiert oder nur ein Abbild ist • an den Dichter, ob er sich mit echten Dingen oder mit Gaukelwerk beschäftigt
Natur	• düstere Atmosphäre am Meer entsprechend der wehmütig zweifelnden Stimmung des jungen Mannes • Wogen als angesprochenes Gegenüber, das – die Antwort schuldig bleibt – über die Fragen wegen ihrer Sinnlosigkeit hinweggeht	• Beobachtung des Möwenflugs und seiner Spiegelung als Auslöser von Grauen und Fragen • „Meeresspiegel" (V. 5, 9) als Grenze zwischen „Trug und Wahrheit" (V. 12), die aber nicht zu unterscheiden sind
Sprache und Form	• zwei 4–zeilige Beschreibungsszenen am Anfang und Schluss als Rahmen • Fazit des lyrischen Ichs im letzten Vers • direkte Rede in der 10–zeiligen Mittelstrophe: drängende Bitte und flehende Fragen • nachträglich hinzugefügte Attribute (V. 1, 5–11, 17): Präzisierungen • Parallelismen: eintönig-triste Verfassung des Jünglings (V. 3); von Fragen unberührter Rhythmus der Natur (V. 16 f.) • Figura etymologica (V. 15) • Wortwiederholungen: Meer, Rätsel, Häupter (V. 1 f., 5–11) • weder Endreime noch regelmäßiges Versmaß	• 2 Strophen zu 12 und 8 Versen in 5–hebigen Trochäen: Flug der Möwen und Spiegelung im Wasser; Übertragung auf das Ich • überwiegend Paarreime, Kreuz- und umarmender Reim in V. 5–12: Verlust der Ordnung, Überraschung, Unruhe, Irritation • Gegensätze: oben/unten (z. B. V. 11), Trug/Wahrheit (V. 12), Bewegung/Erstarrung (1./2. Str.)

■ *Vergleichen Sie Ihre Texte, die Sie vor der Interpretation der beiden Gedichte dem Mann am Meer (Zusatzmaterial 5) zugeschrieben haben, mit deren Inhalt.*

In Yvan Golls Gedicht *Die Frager vor dem Ozean* auf dem **Arbeitsblatt 20 (S. 88)**, das für die Schülerinnen und Schüler eine weitaus größere Herausforderung darstellt als die beiden vorausgehenden, suchen die in der Überschrift Benannten die Eigenschaften und Verhaltensweisen des personifizierten Meeres auf zweierlei, gegensätzliche Art zu bestimmen und sie mit dem Geist und der Seele als körperlosen Lebenszentren des Menschen zu erfassen, die dadurch selbst zum Thema werden. Den männlichen, aktiven, willensstarken Geist bringen die Frager im ersten Teil mit dem Schöpfer, der Zeugung und Geburt in sich vereinigt (V. 2f.), mit Wildheit und Unzufriedenheit (V. 10) sowie mit autoaggressivem Missmut trotz seiner Allwissenheit (V. 20–22) in Verbindung, die weibliche, passive, widersprüchliche, zerrissene Seele im zweiten dagegen mit Verlangen und Ängstlichkeit (V. 30), mit Stolz und Schüchternheit (V. 43) sowie mit der Sehnsucht nach Vollkommenheit und dauerhaftem Glücksempfinden (V. 44 f.). In **Bildern des Meeres** entstehen die Vorstellungen, dass der Geist, wann und wie auch immer er im Einzelnen aktiv ist, doch stets das Ganze umfasst (V. 6 f.), dass er die Welt im Kleinen wie im Großen erhelle (V. 8 f.), dass er festgefügte Strukturen auflöse und alte Gewissheiten in Frage stelle (V. 15–19) sowie Freiheit verkörpere und verbreite (V. 23, 27). Die Seele dagegen gebe und nehme „mit jeder Welle" (V. 34), doch trotz ihrer fortwährenden Hingabe an „jede[s] Ufer" sei sie in ihrer Liebe des „Eine[n]" beständig (V. 36–39). **Weitere Metaphern** lassen sich auf die Kreativität des Geistes beziehen, die eine große Gedankenvielfalt (V. 2), neben Klarheit aber auch Verwirrung hervorbringe (V. 4). Dem lyrischen Wir kommt er wie ein kräftiges Ungeheuer mit umfassendem Sehvermögen vor, das sich bei transzendenten Fragen sinnlos verausgabt (V. 11 f.), oder wie ein Vogel, der im Höhenflug der eigenen Gedanken untergeht (V. 13). „[Z]wischen Erd und Himmel" schwebend (V. 24), vermittelt er zwischen Irdischem und Göttlichem; er benennt und beschreibt alles, was existiert (V. 26), ist manchmal aber auch rauschhaften Wirbeln ausgesetzt (V. 25). Im Unterschied dazu schwankt die Seele zwischen Werben und Rückzug (V. 31–33), begeistert und berauscht (V. 40) will sie in flüchtigen Bewegungen und Worten der Wirklichkeit „enteilen (V. 41 f.). Obwohl sie allumfassende Gemeinschaft sucht, bleibt sie „doch die Einsamste der Welt!" (V. 47 f.) Der Superlativ und der Ausruf nach dem Doppelpunkt, in den die hypotaktischen Fragesätze des zweiten Teils münden, steigert den Kontrast aufs Äußerste. Im ersten Teil schieben sich Feststellungen zwischen die Fragen (V. 8–13). Er enthält Zahlenhyperbeln (V. 2, 6, 11), während das Gedicht insgesamt von Attributen, auch in Form von Gliedsätzen oder Appositionen, Partizipialsätzen und substantivierten Adjektiven geprägt ist. Die metrisch unregelmäßigen Verse reimen sich oft paarweise, in Einzelfällen aber auch dreifach (V. 23–25) oder umarmend (V. 37–40) und sie enthalten zahlreich Waisen.

Um den Schülerinnen und Schülern den Zugang zu dem schwierigen Gedicht zu erleichtern, konzentrieren sie sich zunächst im Unterrichtsgespräch nur auf dessen Überschrift und Zweiteilung, für die sie nach Erklärungen suchen.

- Erklären Sie die Überschrift und die Zweiteilung des Gedichts (Aufgabe 1 auf dem Arbeitsblatt 20).

Yvan Goll: Die Frager vor dem Ozean – Überschrift und Zweiteilung

Sie suchen die Eigenschaften und Verhaltensweisen des Meeres
    auf zweierlei, gegensätzliche Art zu bestimmen,
      sie mit den körperlosen Lebenszentren des Menschen zu erfassen,
    die dadurch selbst zum Thema werden:

I. Geist	II. Seele
männlich, aktiv, willensstark	weiblich, passiv, widersprüchlich, zerrissen

Nach der ersten Orientierung wenden sich die Schülerinnen und Schüler paarweise den Eigenschaften und Verhaltensweisen zu, wie sie in einem der beiden Teile beschrieben sind, und unterscheiden dabei direkte Zuschreibungen von indirekten über Meeresbilder und weitere Metaphern, oder sie untersuchen Sprache und Form des gesamten Gedichts. Das folgende Tafelbild und die vorausgehenden Ausführungen dazu verstehen sich nicht als eine unangebrachte „Übersetzung" des lyrischen Textes, sondern als Anregungen und Vorschläge, sich dem vielschichtigen und komplexen Gebilde zu nähern und ihm gerecht zu werden. Es verlangt in besonderer Weise Offenheit für Interpretationsangebote, denen subjektive Lesarten zugrunde liegen, sich aber am Text begründen lassen.

■ *Bearbeiten Sie Aufgabe 2 oder 3 auf dem Arbeitsblatt 20.*

Yvan Goll: Die Frager vor dem Ozean – Eigenschaften und Verhaltensweisen des Meeres

I. Geist

- Schöpfer, der Zeugung und Geburt in sich vereinigt (V. 2 f.)
- ungestüm und unzufrieden (V. 10)
- Missmut, Autoaggression trotz Allwissenheit (V. 20–22)

II. Seele

- Verlangen und Ängstlichkeit (V. 30)
- stolz und schüchtern (V. 43)
- Sehnsucht nach Vollkommenheit und tiefem Glücksempfinden (V. 44 f.)

Meeresbilder

- Einzelheiten als Teil des Ganzen (V. 6 f.)
- Erhellung der Welt im Kleinen wie im Großen (V. 8 f.)
- Auflösung festgefügter Strukturen/ Infragestellung alter Gewissheiten (V. 15–19)
- Verkörperung und Verbreitung von Freiheit (V. 23, 27)

- ständiges Geben und Nehmen (V. 34)
- unaufhörliche Hingabe an „jede[s] Ufer" trotz beständiger Liebe des „Eine[n]" (V. 36–39)

Weitere Metaphern

- Kreativität und Gedankenvielfalt (V. 2)
- Verwirrung und Klarheit (V. 4)
- kräftiges Ungeheuer mit umfassendem Sehvermögen, das sich bei transzendenten Fragen sinnlos verausgabt (V. 11 f.)
- Untergang im eigenen Gedankenflug (V. 13)
- Vermittlung zwischen Irdischem und Göttlichem (V. 24)
- rauschhafte Wirbel (V. 25)
- Benennung und Beschreibung des Seins (V. 26)

- Werben und Rückzug (V. 31–33)
- Begeisterung und Rausch (v. 40)
- flüchtige Bewegungen und Worte, um nicht „im Wirklichen verweilen" zu müssen (V. 41 f.)
- tiefe Einsamkeit trotz des Bedürfnisses nach allumfassender Gemeinschaft

> **Yvan Goll: Die Frager vor dem Ozean (III) – Sprache und Form**
> - Personifizierung des Meeres und Anrede in der 2. Person
> - hypotaktische Fragesätze
> - Einschub von Feststellungen im 1. Teil (V. 8–13)
> - Ausruf mit Superlativ nach Doppelpunkt am Schluss: Steigerung des Gegensatzes
> - Aufzählungen (z. B. V. 18, 21 f., 41, 47)
> - Reihe von Attributen, auch in Form von Gliedsätzen oder Appositionen
> - Partizipialsätze und substantivierte Adjektive
> - metrisch unregelmäßige Verse
> - überwiegend Paarreime mit Ausnahmen (dreifacher/umarmender Reim, V. 23–25, 37–40, und zahlreiche Waisen)

Abschließend können die Schülerinnen und Schüler erörtern, ob sie im Meer eher ein Bild des Geistes, der Seele oder eines ähnlichen abstrakten Begriffs erkennen, inwieweit sie sich die Beschreibungen des Gedichts zu eigen machen können und ob Geist und Seele, männliches und weibliches Prinzip zutreffend erfasst sind.

■ *Erörtern Sie,*
- *ob Sie das Meer eher mit dem Geist, der Seele oder vielleicht einem ähnlichen weiteren Begriff in Verbindung bringen,*
- *inwieweit Sie sich den Beschreibungen des Gedichts anschließen können,*
- *ob Geist und Seele, männliches und weibliches Prinzip zutreffend erfasst sind.*

2.5 Zwei Lieder eines Einsiedlers

Das erste Lied auf dem **Arbeitsblatt 21** (S. 89) singt der Einsiedler in Grimmelshausens Roman *Der Abenteuerliche Simplicissimus Deutsch* aus dem Jahr 1669 um Mitternacht, als ihm Simplicius, der Ich-Erzähler, nachdem Soldaten den Hof seiner vermeintlichen Eltern überfallen hatten und er geflohen war, begegnet und vorübergehend von ihm aufgenommen wird. Das zweite Lied von Eichendorff nimmt in seinem äußeren Rahmen – dem Einsiedler, der Nacht, der Strophenform und dem Reimschema sowie der Satzstruktur des Anfangsverses – darauf Bezug, füllt ihn jedoch völlig anders. In dem älteren Gedicht sucht das Ich während der Nacht Trost beim Gesang der Nachtigall, in deren Gotteslob es einstimmt (V. 13, 35–40), in das es auch das Echo einbezieht und dem sich sogar die Eule mit ihrem Geheul anschließt; die Sterne ergänzen es visuell. Beim Singen werden unangenehme Empfindungen im Finstern (V. 11 f., 15) ebenso überwunden wie die Müdigkeit (V. 24, 36 f.), bis das Morgenrot die Sonne und einen neuen Tag ankündigt. Eichendorffs Lied klingt dagegen im Warten auf „das ew'ge Morgenrot" (V. 17) aus, die Auferstehung nach dem Tod. Das Subjekt wendet sich an die personifizierte „stille Nacht", die es als „Trost der Welt" anspricht und die ihm Ruhe nach der „Lust und Not" im Treiben des Tages bringen soll. Es fühlt sich erschöpft und einsam, besinnt sich auf seine Vergänglichkeit (V. 7) und singt nicht selbst, sondern hört nur von ferne das Abendlied eines müden Schiffers „[z]u Gottes Lob". Bei Eichendorff richtet sich die Sehnsucht auf die Nacht und ihre wohltuende Wirkung, bei Grimmelshausen dagegen auf den Tag, dessen Sonnenlicht es mit Freude verbindet und schmerzhaft vermisst (V. 11 f., 38 f.). Dort breiten sich Stille, Sanftheit und Schlaf aus, hier erklingt lauter Schall, zu dem der Refrain aufruft, der in dem jüngeren Gedicht fehlt.

Bevor die Schülerinnen und Schüler die Gedichte lesen oder hören[1], klären sie im Kurs, was ein Einsiedler – auch Klausner, Eremit, Anachoret – ist: „ein Mensch, der die Einsamkeit sucht, um der Welt zu entsagen u.[nd] im Streben nach Vollkommenheit Gott näherzukommen. E.[remiten] sind in allen Religionen anzutreffen. Im Christentum ist das Einsiedlerideal z. T. noch im Mönchstum gegenwärtig"[2]. In den beiden Liedern besteht das Einsiedlerdasein aber nicht nur aus Verzicht und religiöser Versenkung, sondern auch in einem intensiven Erleben der Natur. Die Schülerinnen und Schüler stellen sich vor, wie ein Einsiedler aussehen könnte, und vergleichen ihr Fantasiebild mit der Beschreibung in Grimmelshausens Roman, auf deren Grundlage einzelne vielleicht die Figur malen oder zeichnen. So auf die Subjekte der Gedichte eingestimmt, bearbeiten Vierergruppen die Aufgabe auf dem Arbeitsblatt 21. Zwei von ihnen stellen ihre Ergebnisse vor, etwa auf OHP-Folie oder mittels des Visualizers, die anderen ergänzen oder korrigieren sie.

■ *Was ist ein Einsiedler? Wie stellen Sie sich einen solchen vor?*
Vergleichen Sie Ihre Vorstellungen mit der Beschreibung des Einsiedlers in Grimmelshausens Roman „Der abenteuerliche Simplicissimus"[3]. Er singt das Lied auf dem Arbeitsblatt 21.

„Da erblickte ich einen großen Mann, dem lange, schwarzgraue Haare wirr über die Schultern hingen. Er hatte einen wilden Schweizerbart[4]. Sein Angesicht war gelblich bleich, aber doch recht freundlich, und sein langer Rock war mit tausend Stücken aus unterschiedlichen Tuchen beflickt, oft eines über dem anderen. Um Hals und Leib hatte er eine schwere eiserne Kette gewunden wie Sankt Wilhelmus[5] und sah in meinen Augen so scheußlich und fürchterlich aus, dass ich anfing, zu zittern wie ein nasser Hund. Was aber meine Angst noch größer machte, war das Kruzifix, ungefähr sechs Schuh[6] lang, das er an seine Brust drückte. Ahnungslos, wie ich war, hatte ich nur einen Gedanken: Dieser alte Greis musste der Wolf sein, von dem mir mein Knan[7] kurz vorher erzählt hatte."

In seiner Hütte „war die Armut selbst Hofmeisterin[8], der Hunger war Koch und der Mangel Küchenmeister."

■ *Malen oder zeichnen Sie den Einsiedler, wie der Ich-Erzähler ihn in Grimmelshausens Roman beschreibt.*
Oder:
■ *Bearbeiten Sie in Vierergruppen die Aufgabe auf dem Arbeitsblatt 21.*
*Stellen Sie Ihre Ergebnisse vor **oder** ergänzen/korrigieren Sie diese oder die der anderen Gruppen.*

---

[1] Vertonungen von Eichendorffs Gedicht durch Robert Schumann und Max Reger sind bei Youtube unter „Der Einsiedler" aufzurufen.
[2] dtv-Lexikon in 24 Bänden. Bd. 6. Gütersloh/München 2006.
[3] Hans Jacob Christoffel von Grimmelshausen: Der abenteuerliche Simplicissimus Deutsch. Aus dem Deutschen des 17. Jahrhunderts und mit einen Nachwort von Reinhard Kaiser. 2. Aufl. Frankfurt am Main: Eichborn 2009, S. 30 f.
[4] Schnurrbart
[5] Der hl. Wilhelm von Maleval wird oft in eine Rüstung oder ein Kettenhemd geschmiedet oder mit Eisenketten umwunden dargestellt.
[6] Das Längenmaß *Fuß* oder *Schuh* umfasst ca. 30 cm.
[7] vermeintlicher Vater des Simplicius
[8] Hofmeister: Erzieher junger Fürsten, später auch bürgerlicher Kinder

Vergleich von zwei Liedern eines Einsiedlers

Grimmelshausen   **Eichendorff**

Gemeinsamkeiten

- äußere Situation (Einsiedler, Nacht)
- Strophenform (6 Verse mit 3– und 4–hebigen Jamben)
- Reimschema (aabccb)
- Satzbau im Eingangsvers (Aufforderung, Anrede)

Unterschiede

Grimmelshausen		Eichendorff
• in der Nacht	← Bitte um Trost →	• in der Welt durch die Nacht
• nach dem Morgen	← Sehnsucht →	• nach der Nacht
• im Gesang der Nachtigall, der Menschen, des Echos, der Eule sowie im Funkeln der Sterne	← Lob Gottes →	• im fernen Abendlied eines einzelnen, müden Schiffers
• Ankündigung der Sonne/eines neuen Tages	← Morgenrot →	• Auferstehung nach dem Tod
• Widerstand gegen Dunkelheit und Müdigkeit		• Erschöpfung, Einsamkeit, Vergänglichkeit
• Refrain (4 Verse mit 4– oder 2–hebigen Trochäen und Paar- bzw. Binnenreimen [schallen/allen, dein/-lein])		• Suche nach Ruhe nach dem Treiben des Tages und der Welt
• lauter Schall		• Personifizierung der Nacht
		• Stille, Schlaf, Sanftheit

Obwohl das Einsiedlertum in der Gegenwart keine Rolle mehr spielt, können sich die Schülerinnen und Schüler mit dieser vergangenen, ihnen fremden Lebensweise auseinandersetzen und nach Begründungen suchen, weshalb sie in früheren Jahrhunderten häufiger anzutreffen war.

■ *Erörtern Sie die Lebenseinstellung der Einsiedler in den beiden Gedichten. Warum gab es in früheren Zeiten häufiger Einsiedler?*

Die Schülerinnen und Schüler könnten auf das in der Gegenwart verbreitete Bedürfnis nach Zerstreuung und Unterhaltung hinweisen, das Werbung und Medien stimulieren und der Genuss von Waren oder virtuellen Angeboten befriedigen soll. Dabei droht das Individuum sich aber selbst zu verlieren. Dieser Gefahr wollten die Einsiedler entgehen, indem sie sich dem religiösen Ursprung ihres Lebens zuwandten und sich darauf besannen, was ihr Dasein überdauert.

Facetten der Liebe
in Naturgedichten von Heinrich Heine

1. Bestimmen Sie bei dem Gedicht, das Sie als Gruppe bearbeiten, die zentrale Aussage.
2. Stellen Sie dar, wie es diese Aussage unter Einbeziehung von Naturbildern entfaltet.
3. Untersuchen Sie Sprache und Form.
4. Gestalten oder suchen Sie ein Bild, das den Gehalt des Gedichts, einen wichtigen Gedanken oder ein Motiv (= prägendes Grundschema) veranschaulicht. Sie können dieses Bild selbst malen oder zeichnen oder auch ein bereits vorhandenes auswählen und besorgen.
5. Bereiten Sie den Vortrag des Gedichts vor.
6. Präsentieren Sie Ihre Ergebnisse im Kurs.

Berg' und Burgen schaun herunter
In den spiegelhellen Rhein,
Und mein Schiffchen segelt munter,
Rings umglänzt von Sonnenschein.

5 Ruhig seh ich zu dem Spiele
Goldner Wellen, kraus bewegt;
Still erwachen die Gefühle,
Die ich tief im Busen hegt.

Freundlich grüßend und verheißend
10 Lockt hinab des Stromes Pracht;
Doch ich kenn ihn, oben gleißend[1],
Birgt sein Innres Tod und Nacht.

Oben Lust, im Busen Tücken,
Strom, du bist der Liebsten Bild!
15 Die kann auch so freundlich nicken,
Lächelt auch so fromm und mild.

Buch der Lieder. Junge Leiden. Lieder, Nr. 7. In: Heinrich Heine: Ich weiß nicht, was soll es bedeuten. Gedichte. Stuttgart, München: Deutscher Bücherbund 1986, S. 37f.

---

[1] glänzend

Es stehen unbeweglich
Die Sterne in der Höh',
Viel tausend Jahr', und schauen
Sich an mit Liebesweh.

5 Sie sprechen eine Sprache,
Die ist so reich, so schön;
Doch keiner der Philologen[1]
Kann diese Sprache verstehn.

Ich aber hab sie gelernet,
10 Und ich vergesse sie nicht;
Mir diente als Grammatik
Der Herzallerliebsten Gesicht.

Buch der Lieder. Lyrisches Intermezzo Nr. 8. Ebd. S. 75

---

[1] Sprach- und Literaturwissenschaftler

Die Lotosblume[1] ängstigt
Sich vor der Sonne Pracht,
Und mit gesenktem Haupte
Erwartet sie träumend die Nacht.

5 Der Mond, der ist ihr Buhle[2],
Er weckt sie mit seinem Licht,
Und ihm entschleiert sie freundlich
Ihr frommes Blumengesicht.

Sie blüht und glüht und leuchtet,
10 Und starret stumm in die Höh';
Sie duftet und weinet und zittert
Vor Liebe und Liebesweh.

Buch der Lieder. Lyrisches Intermezzo Nr. 10. Ebd., S. 76

---

[1] Seerose, die im Schlamm wurzelt, „aus dem sich die Reinheit der Blüten auf der Oberfläche der Gewässer erhebt"; im Hinduismus Attribut und Symbol der Gottheit (Christoph Wetzel: Das große Lexikon der Symbole. Darmstadt 2008, S. 196).
[2] Geliebter

Ein Fichtenbaum steht einsam
Im Norden auf kahler Höh'.
Ihn schläfert; mit weißer Decke
Umhüllen ihn Eis und Schnee.

5 Er träumt von einer Palme,
Die, fern im Morgenland,
Einsam und schweigend trauert
Auf brennender Felsenwand.

Buch der Lieder. Lyrisches Intermezzo Nr. 33. Ebd. S. 87

Unterm weißen Baume sitzend
Hörst du fern die Winde schrillen,
Siehst wie oben stumme Wolken
Sich in Nebeldecken hüllen;

5 Siehst, wie unten ausgestorben
Wald und Flur, wie kahl geschoren; –
Um dich Winter, in dir Winter,
Und dein Herz ist eingefroren.

Plötzlich fallen auf dich nieder
10 Weiße Flocken, und verdrossen
Meinst du schon mit Schneegestöber
Hab der Baum dich übergossen.

Doch es ist kein Schneegestöber,
Merkst es bald mit freud'gem Schrecken;
15 Duft'ge Frühlingsblüten sind es,
Die dich necken und bedecken.

Welch ein schauersüßer Zauber!
Winter wandelt sich in Maie,
Schnee verwandelt sich in Blüten,
20 Und dein Herz es liebt aufs Neue.

Neue Gedichte. Neuer Frühling Nr. 1. Ebd. S. 211 f.

Es fällt ein Stern herunter
Aus seiner funkelnden Höh'!
Das ist der Stern der Liebe,
Den ich dort fallen seh.

5 Es fallen vom Apfelbaume
Der Blüten und Blätter viel!
Es kommen die neckenden Lüfte
Und treiben damit ihr Spiel.

Es singt der Schwan im Weiher,
10 Und rudert auf und ab,
Und immer leiser singend,
Taucht er ins Flutengrab.

Es ist so still und dunkel!
Verweht ist Blatt und Blüt',
15 Der Stern ist knisternd zerstoben,
Verklungen das Schwanenlied.

Buch der Lieder. Lyrisches Intermezzo Nr. 59. Ebd. S. 100 f.

Heinrich Heine (1797–1856), als Sohn einer jüdischen Kaufmannsfamilie in Düsseldorf geboren; nach dem Abbruch des Gymnasiums kaufmännische Lehre im Bankhaus seines Onkels Salomon in Hamburg, in dessen Tochter er sich verliebt, ohne dass diese seine Zuneigung erwidert. Von seinem Onkel finanziell unterstützt, studiert er ab 1819 Jura in Bonn, Göttingen und Berlin bis zur Promotion 1825. Daneben hört er aber auch Vorlesungen in Philosophie bei A.W. Schlegel und Hegel. Die Universität Göttingen musste er wegen eines Duells verlassen. Um seine beruflichen Aussichten zu verbessern, tritt Heine 1825 vom jüdischen zum protestantischen Glauben über. Reisen nach England, Italien und Paris, wo er ab 1831 lebt, als Zeitungskorrespondent arbeitet und zwischen deutscher und französischer Kultur vermitteln möchte. 1841 Heirat mit Créscence Eugenie Mirat, die er „Mathilde" nannte. Ab 1848 fortschreitende Lähmungskrankheit, die ihn an die „Matratzengruft" fesselt, wo sich die Geliebte Elise Krinitz („Mouche") um ihn kümmert.
Heine verfasste neben zahlreichen, zum Teil volkstümlichen Gedichten (*Ich weiß nicht, was soll es bedeuten*) auch Reisebilder (*Die Harzreise*). Wegen seiner emanzipatorischen Bestrebungen und seinem Eintreten für Demokratie wurden seine Schriften wie die anderer Dichter des Jungen Deutschland und des Vormärz 1835 vom Bundestag verboten.
Das berühmte *Buch der Lieder* enthält Heines frühe Lyrik in vier Zyklen, die zum Teil weiter untergliedert sind: Junge Leiden, Lyrisches Intermezzo, Die Heimkehr, Nordsee.
Am populärsten wurden die volksliedhaften Gedichte der beiden mittleren Zyklen.

Vergleich der beiden Gedichte *Blaue Hortensie* von Rainer Maria Rilke und *Sommer* von Bernd Jentzsch

1. Bestimmen Sie das Thema der beiden Gedichte.

2. Ermitteln Sie, welche Einstellungen dazu in ihnen zum Ausdruck kommen.

3. Untersuchen Sie Sprache und Form der Gedichte in ihrer Wechselbeziehung mit Inhalt und Wirkung. Berücksichtigen Sie insbesondere den Einfluss der poetischen Bilder.

Rainer Maria Rilke
Blaue Hortensie (1906)

So wie das letzte Grün in Farbentiegeln
sind diese Blätter, trocken, stumpf und rau,
hinter den Blütendolden, die ein Blau
nicht auf sich tragen, nur von ferne spiegeln.

5 Sie spiegeln es verweint und ungenau,
als wollten sie es wiederum verlieren,
und wie in alten blauen Briefpapieren
ist Gelb in ihnen, Violett und Grau;

Verwaschnes wie an einer Kinderschürze,
10 Nichtmehrgetragnes, dem nichts mehr geschieht:
wie fühlt man eines kleinen Lebens Kürze.

Doch plötzlich scheint das Blau sich zu verneuen
in einer von den Dolden, und man sieht
ein rührend Blaues sich vor Grünem freuen.

Rainer Maria Rilke: Die Gedichte. Frankfurt am Main und Leipzig: Insel Verlag 2006, S. 456.

Bernd Jentzsch
Sommer (1978)

Hier in den Mulden, in den schäumenden Wiesen,
Im Regen, der uns segnet und sonderbar singt,
Auf dem offenen Feld, im Hafer, der uns jetzt sticht,
Im Tollkraut[1], im Trollkraut[2], dunkel und licht,
5 Liebste, hier wolln wir machen, was den Tod
Zu Tode erschrickt, hier, im singenden Regen,
Damit es aufgehe in deinem Leib wie ein Brot,
Auf dem roten Acker, mein ein und alles,
Im Regen, Liebste, und nicht unterm Dach,
10 Hier, wo wir singen, in den schäumenden Wiesen.

B. J.: Quartiermachen. München: Hanser 1978. © Bernd Jentzsch.

[1] Nachtschattengewächs, aus dessen unterirdischen Sprossen im Mittelalter Liebes- und Rauschgetränke hergestellt wurden
[2] Rauschmittel

Bernd Jentzsch (geb. 1940), Kind einer Familie, die den Nationalsozialismus ablehnte. Aufgewachsen in Karl-Marx-Stadt/Chemnitz; 1960–65 Studium der Germanistik und Kunstgeschichte in Leipzig und Jena; bis 1975 Lektor in Ost-Berlin, dann freier Schriftsteller und Herausgeber. Nach Protest gegen die Ausbürgerung von Wolf Biermann Wohnsitz in der Schweiz, aus der er nach einem Studienaufenthalt nicht in die DDR zurückkehrte. 1992 Gründungsdirektor des Neuen Leipziger Instituts für Literatur. Über den Gedichtband *Quartiermachen* schreibt H. Chr. Buch in der SZ am 18.10.1978: Die Gedichte „trauern in doppelter Hinsicht: Über die verlorene Heimat in der DDR und über die Unmöglichkeit, heimisch zu werden in der fremden, westlichen Welt." (Harenberg Lexikon der Weltliteratur. Bd. 3. Studienausgabe 1995, S. 1508)

Rainer Maria Rilke (1875–1926), Sohn einer Prager kleinbürgerlichen Beamtenfamilie; für die beabsichtigte Offizierslaufbahn zu sensibel und verschlossen; Studium der Kunst- und Literaturgeschichte in Prag und München, aber Entschluss, als Dichter ohne weiteren Beruf zu leben. 1897 Bekanntschaft mit der Schriftstellerin Lou Andreas-Salomé, mit der er während seines ganzen Lebens verbunden blieb. 1901/02 kurze Ehe mit der Bildhauerin Clara Westhoff; 1905/06 Privatsekretär Rodins in Paris. Der bedeutendste deutschsprachige Lyriker in der ersten Hälfte des 20. Jahrhunderts führte ein ruheloses Leben an zahlreichen Orten, meist als Gast. Wichtige lyrische Werke: Das Stundenbuch, Sonette an Orpheus, Duineser Elegien.

Friedrich Gottlieb Klopstock: Die Frühlingsfeier
(zweiter Teil) (1759, Fassung des Drucks von 1771)

Untersuchen Sie,

1. *in welcher Weise sich Gott dem lyrischen Ich offenbart,*

2. *welche Eigenschaften es ihm zuschreibt,*

3. *wie es auf sein Erscheinen reagiert,*

4. *welcher Sprache und Form es sich bedient,*

5. *welche Parallelen, aber auch Unterschiede sich beim Vergleich mit dem 18. Psalm ergeben,*

6. *welche Rolle Klopstocks Ode in dem Ausschnitt aus Goethes Briefroman „Die Leiden des jungen Werthers" spielt.*

Mit tiefer Ehrfurcht schau ich die Schöpfung an,
Denn du!
Namenloser, du!
Schufest sie!

5 Lüfte, die um mich wehn, und sanfte Kühlung
Auf mein glühendes Angesicht hauchen,
Euch, wunderbare Lüfte,
Sandte der Herr! der Unendliche!

Aber jetzt werden sie still, kaum atmen sie.
10 Die Morgensonne wird schwül!
Wolken strömen herauf!
Sichtbar ist, der kommt, der Ewige!

Nun schweben sie, rauschen sie, wirbeln die Winde!
Wie beugt sich der Wald! wie hebt sich der Strom!
15 Sichtbar, wie du es Sterblichen sein kannst,
Ja, das bist du, sichtbar, Unendlicher!

Der Wald neigt sich, der Strom fliehet, und ich
Falle nicht auf mein Angesicht?
Herr! Herr! Gott! barmherzig und gnädig!
20 Du Naher! erbarme dich meiner!

Zürnest du? Herr,
Weil Nacht dein Gewand ist?
Diese Nacht ist Segen der Erde.
Vater, du zürnest nicht!

25 Sie kommt, Erfrischung auszuschütten,
Über den stärkenden Halm!
Über die herzerfreuende Traube!
Vater, du zürnest nicht!

Alles ist still vor dir, du Naher!
30 Ringsumher ist alles still!
Auch das Würmchen mit Golde bedeckt, merkt auf!
Ist es vielleicht nicht seelenlos? ist es unsterblich?

Ach, vermöcht' ich dich, Herr, wie ich dürste, zu preisen!
Immer herrlicher offenbarest du dich!

35 Immer dunkler wird die Nacht um dich,
Und voller von Segen!

Seht ihr den Zeugen des Nahen, den zückenden Strahl?
Hört ihr Jehovas Donner?
Hört ihr ihn? hört ihr ihn,
40 Den erschütternden Donner des Herrn?

Herr! Herr! Gott!
Barmherzig, und gnädig!
Angebetet, gepriesen
Sei dein herrlicher Name!

45 Und die Gewitterwinde? sie tragen den Donner!
Wie sie rauschen! wie sie mit lauter Woge den Wald durchströmen!
Und nun schweigen sie. Langsam wandelt
Die schwarze Wolke.

Seht ihr den neuen Zeugen des Nahen, den fliegenden Strahl?
50 Höret ihr hoch in der Wolke den Donner des Herrn?
Er ruft: Jehova! Jehova!
Und der geschmetterte Wald dampft!

Aber nicht unsre Hütte!
Unser Vater gebot
55 Seinem Verderber,
Vor unsrer Hütte vorüberzugehn!

Ach, schon rauscht, schon rauscht
Himmel, und Erde vom gnädigen Regen!
Nun ist, wie dürstete sie! die Erd' erquickt,
60 Und der Himmel der Segensfüll' entlastet!

Siehe, nun kommt Jehova nicht mehr im Wetter,
In stillem, sanftem Säuseln
Kommt Jehova,
Und unter ihm neigt sich der Bogen des Friedens!

Conrady, S. 237f./F. K.: Ausgewählte Werke. Hg. von K. A. Schleiden. München: Hanser 1962.

Die *Frühlingsfeier* ist literaturgeschichtlich in zweifacher Hinsicht von Bedeutung: Zum einen verweist sie mit dem Erscheinen Gottes im Gewitter zurück auf den 18. Psalm des Alten Testaments, zum andern spielt Goethe in seinem ersten Roman auf sie an.

Im **18. Psalm** heißt es in den Versen 11–16:

¹¹Und er [der HERR] fuhr auf dem Cherub¹ und flog daher,   ¹ Engel als Wächter
    er schwebte auf den Fittichen des Windes.
¹²Er machte Finsternis ringsum zu seinem Zelt;
    in schwarzen, dicken Wolken war er verborgen.
¹³Aus dem Glanz vor ihm zogen seine Wolken dahin
    mit Hagel und Blitzen.
¹⁴Der HERR donnerte im Himmel,
    und der Höchste ließ seine Stimme erschallen mit Hagel und Blitzen.
¹⁵Er schoss seine Pfeile und streute sie aus,
    sandte Blitze in Menge und jagte sie dahin.
¹⁶Da sah man die Tiefen der Wasser,
    und des Erdbodens Grund ward aufgedeckt
    vor deinem Schelten, HERR,
    vor dem Odem² und Schnauben deines Zornes.   ² Atem

Die Bibel. Nach der Übersetzung Martin Luthers.
Stuttgart: Deutsche Bibelgesellschaft 1999, S. 545.

In Goethes Roman ***Die Leiden des jungen Werthers***, der seinen Verfasser berühmt machte, zeigt sich der große Einfluss Klopstocks auf den jungen Dichter daran, dass Gedanken an die *Frühlingsfeier* einen entscheidenden Augenblick begleiten. Werther lernt, so schreibt er im Brief vom 16. Juni seinem Freund Wilhelm, auf der Fahrt zu einem Ball Lotte kennen und verliebt sich in sie, doch sie ist schon mit einem anderen Mann verlobt. Während eines Gewitters lenkt sich die Gesellschaft mit einem Spiel ab, und als dieses vorbei ist, folgt Werther Lotte in den Saal.

Wir traten ans Fenster. Es donnerte abseitwärts, und der herrliche Regen säuselte auf das Land, und der erquickendste Wohlgeruch stieg in aller Fülle einer warmen Luft zu uns auf. Sie stand, auf ihren Ellenbogen gestützt, ihr Blick durchdrang die Gegend, sie sah gen Himmel und auf mich, ich sah ihr Auge tränenvoll, sie legte ihre Hand auf die meinige und sagte – Klopstock! – Ich erinnerte mich sogleich der herrlichen Ode,
5 die ihr in Gedanken lag, und versank in dem Strome von Empfindungen, den sie in dieser Losung über mich ausgoss. Ich ertrug's nicht, neigte mich auf ihre Hand und küsste sie unter den wonnevollsten Tränen. Und sah nach ihrem Auge wieder – Edler! Hättest Du Deine Vergötterung in diesem Blicke gesehn, und möcht' ich nun Deinen so oft entweihten Namen nie wieder nennen hören.

J. W. Goethe: Die Leiden des jungen Werthers. Stuttgart: Reclam (UB Nr. 67) 1985, S. 29.

Friedrich Gottlieb Klopstock (1724–1803) entstammte einer wohlhabenden Advokaten- und Kaufmannsfamilie in Thüringen, wurde pietistisch erzogen und besuchte das Gymnasium in Quedlinburg sowie die sächsische Fürstenschule Pforta. Ab 1745 studierte er Theologie in Jena und Leipzig, bis 1748 die ersten drei Gesänge seine Epos *Der Messias* erschienen. 1750 berief ihn der dänische König als Legationsrat nach Kopenhagen. Ab 1770 lebte er in Hamburg. Seine erste Frau Meta, mit der er 1754 die Ehe schloss, starb schon 1758. 1791 heiratete er eine ihrer Nichten. Klopstocks empfindsame Erlebnisdichtung setzt sich über die strengen poetischen Regeln des Rationalismus ebenso hinweg wie über die literarischen Spielereien des Rokoko. Das gefühlsbetonte Vokabular seiner Werke, insbesondere seiner Oden und Hymnen, ihre poetischen Bilder und metrischen Formen bereicherten die Ausdrucksmöglichkeiten der deutschen Sprache nachhaltig und gaben dem jungen Goethe und der Epoche des Sturm und Drang entscheidende Impulse. Hölderlin gilt als sein genialer Nachfolger.

Paul Celan: Psalm (1961)

1. Was erfahren Sie in dem Gedicht über das „Wir" und das „Niemand"?

2. Um welche Aussagen konzentrieren sich die einzelnen Strophen? Durch welche Wörter ergeben sich Verbindungen zwischen ihnen? Was bewirken die sprachlichen Mittel und die Form?

3. Informieren Sie sich über den Begriff des Psalms. Beispiele finden Sie auf den Arbeitsblättern 17 und 46. In welcher Weise verwendet ihn Celan in der Überschrift des Gedichts?

4. Lesen Sie die Ausschnitte aus Celans Rede bei der Verleihung des Büchner-Preises 1960: Worin besteht das „Schon-nicht-mehr" und das „Immer-noch" seines Psalm-Gedichts? Inwiefern enthält das Gedicht Bezüge zu Celans Begriffen „Dasein" (vgl. die biografischen Hinweise auf dem Arbeitsblatt 9) und „Kreatürlichkeit"?

Niemand knetet uns wieder aus Erde und Lehm,
niemand bespricht unsern Staub.
Niemand.

Gelobt seist du, Niemand.
5 Dir zulieb wollen
wir blühn.
Dir
entgegen.

Ein Nichts
10 waren wir, sind wir, werden
wir bleiben, blühend:
die Nichts-, die
Niemandsrose.

Mit
15 dem Griffel seelenhell,
dem Staubfaden himmelswüst,
der Krone rot
vom Purpurwort, das wir sangen
über, o über
20 dem Dorn.

P. C.: Die Gedichte. Kommentierte Gesamtausgabe. Frankfurt am Main: Suhrkamp (st 3665) 2005, S. 132f.

Ausschnitte aus Celans Büchner-Preis-Rede 1960:

Gewiss, das Gedicht – das Gedicht heute – […] zeigt, das ist unverkennbar, eine starke Neigung zum Verstummen. Es behauptet sich […] am Rande seiner selbst; es ruft und holt sich, um bestehen zu können, unausgesetzt aus seinem Schon-nicht-mehr in sein Immer-noch zurück.
[…]
Dieses Immer-noch des Gedichts kann ja wohl nur in dem Gedicht dessen zu finden sein, der nicht vergisst,
5 dass er unter dem Neigungswinkel seines Daseins, dem Neigungswinkel seiner Kreatürlichkeit spricht.

Büchner-Preis-Reden 1951–1971. Stuttgart: Reclam (UB 9332–34) 1972, S. 97f.

Existenzielle Fragen in zwei Gedichten von Heinrich Heine und Conrad Ferdinand Meyer

1. Welche Fragen werden in den beiden Gedichten aufgeworfen?

2. Welche Bedeutung kommt den Naturszenarien zu?

3. Untersuchen Sie die sprachliche und formale Gestaltung der Gedichte.

Heinrich Heine
Fragen

Am Meer, am wüsten, nächtlichen Meer,
Steht ein Jüngling-Mann,
Die Brust voll Wehmut, das Haupt voll Zweifel,
Und mit düstern Lippen fragt er die Wogen:

5 „O löst mir das Rätsel des Lebens,
Das qualvoll uralte Rätsel,
Worüber schon manche Häupter gegrübelt,
Häupter in Hieroglyphenmützen[1],
Häupter in Turban und schwarzem Barett[2],
10 Perückenhäupter und tausend andre
Arme, schwitzende Menschenhäupter –
Sagt mir, was bedeutet der Mensch?
Woher ist er gekommen? Wo geht er hin?
Wer wohnt dort oben auf goldenen Sternen?"

15 Es murmeln die Wogen ihr ew'ges Gemurmel,
Es wehet der Wind, es fliehen die Wolken,
Es blinken die Sterne, gleichgültig und kalt,
Und ein Narr wartet auf Antwort.

Buch der Lieder. Die Nordsee. Zweiter Zyklus, Nr. 7.
In: H. H.: Ich weiß nicht, was soll es bedeuten. Gedichte.
Stuttgart, München: Deutscher Bücherbund 1986, S. 203.

Conrad Ferdinand Meyer
Möwenflug

Möwen sah um einen Felsen kreisen
Ich in unermüdlich gleichen Gleisen,
Auf gespannter Schwinge schweben bleibend,
Eine schimmernd weiße Bahn beschreibend,
5 Und zugleich in grünem Meeresspiegel
Sah ich um dieselben Felsenspitzen
Eine helle Jagd gestreckter Flügel
Unermüdlich durch die Tiefe blitzen.
Und der Spiegel hatte solche Klarheit,
10 Dass sich anders nicht die Flügel hoben
Tief im Meer, als hoch in Lüften oben,
Dass sich völlig glichen Trug und Wahrheit.

Allgemach beschlich es mich wie Grauen,
Schein und Wesen so verwandt zu schauen,
15 Und ich fragte mich, am Strand verharrend,
Ins gespenstische Geflatter starrend:
Und du selber? Bist du echt beflügelt?
Oder nur gemalt und abgespiegelt?
Gaukelst du im Kreis mit Fabeldingen?
20 Oder hast du Blut in deinen Schwingen?

Conrady, S. 498 f./C. F. M.: Sämtliche Werke. Bd. 1.
Hg. v. H. Zeller u. A. Zäch. Bern: Benteli 1963.

---

[1] Hieroglyphen: Bilderschrift, zum Beispiel im alten Ägypten
[2] flache Kopfbedeckung ohne Rand, oft Teil der Amtstracht

Conrad Ferdinand Meyer (1825–98), Sohn einer Züricher Bürgerfamilie, deren Spannungen ihn Zeit seines Lebens beeinträchtigten und zu psychischen Erkrankungen führten; enge Beziehung zu seiner Schwester Betsy, die seine späte Ehe belastete. Neben Gedichten verfasste Meyer Novellen, zum Beispiel *Das Amulett*.

Yvan Goll: Die Frager vor dem Ozean

1. Erklären Sie die Überschrift und die Zweiteilung des Gedichts.

2. Erschließen Sie die in einem der beiden Teile genannten Eigenschaften und Verhaltensweisen. Unterscheiden Sie zwischen direkten Zuschreibungen, Meeresbildern und weiteren Metaphern.

3. Untersuchen Sie die sprachlichen und formalen Gestaltungsmittel des Gedichts.

I

Bist du der Geist,
Der Schöpfer, Hundertstimmige,
Der zeugend aus dem eignen Schoße bricht,
In sich vereinigt Nacht und Licht?
5 Der Geist,
In tausend Wellen auseinanderfallend,
Und doch mit jeder ganz die Welt umkrallend?
Sowohl im Tropfen als im Ozean
Machst du der Sonne Lauf dir untertan,
10 Du Stürmischer, du Mürrischer,
Du hundertäugiger Bison,
Immer an des Himmels offnes Tor anrennend,
Kranich, an des eignen Fluges Glut verbrennend.
Bist du der Geist,
15 Der Salzige, Selbstherrliche,
Der alles ätzt[1] und alles löst,
Die Erde um und um zerstößt,
Der alles aufreißt, aufschreit und vernichtet,
Und dennoch Kraft an Kraft und Well an Welle
schichtet,
20 Der Geist, der alles weiß
Und doch so unwirsch, jünglingheiß
Sich martert, anklagt und sich schlägt,
Das Meer, sich zu befrein, bewegt,
Der zwischen Erd und Himmel schwebt,
25 Doch auch im Trinkglas seinen Sturm erlebt –
Der Geist, der allem Sein die Waage hält,
Und doch der Freieste der Welt?

II

Oder bist du die Seele?
Das Weib,
30 Das Süchtige, das Bangende,
Das jeden Mannesfels umbuhlt[2] und gleich auch
flieht,
In jeder Stärke Feind und Sieger sieht,
Das seine Scham verbirgt, dass sie noch höher
schwelle,
Und gibt und nimmt mit jeder Welle?
35 Bist du die Seele,
Die Langende, Ergebene,
Die Hingesunkene,
Die jedem Ufer, tausendfach sich gibt
Und doch nur Eines immer wirklich liebt?
40 Die Trunkene, Getrunkene,
Die immer flattert, tanzt und lügt, sich zu enteilen,
Und niemals kann im Wirklichen verweilen?
Bist du die Stolze und die Schüchterne,
Die Leidende um letzte Seligkeit,
45 Suchend in jeder Stunde Ewigkeit:
O Menschenseele, Wasserseele,
Die wild das All umbuhlt, umarmt, umstellt –
Und doch die Einsamste der Welt!

Das Meer, S. 106f./Y. G. Die Lyrik in vier Bänden.
Bd. 1: Frühe Gedichte 1906–1930. Hrsg. u. komm. v. Barbara Glauert-Hesse im Auftrag der Fondation Yvan et Claire Goll, Saint-Dié-des-Vosges. Berlin: Argon 1966, S. 152f.© 1966 Argon Verlag GmbH Berlin/Wallstein Verlag Göttingen.

---
[1] mit Säure, Lauge oder ähnlichen chemischen Verbindungen behandelt

[2] umwirbt

Yvan Goll (1891–1950), Sohn eines elsässischen Vaters und einer lothringischen Mutter mit jüdischen Wurzeln; Studium und Promotion zum Dr. phil. in Straßburg; während des Ersten Weltkriegs in der Schweiz, befreundet u. a. mit J. Joyce; nach der Heirat mit Claire Studer 1919–39 in Paris, ebenfalls nach der Rückkehr aus dem Exil ab 1947. Expressionistischer und surrealistischer Lyriker; enge Zusammenarbeit des Schriftstellerpaars in deutscher und französischer Sprache.

Zwei Lieder eines Einsiedlers

Vergleichen Sie Inhalt, Sprache und Form der beiden Lieder. Berücksichtigen Sie dabei die Stimmung des Einsiedlers sowie die Wahrnehmungen der Natur.

Hans Jakob Christoffel von Grimmelshausen
[Lied des Einsiedlers]

aus dem Roman *Der abenteuerliche Simplicissimus Deutsch* nach der Melodie des Chorals *Wie schön leucht uns der Morgenstern*

Nachdem Soldaten den Hof der vermeintlichen Eltern von Simplicius, der Hauptfigur und dem Ich-Erzähler des Romans, überfallen haben und er in den Wald geflohen ist, begegnet er einem Eremiten, der ihn aufnimmt, im christlichen Glauben unterweist und sich später als sein wahrer Vater herausstellt.

Komm Trost der Nacht, o Nachtigall,
Lass deine Stimm mit Freudenschall
Aufs lieblichste erklingen.
Komm, komm, und lob den Schöpfer dein,
5 Weil andre Vöglein schlafen sein
Und nicht mehr mögen singen:
    Lass dein Stimmlein
        Laut erschallen, dann vor allen
        Kannst du loben
10 Gott im Himmel hoch dort oben.

Ob schon ist hin der Sonnenschein
Und wir im Finstern müssen sein,
So können wir doch singen
Von Gottes Güt und seiner Macht,
15 Weil uns kann hindern keine Nacht,
Sein Lob zu vollenbringen.
    Drum dein Stimmlein
        Lass erschallen, dann vor allen
        Kannst du loben
20 Gott im Himmel hoch dort oben.

Echo, der wilde Widerhall,
Will sein bei diesem Freudenschall
Und lässet sich auch hören;
Verweist uns alle Müdigkeit,
25 Der wir ergeben allezeit,
Lehrt uns den Schlaf betören.
    Drum dein Stimmlein etc.

Die Sterne, so am Himmel stehn,
Lassen sich zum Lob Gottes sehn
30 Und tun ihm Ehr beweisen;
Auch die Eul, die nicht singen kann,
Zeigt doch mit ihrem Heulen an,
Dass sie Gott auch tu preisen.
    Drum dein Stimmlein etc.

35 Nur her mein liebstes Vögelein,
Wir wollen nicht die Fäulsten sein
Und schlafend liegen bleiben,
Sondern bis dass die Morgenröt
Erfreuet diese Wälder öd,
40 Im Lob Gottes vertreiben.
    Lass dein Stimmlein
        Laut erschallen, dann vor allen
        Kannst du loben
Gott im Himmel hoch dort oben.

_{H. J. Chr. v. G.: Der abenteuerliche Simplicissimus. Darmstadt: Wiss. Buchgesellschaft 1985, S. 22–24. Rechtschreibung und Zeichensetzung wurden den aktuellen Regeln angepasst.}

Hans Jakob Christoffel von Grimmelshausen (ca. 1621–76) stammt aus Gelnhausen in Hessen, wird 1635 von den Wirren des 30-jährigen Krieges erfasst und nimmt als Soldat für unterschiedliche Armeen daran teil; später ist er als Regimentsschreiber tätig. Nach dem Ende des Krieges lebt er als Verwalter, Beamter, Burgvogt und Gastwirt in Gaisbach bei Oberkirch am Oberrhein, 1667 wird er Bürgermeister in Renchen. Die Lebensgeschichte des Ich-Erzählers Simplicius in seinem Roman lehnt sich zum Teil an die seines Verfassers an.

Joseph von Eichendorff
Der Einsiedler

Komm' Trost der Welt, du stille Nacht!
Wie steigst du von den Bergen sacht,
Die Lüfte alle schlafen,
Ein Schiffer nur noch, wandermüd,
5 Singt über's Meer sein Abendlied
Zu Gottes Lob im Hafen.

Die Jahre wie die Wolken gehn
Und lassen mich hier einsam stehn,
Die Welt hat mich vergessen,
10 Da tratst du wunderbar zu mir,
Wenn ich beim Waldesrauschen hier
Gedankenvoll gesessen.

O Trost der Welt, du stille Nacht!
Der Tag hat mich so müd gemacht,
15 Das weite Meer schon dunkelt,
Lass' ausruhn mich von Lust und Not,
Bis dass das ew'ge Morgenrot
Den stillen Wald durchfunkelt.

J. v. E.: Sämtliche Gedichte und Versepen.
Hrsg. v. Hartwig Schultz. Frankfurt am Main und Leipzig: Insel 2007, S. 266.

J. v. Eichendorff (1788–1857): entstammt einer preußisch-katholischen Landadelsfamilie auf Schloss Lubowitz bei Ratibor in Oberschlesien, wo ihn Waldlandschaft geprägt hat; Jurastudium in Halle, Heidelberg, Berlin und Wien; 1813–15 Teilnahme an den Befreiungskriegen; danach Beamter im preußischen Staatsdienst. Seine Lyrik im Volksliedton und die Novelle *Aus dem Leben eines Taugenichts* machten ihn zum bekanntesten Dichter der Romantik.

Baustein 3

Wolken, Gestirne und Zeiten

3.1 Nebel und Wolken

Aus Wasser, das als Naturelement in Kap. 2.4 mit dem Meer ins Blickfeld gerückt war, bestehen auch Wolken und Nebel, wenn sich Wassertröpfchen oder Eiskristalle ansammeln. Bei Nebel handelt es sich um „eine dem Erdboden aufliegende Schichtwolke, in der die Sicht unter 1 km liegt"[1]. Beide Gedichte auf dem **Arbeitsblatt 23** (S. 113) drehen sich um weitreichende Erkenntnisse oder Erfahrungen des lyrischen Ichs, wie abseits der menschlichen Gesellschaft oder abgewandt von ihr Weisheit oder Erlösung zu finden sind. Das Subjekt sieht sich in der ersten Strophe von Hesses Gedicht *Im Nebel* mit merkwürdigen Wahrnehmungen und Empfindungen konfrontiert, weil die einzelnen Naturgegenstände, Busch, Stein und Baum, keine Verbindung miteinander haben. In der zweiten Strophe überträgt es diese Einsamkeit auf die eigene Gegenwart, in der es frühere Freunde und seine Lebensfreude verloren und sich Düsternis ausgebreitet hat. In der dritten folgert es daraus, dass Weisheit die Kenntnis der Dunkelheit voraussetze, und diese Einsicht unterstreicht es durch das einleitende „wahrlich". Die vierte Strophe erklärt schließlich Einsamkeit zur Grundbedingung des Lebens. Satzwiederholungen (V. 1/13, 4/16) und ein Parallelismus (V. 3/15) rücken sie nah an die erste, deren Inhalt sie erweitert, sodass der Mensch als Teil der Natur erscheint. Der elliptische Ausruf mit dem vorangestellten Adjektiv „seltsam" bringt das Erstaunen des Ichs über die verbergende Wirkung des Nebels zum Ausdruck. Die übrigen Sätze enthalten Aussagen über das Sein der Natur, des Ichs und der Menschen; deshalb kommt das entsprechende Hilfsverb in der Präsensform „ist" recht häufig vor. Nur in den Versen 5 f. erzeugt es im Präteritum einen temporalen Kontrast. Die vier Strophen enthalten je vier Verse in wechselnden Metren und Kreuzreime. In dem Gedicht *An die Wolken* von Christian Morgenstern beschreibt das Subjekt in der Vergangenheitsform seine wiederkehrende Reaktion, wenn es der Umgang mit Menschen und die Konfrontation mit deren Dummheiten ermüdete, nämlich den Blick zu den Wolken, die es in der zweiten Person anspricht. Dadurch überwindet es Beschränkungen und findet Erlösung in überzeitlichen Erkenntnissen (V. 9), unendlicher Weite (V. 12–15, 18–20) und unergründlichen Geheimnissen (V. 19 f.). Es erweitert seinen Horizont, gefährdet aber auch seine Existenz (V. 14–17). Das Gedicht in freien Rhythmen besteht aus zwei Sätzen, einem ersten hypotaktischen und einem zweiten aus mit „und" verbundenen Hauptsätzen. Dieser schließt allerdings mit einem Konditionalsatz (V. 18–22); ein weiterer ist in den ersten Satz eingebunden (V. 2 f.). Die Auflösung des Ichs veranschaulicht ein Vergleich (V. 17), während den Wesenskern der Menschen und Wolken Metaphern verdeutlichen (V. 4, 9). Der „unendliche[n] Torheit" in den Spiegeln der Gesichter stehen die „ewigen Gedanken des Himmels" gegenüber.
Bevor die Schülerinnen und Schüler die Originalversion von einem der beiden Gedichte interpretieren, bearbeiten sie eine gestaltende Rekonstruktionsaufgabe auf dem **Arbeitsblatt 22** (S. 112). Auf der Suche nach einer schlüssigen Reihenfolge der Strophen des Gedichts *Im Nebel* müssen sie die Kohärenz des gesamten Textes beachten, beim sinnvollen Ergänzen der Substantive, Verben und Adjektive in Morgensterns lyrischer Rede *An die Wolken* konzentrieren sie sich dagegen auf den engeren Kontext. In beiden Fällen trägt der anschließende Vergleich mit dem Original dazu bei, dessen besondere Wirkung zu erkennen. Vorher finden

---
[1] dtv-Lexikon Bd. 15. A.a.O., S. 240.

sich die Schülerinnen und Schüler, die dasselbe Gedicht bearbeitet haben, in Vierergruppen zusammen, um ihre Ergebnisse zu vergleichen, zu erörtern und sich auf eine Lösung zu einigen, die sie im Kurs vorstellen. Wichtig ist bei beiden Aufgaben, dass eigenständige, von den Gedichten abweichende Versionen nicht abgewertet werden, sondern die nötige Anerkennung finden, falls sie überzeugend begründet sind.

■ *Suchen Sie eine schlüssige Reihenfolge der Strophen in Hesses Gedicht „Im Nebel" **oder** ergänzen Sie die Lücken in dem Gedicht „An die Wolken" von Morgenstern (Aufgabe 1 auf dem Arbeitsblatt 22).*

■ *Vergleichen und erörtern Sie Ihre Ergebnisse in Vierergruppen und einigen Sie sich auf eine Lösung, die Sie im Kurs vorstellen (Aufgabe 2 auf dem Arbeitsblatt 22).*

■ *Vergleichen Sie die Lösungen mit der Originalversion und suchen Sie nach Gründen für Abweichungen (Aufgabe 3 auf dem Arbeitsblatt 22).*

Nach der produktionsorientierten Annäherung interpretieren die Vierergruppen ihr Gedicht analytisch, stellen die Ergebnisse wiederum im Kurs vor und vergleichen sie mit den anderen.

■ *Bearbeiten Sie die Aufgaben auf dem Arbeitsblatt 23.*

Ein Nebel- und ein Wolkengedicht

Hermann Hesse: **Im Nebel**	Christian Morgenstern: **An die Wolken**
Inhalt	
Str. 1: Wanderung im Nebel → merkwürdige Wahrnehmungen und Empfindungen: einzelne Naturgegenstände ohne Verbindung untereinander	• ermüdender Umgang mit Menschen • Konfrontation mit ihrer Dummheit → Blick zu den Wolken • Überwindung von Beschränkungen • Erlösung
Str. 2: Einsamkeit des Menschen: Verlust der Freunde und Lebensfreude, Düsternis	durch • überzeitliche Erkenntnisse (V. 9) • unendliche Weite (V. 12–15, 18–20) • unergründliche Geheimnisse
Str. 3: als Voraussetzung der Weisheit Str. 4: und Grundbedingung des Lebens	↓ **Erweiterung, Gefährdung, Auflösung des Ichs** (V. 14–17)
Sprache und Form	
• Str. 1/4: Satzwiederholungen (V. 1/13, 4/16) und Parallelismus (V. 3/15): Mensch als Teil der Natur • elliptischer Ausruf, vorangestelltes Adjektiv „[s]eltsam" (V. 1/13): Erstaunen • Aussagesätze mit Feststellungen über das Sein der Natur und der Menschen • Kontrast Gegenwart („ist")/ Vergangenheit („war"), V. 5 f. • verstärkendes „[w]ahrlich" am Satzanfang in Str. 3 • 4 Strophen mit je 4 Versen in wechselndem Metrum, Kreuzreime	• 2 Sätze – hypotaktisch/parataktisch: mit „und" verbundene Reihe – „immer wieder" (V. 1, 11) jeweils am Anfang: sich wiederholende Reaktion und Wirkung • Konditionalsätze (V. 2 f., 18–22) • Vergleich (V. 17) und Metaphern (V. 4, 9) • Gegensatz „Torheit" (V. 5)/Denken (V. 9, 12) • Anrede der Wolken in der 2. Person • freie Rhythmen

Morgensterns Gedicht regt zu einer gestaltenden Schreibaufgabe an, bei der die Schülerinnen und Schüler sich in lyrischer Sprache Lebewesen, Gegenständen, Vorgängen oder Erscheinungen in der Natur zuwenden, die sie besonders beeindrucken oder zu denen sie ein besonderes Verhältnis haben.

> ■ *Verfassen Sie wie Morgenstern ein Gedicht an ein Lebewesen, einen Gegenstand, einen Vorgang oder eine Erscheinung in der Natur, das/der/die Ihnen besonders viel bedeutet, zum Beispiel: An den Nebel/den Regen/die Sonne/die Sterne/eine Rose/einen Baum/einen Schmetterling/meine Katze/meinen Hund.*

Die entstehenden Gedichte können die Kapitel in den Bausteinen 3 und 4, denen sie zuzuordnen sind, eröffnen und für das jeweilige Thema motivieren.

3.2 Sonne, Mond und Sterne

Ingeborg Bachmanns großartiges Gedicht *An die Sonne* auf dem **Arbeitsblatt 24** (S. 114) setzt die bis auf die „ältesten Kultvölker[ ] des Orients" zurückgehende Tradition der Sonnenhymnen fort, die über das „alte[ ] Israel" und „den Sonnengesang des Franz von Assisi bis in die Gegenwart" reicht[1]. Die symmetrische Architektur entsteht aus der Verszahl der einzelnen Strophen (5–4–3–2–1–2–3–4–5), die bis zur nicht abgeschlossenen, weiterzuführenden Mittelzeile ab- und dann wieder zunimmt, sodass sich über formale Entsprechungen im Umfang auch inhaltliche Verbindungen ergeben. In der ersten Hälfte überwiegt die Bewunderung der Sonne und ihres Lichts, ihrer Pracht und Wirkung, in der zweiten verlagert sich der Schwerpunkt auf die Augen und das Sehen. Fast alle Strophen – mit Ausnahme der dritten und siebten – beginnen mit dem Adjektiv „schön" – in den Versen 15 f. ist es substantiviert und gleich am Anfang wird seine Komparativform verwendet –, sodass diese ästhetische Empfindung das gesamte Gedicht prägt. Die Eingangsstrophe preist die Schönheit der Sonne in sich steigernden Vergleichen mit nächtlichen Himmelskörpern als Lebensquelle nicht nur des Ich, sondern auch eines noch vor diesem angesprochenen Du. Die Rangordnung der Gestirne wiederholt sich in der Schlussstrophe, die aber aus der Bewunderung für die Sonne den wichtigsten dauerhaften Grund für die Klage „über den unabwendbaren Verlust meiner Augen" (V. 29) durch den Tod ableitet. Die zweite Strophe schreibt den Superlativ der Schönheit dem Untergang der Sonne am sommerlichen Meer zu, wenn sie ihr Tageswerk vollendet hat, und lenkt die Aufmerksamkeit auf das Auge, das Sinnesorgan für solche eindrücklichen Wahrnehmungen. Die kraftlosen Bilder ermüden das Du, während sich das Ich in der vorletzten Strophe der Schönheit des Blaus und der damit verbundenen Weite mit unstillbarer Augenlust hingibt und dabei Glücksgefühle erlebt. Die dritte Strophe weist auf die Freudlosigkeit und Verlassenheit einer Welt ohne Sonne hin, aber die visuellen Impressionen von „See" und „Sand", welche die Szenerie des vorausgehenden Abschnitts aufgreifen, sie aber der Misshandlung durch „Schatten" aussetzen, finden „unter mein[em] Lid" Zuflucht (V. 12), lassen sich also als Erinnerungen aufbewahren. Die folgende Strophe hebt im Kontrast dazu in zwei Versen die Fürsorglichkeit des Sonnenlichts und die dadurch ausgelösten angenehmen Empfindungen sowie die wiedergewonnene Fähigkeit des Sehens, die sich auf das persönliche Gegenüber konzentriert, hervor. Die Symmetrieachse des Gedichts in Vers 15, der „seinerseits noch einmal spiegelbildlich gebaut" ist (von Matt: Arbeitsblatt 25 auf S. 115, Z. 23 f.), erklärt mit einer tautologischen Wendung das bloße, bedürfnislose Dasein in der Sonne zum Höchstmaß des Schönen. Die Anapher „Nichts Schönres" knüpft in Vers 16 an diesen zentralen elliptischen Satz an und

---

[1] Friedrich Hahn: Bibel und moderne Literatur. Große Lebensfragen in Textvergleichen. 5. Aufl. Stuttgart: Quell Verlag 1973, S. 99.

veranschaulicht seine Aussage durch elementare Seherlebnisse im Wasser und in der Luft. In der nächsten Strophe schließen sich Wahrnehmungen von Farben und Formen an, die das Licht hervorbringt und die sich im Kleid des Du und damit der Person, die es trägt, verdichten. Ihr wendet sich das Subjekt liebevoll zu, das Blau des Kleides erweitert sich zum Blau des Himmels, des Glücks, der Gefühlsstürme und des Zufalls, dem sich die Begegnung vielleicht verdankt (V. 21–23). Auch an anderen Stellen ist die Bewunderung der Sonne, ihrer Schönheit, ihres Lichts, aber auch die Klage über ihre Abwesenheit auf die Geliebte oder den Geliebten ausgerichtet (V. 5, 11, 14), obwohl in der Schwebe bleibt, ob sie, er oder die Sonne gemeint ist (V. 11, 14, 20).

Die Schülerinnen und Schüler betrachten zunächst die äußere Form, um sich einen Überblick über das umfangreiche Gedicht zu verschaffen. Auf dieser Grundlage erschließen sie dann in Partnerarbeit Inhalt und Sprache. Sie unterscheiden dabei Aussagen über die Sonne auf der einen Seite und über die Augen und das Sehen auf der anderen. Nach der Besprechung der Ergebnisse suchen die Paare in einer weiteren Aufgabe Belege für die These des Literaturwissenschaftlers Peter von Matt, dass sich in dem „Sonnengedicht ein Liebesgedicht versteckt" (Arbeitsblatt 25, Z. 48).

- *Bestimmen Sie die formale Struktur, die dem Bau und der Anordnung der Strophen in dem Gedicht „An die Sonne" von Ingeborg Bachmann zugrunde liegt (Aufgabe 1 auf dem Arbeitsblatt 24).*

- *Bearbeiten Sie Aufgabe 2 auf dem Arbeitsblatt 24.*

- *Sammeln, erläutern, vergleichen, erörtern, korrigieren oder ergänzen Sie Ihre Ergebnisse.*
  Stellen Sie in einem ersten Durchgang reihum jeweils eine Ihrer Einsichten vor.

- *Bearbeiten Sie Aufgabe 3 auf dem Arbeitsblatt 24.*

Ingeborg Bachmann: An die Sonne

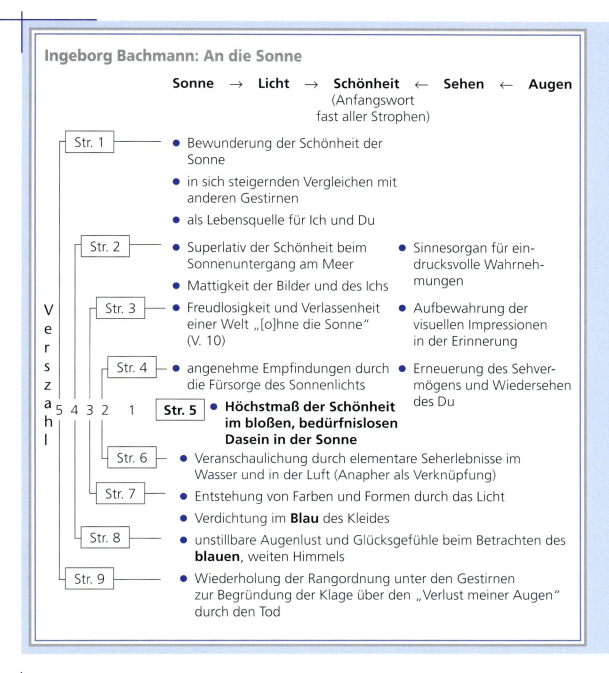

Bachmanns Sonnengedicht als Liebesgedicht

- Präsenz eines Du als persönliches Gegenüber (V. 5, 11, 14, 20)
- Nähe/Gemeinsamkeit von erster und zweiter Person (V. 5)
- Bewunderung der Sonne als Lebensgrundlage für beide (V. 5)
- Ausrichtung des Sehens auf das Gegenüber und sein Kleid (V. 14, 20)
- dessen Blau als Auslöser für den Blick in den weiten Himmel, für Glücksempfindungen, Gefühlsstürme und die Lust des Sehens

Baustein 3: Wolken, Gestirne und Zeiten

Peter von Matt erwähnt in seiner Interpretation *Die unersättlichen Augen* auf dem **Arbeitsblatt 25** (S. 115) eine Reihe lyrischer Texte, die in Bachmanns Gedicht anklingen. Bevor die Schülerinnen und Schüler einen von ihnen in **Zusatzmaterial 6** auf S. 243 f. auswählen und die Bezüge herausfinden, notieren sie die wichtigsten Feststellungen des Verfassers als Interpretationshypothesen. Sie üben dabei, Kernaussagen eines Textes zu identifizieren, zu erfassen und wiederzugeben.

- *Lesen Sie die Interpretation von Bachmanns Gedicht auf dem Arbeitsblatt 25 und notieren Sie die wichtigsten Feststellungen als Interpretationshypothesen (Aufgabe 1)*

Interpretationshypothesen zu Bachmanns Gedicht *An die Sonne* von Peter von Matt

- Die Schönheit des Gedichts rühmt die Schönheit der Welt.
- Inhalt und lyrische Gestaltung stimmen überein.
- Das Gedicht postuliert Liebe und Schönheit als lebensnotwendig.
- Es integriert andere Sonnenhymnen.
- Sein Zentrum bildet „die wilde Leidenschaft zum Licht und zur Liebe".
- Aus ihr entsteht die Verzweiflung am Schluss.

Goethes zahmes Xenion *Wär nicht das Auge sonnenhaft* in **Zusatzmaterial 6** (S. 243) überträgt Eigenschaften der Sonne auf das Auge als Voraussetzung, sie und ihr Licht aufzunehmen, und in einer parallelen rhetorischen Frage erklärt es den Anteil des Menschen am Göttlichen zur Bedingung, sich dieser überirdischen Macht zu erfreuen. In Bachmanns Hymne besteht die enge Beziehung zwischen der Sonne und den Augen darin, dass sie durch deren Licht sehen (V. 13 f.), voller Begeisterung sogar bis an die Grenze der Belastbarkeit (V. 23 f.). Im *Prolog im Himmel* zu Goethes *Faust* preisen die Erzengel die Schöpfung des Herrn, während Mephistopheles auf deren Schattenseiten eingeht. Wie Raphael in der ersten Strophe wendet sich auch das moderne Gedicht staunend der Sonne zu, allerdings fehlt in ihm der religiöse Gehalt. Das *Türmerlied* im fünften Akt des zweiten Teils beschreibt das Glück umfassenden Sehens, das die ewige Schönheit und Gefallen an der eigenen Person einschließt. Im Mittelpunkt von Hölderlins Hymne *Geh unter, schöne Sonne* stehen ebenfalls das Sehen, in dem sich die Sonne und die Geliebte Diotima überlagern, und die Augen, die es ermöglichen. Gottfried Kellers *Abendlied* entwirft die Vorstellung vom Erlöschen der Augen im Tod und fordert sie deshalb zum größtmöglichen Genuss des Bilderreichtums in der Welt auf, der in Bachmanns Gedicht schon stattfindet. (V. 23 f.). In Hölderlins Gedicht bewegt die Liebe zu Diotima das Subjekt zur angemessenen Würdigung der Sonne, auf welche die Natur mit Freude und Segen reagiert. In der jüngeren Hymne ist von einer Liebesbeziehung nicht ausdrücklich die Rede, sie wird vielmehr nur angedeutet, aber die Anrede der „[s]chöne[n] Sonne" (V. 6, 25) greift Hölderlins Worte auf und damit auch die Konstellation zwischen Ich und Du.

Nachdem im Kurs gemeinsam nach Beziehungen zwischen Goethes Xenion und Bachmanns Sonnenhymne gesucht wurde, bearbeiten die Schülerinnen und Schüler diese Aufgabe anhand eines weiteren Gedichts.

- *Ermitteln Sie die Beziehungen zwischen Goethes zahmem Xenion in Zusatzmaterial 6 und Bachmanns Gedicht „An die Sonne".*
- *Bearbeiten Sie Aufgabe 2 auf dem Arbeitsblatt 25.*

Anspielungen auf andere lyrische Texte in Bachmanns Sonnenhymne

	Beziehungen zu dem Gedicht *An die Sonne*
Goethe: Zahmes Xenion Übertragung von Eigenschaften der Sonne auf das Auge als Voraussetzung, sie zu sehen	Sonnenlicht als Bedingung des Sehens, das Begeisterung erzeugt und die Augen bis an ihre Grenzen belastet (V. 13 f., 23 f.)
Faust I: Prolog im Himmel Lobpreis der Schöpfung und des Herrn durch die Erzengel und Einwände von Mephistopheles	Bewunderung der Sonne wie durch Raphael in der ersten Strophe, aber ohne religiösen Gehalt
Faust II: Türmerlied Glück umfassenden Sehens: ewige Schönheit, Gefallen an der eigenen Person	Sehen im Mittelpunkt; gegen Ende Verlagerung auf die Augen, die es ermöglichen
Keller: Abendlied Vorstellung vom Erlöschen der Augen und Aufforderung an sie, den Bilderreichtum in der Welt umfassend zu genießen	Realisierung der Aufforderung (V. 23 f.)
Hölderlin: Geh unter, schöne Sonne angemessene Würdigung der Sonne durch die Liebe zu Diotima	nur Andeutung einer Liebesbeziehung, unter anderem durch das Zitat „[s]chöne Sonne" (V. 6, 25)

Bei der Erörterung, ob die Einstellung des Subjekts in Bachmanns Gedicht zu vertreten ist, könnten die Schülerinnen und Schüler auf zerstörerische Eingriffe des Menschen in die Natur, deren Gefährdung durch maßlose Ausbeutung, aber auch den Überlebenskampf der armen Bevölkerung oder Kriege verweisen, denen die Schönheiten der Welt zum Opfer fallen und deren Ursache Mephistopheles anspricht: den Missbrauch der Vernunft (V. 283–286). Auf der anderen Seite ist es wichtig, gerade in der Überfülle von Unterhaltungs- und Konsumangeboten sich einer elementaren Fähigkeit wie der des Schauens und des damit verbundenen Glücks bewusst zu werden. Eine solche Einsicht befreit aus der Befangenheit in Sorgen und Nöten, lenkt die Aufmerksamkeit auf die Grundlagen des Lebens und wirkt der Entfremdung von ihnen entgegen.

> *Erörtern Sie die Frage, die Peter von Matt im ersten Abschnitt seiner Interpretation auf wirft (Aufgabe 3 auf dem Arbeitsblatt 25).*

Ein Vergleich von Bachmanns Hymne mit dem Gedicht *Mählich durchbrechende Sonne* von Arno Holz (Arbeitsblatt 54 auf S. 215) bietet sich an.

Nicht nur die Sonne als Licht-, Wärme- und Lebensquelle für die Erde, sondern auch der von ihr beschienene Mond und sein nächtliches Leuchten regen die lyrischen Vorstellungs- und Gestaltungskräfte an. Ein herausragendes Beispiel dafür ist Goethes Gedicht *An den Mond* (Arbeitsblatt 10 auf S. 56 mit Ausführungen dazu auf S. 36–38 und dem Interpretationsaufsatz auf S. 229 f.), das sich an dieser Stelle einbeziehen lässt, und Eichendorffs *Mondnacht* (**Arbeitsblatt 26** auf S. 116) in der Vertonung von Robert Schumann bezeichnet Thomas Mann als die „Perle der Perlen" (Frühwald[1], S. 395). Das Gedicht schildert die nächtliche

---

[1] Wolfgang Frühwald: Die Erneuerung des Mythos. Zu Eichendorffs Gedicht *Mondnacht*. In: Wulf Segebrecht [Hrsg.]: Gedichte und Interpretationen. Band 3: Klassik und Romantik. Stuttgart: Reclam (UB 7892) 1984, S. 395–407.

Atmosphäre in der Natur, wie sie durch das Licht des Mondes entsteht, der selbst gar nicht genannt wird. Im Gegensatz zu dieser romantischen Stimmung steht der tote Himmelskörper, den erstmals Menschen erreicht haben, in Günter Kunerts Gedicht unter demselben Titel (ebenfalls auf dem Arbeitsblatt 26). Es richtet den Blick auf das Geröll der Oberfläche und die Bewegungen der Astronauten, Eichendorffs Subjekt nimmt dagegen die liebende Annäherung von Himmel und Erde, wogende Ähren und rauschende Wälder in einer wolkenlosen Nacht wahr. Eine poetische Stimmung erfüllt das Ich, in seiner Fantasie verzaubert sich die Landschaft und es taucht in eine Traumwelt ein. „Die Traumatmosphäre umfängt das ganze Gedicht, und der Brautschmuck der Erde schimmert im Mondeslicht. Es ist, als sei dieses Licht der Vermählungskuss des Himmels an die Erde." (Frühwald, S. 403). Die Seele erweitert sich und fühlt sich eins mit sich selbst, anderen Wesen und dem ganzen Universum. „Eichendorffs mondbeglänzte, innere Landschaft […] variiert den romantischen Kerngedanken der Einheit alles Lebenden als Analogie der ursprünglichen Einheit einer zertrennten Welt." (ebd., S. 405). Bei Kunert löst der leblose, kalte und lebensfeindliche Erdtrabant ganz andere Empfindungen aus, nämlich fremdbestimmt zu sein und kein Erbarmen zu finden. Er weckt unangenehme Erinnerungen „an bittere Märchen" (V. 3), Gedanken an den Menschen als Raubtier (V. 6 f.) und die Bürde der Vergangenheit (V. 14 f.) drängen sich auf und die Ankunft in den lebenswidrigen Räumen erscheint unwirklich (V. 11 f.). Das Fazit in der letzten Zeile und Strophe nach einem vorausgehenden Doppelpunkt, die Mondlandung sei ein Gleichnis für das menschliche Streben in menschenfeindliche Verhältnisse, untermauert die gedankliche Ausrichtung des Gedichts, während Eichendorffs *Mondnacht* äußere Szenerie und innere Vorstellungen in Bilder kleidet. Sein Gedicht besteht aus drei Strophen mit je einem Satz, vier Versen aus dreihebigen Jamben und – in der ersten und letzten unreinen – Kreuzreimen. Der strophischen Gliederung entspricht der inhaltliche Aufbau, der sich mit den Begriffen Kuss, Nachtluft und Seelenflug erfassen lässt. „Zwei auffällig vom Konjunktiv geprägte Strophen, mit der korrespondierenden ‚als ob'-Figur, umschließen eine von Verben im Indikativ getragene Mittelstrophe. Die sprachliche Bewegung führt dabei in der ersten Strophe von oben nach unten, vom Himmel zur Erde, in der letzten aber wechselt die Perspektive, es ist, als ob die Seele aus der dunklen Welt auf zum Himmel flöge." (Frühwald, S. 397). Die Personifizierungen in der Liebesbegegnung der Eingangsstrophe greifen einen heidnischen Mythos auf, der vom Christentum abgewandelt wurde: „[d]ie Hochzeit von Uranos (Himmel) und Gaia (Erde)" und „Jesus als Bräutigam der menschlichen Seele" (von Bormann[1], S. 20). Kunerts Gedicht in freien Rhythmen umfasst vier Strophen von abnehmender Länge (9, 6, 3, 1 Vers/e). Es verzichtet auf Satzzeichen mit Ausnahme des Doppelpunkts am Ende der vorletzten Zeile, der das Ziel des Gedichts ankündigt, eine Erkenntnis von großer Dichte, zu der die dritte Strophe die hypotaktischen Ellipsen in der ersten und zweiten führt. Winter, Ferne und Gestein sind Metaphern für Gefühlskälte und fehlende zwischenmenschliche Beziehungen.

Bevor die Schülerinnen und Schüler die beiden Gedichte hören oder lesen, sammeln sie Assoziationen zu dem Begriff „Mondnacht", die an der Tafel notiert und mit dem Inhalt der lyrischen Texte verglichen werden.

- *Sammeln Sie Assoziationen zu dem Begriff „Mondnacht".*
- *Vergleichen Sie Ihre Assoziationen mit dem Inhalt der beiden Gedichte von Eichendorff und Kunert, die diese Überschrift tragen.*

Die berühmte Vertonung von Eichendorffs Mondnacht-Gedicht durch Robert Schumann[2] eröffnet einen Zugang, der das Bewusstsein für die Nähe von Musik und Lyrik fördert. Der

---

[1] Alexander von Bormann: Aufschwung und Untergang, Einklang und Dissonanz. In: Gert Sautermeister [Hrsg.]: Gedichte von Joseph von Eichendorff. Interpretationen. Stuttgart: Reclam (UB 17528) 2005, S. 18–32.
[2] Auf *Youtube* sind unter dem Begriff *Mondnacht* unterschiedliche Einspielungen zu hören.

langsame, gleichmäßige, ruhige Gesang zu Klavierbegleitung folgt einer Melodie, die sich wiederholt und über jeweils zwei Verse der ersten beiden Strophen erstreckt. Sie verändert sich in der ersten Hälfte der dritten Strophe, wenn „das lyrische Ich explizit in das Gedicht eintritt", durch eine leichte „Belebung und Bewegung" (Frühwald, S. 397), um am Schluss das bekannte Muster noch einmal aufzugreifen, das aber in einer verhalten absinkenden Tonfolge und nicht im schnellen Auf und Ab wie zuvor endet.

■ *Beschreiben Sie, wie Schumanns Vertonung Eichendorffs Gedicht musikalisch umsetzt.*

Im Unterrichtsgespräch klären die Schülerinnen und Schüler gemeinsam, was sie in den Gedichten über den Mond erfahren. Auf dieser Basis vergleichen sie paarweise Inhalt, Sprache und Form genauer. Es ist möglich, die Paare zwischen Aufgabe 2 und 3 auf dem Arbeitsblatt 26 wählen zu lassen, und jene sogar nach Wahrnehmungen, Empfindungen und Gedanken noch weiter zu unterteilen.

■ *Bearbeiten Sie Aufgabe 2 **und/oder** 3 auf dem Arbeitsblatt 26.*
Oder:
Untersuchen und vergleichen Sie in den beiden Gedichten die Wahrnehmungen/ die Empfindungen/die Gedanken/Sprache und Form.

Die Anordnung der Ergebnisse in der folgenden Übersicht soll verdeutlichen, dass Eichendorff auf die Stimmung und Kunert auf Erkenntnis besonderen Wert legt.

Inhaltlicher Vergleich von zwei Mondnacht-Gedichten

	Eichendorff	Kunert
Mond	• durch sein Licht erzeugte Atmosphäre in der nächtlichen Natur	• toter Himmelskörper, den erstmals Menschen erreichen
Wahrnehmungen	• Annäherung von Himmel und Erde • sanfte Bewegungen der Felder und Wälder • wolkenlose Nacht	• Geröll der Oberfläche • Bewegungen der Astronauten
Empfindungen	• poetische Stimmung • Verzauberung durch die Fantasie • Eintauchen in eine Traumwelt • Erweiterung der Seele • Einssein des Ichs mit sich selbst, anderen Wesen und dem Universum	• Leblosigkeit, Kälte • Fremdbestimmung • Lebensfeindlichkeit • Erbarmungslosigkeit
Gedanken	• Liebe • Verbindung von Getrenntem • Bebilderung der äußeren Szenerie und innerer Vorstellungen	• unangenehme Erinnerungen (V. 3) • Mensch als Raubtier (V. 6 f.) • Bürde der Vergangenheit (V. 15) • Unwirklichkeit des Geschehens (Schatten, V. 11 f.) • Ankunft in lebenswidrigen Räumen • Fazit: Mondlandung als Gleichnis für das menschliche Streben in menschenfeindliche Verhältnisse
	↓	↓
	stimmungsvoll	**erkenntnisorientiert**

Vergleich von Form und Sprache der beiden Mondnacht-Gedichte

Eichendorff

- 3 Strophen mit je 1 Satz, 4 Versen aus 3–hebigen Trochäen und – z. T. unreinen – Kreuzreimen
- formale = inhaltliche Gliederung: Kuss – Nachtluft – Seelenflug
- Konjunktiv II in Str. 1 und 3: Poetisierung durch irreale Vergleichssätze
- Personifizierung (Himmel/Erde) in heidnischer und christlicher Tradition
- Neologismus: „Blüten-Schimmer" als Brautkleid

Kunert

- 4 Strophen abnehmender Länge (9–6–3–1 Vers/e): zunehmende Konzentration auf die gewichtige Aussage am Schluss
- freie Rhythmen
- ohne Satzzeichen mit Ausnahme des Doppelpunkts vor dem letzten Vers
- hypotaktische Ellipsen in Str. 1/2
- Winter, Ferne und Gestein als Metaphern für Gefühlskälte und fehlende zwischenmenschliche Beziehungen

Gottfried Kellers Gedicht auf dem **Arbeitsblatt 27** (S. 117) aus dem Zyklus *Nacht* beschreibt die bezaubernde Wirkung, die der nächtliche Sternenhimmel auf das Ich ausübt. Es blickt über die Grenzen des eigenen Lebens hinaus, sieht seinen Glauben an die Auferstehung nach dem Tod und an die Unsterblichkeit bestätigt (Str. 2) und fühlt sich als Teil der gesamten Schöpfung ins Universum eingegliedert. Obwohl das Subjekt im Dunkel verschwindet, löst der Anblick des bestirnten Nachthimmels höchst angenehme Empfindungen aus, deren Stärke sich in zahlreichen Ausrufen äußert. Die personifizierte Unsterblichkeit umgibt ein Strahlen, sodass sie einer Göttin gleicht (V. 7 f.), wie das Naturgeschehen insgesamt durch das religiöse (V. 5, 20) und königliche (V. 15) Vokabular zu einer überirdischen, verehrten Erscheinung erhöht wird. Die Erdrotation in der ersten und letzten Strophe, zu der das Ich den Planeten in direkter, paralleler Anrede auffordert (V. 1, 20), und dessen Zu- und Rückwendung zum nächtlichen Himmel bilden einen Rahmen, der den Beginn der Sternenzeit nach dem Sonnenuntergang und ihr Ende durch die Morgenröte markiert. Die fünf Strophen setzen sich jeweils aus vier Versen mit vier- und dreihebigen Trochäen zusammen. Die Kreuzreime enden abwechselnd mit männlichen und weiblichen Kadenzen.

Die Schülerinnen und Schüler lesen zunächst nur die erste Strophe des Gedichts, die der Lehrer oder die Lehrerin an die Tafel schreibt, und erläutern die Ausgangssituation des Subjekts, das den Sternenhimmel herbeisehnt. Was es an ihm so anziehend findet, formulieren sie in eigenen Strophen, die sich an die vorgegebene Form anlehnen. Diese Fortsetzungen vergleichen sie dann mit dem Original. Diese kreative Gestaltungsübung bereitet die analytische Interpretation vor, in der die Schülerinnen und Schüler den Gründen für die Faszination der „Sternenzeit" nachgehen sowie Sprache und Form untersuchen.

■ *Erläutern Sie die Ausgangssituation des lyrischen Ichs in der ersten Strophe eines Gedichts von Gottfried Keller: „Wende dich, du kleiner Stern,*
Erde! wo ich lebe,
Dass mein Aug, der Sonne fern,
Sternenwärts sich hebe."

■ *Setzen Sie den Anfang des Gedichts mit weiteren Strophen in der vorgegebenen Form fort.*

■ *Tragen Sie die von Ihnen verfassten Strophen vor.*

- *Vergleichen Sie sie mit dem Original (Aufgabe 1 auf dem Arbeitsblatt 27)*
- *Ermitteln Sie, was das lyrische Ich in Kellers Gedicht am nächtlichen Sternenhimmel fasziniert (Aufgabe 2).*
- *Untersuchen Sie, wie es seine Haltung durch Sprache und Form unterstreicht (Aufgabe 3).*

Gottfried Keller: „Sternenzeit"

Gründe für die Faszination
- Blick über das eigene Leben hinaus
- Bestärkung des Glaubens an die Auferstehung nach dem Tod und an die Unsterblichkeit
- Gefühl der Zugehörigkeit zu gesamten Schöpfung
- Eingliederung ins Universum
- Absehen vom eigenen Ich

Sprache und Form
- Erdrotation in den Str. 1/5 ⎫
- Anrede/Aufforderung des Planeten in einem Parallelismus (V. 1, 20) ⎬ • Rahmen
- Zu-/Rückwendung zum Sternenhimmel ⎭ • Anfang/Ende der „Sternenzeit"
- Personifizierung eines Abstraktums („Unsterblichkeit") als Göttin (V. 7 f.)
- religiöses (V. 5, 20)/königliches (V. 15) Vokabular: Erhöhung des Naturgeschehens zu einer überirdischen, verehrten Erscheinung
- Ausrufe: Begeisterung
- 5 Str. aus 4 Zeilen mit 4– und 3–hebigen Trochäen und Kreuzreimen mit männlichen/weiblichen Kadenzen

3.3 Tageszeiten

„Die Tages- und Jahreszeiten waren für die Lyrik – wie für die Alltagskultur – stets von hoher Bedeutung" (v. Bormann, S. 18). Insbesondere mit dem Morgen, dem Abend und der Nacht befassen sich eine Reihe von Gedichten, die in diesem Modell anderen Themen zugeordnet sind (vgl. die Arbeitsblätter 5, 7, 8, 10, 11, 14, 15, 21, 26, 27, 49, 52, 62 mit Ausführungen dazu auf den S. 27 f., 32–34, 36–39, 41–44, 62 f, 78–80, 97–101, 174–177, 179 f., 232–234). Deshalb soll an dieser Stelle ein einziges Beispiel auf dem **Arbeitsblatt 28** (S. 118) genügen, in dem der Traum von einem „Ferne[n] Morgen" mit dem Hinweis auf die vorausgehende Nacht in der kurzen Schlussstrophe abrupt beendet wird. Was in dieser Nacht, auf welche die Wiederholung in Vers 32 mit Nachdruck hinweist, geschieht, bleibt offen, sodass die Schülerinnen und Schüler eigene Vorstellungen entwickeln und ein Gegengedicht gestalten können. Der in Schachts Gedicht vermittelte Eindruck von der Nacht steht in äußerstem Kontrast zu der Faszination, die sie in Kellers Gedicht auf dem Arbeitsblatt 27 (S. 117) ausübt. Aus einem Vergleich ergeben sich Fragen nach den Gründen für die unterschiedlichen Haltungen gegenüber der Nacht.

In den drei längeren Strophen aus elf, neun und wiederum elf Versen, wie die letzte in freien Rhythmen, beschreibt das lyrische Ich in der Zeitform des Futur seine Sehnsüchte und Hoffnungen, die es mit anderen teilt und die als Traumvision und wegen der Ferne des Morgens weit weg von der Wirklichkeit sind. In der ersten Strophe erstrecken sie sich auf elementare

Bedürfnisse, die Weite, das aufrechte Gehen und das Licht, durch das die Gewässer klar und durchschaubar werden „bis auf den Grund" (V. 6–8) und die Fische silbern glänzen. Das Subjekt nimmt die Lebewesen in der Natur also als etwas Wertvolles wahr. In der zweiten Strophe steht die Klarheit des Morgens ganz im Zeichen des Sehens und der Farben, die nach dem Doppelpunkt in Zeile 14 jeweils genannt und im nächsten Vers um ein Genitivattribut erweitert und auf die aufgehende Sonne sowie Landschaftsformationen zu „dieser Stunde" bezogen werden (V. 15–20). Die folgende Strophe konzentriert sich auf die Menschen, ihre Wohn- und Wirtschaftsgebäude, Begegnungen mit ihnen und das gemeinsame Singen und Tanzen. Durch die Menschlichkeit und die Gastfreundschaft, die Brot und Salz symbolisieren, fühlen sich die Ankommenden wohl und vertraut, obwohl sie an dem Ort noch nie waren, und das Gefühl der Freiheit breitet sich aus. Der Anfang des Gedichts und Vers 26 sind durch Großbuchstaben hervorgehoben und aufeinander bezogen: Der erträumte ferne Morgen konzentriert sich auf die Hoffnung, wieder menschlich-humanes Verhalten zu erleben, welches das Ich in der Gegenwart vermutlich vermisst.

■ *Bearbeiten Sie nacheinander die Aufgaben 1–3 auf dem Arbeitsblatt 28.*

Die Ergebnisse zu den Aufgaben 1 und 2 werden jeweils gesammelt, verglichen, ergänzt oder korrigiert, die Gegengedichte zu Aufgabe 3 tragen die Schülerinnen und Schüler vor.

■ *Stellen Sie Ihre Ergebnisse vor, vergleichen Sie diese mit anderen und ergänzen oder korrigieren Sie sie, falls nötig.*

■ *Tragen Sie Ihre Gegengedichte zu Schachts Vorlage vor.*

Die folgende Übersicht fasst die Ergebnisse zu Aufgabe 1 zusammen. Sie enthält außerdem mögliche Vorstellungen über die dem „ferne[n] Morgen" vorausgehende Nacht.

Ulrich Schacht: Ferner Morgen

Str. 1: elementare Bedürfnisse
- Weite
- aufrechtes Gehen
- Licht
- Klarheit, Durchsichtigkeit
- Beobachtung der Fische im Wasser

Str. 2: Farben
- Wahrnehmung der Natur
- aufgehende Sonne und Landschaftsformationen

Str. 3: Menschen
- Geborgen- und Vertrautheit (in Höfen und Häusern)
- Begegnungen
- Gastfreundschaft („Brot und Salz")
- Singen und Tanzen
- Freiheit

Sehnsüchte und Hoffnungen: Freude

Str. 4: die Nacht davor als Kontrast
- Enge
- gebeugtes Verharren
- Dunkelheit
- Düsternis, Trübheit
- Undurchschaubarkeit

- Farblosigkeit
- Eintönigkeit
- Umgebung weitab von der Natur

- Fremdheit
- Isolation
- Abweisung
- Stille und Bewegungslosigkeit
- Zwang

Wirklichkeit: Bedrückung

- *Vergleichen Sie die Einstellungen zur Nacht in den Gedichten von Schacht und Keller auf den Arbeitsblättern 27 und 28.*

- *Suchen Sie nach Erklärungen, weshalb der in Schachts Gedicht beschriebene Morgen fern und nur ein Traum ist. Ziehen Sie dabei auch die Biografie des Dichters in Betracht (Aufgabe 4 auf dem Arbeitsblatt 28).*

Es liegt nahe, dass das lyrische Ich all das entbehrt, wovon es träumt. Es könnte in verworrenen persönlichen oder familiären Verhältnissen leben, sich in einer schwierigen beruflichen Situation ohne Zukunftsperspektive befinden, menschliche Enttäuschungen erlitten haben oder aus anderen Gründen deprimiert sein. Schriftsteller leiden manchmal daran, dass Inspiration und Kreativität fehlen oder dass sie ein Werk nicht so abschließen können, wie sie es für erforderlich halten: vielleicht fühlt sich das Subjekt in einer solchen Lage. In Anbetracht der Biografie des Verfassers sowie seiner oppositionellen Haltung und mehrjährigen Haft in der DDR (vgl. die Informationen auf dem Arbeitsblatt 28) ist es wahrscheinlich, dass das Gedicht die Sehnsucht nach einem Leben in Freiheit in einem anderen politischen System beschreibt. Auch in der Bundesrepublik und in Schweden, wo er heute wohnt, tritt Schacht konsequent, kompromisslos und sprachgewandt provozierend für seine nationalkonservativen Überzeugungen ein, die nicht unwidersprochen bleiben. Schacht ist deshalb umstritten, als Schriftsteller aber anerkannt.

3.4 Jahreszeiten

Die Jahreszeiten repräsentieren sieben Gedichte auf den **Arbeitsblättern 29–31** (S. 119–121), die analytische Interpretations- und Vergleichsaufgaben zu Teilaspekten enthalten, von denen die Schülerinnen und Schüler eine auswählen und allein bearbeiten. Bevor sie sich entscheiden, lesen sie alle Gedichte, und ihre Ergebnisse vergleichen sie mit denen derjenigen, welche dieselbe Aufgabe in Angriff genommen haben. Gemeinsam stellen diese Gruppen ihre Erkenntnisse dem Kurs vor. Die Vorträge, die sich auf Gedichte zu einer Jahreszeit beziehen, können durch entsprechende Ausschnitte aus Vivaldis Violinkonzert *Vier Jahreszeiten* eingeleitet werden, welche die Wortbeiträge durch eine musikalische Entspannungsphase unterbrechen. Bei der Auswahl der Aufgaben sollte sich eine möglichst breite Verteilung der Gedichte, Untersuchungsaspekte und Vergleichsvarianten ergeben. Nicht berücksichtigte Gesichtspunkte werden im anschließenden Unterrichtsgespräch ergänzt. Weitere Gedichte mit jahreszeitlichen Bezügen finden sich auf den Arbeitsblättern 2, 3, 6, 15, 16, 17 mit Erläuterungen dazu auf den Seiten 21–24, 28–30, 64–70.

- *Lesen Sie die Gedichte über unterschiedliche Jahreszeiten auf den Arbeitsblättern 29–31.*

- *Bearbeiten Sie **eine** der auf diesen Arbeitsblättern gestellten Aufgaben.*

- *Bilden Sie Gruppen, deren Mitglieder dieselbe Aufgabe bearbeitet haben. Vergleichen, diskutieren, korrigieren oder ergänzen Sie Ihre Ergebnisse.*

- *Stellen Sie Ihre Ergebnisse gemeinsam im Kurs vor.*

- *Untersuchen oder vergleichen Sie die noch nicht bearbeiteten Gedichte oder Aspekte.*

Baustein 3: Wolken, Gestirne und Zeiten

In den beiden Gedichten von Goethe und Kaléko auf dem Arbeitsblatt 29 (S. 119) löst der Beginn des Frühlings und des Winters[1] ganz unterschiedliche Empfindungen aus: Das eine Ich fühlt sich beglückt und belebt, das andere verfällt in Sentimentalität. Obwohl durch den „[f]rühzeitige[n] Frühling" überrascht (V. 1 f.), sieht sich jenes mit „Sonne,/Hügel und Wald" (V. 3 f.) beschenkt, die zum Aufenthalt im Freien einladen. Die Strophen 2–7 beschreiben das Naturgeschehen, wie es das Subjekt mit unterschiedlichen Sinnen wahrnimmt und genießt. Seine Aufmerksamkeit gilt dem Wasser und Tal ebenso wie dem Himmel. Diese Landschaftsszenerie erfüllen Fische, Vögel und Bienen, die ihrer angestammten Tätigkeit regsam nachgehen, mit Leben (Str. 3–5). Auch die Luft bewegt sich, erst schwach, dann stärker, aber nur kurz (Str. 6 f.). Der sanfte Wind stimuliert jedoch Glücks- und Liebesempfindungen, der äußeren Veränderung folgt eine innere, die in einem Anruf der Musen gipfelt, von denen das Ich in seiner Euphorie Unterstützung und Erklärungen erwartet (Str. 8 f.). Das Erlebnis des Frühlings drängt es also zur künstlerischen Gestaltung, zur Poesie. Die vier Verse der neun Strophen reimen sich über Kreuz und bestehen aus einem eingängigen Metrum: An einen Daktylus schließt sich ein Trochäus oder eine einzelne betonte Silbe an, sodass weibliche und männliche Kadenzen alternieren. Die Strophen setzen sich aus einem klar strukturierten Satz (Str. 4–7) oder zwei (Str. 1, 8) oder sogar drei (Str. 2, 3) kurzen Sätzen zusammen. Ellipsen (V. 9 f.), rhetorische Fragen (Str. 1 f.) und Ausrufe (V. 9 f., 31 f., 35 f.) bringen die emotionale Aufwühlung des Subjekts am Anfang und Schluss des Gedichts zum Ausdruck; im mittleren Teil zeigen Aussagesätze, Parallelismen (V. 11–16, 25–28), Aufzählungen (V. 21–24) und Partizipien (V. 20, 23 f.), dass es sich beim Beobachten und unter der Wirkung milder Sinneseindrücke beruhigt. Komparative (V. 5, 25) oder Gegensätze (V. 27, 29) weisen auf Veränderungen hin. An die Musen richtet das Ich Aufforderungen im Imperativ und es spricht sie direkt als „[l]iebliche Schwestern" (V. 35) an; es fühlt sich den Göttinnen der Künste also eng verbunden.

---

[1] Weitere Frühlingsgedichte finden sich auf dem Arbeitsblatt 19 in dem Unterrichtsmodell *Liebeslyrik* dieser Reihe auf S. 98 mit Ausführungen dazu auf S. 79–81. Wintergedichte enthält das Arbeitsblatt 20 in dem *Liebeslyrik*-Modell (S. 99–101); sie werden dort auf den Seiten 81–85 erläutert. Das Gedicht *Liebeskalender* von Robert Putz auf dem Arbeitsblatt 21 (S. 102 mit Erläuterungen auf S. 86) schildert jede Jahreszeit als die für die Liebe am besten geeignete.

J. W. v. Goethe: Frühzeitiger Frühling

Auswirkungen	Inhalt	Sprache und Form
• Überraschung	• frühzeitiger Frühlingsbeginn als Geschenk	• 9 Strophen mit jeweils 4 Versen
• Wahrnehmung und Genuss des Naturgeschehens mit allen Sinnen	• Landschaftsszenerie mit Sonne, Hügel, Wald, Wiesen, Gewässern, Tal und Himmel	• Daktylus + Trochäus/betonte Einzelsilbe
	• Leben und rege Tätigkiet durch Fische, Vögel und Bienen	• Kreuzreime mit weiblichen/männlichen Kadenzen
	• sanfte Luftbewegung unterschiedlicher Intensität	• ein klar strukturierter Satz (Str. 4–7) bzw. zwei (Str. 1, 8) oder drei (Str. 2, 3) kurze Sätze in jeder Strophe
• Glücks- und Liebesgefühle	• innere Veränderung als Folge der äußeren	• Ellipsen (V. 9 f.), rhetorische Fragen (Str. 1 f.), Ausrufe (V. 9 f., 31 f., 35 f.): emotionale Aufwühlung am Anfang/Schluss des Gedichts
• Anruf der Musen	• Aufforderung, die euphorische Stimmung zu teilen und zu erklären	
	• poetische Inspiration	• Aussagesätze, Parallelismen (V. 11–16, 25–28), Aufzählungen, Partizipien (V. 20–24) im mittleren Teil: Beruhigung
		• Komparative (V. 5, 25): Veränderungen
		• direkte Anrede der Musen in Imperativen (V. 31, 33) und als „[l]iebliche Schwestern" (V. 35): enge Verbundenheit

In Mascha Kalékos Gedicht löst der erste Schneefall am Beginn des Winters keine Begeisterung aus wie der Frühling bei Goethe, sondern er ruft wehmütige Erinnerungen an früher und Sehnsüchte nach einem Ausbruch aus dem Arbeitsalltag wach. Das Subjekt, das sich in der zweiten Person (V. 2), hinter einem unpersönlichen „man" (V. 9–11, 13, 17, 19, 24, 26) oder einem unbestimmten „einer" (V. 27) versteckt, bemerkt das wiederkehrende Ereignis und stellt sachlich seine Begleiterscheinungen fest, zu denen auch unangenehme Halsschmerzen gehören. Der Versuch einer poetischen Annäherung an den Winter am Anfang der zweiten Strophe bricht mit der Einfallslosigkeit des „Morgenblatt-Poet[en]" sofort ab, und auch die Suche des lyrischen Ichs nach Vergleichen für den Schnee endet im Nichts, weil in der kalten Jahreszeit das Glück ausbleibt. So kommen Gedanken an die Kindheit und Schulzeit auf, wie der Winter damals erlebt wurde, und daraus entwickeln sich Wünsche, der Bürotätigkeit zu entfliehen, die es jedoch nicht erlaubt, sich den Traum von einem „kleine[n] Haus" zu erfüllen (V. 20–22, 28). In der Form eines Geschäftsbriefs kündigt die Überschrift den Bericht vom ersten Schneefall an, der eigentlich als etwas Besonderes empfunden wird. Die Resignation, die sich in der zweiten und dritten Strophe von einer fremden Person auf das Subjekt überträgt, hat ihren Grund in dem zitierten Seufzer des Journalisten und dem Kontrast von Winter und Sommer. Die Erinnerungen und Wünsche reihen sich ab der vierten Strophe, anaphorisch miteinander verbunden, in einer Aufzählung aneinander. Nach einem ersten, isolierten Gedanken an das „Tarifgehalt" (V. 16) breitet sich in Ellipsen in den Versen 23 f. sowie in einem Ausrufesatz in Vers 25 das Bedürfnis aus, den beruflichen Pflichten zu entkommen. In gleicher Weise lebt noch einmal rückblickend die Begeisterung über die Weihnachtsferien auf (V. 18). In den sieben Strophen aus vier Versen mit fünfhebigen Trochäen reimen sich die Enden der zweiten und vierten Zeile, manchmal auch die beiden anderen (Str. 2, 7).

Mascha Kaléko: Betrifft: Erster Schnee

Auswirkungen	Inhalt	Sprache und Form
• Wahrnehmung	• erster Schnee als wiederkehrendes Ereignis	• 7 Strophen aus 4 Versen mit 5–hebigen Trochäen
• sachliche Feststellungen	• Begleiterscheinungen (Kälte, Halsschmerzen, Eisblumen)	• Endreime der Zeilen 2 und 4, manchmal auch 1 und 3 (Str. 2, 7)
• Versuch und Scheitern einer poetischen Annäherung	• resignierender Seufzer des „Morgenblatt-Poet[en]" (V. 6–8)	• Überschrift in der Form eines Geschäftsbriefs
	• fehlende Vergleiche für den Schnee (V. 9 f.)	• unpersönliches „man"
• Sentimentalität	• Gegensatz Sommer/Winter	• Begründungen (V. 11, 27, Zitat V. 7 f.)
	• ausbleibendes Glück	• anaphorisch verbundene Aufzählungen (V. 13–24)
• Erinnerungen	• Wintererlebnisse in Kindheit und Schulzeit	• Ellipsen (V. 23 f.), Ausrufe (V. 18, 25): starke Sehnsüchte
	• Märchen der Gebrüder Grimm (z. B. „Frau Holle")	
• Wünsche	• Flucht aus dem Büroalltag in die Winterlandschaft	• Aposiopesen (V. 10, 18) und Denkpausen (V. 8, 25, 28)
• Selbsterkenntnis	• nicht zu realisierender Traum	• Gedankensprünge (V. 4, 16, 24)
	• unzureichende Entlohnung der eigenen Arbeit	

Annette von Droste-Hülshoffs Gedicht *Sommer* (**Arbeitsblatt 30** auf S. 120) aus dem Jahreszeiten-Zyklus „Der Säntis" steht im Zeichen von Hitze und Trockenheit, die jede Tätigkeit zum Erliegen bringen. Nur die Mücken fliegen unermüdlich, stören die Ruhe und belästigen das Ich. In dieser bedrückenden Atmosphäre sucht es frische Luft, Schatten und Kühlung. Zu Beginn des Gedichts wendet es sich deshalb mit der Aufforderung an den Lindenbaum, unter dem es liegt, die Blätter im Wind zu bewegen, um ihm sein Verlangen zu erfüllen. Die mittleren Strophen beschreiben die Regungslosigkeit der Bäume, der Tiere und des Subjekts, sodass Stille über der Szene liegt. Die Abwehr der Fliegen zwingt das Ich jedoch zu unliebsamen Unterbrechungen seiner Passivität. In der letzten, verlängerten Strophe bricht die Sehnsucht nach dem schneebedeckten und erfrischenden Hochgebirge mit aller Macht hervor. Die Schilderung des „saftig[en]" Säntisgebiets und das Spiel der Tropfen stehen im Gegensatz zu der unangenehmen Wärme und Trägheit zuvor. Der doppelte Ausruf des Bergnamens mit dem vorangestellten Empfindungswort „O" (V. 13) und die abschließende Wiederholung mit dem Attribut *glückselig* (V. 18) verstärken die Intensität des Wunsches gegenüber der Bitte, die das Ich eingangs in Ausrufe- und unvollständigen Parallelsätzen an die Linde richtet (V. 2). Beide Anreden rahmen die Beschreibungen in der zweiten und dritten Strophe ein. Gleichrangige Aussagen reihen sich unverbunden (V. 2, 5, 15) oder durch die Konjunktion „und" verknüpft (V. 8, 10, 12, 16) aneinander. Die in den ersten drei Strophen vier und in der letzten sechs Verse bestehen aus 4–hebigen Jamben. Während sich die Reimbindung in den beiden ersten Strophen auf die Verse 2 und 4 beschränkt, folgen in den beiden anderen konsequente Paarreime.

Annette von Droste-Hülshoff: Der Säntis/Sommer

Der Sommer und seine Wirkung auf das lyrische Ich	Inhalt	Sprache und Form
• Hitze und Trockenheit • Untätigkeit, Ruhe • lästiger Mückenflug • Suche nach frischer Luft, Schatten und Kühlung	• Aufforderung an die Linde, das Bedürfnis des Ichs zu erfüllen • Beschreibung der Regungslosigkeit der Bäume, der Tiere und des Subjekts • Abwehr der Fliegen als unliebsame Unterbrechung der Passivität • Sehnsucht nach dem schneebedeckten, erfrischenden Hochgebirge	• 3 Strophen mit 4 und eine mit 6 Versen aus 4–hebigen Jamben • Endreime der Verse 2 und 4 in den beiden ersten, Paarreime in den folgenden Strophen • Personifizierung und Anrede der Linde und des Säntis in Ausrufesätzen: Rahmen für die beiden mittleren Strophen • Nachdruck in der Anrede des Berges durch Verdopplung, zusätzliches Empfindungswort „O" (V. 13) und das Attribut *glückselig* (V. 18) • Gegensätze (Ich-Raum/Säntisgebiet, Hitze/Kälte, Trägheit/Tropfenspiel) • unverbundene (V. 2, 5, 15) oder mit „und" verknüpfte (V. 8, 10, 12, 16) Aussagereihen

Obwohl auch das Sommer-Gedicht von Sarah Kirsch Schläfrigkeit (V. 3) und Trägheit (V. 4f.) mit dieser Jahreszeit verbindet, üben die Natur und das Geschehen in ihr besondere Reize auf das Ich aus. Es beobachtet die Landschaft, die Dörfer, die Vögel, den Himmel und gegen Ende sich selbst (V. 13f.) und genießt die Schönheiten, ist sich aber auch bewusst, dass sie bedroht sind. Es weiß, dass diese natürliche Ordnung nur noch künstlich aufrechtzuerhalten ist, indem ihre Gefährdung ignoriert wird (V. 11f.). „In versuchten Annäherungen und Distanzierungen bildet sich zeitgenössisches, von der eigenen Zeit tief betroffenes Bewusstsein ab." (Freund[1], S. 206) „Der moderne Natur- und Landschaftslyriker sieht sich angesichts realer Entwicklungen, vor denen er nicht länger die Augen verschließen kann, außerstande, ungebrochene Idyllen zu zeichnen." (Ebd.). Die Bedrohung der Natur durch „riesige[ ] Felder[ ] und Maschinen" (V. 2), Pflanzenschutzmittel (V. 9) und Nachrichten von außerhalb ist in allen drei Strophen gegenwärtig. In der ersten irritiert der Gegensatz zwischen der Arbeitsmenge und der Passivität zusätzlich. Die zweite verstärkt die Brüche in den Naturbildern durch die zeitliche Begrenzung (V. 8) und das elegische „Ach", das dem „Bild der über die Wälder fliegenden Wolkenberge von grandioser Schönheit" (Freund, S. 205) Wehmut beimischt. Und in der dritten ist das „[i]n Pflaumenmuskesseln" schön gespiegelte „eigne Gesicht" (V. 13f.), „Ausdruck der Einheit von Mensch, Heimat und Natur" und damit „menschlicher Identität (Freund, S. 207), ebenso ambivalent wie das feuerrote Leuchten der Felder in der

---

[1] Winfried Freund: Deutsche Lyrik. Interpretationen vom Barock bis zur Gegenwart. München: Fink 1990.

Baustein 3: Wolken, Gestirne und Zeiten

Schlusszeile: Bei jenem handelt es sich um einen flüchtigen Eindruck (vgl. Freund, S. 207) und dieses ist nicht nur Farbträger einer „schöne[n] Sinnesempfindung", „sondern zugleich auch zerstörendes Element, konstruktives und destruktives Sinnzeichen in einem" (Freund, S. 207f.). Die drei Strophen bestehen aus jeweils fünf Versen in freien Rhythmen. Vers- und Satzstruktur stimmen zwar teilweise überein, die unterschiedlichen Zeilenlängen unterstreichen aber wie die Enjambements (V. 4f., 8f.) die Brüche in der Naturidylle.

Sarah Kirsch: Im Sommer

Der Sommer und seine Wirkung auf das lyrische Ich	Inhalt	Sprache und Form
• Schläfrigkeit (V. 3) und Trägheit • Reize der Natur und des Geschehens in ihr • Beobachtungen (Landschaft, Dörfer, Vögel, Himmel, sich selbst) • Genuss der Schönheiten • Bewusstsein ihrer Gefährdung • Wissen um das Ignorieren dieser Bedrohung • Annäherungen an die natürliche Ordnung und Distanzierungen von ihr	• Bedrohung der Natur durch „riesige[ ] Felder[ ] und Maschinen", Pflanzenschutzmittel und Nachrichten von außerhalb • Gegensatz zwischen Arbeitsmenge und Passivität (Str. 1) • Brüche in den Naturbildern (Str. 2) • Spiegelung des eigenen Gesichts als Ausdruck von Einheit und Identität bloß als flüchtiger Eindruck	• 3 Strophen mit jeweils 5 Versen in freien Rhythmen • teilweise Übereinstimmung von Vers- und Satzstruktur • unterschiedliche Zeilenlängen und Enjambements (V. 4f., 8f.): gestörte Naturidylle • elliptischer Auftakt: erster Eindruck • Vergleich (V. 10): poetisches Naturbild • vorangestelltes elegisches „Ach" (V. 9): Wehmut • Farbsymbol (V. 15): schöner Sinneseindruck und zerstörerisches Element • Ambivalenzen und Gegensätze

---

Während das Ich in Goethes *Frühzeitigem Frühling* die Begleiterscheinungen der Jahreszeit und die eigenen Empfindungen beglückt erlebt, fordert es in dem Gedicht *Herbstgefühl* auf dem **Arbeitsblatt 31** (S. 121) die Reben vor seinem Fenster dazu auf, den Reifungsprozess zu intensivieren und zu beschleunigen. „Imperative [V. 1, 4f.] bedeuten hier nicht etwa einen menschlichen Willen zur Herrschaft über die Natur, sie sekundieren vielmehr dem Naturwillen" (Goethe-Handbuch Bd. 1, S. 144). Im zweiten, aus einem einzigen Satz bestehenden Teil vergegenwärtigt sich das Ich die Wachstumsbedingungen. Laub und Trauben verdanken Gedeihen und Reife nicht nur dem fürsorglichen und sanften Wirken der Sonne, des Monds und des Himmels, sondern auch den Tränen „[d]er ewig belebenden Liebe" (V. 15). „Liebe wird […] zu einer majestätischen […] Kraft aufgewertet, die sich im großen Naturprozess wie in Glück und Schmerz des Einzelnen äußert." (Goethe-Handbuch Bd. 1, S. 145). Wie natürliche Kräfte befördert sie das Wachstum und bringt es mit dem vieldeutigen „ach!" (V. 13) sogar zum Höhepunkt. Goethe verwendet diese Interjektion „als Chiffre für den Weg ins Innere und Eigentliche", die, wie die Enkelin von Friedrich Nicolai, Lily Parthey, nach einem Spaziergang mit dem Dichter berichtet, „durch Ton und Ausdruck eine ganze

Welt von Erinnerung und Bedeutung erhält." (Leppmann[1], S. 85f.) Vom Schluss her lassen sich die Aufforderungen im ersten Teil des Gedichts deshalb als Verlangen nach stärkeren Liebesgefühlen verstehen, denn nur diese gehen vom Subjekt aus. Diese Beziehung unterstützt „die alliterativ und lautmalerisch ausgearbeitete Parallele von Beeren (Trauben) und Tränen; beide sind ‚voll' und ‚quellen' beziehungsweise ‚schwellen'. Psychoanalytisch orientierte Leser nehmen an, Goethe habe dabei im Unterbewusstsein an die weibliche Brust gedacht (Leppmann, S. 84). Viel näher liegt eine literarische Tradition: Im Hohenlied vergleicht der Liebende Sulamiths Brüste mehrfach mit „junge[n] Zwillinge[n] von Gazellen" und „Trauben am Weinstock" (Kap. 4, V. 5; Kap. 7, V. 4, 8f.). Das nicht weiter durch Strophen gegliederte und endreimlose Gedicht in freien Rhythmen strukturieren Parallelismen. Ausrufe und Komparativadverbien unterstreichen in den beiden ersten Sätzen das Drängen, das sich in den aneinandergereihten Aussagen des dritten beruhigt. Die kosmischen Wachstumskräfte und ihr Wirken charakterisiert ein Vokabular, das wohltuende Empfindungen begleiten, und die dem Geschehen und auch dem Dasein eigene Aktivität und Wirksamkeit deuten die bei Goethe häufigen Präsenspartizipien an.

J. W. v. Goethe: Herbstgefühl

Reaktionen auf die Jahreszeit	Inhalt	Sprache und Form
• Betrachtung der Reben vor dem Fenster • den Reifungsprozess begleitende Aufforderungen, ihn zu intensivieren und zu beschleunigen • Besinnung auf die Wachstumsbedingungen • Einbeziehung und Betonung der Liebe als kosmisch-individuellem Faktor	• Laub und Trauben vor der Ernte • wohltuende Wirkungen der Sonne, des Himmels, des Mondes und der Tränen • Zusammenspiel von natürlichem Wachstum und Liebe • Deutung des Anfangs vom Schluss her: Verlangen nach stärkeren Liebesgefühlen, die vom Ich ausgehen • Zwillinge/Traube als Bild der weiblichen Brust (Hoheslied Kap. 4, V. 5; Kap. 7, V. 4, 8f.)	• weder Strophengliederung noch Endreime • freie Rhythmen • Parallelismen • Imperative, Ausrufe und Komparative (V. 1–6): Drängen • Aussagen in einem einzigen Satz (v. 7–16): Beruhigung • angenehme Empfindungen stimulierendes Vokabular (V. 7–15) • Präsenspartizipien (V. 6, 10, 15f.): Aktivität, Wirksamkeit • vieldeutiges „ach!" (V. 13): Höhepunkt • Beziehung Beeren/Tränen: voll/quellen-schwellen

Das weitere Säntis-Gedicht *Herbst* von Annette von Droste-Hülshoff hat die gleiche metrische Strophen- und Reimform wie das über den Sommer, beide beginnen mit einem Baum und enden mit einem Anruf des Säntis. Das Ich teilt seine körperliche Haltung und Verfassung in dem Gedicht zur späteren Jahreszeit aber gleich am Anfang mit – es lehnt „unter meinem

---

[1] Wolfgang Leppmann: Das „Ach!" als Achse des Gedichts [Herbstgefühl]. In: Marcel Reich-Ranicki [Hrsg.]: 1000 deutsche Gedichte und ihre Interpretation. Zweiter Band. A. a. O., S. 84–86.

Baum" (V. 3) und liegt nicht ermattet darunter – und beschreibt den Schneeberg nicht als Ort der Sehnsucht, sondern der Bedrohung und des Todes. Es betrachtet entspannt die Trauben des Weinbergs, die Farben der Herbstblumen und einen späten Schmetterling, verdrängt die bevorstehende dunkle Zeit des Jahres und träumt vom Glück des nächsten Frühlings. Der erste Schnee reißt es jedoch jäh in die Realität zurück und konfrontiert es mit der unangenehmen Seite des Herbstes, in dem nicht nur der Sommer nachklingt, sondern der auch den Winter ankündigt, der sich in der warmen Jahreszeit auf den Säntis zurückgezogen hat. In den ersten drei Strophen sind die Aussagen in einem Konditionalgefüge klar strukturiert: Zwei durch die Anapher „Wenn" miteinander verbundenen Bedingungen folgt nach Doppelpunkten die Konsequenz. Die gedanklich-argumentativ entwickelte Absicht stellt sich in der längeren letzten Strophe in emotionaler Redeweise als Trugschluss heraus, worüber sich das lyrische Ich empört: Direkte Anreden des Herbstes, durch die Anapher „Du" betont (V. 13f.), und des Säntis, Vorwürfe, die Ausrufezeichen und Doppelpunkt abschließen (V. 13–15), die steigernde Wiederholung „bald" (V. 17), das unheilvolle Sich-Herabwälzen und die Bezeichnung des Säntis als „ödes Grab!" (V. 18) unterstreichen den Gegensatz zu den vorausgehenden Strophen auf der sprachlichen Ebene.

Annette von Droste-Hülshoff: Der Säntis/Herbst

Reaktionen auf die Jahreszeit	Inhalt	Sprache und Form
• entspannter Aufenthalt in der herbstlichen Natur • Betrachtung der Schönheiten • Verdrängung der bevorstehenden dunklen Jahreszeit • Traum vom Frühling	• Ort, Zeit, Körperhaltung des Ichs • Trauben, Blumenfarbe, später Schmetterling • Vorsatz für die kürzer werdenden Tage • zukünftiges Glück	• 3 Strophen mit 4 und eine mit 6 Versen aus 4-hebigen Jamben • Endreime der Verse 2 und 4 in den beiden ersten, Paarreime in den folgenden Strophen • klare gedanklich-argumentative Struktur in den ersten 3 Strophen: Konditionalsätze und Konsequenz nach Doppelpunkten
• Überraschung und Empörung wegen des ersten Schnees	• Konfrontation mit der Realität: unangenehme Seiten des Herbstes, Vorbote des Winters, Augenschmerz • Säntis als Sommersitz des Winters	• emotionale Redeweise in der Schlussstrophe: direkte Anrede von Herbst und Säntis, laute, empörte Vorwürfe, sich steigernde Wiederholung „bald" (V. 17), Säntis als Ort der Bedrohung und des Todes • Anaphern (V. 1/5, 13f.)

Die ersten beiden Strophen von Rilkes Gedicht *Herbsttag* beherrschen wie den Anfang von Goethes *Herbstgefühl* Imperative, die sich aber nicht an das Weinlaub und die Trauben richten, sondern an den „Herrn", mit dessen betonter Anrede außerhalb des regelmäßigen fünfhebigen Jambus es beginnt. Das Subjekt weiß, dass der Sommer, auf den es dankbar zurückblickt, ein Ende haben muss und dass diese Veränderung nicht in der Macht des Menschen steht. Deshalb bittet es um Schatten, Winde und Vollendung der Reifezeit. Anders als Goethe geht Rilke aber auch auf das sich wandelnde Befinden der Menschen ein, die jetzt nicht mehr eine Wohnung einrichten oder neue soziale Beziehungen knüpfen können. Gegen Ende rückt der Einsame in den Vordergrund, der sich mit immateriellen Dingen beschäftigt, indirekt über Briefe Kontakte aufrecht erhält und sich auf das Wesentliche konzentriert (V. 10), im Freien jedoch wie die fallenden Blätter der Unruhe ausgeliefert ist. Zwischen der Eingangs- und Schlussstrophe baut sich also die Spannung zwischen dem Verlangen nach dem Herbst und der in ihm aufkommenden wehmütigen Stimmung auf. Rilke zeigt wie Droste-Hülshoff, aber anders als Goethe zwei gegensätzliche Seiten dieser Jahreszeit, allerdings sachlich- nachdenklich und nicht aggressiv. Der Wechsel der Blickrichtung von der Vergangenheit in die Zukunft findet in drei sich verlängernden, drei-, vier- und fünfzeiligen Strophen statt, denen die inhaltliche Gliederung entspricht. Männliche Endreime umschließen weibliche, die der Schlussvers noch weiterführt. Ein Binnenreim (-uhren/Fluren, V. 2f.), mit einer Anapher eingeleitete, parallel gebaute Subjektsätze (V. 8f.) und Alliterationen, insbesondere auf w und l in der letzten Strophe, erzeugen eine harmonische Klangwirkung. Der sich erweiternde Umfang und die zunehmende Komplexität der Sätze durch die Folge von Hauptsätzen in den Strophen 1 und 2 und zusätzlichen Gliedsätzen in Strophe 3 kennzeichnet die lyrische Komposition.

Rainer Maria Rilke: Herbsttag

Reaktionen auf die Jahreszeit	Inhalt	Sprache und Form
• Bitte um den Herbst • Einsicht in das notwendige Ende des Sommers • Bewusstsein einer Veränderung außerhalb der menschlichen Macht • dankbarer Rückblick auf den erlebten Sommer • Erwartungen an die bevorstehende Jahreszeit • Spannung zwischen Verlangen nach dem Herbst und wehmütiger Stimmung	• Schatten, Winde und Vollendung der Reifezeit als Merkmale des Herbsts • Umbruch im Befinden des Menschen • Einsamkeit: Beschäftigung mit immateriellen Dingen, indirekte Kontakte, Konzentration auf das Wesentliche (V. 10) • Unruhe (V. 12) • zwei Seiten der Jahreszeit	• Beginn mit der Anrufung des Herrn außerhalb des Metrums 5–hebiger Jamben: Betonung • Präteritum (V. 1)/Imperative (V. 2–7)/Futur I (Str. 3): Wechsel der Blickrichtung • 3 Strophen aus 3, 4 und 5 Versen → inhaltliche Gliederung: Wetter, Früchte, Menschen • umarmende Endreime, Binnenreim (V. 2f.), Alliterationen (w/l in Str. 3), Anapher/ Parallelismus (V. 8f.): harmonische Klangwirkung • Erweiterung von Umfang und Komplexität der Sätze (Hauptsätze in Str. 1, 2, Gliedsätze in Str. 3)

Nebel und Wolken:
Rekonstruktion zweier Gedichte

1. In dem Gedicht „Im Nebel" von Hermann Hesse sind die Strophen durcheinandergeraten und in „An die Wolken" von Christian Morgenstern einige Textlücken entstanden.
Suchen Sie in jenem nach einer schlüssigen Reihenfolge der Strophen **oder** ergänzen Sie in diesem die Lücken durch geeignete Wörter und begründen Sie Ihre Entscheidungen.

2. Finden Sie sich mit Schülerinnen und Schülern, die dasselbe Gedicht bearbeitet haben, in Vierergruppen zusammen und vergleichen und erörtern Sie Ihre Ergebnisse. Einigen Sie sich auf eine Lösung, stellen Sie diese im Kurs vor und setzen Sie sich mit Änderungsvorschlägen auseinander.

3. Vergleichen Sie Ihre Lösung mit der Originalversion und suchen Sie nach Gründen für Abweichungen.

Hermann Hesse
Im Nebel

Wahrlich, keiner ist weise,
Der nicht das Dunkel kennt,
Das unentrinnbar und leise
Von allen ihn trennt.

5 Seltsam, im Nebel zu wandern!
Einsam ist jeder Busch und Stein,
Kein Baum sieht den andern,
Jeder ist allein.

Seltsam, im Nebel zu wandern!
10 Leben ist Einsamsein.
Kein Mensch kennt den andern,
Jeder ist allein.

Voll von Freunden war mir die Welt,
Als noch mein Leben licht war;
15 Nun, da der Nebel fällt,
Ist keiner mehr sichtbar.

Christian Morgenstern
An die Wolken

Und immer wieder,
wenn ich mich _____ gesehn
an der Menschen _____,
so vielen Spiegeln
5 unendlicher _____,
hob ich das Aug
über die Häuser und Bäume
empor zu euch,
ihr ewigen _____ des Himmels.
10 Und eure Größe und _____
erlöste mich immer wieder,
und ich _____ mit euch
über Länder und Meere hinweg
und _____ mit euch
15 überm Abgrund Unendlichkeit
und zerging zuletzt
wie _____,
wenn ich ohn Maßen
den Samen der Sterne
20 _____ sah
über die Äcker
der _____ Tiefen.

112

Nebel und Wolken: Originalversionen der rekonstruierten Gedichte

1. *Interpretieren Sie in Ihrer Vierergruppe die Originalversion des Gedichts, das Sie rekonstruiert haben. Berücksichtigen Sie Inhalt, Sprache und Form sowie die Wirkung des Nebels oder der Wolken auf das lyrische Ich.*

2. *Stellen Sie Ihre Ergebnisse dem Kurs vor und vergleichen Sie sie mit denen der anderen Gruppen.*

Hermann Hesse
Im Nebel (1906)

Seltsam, im Nebel zu wandern!
Einsam ist jeder Busch und Stein,
Kein Baum sieht den andern,
Jeder ist allein.

5 Voll von Freunden war mir die Welt,
Als noch mein Leben licht war;
Nun, da der Nebel fällt,
Ist keiner mehr sichtbar.

Wahrlich, keiner ist weise,
10 Der nicht das Dunkel kennt,
Das unentrinnbar und leise
Von allen ihn trennt.

Seltsam, im Nebel zu wandern!
Leben ist Einsamsein.
15 Kein Mensch kennt den andern,
Jeder ist allein.

Nebelgedichte, S. 70f./H. H.: Die Gedichte. Neu eingerichtet … von Volker Michels. Frankfurt a. Main: Suhrkamp 1992, S. 236.
© 1977, 1992 Suhrkamp.

Christian Morgenstern
An die Wolken

Und immer wieder,
wenn ich mich müde gesehn
an der Menschen Gesichtern,
so vielen Spiegeln
5 unendlicher Torheit,
hob ich das Aug
über die Häuser und Bäume
empor zu euch,
ihr ewigen Gedanken des Himmels.
10 Und eure Größe und Freiheit
erlöste mich immer wieder,
und ich dachte mit euch
über Länder und Meere hinweg
und hing mit euch
15 überm Abgrund Unendlichkeit
und zerging zuletzt
wie Dunst,
wenn ich ohn Maßen
den Samen der Sterne
20 fliegen sah
über die Äcker
der unergründlichen Tiefen.

Wolkengedichte, S. 23/C. M.: Gesammelte Werke in einem Band. Hrsg. von Margareta Morgenstern. München/Zürich: Piper 1965, S. 46.

Hermann Hesse (1877–1962), Sohn eines Missionarsehepaars, aufgewachsen in Calw und Basel; 1892 in der Erzählung *Unterm Rad* geschilderte Flucht aus dem Evangelischen Seminar Maulbronn, wo er sich auf das Theologiestudium vorbereiten sollte. Ausbildung als Buchhändler und Mechaniker in einer Turmuhrenwerkstatt. 1904–1912 freier Schriftsteller in Gaienhofen am Bodensee. 1911 Indienreise, im 1. Weltkrieg beim Roten Kreuz und in der Gefangenenfürsorge, ab 1919 Montagnola bei Lugano/Tessin, 1946 Nobelpreis für Literatur. Sein autobiografisch geprägtes Erzählwerk, etwa *Der Steppenwolf* oder *Siddharta,* schildert den Menschen in Krisen und auf der Suche nach sich selbst sowie einem Ausgleich zwischen Verstand und Gefühl.

Christian Morgenstern (1871–1914), in München als Nachkomme einer Kunstmalerfamilie geboren. Jura-Studium in Breslau, das er wegen Erkrankung an Tuberkulose nicht beendete. Reisen nach Norwegen und Italien sowie in die Schweiz. Ab 1894 Journalist und Redakteur einer Theaterzeitschrift in Berlin. Seit 1908/09 enge Beziehung zu Rudolf Steiner. Er verbrachte die letzte Zeit seines Lebens in Südtirol. Bekannt machten ihn humorvolle, phantastische und groteske Gedichte, etwa die *Galgenlieder*.

Ingeborg Bachmann: An die Sonne

1. *Bestimmen Sie die formale Struktur, die dem Bau und der Anordnung der Strophen zugrunde liegt.*

2. *Erschließen Sie auf der Grundlage der äußeren Form Inhalt und Sprache des Gedichts. Berücksichtigen Sie dabei Aussagen über die Sonne einerseits und über die Augen und das Sehen andererseits.*

3. *In der Interpretation des Gedichts auf dem Arbeitsblatt 25 schreibt Peter von Matt, dass sich „im Sonnengedicht ein Liebesgedicht versteckt" (Z. 48). Suchen Sie Begründungen für diese Auffassung.*

Schöner als der beachtliche Mond und sein geadeltes Licht,
Schöner als die Sterne, die berühmten Orden der Nacht,
Viel schöner als der feurige Auftritt eines Kometen
Und zu weit Schönrem berufen als jedes andre Gestirn,
5 Weil dein und mein Leben jeden Tag an ihr hängt, ist die Sonne.

Schöne Sonne, die aufgeht, ihr Werk nicht vergessen hat
Und beendet, am schönsten im Sommer, wenn ein Tag
An den Küsten verdampft und ohne Kraft gespiegelt die Segel
Über dein Aug ziehn, bis du müde wirst und das letzte verkürzt.

10 Ohne die Sonne nimmt auch die Kunst wieder den Schleier,
Du erscheinst mir nicht mehr, und die See und der Sand,
Von Schatten gepeitscht, fliehen unter mein Lid.

Schönes Licht, das uns warm hält, bewahrt und wunderbar sorgt,
Dass ich wieder sehe und dass ich dich wiederseh!

15 Nichts Schönres unter der Sonne als unter der Sonne zu sein ...

Nichts Schönres als den Stab im Wasser zu sehn und den Vogel oben,
Der seinen Flug überlegt, und unten die Fische im Schwarm,

Gefärbt, geformt, in die Welt gekommen mit einer Sendung von Licht,
Und den Umkreis zu sehn, das Geviert eines Felds, das Tausendeck meines Lands
20 Und das Kleid, das du angetan hast. Und dein Kleid, glockig und blau!

Schönes Blau, in dem die Pfauen[1] spazieren und sich verneigen,
Blau der Fernen, der Zonen des Glücks mit den Wettern für mein Gefühl,
Blauer Zufall am Horizont! Und meine begeisterten Augen
Weiten sich wieder und blinken und brennen sich wund.

25 Schöne Sonne, der vom Staub noch die größte Bewundrung gebührt,
Drum werde ich nicht wegen dem Mond und den Sternen und nicht,
Weil die Nacht mit Kometen prahlt und in mir einen Narren sucht,
Sondern deinetwegen und bald endlos und wie um nichts sonst
Klage führen über den unabwendbaren Verlust meiner Augen.

FAZ vom 21.6.1997 (Frankfurter Anthologie)/I. B.: Sämtliche Gedichte. 4. Aufl. München: Piper Verlag 1995.

---

1   Sonnensymbol wegen ihres Rades

Ingeborg Bachmann (1926–73), aufgewachsen in Kärnten; 1945–50 Philosophiestudium, Promotion mit einer Arbeit über Martin Heidegger; 1951–53 Mitarbeit beim Rundfunk; dann freie Schriftstellerin überwiegend in Rom; Mitglied und Preis der Gruppe 47.
Ihre Lyrik vereinigt gedankliche Abstraktion mit kreativen Sprachbildern in meist freien Rhythmen.

Interpretationsansätze zu Bachmanns Sonnengedicht und Anspielungen auf andere lyrische Texte

1. Notieren Sie die wichtigsten Feststellungen Peter von Matts über Bachmanns Gedicht als Interpretationshypothesen.
2. Wählen Sie eines der Gedichte aus Goethes „Faust", von Gottfried Keller oder Friedrich Hölderlin in Zusatzmaterial 6 aus und untersuchen Sie seine Beziehung zu Bachmanns Sonnengedicht.
3. Am Anfang der Interpretation wirft von Matt die Frage auf, ob ein vorbehaltloser Lobgesang auf die Welt erlaubt sei (Z. 4f.). Erörtern Sie das Für und Wider.

Peter von Matt
Die unersättlichen Augen

Ist das Gedicht nicht zu schön? Die fließende Pracht dieser langen Verse, feiert sie nicht die Welt, als wäre sie grenzenlos herrlich? Als wäre nichts Böses in ihr, nichts Hässliches und Widerwärtiges? Darf man denn das, lobsingen ohne Vorbehalt, wie einst die Erzengel am Anfang des „Faust"? Und tritt denn nicht sogar dort, kaum haben die drei sonnenverzückten Geister ausgesungen, der Teufel auf, höflich und heimtückisch, den Pferdefuß im eleganten Stiefelchen?

Das Gedicht ist schön, weil es den Mut hat, von der Schönheit zu reden. Was es verkörpert in der grandiosen Parade seiner Bilder, im Fall und Widerhall der Klänge, davon handelt es auch. Ohne Schönheit, meint es, kann niemand leben, so wie niemand leben kann ohne Liebe. Diese elementare Wirklichkeit ist der Gegenstand des Gedichts. Inszeniert wird sie als die dramatische Begegnung des Auges mit der Sonne.

Man achte auf die Verszahl der Strophen: 5 4 3 2 1 2 3 4 5. Das ist eine spiegelbildliche Fügung, und die Achse des Ganzen, der einzelne Vers in der Mitte, ist seinerseits noch einmal spiegelbildlich gebaut: *... unter der Sonne als unter der Sonne ...* So steht jede Strophe einer Partnerstrophe gegenüber, mit Echowörtern und Echobildern, so steht im Ganzen des Gedichts das Wort „Auge" dem Wort „Sonne" gegenüber.

Soll man jetzt Goethe zitieren: *Wär nicht das Auge sonnenhaft, die Sonne könnt es nie erblicken?* Das Wissen um diese Zeilen haust so gewiss in den Strophen Ingeborg Bachmanns wie die Erinnerung an die „glücklichen Augen" des Türmers im zweiten „Faust" und an Gottfried Kellers *Trinkt, o Augen, was die Wimper hält!* Alle Hymnen, die je an die Sonne gerichtet wurden, sind hier zu einem letzten Hochgesang vereinigt. Deshalb spielt das Gedicht auch so gezielt mit altertümlichen Klängen, mit barocken Reflexen schon im Auftakt.

Das wichtigste Zitat aber ist Hölderlin, die Anrede: „Schöne Sonne", großartig und einfach, steht in einem der Diotima-Gedichte. Und erst wenn man sich erinnert, wie dort die Geliebte und das Licht zusammengehören, wie der Dichter die schöne Sonne wahrhaftig der schönen Frau verdankt – *Diotima! Liebe! wie sah von dir/Zum goldnen Tage dieses Auge -*, merkt man, dass sich auch bei Ingeborg Bachmann im Sonnengedicht ein Liebesgedicht versteckt. Das Du bleibt allerdings namenlos. Und in raffinierter Weise lassen die Verse immer wieder offen, ob der Anruf an die Sonne oder an einen Geliebten, an eine Geliebte gerichtet sei. *Dass ich wieder sehe und dass ich dich wiederseh!*: Man kann das „dich" auf das „schöne Licht" beziehen, und doch wird der Vers erst ganz wunderbar als Beschwörung eines geliebten Menschen. Selbst das blaue Kleid ist nicht so ganz unzweideutig nur der weite Himmel, in dem die Sonne schwimmt, und die „begeisterten Augen" brennen nicht allein wegen des Gestirns in solchem Entzücken.

Nein, was in der Mitte der Hymne lebt und bebt, sind keine philosophischen Überlegungen über die Verwandtschaft von Auge und Sonne, ist nichts Platonisches oder Plotinisches[1], sondern die wilde Leidenschaft zum Licht und zur Liebe zugleich. Aus ihr allein begründet sich die Verzweiflung am Schluss, in den letzten zwei Zeilen, wo alles in eine große Klage umschlägt, wo aber auch das so kunstreiche, artistisch perfekt gefügte Gedicht erst zur unbedingten und unkalkulierten, zur schutzlos vollkommenen Dichtung wird – ein Schrei von unvergesslicher Melodie.

FAZ vom 21. Juni 1997 (Frankfurter Anthologie)

---

1 Platon, Plotin: griechische Philosophen

Zwei Mondnacht-Gedichte

1. Ermitteln Sie, was in den beiden Gedichten über den Mond zu erfahren ist.

2. Stellen Sie die Wahrnehmungen, Empfindungen und Gedanken gegenüber.

3. Untersuchen Sie jeweils Sprache und Form.

Joseph von Eichendorff
Mondnacht (1837)

Es war, als hätt' der Himmel
Die Erde still geküsst,
Dass sie im Blüten-Schimmer
Von ihm nun träumen müsst'.

5 Die Luft ging durch die Felder,
Die Ähren wogten sacht,
Es rauschten leis die Wälder,
So sternklar war die Nacht.

Und meine Seele spannte
10 Weit ihre Flügel aus,
Flog durch die stillen Lande,
Als flöge sie nach Haus.

J. v. E.: Sämtliche Gedichte und Versepen. Hrsg. von Hartwig Schultz. Frankfurt am Main und Leipzig: Insel Verlag 2007, S. 266f.

Günter Kunert
Mondnacht

Lebloser Klotz
Mond eisiger Nächte
der an bittere Märchen erinnert
an fremdes Gelebtwordensein
5 fern
wo die Menschen heulten
anstelle der Wölfe
über dem blassen Schnee
bis zum Verstummen darunter

10 Geborstenes Geröll
auf dem unsere Schatten
gelandet sind
und sich taumelnd bewegen
viel zu leicht
15 für die Last unserer Herkunft

auch dort sind wir hingelangt
wie immer dorthin
wo Leben unmöglich ist:

In Gleichnisse ohne Erbarmen

G. K.: Stilleben. Gedichte. München 1983, S. 25.

Günter Kunert (geb. 1929) konnte als Kind einer jüdischen Mutter keine höhere Schule besuchen, wurde aber auch nicht als Soldat eingezogen. Nach dem Krieg studierte er in Ost-Berlin einige Semester Grafik und nach ersten Veröffentlichungen von Gedichten und Kurzgeschichten förderten ihn Bertolt Brecht und Johannes R. Becher. Wegen fehlender Linientreue geriet er in der DDR zunehmend ins Abseits; seit 1979 lebt er in der Bundesrepublik. Seine Warngedichte und Denkbilder in Prosa bringen die „Skepsis gegenüber jeglicher Aufklärungs- und Fortschrittsgläubigkeit" zum Ausdruck (Harenberg Lexikon der Weltliteratur. Studienausgabe. Bd. 3. Dortmund 1995, S. 1701).

„Sternenzeit"

1. Lesen Sie das Gedicht und vergleichen Sie Ihre Fortsetzungen der ersten Strophe mit dem Original.

2. Ermitteln Sie, was das lyrische Ich in Kellers Gedicht am nächtlichen Sternenhimmel fasziniert.

3. Untersuchen Sie, wie es seine Haltung durch Sprache und Form unterstreicht.

Gottfried Keller
Nacht (1846)
VI

Wende dich, du kleiner Stern,
Erde! wo ich lebe,
Dass mein Aug, der Sonne fern,
Sternenwärts sich hebe!

5 Heilig ist die Sternenzeit,
Öffnet alle Grüfte!
Strahlende Unsterblichkeit
Wandelt durch die Lüfte.

Mag die Sonne nun bislang
10 Andern Zonen scheinen:
Hier fühl ich Zusammenhang
Mit dem All und Einen!

Hohe Lust! im dunkeln Tal,
Selber ungesehen,
15 Durch den majestät'schen Saal
Atmend mitzugehen!

Schwinge dich, o grünes Rund,
In die Morgenröte!
Scheidend rückwärts singt mein Mund
20 Jubelnde Gebete!

Conrady, S. 492/G. K.: Sämtliche Werke und ausgewählte Briefe.
Hg. v. C. Heselhaus. 4. Aufl., Bd. 3. München: Hanser 1979

Gottfried Keller (1819–1890), Sohn eines Drechslermeisters, der früh starb; deshalb in einfachen Verhältnissen aufgewachsen; Besuch der Armen- und Industrieschule, aus der er wegen eines Streichs ausgeschlossen wurde. Malunterricht und 1840–42 Studium als Landschaftsmaler in München, das ihn in wirtschaftliche Schwierigkeiten brachte. Nach der Entdeckung seiner schriftstellerischen Begabung Stipendien des Kantons Zürich für Studienaufenthalte in Heidelberg (1848/49) und Berlin (1850–55), die ihn literarisch voranbrachten. Nach enttäuschenden Erfahrungen – seine schriftstellerische Arbeit reichte nicht zum Leben, er war kleinwüchsig und blieb ehelos – übte er von 1861 bis 1876 das angesehene Amt des Zürcher Staatsschreibers aus. Im Alter weiterhin literarisch tätig und zunehmend anerkannt. Zu den wichtigsten Werken Kellers, einem Vertreter des poetischen Realismus, gehören die Novellen *Kleider machen Leute* und *Romeo und Julia auf dem Dorfe* aus dem Zyklus *Die Leute von Seldwyla* sowie der autobiografische Bildungsroman *Der grüne Heinrich*.

Ulrich Schacht: Ferner Morgen und die Nacht davor

1. Notieren Sie in einer Tabelle mit drei Zeilen und zwei Spalten in der linken, was sich das Ich in den Strophen 1 – 3 vom fernen Morgen erträumt.

2. Stellen Sie in der rechten Spalte gegenüber, was es mit der Nacht davor verbinden könnte.

3. Verfassen Sie ein Gegengedicht „Die Nacht vor dem fernen Morgen".

4. Suchen Sie Erklärungen, weshalb der beschriebene Morgen fern und nur ein Traum ist. Ziehen Sie dabei auch die Biografie des Dichters in Betracht.

Ulrich Schacht

FERNER MORGEN, von dem
ich träume: Seine Weite
wird ungeheuer sein. Wir werden
gehen können –
5 aufrecht und im Licht.
Das Wasser aller Bäche Flüsse Seen:
durchschaubar
bis auf den Grund,
wo der Tag
10 die Leiber der Fische
versilbert. –

Und auch seine Klarheit wird uns gehören.
Wir werden sehen können
alle Farben dieser Stunde:
15 das Schwarz
schattenspendender Felsen,
das Rot
einer behutsamen Sonne,
das Gelb
20 getreidebestandener Ebenen.

Und bald darauf
werden wir Höfe betreten, vertraute
Häuser, darin wir zuvor niemals waren –
werden Brot und Salz finden
25 auf dem Tisch und Wein in geschliffenen Gläsern:
DENN DA SIND MENSCHEN,
die uns erwarten,
sind Stimmen, die singen –
und ein Tanzen wird uns ergreifen
30 - so frei –
dass wir vergessen

die Nacht die Nacht
vor diesem
Morgen.

Conrady, S. 1171/U. S.: Traumgefahr. Pfullingen: Neske 1981 [© Ulrich Schacht]

Ulrich Schacht, geb. 1951 im Frauengefängnis Hoheneck in der DDR; aufgewachsen in Wismar; Bäckerlehre, Sonderreifeprüfung und Studium der evangelischen Theologie in Rostock und Erfurt; 1973 Verhaftung wegen „staatsfeindlicher Hetze" und Verurteilung zu sieben Jahren Freiheitsentzug. 1976 von der Bundesrepublik freigekauft; Studium der politischen Wissenschaften und Philosophie in Hamburg; 1984 – 1998 Redakteur und Reporter für unterschiedliche Zeitungen und Zeitschriften; wohnt seit 1998 in Schweden als freischaffender Autor und Publizist. Der konsequente Antikommunist und kompromisslose National-Konservative ist wegen seiner politischen Haltung umstritten; seine literarischen Werke finden dessen ungeachtet Anerkennung.

Ein Frühlings- und ein Wintergedicht

1. Vergleichen Sie, wie sich die Jahreszeiten in den beiden Gedichten auf das lyrische Ich auswirken.
2. Interpretieren Sie eines der beiden Gedichte. Legen Sie den Schwerpunkte *entweder* auf den *Inhalt oder* auf *Sprache und Form*.

Johann Wolfgang von Goethe
Frühzeitiger Frühling
Frühling 1801

Tage der Wonne,
Kommt ihr so bald?
Schenkt mir die Sonne,
Hügel und Wald?
5 Reichlicher fließen
Bächlein zumal.
Sind es die Wiesen?
Ist es das Tal?

Blauliche Frische!
10 Himmel und Höh!
Goldene Fische
Wimmeln im See.

Buntes Gefieder
Rauschet im Hain;
15 Himmlische Lieder
Schallen darein.

Unter des Grünen
Blühender Kraft
Naschen die Bienen
20 Summend am Saft.

Leise Bewegung
Bebt in der Luft,
Reizende Regung,
Schläfernder Duft.

25 Mächtiger rühret
Bald sich ein Hauch,
Doch er verlieret
Gleich sich im Strauch.

Aber zum Busen[1]
30 Kehrt er zurück.
Helfet, ihr Musen[2],
Tragen das Glück!

Saget, seit gestern
Wie mir geschah?
35 Liebliche Schwestern,
Liebchen ist da!

Goethe. Berliner Ausgabe. Bd. 1: Gedichte. 3. Aufl. 1976. Berlin und Weimar: Aufbau-Verlag 1976, S. 57f.

---
[1] menschliches Empfindungszentrum
[2] Göttinnen der Künste in der griechischen Mythologie

Mascha Kaléko
Betrifft: Erster Schnee

Eines Morgens leuchtet es ins Zimmer,
Und du merkst: 's ist wieder mal so weit.
Schnee und Barometer sind gefallen.
– Und nun kommt die liebe Halswehzeit.

5 Kalte Blumen blühn auf Fensterscheiben.
Fröstelnd seufzt der Morgenblatt-Poet:
„Winter läßt sich besser nicht beschreiben,
Als es schon im Lesebuche steht …"

Blüten kann man noch mit Schnee vergleichen,
10 Doch den Schnee … Man wird zu leicht banal.
Denn im Sommer ist man manchmal glücklich,
Doch im Winter nur sentimental.

Und man muß an Grimm'sche Märchen denken –
Und an einen winterweißen Wald –
15 Und an eine Bergtour um Silvester –
– Und dabei an sein Tarifgehalt …

Und man möchte wieder vierzehn Jahr sein:
Weihnachtsferien … Mit dem Schlitten raus!
Und man müßte keinen Schnupfen haben,
20 Sondern irgendwo ein kleines Haus,

Und davor ein paar verschneite Tannen,
Ziemlich viele Stunden vor der Stadt,
Wo es kein Büro, kein Telefon gibt.
– Wo man beinah keine Pflichten hat.

25 … Ein paar Tage lang soll nichts passieren!
Ein paar Stunden, da man nichts erfährt.
Denn was hat wohl einer zu verlieren,
Dem ja doch so gut wie nichts gehört …

Aus: Das Lyrische Stenogrammheft. Kleines Lesebuch für Große. © 1978 Rowohlt Taschenbuchverlag GmbH, Reinbek bei Hamburg.

Mascha Kaléko (1907–75), als Tochter jüdischer Eltern aus Österreich und Russland im galizisch-polnischen Städtchen Chrzanow geboren; lebte ab 1914 in Marburg und 1918–38 in Berlin; Emigration in die USA, ab 1959 Israel. Ihre neusachlichen Gedichte wurden in Zeitungen veröffentlicht und im *Lyrischen Stenogrammheft* gesammelt herausgegeben.

Zwei Sommergedichte

1. Vergleichen Sie, wie in den beiden Gedichten der Sommer und seine Wirkung auf das lyrische Ich dargestellt werden.

2. Interpretieren Sie eines der beiden Gedichte. Legen Sie den Schwerpunkt **entweder** auf den **Inhalt oder** auf **Sprache und Form**.

Annette von Droste-Hülshoff
Der Säntis
Sommer (1835/36)

Du gute Linde, schüttle dich!
Ein wenig Luft, ein schwacher West[1]!
Wo nicht, dann schließe dein Gezweig
So recht, dass Blatt an Blatt sich presst.

5 Kein Vogel zirpt, es bellt kein Hund;
Allein die bunte Fliegenbrut
Summt auf und nieder über'n Rain
Und lässt sich rösten in der Glut.

Sogar der Bäume dunkles Laub
10 Erscheint verdickt und atmet Staub.
Ich liege hier wie ausgedorrt
Und scheuche kaum die Mücken fort.

O Säntis[2], Säntis! läg' ich doch
Dort, – grad' an deinem Felsenjoch,
15 Wo sich die kalten, weißen Decken
So frisch und saftig drüben strecken,
Viel tausend blanker Tropfen Spiel;
Glücksel'ger Säntis, dir ist kühl!

A. v. D.-H.: Sämtliche Werke in zwei Bänden. Bd. 1: Gedichte. Hg. v. Bodo Plachta und Winfried Woesler. Frankfurt am Main: Insel Verlag 2004, S. 82f.

---

[1] Westwind
[2] höchster Berg der Appenzeller Alpen, der von Meersburg am nördlichen Bodensee-Ufer gut zu sehen ist

Sarah Kirsch
Im Sommer

Dünnbesiedelt das Land.
Trotz riesigen Feldern und Maschinen
Liegen die Dörfer schläfrig
In Buchsbaumgärten; die Katzen
5 Trifft selten ein Steinwurf.

Im August fallen Sterne.
Im September bläst man die Jagd an.
Noch fliegt die Graugans, spaziert der Storch
Durch unvergiftete Wiesen. Ach, die Wolken
10 Wie Berge fliegen sie über die Wälder.

Wenn man hier keine Zeitung hält
Ist die Welt in Ordnung.
In Pflaumenmuskesseln
Spiegelt sich schön das eigne Gesicht und
15 Feuerrot leuchten die Felder.

Conrady, S. 1038/S. K.: Rückenwind. Berlin: Aufbau-Verlag 1977.

Annette von Droste-Hülshoff (1797–1848), Abstammung aus westfälischem Adel, katholisch-konservativ erzogen und umfassend gebildet; lebte nach dem Tod des Vaters 1826 im Rüschhaus bei Münster, dem Witwensitz der Mutter; ab 1841 häufig in Meersburg am Bodensee bei ihrer Schwester; Freundschaft mit dem erheblich jüngeren Levin Schücking, bis er sich mit einer anderen Frau verlobte. Vielseitige Lyrikerin, in deren Gedichten Natur, Geschichte, religiöse Fragen ebenso eine Rolle spielen wie die Selbstreflexion. Berühmt ist ihre Novelle *Die Judenbuche*.

Sarah Kirsch (1935–2013), aufgewachsen in der ehemaligen DDR, Studium der Forstwirtschaft, Biologie und Literatur; 1977 Ausreise in die Bundesrepublik als Reaktion auf die Ausbürgerung Wolf Biermanns; 1960–68 verheiratet mit dem Lyriker Rainer Kirsch. In ihren Gedichten verbindet sie oft die Themen Natur und Liebe.

Drei Herbstgedichte

1. Vergleichen Sie in zwei Gedichten, wie das lyrische Ich auf die Jahreszeit des Herbstes reagiert.
2. Interpretieren Sie eines der drei Gedichte. Legen Sie den Schwerpunkt **entweder** auf den **Inhalt oder** auf **Sprache und Form**.
3. Vergleichen Sie das Sommer- (Arbeitsblatt 30) und das Herbstgedicht von Annette von Droste-Hülshoff.
4. Vergleichen Sie die Gedichte „Frühzeitiger Frühling" (auf dem Arbeitsblatt 29) und „Herbstgefühl" von J. W. v. Goethe.

J. W. Goethe
Herbstgefühl
Frühherbst 1775

Fetter grüne, du Laub,
Am Rebengeländer
Hier mein Fenster herauf!
Gedrängter quellet,
5 Zwillingsbeeren, und reifet
Schneller und glänzend voller!
Euch brütet der Mutter Sonne
Scheideblick; euch umsäuselt
Des holden Himmels
10 Fruchtende Fülle;
Euch kühlet des Mondes
Freundlicher Zauberhauch,
Und euch betauen, ach!
Aus diesen Augen
15 Der ewig belebenden Liebe
Vollschwellende Tränen.

Goethe. Berliner Ausgabe. Bd. 1: Gedichte. 3. Aufl. Berlin und Weimar: Aufbau-Verlag 1976, S. 58.

Rainer Maria Rilke
Herbsttag (1906)

Herr: es ist Zeit. Der Sommer war sehr groß.
Leg deinen Schatten auf die Sonnenuhren,
und auf den Fluren lass die Winde los.

Befiehl den letzten Früchten voll zu sein;
5 gib ihnen noch zwei südlichere Tage,
dränge sie zur Vollendung hin und jage
die letzte Süße in den schweren Wein.

Wer jetzt kein Haus hat, baut sich keines mehr.
Wer jetzt allein ist, wird es lange bleiben,
10 wird wachen, lesen, lange Briefe schreiben
und wird in den Alleen hin und her
unruhig wandern, wenn die Blätter treiben.

R. M. R.: Die Gedichte. Frankfurt am Main und Leipzig: Insel Verlag 2006, S. 304.

Annette von Droste-Hülshoff
Der Säntis
Herbst (1835/36)

Wenn ich an einem schönen Tag
Der Mittagsstunde habe acht
Und lehne unter meinem Baum
So mitten in der Trauben Pracht:

5 Wenn die Zeitlose[1] übers Tal
Den amethystnen[2] Teppich webt,
Auf dem der letzte Schmetterling
So schillernd wie der frühste bebt:

Dann denk ich wenig drüber nach,
10 Wie's nun verkümmert Tag für Tag,
Und kann mit halbverschlossnem Blick
Vom Lenze träumen und von Glück.

Du mit dem frischgefallnen Schnee,
Du tust mir in den Augen weh!
15 Willst uns den Winter schon bereiten:
Von Schlucht zu Schlucht sieht man ihn gleiten,
Und bald, bald wälzt er sich herab
Vor dir, o Säntis! ödes Grab!

A. v. D.-H.: Sämtliche Werke in zwei Bänden. Bd. 1: Gedichte. Hg. von Bodo Plachta und Winfried Woesler. Frankfurt am Main: Insel Verlag 2004, S. 83 f.

---

1 Herbstzeitlose
2 violett bis purpurrot wie die Farbe des Edelsteins

Baustein 4

Belebte Natur und Landschaften

4.1 Blumen und Gärten

Die Gedichte über Blumen und Gärten auf den **Arbeitsblättern 33** und **34** (S. 142f.) liegen den Schülerinnen und Schülern mit denjenigen über Bäume, Wald und Tiere auf den **Arbeitsblättern 35–38** (S. 144–147) zur Auswahl vor, um eines von ihnen vollkommen eigenständig zu interpretieren. Wegen der unterschiedlichen Komplexität und Schwierigkeit der lyrischen Texte haben die Kursmitglieder die Möglichkeit, aus dem differenzierten Angebot einen nach ihren Vorlieben und ihrem Leistungsstand auszusuchen, bei Bedarf mit Unterstützung des Lehrers oder der Lehrerin. Sie können sich sogar für ein anderes Gedicht entscheiden, das sie in Sammlungen von Naturgedichten auswählen, von denen zwei auf dem **Arbeitsblatt 32** auf S. 141 angegeben sind. Vielleicht lassen sie sich dadurch zur Beschäftigung mit Naturlyrik über den Unterricht hinaus anregen. Die Interpretationsaufgaben geben keine Schwerpunkte mehr vor wie bei den Gedichten über die Jahreszeiten im vorausgehenden Kapitel, beziehen aber visuelle Gestaltungen ein. Die Einzelarbeit mündet wiederum, soweit möglich, in Partner- oder Gruppenarbeit. Über den Ablauf und die Aufgaben im Einzelnen informiert ein Brief an die Schülerinnen und Schüler auf dem Arbeitsblatt 32. Nachdem sie einen malerischen, zeichnerischen, grafischen oder fotografischen Zugang zu dem gewählten Gedicht gefunden haben – auch mithilfe des Computers –, werden die entstandenen Bilder im Kursraum ausgestellt und ihren Texten zugeordnet. Dadurch sollen die Schülerinnen und Schüler miteinander ins Gespräch über die optischen Darstellungen und deren Angemessenheit kommen. Diejenigen, die sich für dasselbe Gedicht entschieden haben, finden sich in Paaren oder Gruppen zusammen, um dessen Inhalt, Sprache und Form in ihrer Wechselbeziehung zu untersuchen. Dabei gehen sie von ihren Bildern aus. Hat nur ein Einzelner oder eine Einzelne ein Gedicht ausgewählt, macht er sich allein an dessen Interpretation. Gedicht, Bilder und Interpretationsergebnisse werden dann strukturiert und in ansprechender Form auf einem Plakat festgehalten, der Klasse präsentiert und besprochen. Darüber hinaus können diese Plakate an einem geeigneten Ort auf Stellwänden auch Schülerinnen und Schülern anderer Klassen gezeigt und damit die Arbeitsergebnisse in die Öffentlichkeit der gesamten Schule getragen werden. Dabei ist es wichtig, die Informationen wirkungsvoll zu präsentieren, um Aufmerksamkeit zu finden.

■ *Lesen Sie den Brief auf dem **Arbeitsblatt 32** und interpretieren Sie ein Naturgedicht auf den **Arbeitsblättern 33–38** oder ein anderes, das Sie in einem Sammelband mit Naturlyrik anspricht.*
Gehen Sie bitte so vor, wie der Brief Ablauf und Aufgaben beschreibt.

Bei Gedichten, die kein Interesse gefunden haben, kann die Frage nach den Gründen aufgeworfen werden und ein Interpretationsgespräch in Gang bringen.

■ *Warum haben Sie manche Gedichte auf den Arbeitsblättern 33–38 nicht ausgewählt?*
Liegt es am Inhalt, an der Sprache, an der Form oder gibt es andere Gründe?
Entwickeln Sie aus Ihren Erklärungen eine Interpretation.

Weitere Blumengedichte finden sich auf den Arbeitsblättern 2, 3 16, 18 und 55 mit Erläuterungen dazu auf den Seiten 22–25, 65–67, 71–73, 196–198.

Die beiden Gedichte von Gottfried Keller und Rose Ausländer auf dem **Arbeitsblatt 33** (S. 142), die sich auch den Kapiteln 4.3 *Tiere* oder 2.1 *Liebe* zuordnen lassen, schildern die Liebe zwischen Rose und Schmetterling aus unterschiedlichen Perspektiven – der einer dritten Person von außen und in der ersten der Liebenden selbst – und sie enden ganz verschieden: mit der dauerhaften Trennung und ihren Konsequenzen im einen und der Verwandlung und dem Himmelsflug im erfüllten Liebesglück im andern. Beide Gedichte gehen in Blumenbildern und Personifizierungen darauf ein, wie die Liebe auflebt und was sie bewirkt. Keller beschreibt in den ersten beiden Strophen die äußere Erscheinung und das Innenleben der Rose: In der Verborgenheit und Einsamkeit einer ärmlichen Umgebung zeichnet sie eine außergewöhnliche Schönheit aus, die der Morgentau noch steigert und die der Abendwind umschmeichelt. Ihr ruhiges, heiteres, unbeschwertes und kindliches Dasein schließt ein ahnungs- und erwartungsvolles Schauen in den Himmel ein, das über den gegenwärtigen Zustand hinausweist und die Begegnung mit dem Schmetterling in den Strophen 3 und 4 vorbereitet. Von ihm geliebt, erlebt auch die Rose erstmals solche Gefühle, durch die sich die Welt verzaubert. Dass mit der Liebe auch Leid verbunden ist, weiß sie noch nicht, das lyrische Ich deutet es aber an (V. 12) und bedauert „die Arme" leise (V. 14). In der nächsten Strophe zeigen sich die Folgen: Frühere Träume entwickeln sich zu grenzenloser Sehnsucht und das verborgene Innenleben erzeugt reale Gefühlsstürme, in denen „Liebesträne" der Freude und des Schmerzes „üppig" fließen (V. 20). In der vorletzten Strophe ereignet sich die Trennung, ohne dass sich die Liebenden je wiederfinden. Die Liebe der Rose bleibt jedoch erhalten, bis sie verblüht. Die beiden Schlussverse übertragen die aus Jugendträumen entstehende, trotz des nicht mehr vorhandenen Partners dauerhafte Liebe auf menschliche Verhältnisse und verdeutlichen damit den allegorischen Gehalt, den die prägnante Sentenz am Ende der vorletzten Strophe vorbereitet: „Lang ist die Liebe, doch nur kurz das Leben." (V. 24). Die sieben Strophen setzen sich aus jeweils vier Versen mit fünfhebigen Jamben und klingenden Kreuzreimen zusammen. Sie gliedern das Gedicht inhaltlich und syntaktisch: Die ersten fünf Strophen bestehen jeweils aus einem Satz, die letzten beiden aus zwei, die sich über zwei Zeilen erstrecken. Die lyrische Atmosphäre kommt insbesondere durch die Adjektive, auch in adverbialer Funktion, zustande. Die der Rose noch nicht bewusste Zwiespältigkeit der Liebe betont die Alliteration „Weh und Wonne" (V. 12).

Baustein 4: Belebte Natur und Landschaften

Rose und Schmetterling (Keller): Aufleben der Liebe und ihre Wirkung in einer Blumenallegorie

1. Äußere Erscheinung und Innenleben der Rose (Str. 1, 2):
ärmliche Umgebung, Verborgenheit, Einsamkeit ↔ außergewöhnliche Schönheit
Ruhe, Heiterkeit, Unbeschwertheit, Kindlichkeit ↔ ahnungs- und erwartungsvolles Schauen

2. Begegnung mit dem Schmetterling (Str. 3, 4):
Erleben des Geliebtseins ↔ Bedauern der „Arme[n]" (V. 14) ⎫
Entstehung eigener Liebesgefühle ↔ Andeutung von Leid ⎬ durch das lyrische Ich
Verzauberung der Welt ⎭

3. Folgen (Str. 5):
verschlossene Träume → grenzenlose Sehnsucht
verborgenes Innenleben → reale Gefühlsstürme:
Tränen als Ausdruck von Freude und Schmerz

4. Trennung ohne erneutes Zusammenfinden (Str. 6):
trotzdem lebenslange Liebe

5. Verblühen der Rose und Übertragung auf menschliche Liebe (Str. 7):
Allegorie

Rose und Schmetterling (Keller): Form und Sprache

- 7 Strophen aus jeweils 4 Versen mit 5–hebigen Jamben und klingenden Kreuzreimen:
- inhaltliche und syntaktische Gliederung (Str. 1–5 jeweils ein Satz, Str. 6/7 zwei Sätze in jeweils 2 Zeilen)
- Personifizierungen
- Beschreibung der Rose und des Geschehens in der 3. Person: Distanz
- mitleidsvolle Bezeichnung „die Arme" (V. 14)
- zahlreiche Adjektive, auch in adverbialer Funktion: lyrische Atmosphäre
- Alliteration „Weh und Wonne" (V. 12): Betonung der Zwiespältigkeit der Liebe

Rose Ausländers Gedicht stellt aus der Perspektive einer Rose dar, wie das Erscheinen eines Schmetterlings ihre sehnsüchtigen Erwartungen erfüllt und wie beide ihr Liebesglück gemeinsam genießen. Es beginnt mit angenehmen Sinneseindrücken am Morgen, die in einem Konditionalsatz die Voraussetzung dafür sind, dass in der Rose eine heftige Sehnsucht aufkommt, ein „schöner Falterengel" (V. 7) sich bei ihr einfindet, der die Blüte in ein „Flügelkleid" verwandelt (V. 10), und sie zusammen dem Himmel entgegengleiten. Zeit- und schwerelos schweben sie durch den Tag, schaukelnd überlassen sie sich der Leichtigkeit des Seins, strahlen aus, was sie im Innersten bewegt, und verbreiten ihr Freude durch die Farben und den Duft aller Blumen. Sowohl die Rose als auch der Schmetterling sind als Mischwesen gekennzeichnet und personifiziert: Der Begriff „Falterengel" stattet das Insekt mit menschlich-überirdischen Zügen eines Gottesboten aus, und neben dem „Kelche" (V. 2) und dem „grüne[n] Körperstengel" (V. 5) der Pflanze ist von ihrem Haar die Rede, das auf das attraktive Äußere einer Frau anspielt. Das „Flügelkleid" verleiht ihr ebenfalls die Gestalt eines Engels. Mit dem Schmetterling erhebt sich die Blume also aus den irdischen Niederungen in eine göttliche Sphäre der Schönheit und Freiheit. Sehnsucht, Zusammentreffen und gemeinsame Aufwärtsbewegung lassen sich in dem Gedicht an den Pronomen verfolgen: Als das Ich anfangs noch allein ist, spricht es nur von sich in der ersten Person Singular (V. 1–6), dann von dem hinzukommenden Falter in der dritten Person (V. 7–10) und schließlich vom vereinten Wir im Plural (V. 11–15), bis beide im Schlussvers nach dem Doppelpunkt scheinbar wieder einzeln agieren. Die Liebenden sind aber wie schon in Vers 13 durch den Parallelismus im Gleichklang und durch das Zusammenwirken bei der Ausstattung der Blumen miteinander verbunden. Die beiden Strophen bestehen aus jeweils acht Versen mit vierhebigen Trochäen und Kreuzreimen, in denen sich weibliche und männliche Kadenzen abwechseln. Die erste Strophe umfasst einen einzigen Satz, die zweite zwei Sätze von gleicher Länge. Deren Anfang und Ende stehen im Zeichen des Rosendufts, der den Schmetterling angelockt hat.

Rose und Schmetterling (Ausländer): Liebessehnsucht und ihre Erfüllung

Voraussetzung: angenehme Sinneseindrücke am Morgen (Weiß, Lächeln, leises Fächeln) — Konditionalsatz — Perspektive der Blume als lyrisches ICH (V. 1–6) + ER (V. 7–10)

Folgen:
- Aufkommen heftiger Liebessehnsucht — Konsekutivsatz
- Ankunft eines „Falterengel[s]" (V. 7) — Hauptsatz Relativsatz
- gemeinsame Aufwärtsbewegung gen Himmel

= WIR (V. 11–15)

- Verwandlung der Blüte in ein „Flügelkleid"
- Zeit- und Schwerelosigkeit
- Leichtigkeit des Seins
- Ausstrahlung des innersten Befindens
- Verbreitung von Freude und Blütenfarben und – duft

Hauptsätze in der zweiten Strophe

Verbundenheit im Schlussvers nach Doppelpunkt (Fazit):
- Zusammenwirken
- Parallelismen: Gleichklang

↓

Erhebung aus den irdischen Niederungen in eine göttliche Sphäre der Schönheit und Freiheit

---

Rose und Schmetterling (Ausländer): Form und Sprache

- 2 Strophen aus jeweils 8 Versen mit 4–hebigen Trochäen und weiblich-männlichen Kreuzreimen
- 1. Strophe ein einziger Satz
  2. Strophe zwei Sätze: eingeleitet und abgeschlossen mit Hinweisen auf den Rosenduft als Lockmittel für den Schmetterling
- Personifizierung von *Rose* und Schmetterling als Mischwesen:
  Falter + Engel
  Pflanze (Kelch, V. 2; Stengel, V. 5) + Mensch (Haar, V. 4) + Engel („Flügelkleid", V. 11)

Es liegt nahe, die beiden Gedichte von Keller und Ausländer nach den Präsentationen der Gruppen im Unterrichtsgespräch zu vergleichen. Sollte nur eines ausgewählt worden sein, schließt der Vergleich die Interpretation des anderen ein.

■ *Vergleichen Sie die Gedichte über Rose und Schmetterling von Gottfried Keller und Rose Ausländer.*

Die beiden Garten-Gedichte von Sarah Kirsch und Hans Magnus Enzensberger auf dem **Arbeitsblatt 34** (S. 143) befassen sich nicht mit der Anziehungskraft solcher Orte, die von ihrer Anlage, Wachstumsstadien, Reifungsprozessen und vor allem von der Blütenpracht ausgeht, sondern im Kontrast dazu mit der Kehrseite der Gartenkultur, der unnatürlichen, gewaltsam hergestellten Ordnung, und der Zerstörung solcher Refugien durch Bahn- und Schiffsverkehr, Verschmutzung und Pflanzengift. Insbesondere Enzensbergers Gedicht überschneidet sich deshalb mit den Themen des Bausteins 5. In dem mit „Selektion" überschriebenen von Sarah Kirsch werden abgefallene Rosenblätter auf penibel abgetrennte und ausgerichtete Nutzpflanzenbeete geweht, in denen die Brauchbarkeit weit vor der Schönheit rangiert. Die Folgen dieses sanften, spielerischen Naturvorgangs bewerten die einleitenden Worte mit dem hyperbolischen Ausruf „Welche Unordnung", der am Anfang der zweiten Strophe das gewalttätige Durchgreifen des Gärtners nach sich zieht. Ihn „[verwirrt] [d]ie Wirrnis des Gartens" (V. 10) – die Figura etymologica vergrößert die Diskrepanz zwischen Ursache und Wirkung. Er handelt zunächst sprachlich mit militärischen Befehlen (V. 12f.), welche die Kasernenhofmetapher im letzten Vers der ersten Strophe weiterführen, dann vernichtet er das Unkraut und schließlich verbietet er das erneute Anwachsen. Dabei verwendet er für die Wurzeln die Fußmetapher, welche die Ordnung im Garten allegorisch auf die menschliche Welt überträgt und als tödlich qualifiziert. Wenn die Lyrikerin das historisch schwer belastete, deshalb kaum noch zu verwendende Wort „Selektion" als Überschrift wählt – nach Ankunft der Deportationszüge in Konzentrationslagern wurden arbeitsfähige Jüdinnen und Juden aussortiert, die anderen in die Gaskammern geschickt –, erweitert sie den semantischen Raum in die Geschichte, um mögliche Gründe für die im Nationalsozialismus begangenen Verbrechen anzudeuten. Die beiden Strophen aus neun und acht Versen in freien Rhythmen verzichten fast ganz auf Satzzeichen, enthalten aber eine Reihe von Enjambements. Die Sprache fügt sich ebenso wenig wie die Blütenblätter der Rose dem menschlichen Ordnungsdrang. Die Gruppe, die das Gedicht bearbeitet, oder der Kurs insgesamt kann sich überlegen, welche Satzzeichen zu setzen sind.

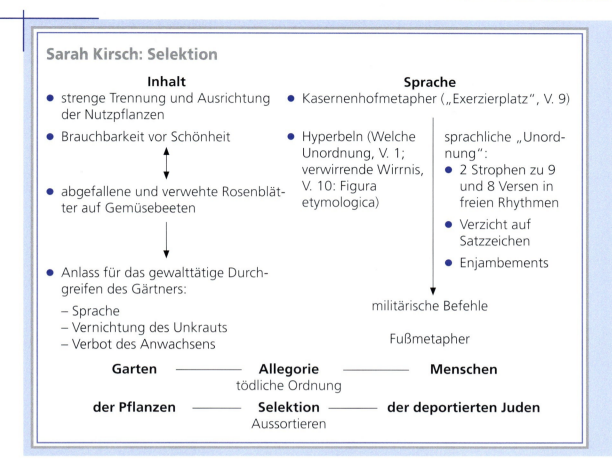

Hans Magnus Enzensbergers Gedicht aus drei Strophen mit jeweils drei Versen in freien Rhythmen beschreibt die Wahrnehmungen und Gedanken des lyrischen Ichs in einem einst vertrauten Garten, der ihm fremd geworden ist. Das Eingangsbild des durch die Hitze in den Tomaten kochenden Gifts (V. 1) macht nicht nur in drastischer Weise auf die chemischen Mittel aufmerksam, mit denen Pflanzen und Früchte behandelt werden, sondern kehrt das Kochen des Gemüses bei der Nahrungszubereitung in einem Paradoxon um und damit die natürlichen Verhältnisse in ihr Gegenteil. In der Umgebung des Gartens fahren Züge und ein Schiff außerhalb der Ordnung – jene werden als „versäumt[ ]", dieses als „verboten[ ]" bezeichnet – und erzeugen Lärm, der ebenso wenig in eine Gartenidylle passt wie das Tomatengift. Die unangenehmen Geräusche weichen in der dritten Strophe einer unheimlichen Stille, in der weder Verkehrs- und Transportmittel noch Lebewesen zu hören sind. Das Schiff, das in der ersten Strophe mit etwas Unerlaubtem in Verbindung gebracht wurde, lässt vermutlich Öl ins Hafenwasser ab und löscht nicht nur seine Ladung. Eine Rußschicht legt sich über den Garten, nicht mehr als Tischdecke, um seine Früchte zu verzehren, sondern als „alles verhüllende[s] Leichentuch" (Grimm[1], S. 293). Die Schwärze symbolisiert Tod und Trauer: „Der Vorhang des Todes hat sich über die Erde gesenkt." (Ebd.). Inmitten der erst betriebsamen, dann schweigenden Umgebung steht das lyrische Ich bewegungslos und fragend in seinem ruinierten Garten. Es sucht vergeblich einen – besseren – Standort, ein Blickfeld mit einem Ufer (V. 5) und keinem ölverseuchten Hafen (V. 7) und sein Stück Land, wie es sich daran erinnert. Die Frage, wo es sei, ist kunstvoll in die vorwurfsvolle Feststellung eingefügt, dass es um seinen Garten betrogen worden sei, und die Anreden der Füße und Augen variiert ein Chiasmus (V. 4f.). Die Fragen geben zu erkennen, dass das Subjekt nicht nur einen Ort verloren hat, der ihm ans Herz gewachsen war, sondern damit auch seine Identität: „[N]icht die Erde nur, die ein schöner, vertrauter, ‚[G]arten' sein könnte,

---

[1] Reinhold Grimm: Silent Sommer. In: Marcel Reich-Ranicki [Hrsg.]: 1000 Deutsche Gedichte und ihre Interpretationen. Neunter Band. A. a. O., S. 292–294.

erweist sich als ‚fremd'. Auch der Mensch ist sich selbst und der Welt entfremdet." (Grimm, S. 293) Enzensbergers Verse bilden „eine reine ökologische Elegie" (ebd., S. 292), denn sie „beschwören, was sie verneinen. Indem er trauert und klagt, vergegenwärtigt er" (ebd., S. 294) die zerstörte Gartenidylle.

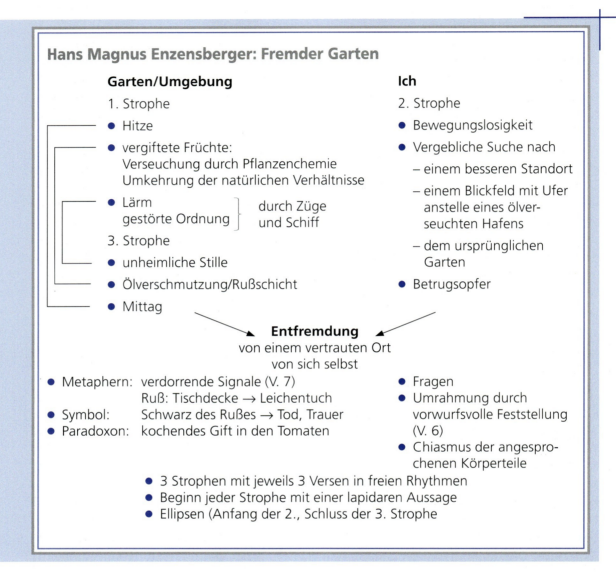

4.2 Bäume und Wald

Friedrich Hölderlins Gedicht *Die Eichbäume* auf dem **Arbeitsblatt 35** (S. 144) stellt „zwei verschiedene Formen der Existenz" (Mommsen[1], S. 146) gegenüber, zwischen denen sich das Ich nicht entscheiden kann. Es fühlt sich zu den „Söhne[n] des Berges" (V. 1) hingezogen, die in wilder Natur wachsen, und bewundert ihre Kraft und Größe, Freiheit und Selbstgenügsamkeit. Nur an Himmel und Erde gebunden, die ihnen Leben geben und erhalten, entfalten sie sich ungehindert, breiten sich von unten nach oben im gesamten Raum aus und bilden einen eigenen Kosmos. Im Gegensatz dazu steht die kultivierte Natur der Gärten, die den menschlichen Bedürfnissen angepasst ist und deren Pflanzen in „Schule [n]" (V. 7) heranwachsen und erzogen werden. Die Gesellschaft und ihre Regeln, das „gesellige Leben" (V. 15 f.), bestimmen diese Daseinsform, die das Subjekt als „Knechtschaft" (V. 14)

---

[1] Momme Mommsen: Zu Hölderlins Gedicht *Die Eichbäume*. In: Wulf Segebrecht [Hrsg.]: Gedichte und Interpretationen. Bd. 3: Klassik und Romantik. Stuttgart: Reclam (UB Nr. 7892) 1984, S. 145–152.

empfindet. Dennoch kommt es davon wegen seines liebenden Herzens (V. 16f.) nicht los, sodass es in den letzten vier Versen beide Lebensperspektiven und die Gründe, die es an der Verwirklichung hindern, im Konjunktiv gegeneinanderhält. Mit ihnen können sich die Schülerinnen und Schüler nach der Präsentation auseinandersetzen. Vielleicht entdecken sie nach einem Frageimpuls des Lehrers oder der Lehrerin, dass sich in Gärten und Eichbäumen unterschiedliche Auffassungen von der Dichtkunst spiegeln: die Anerkennung tradierter Inhalte und Formen einerseits, das Vertrauen in die eigene Schöpferkraft andererseits. „ In der Schilderung der Eichen, die den Hauptteil des Gedichts einnimmt, deutet Hölderlin auf die Autarkie des genialen Schaffenden, dem seine schöpferische Kraft als Naturgabe unmittelbar zuströmt." (Mommsen, S. 146). Dass das Gedicht über diese grundsätzliche Ebene hinaus persönliche Beziehungen berührt, nämlich Hölderlins „Loslösung von der Schule Schillers", einem „Hauptereignis[ ]" in seinem Leben, als Voraussetzung des „Zu-sich-selber-Finden[s]" als Lyriker (Mommesen, S. 145), kann der Lehrer oder die Lehrerin in einem kurzen Vortrag darstellen (vgl. dazu Mommsen). Die neu gewonnene Eigenständigkeit zeigt sich darin, dass Hölderlin auf den Endreim „nach Schiller'schem Muster" verzichtet und „[e]rstmals seit langem […] wieder ein antikes Versmaß, den Hexameter", verwendet (Mommsen, S. 145). Mit der Anapher „Aus den Gärten" (V. 1f.) distanziert sich das Ich zu Beginn des Gedichts von seinem bisherigen Aufenthaltsort, den es durch das adversative „Aber" (V. 4) mit den Eichen kontrastiert, denen es sich fasziniert zuwendet. Deren Personifizierung, ihre Anrede in der zweiten Person, die pathetisch ausgerufenen Apostrophen „ihr Söhne des Berges!" (V. 1) und „ihr Herrlichen!" (V. 4), die Bezeichnung als Götter (V. 4, 13), Vergleiche (V. 4, 9, 12) und Metaphern – „Söhne" (V. 1), „Arme" (V. 10) – steigern den Gegensatz.

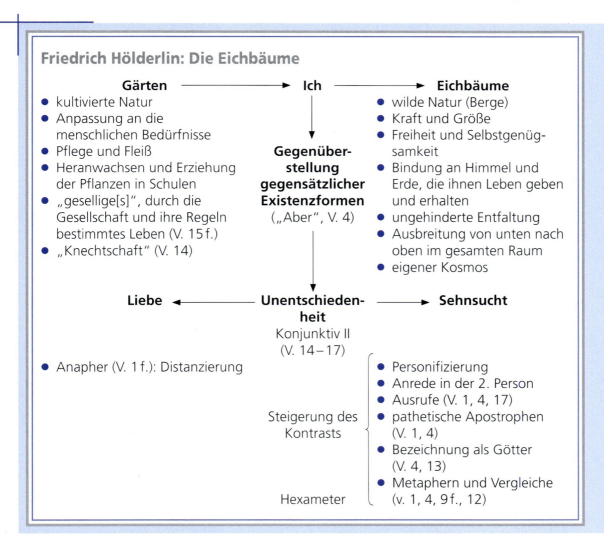

Baustein 4: Belebte Natur und Landschaften

- Setzen Sie sich mit den beiden Existenzformen, wie sie Hölderlin in seinem Gedicht durch Gärten und Eichbäume darstellt, auseinander.
  Beurteilen Sie die Gründe für die Unentschiedenheit des lyrischen Ichs.
  Übertragen Sie die Gegenüberstellung von Gärten und Eichen auf die Dichtkunst: Welche Auffassungen und Leitlinien bringen sie zum Ausdruck?

Das leicht verständliche, volkstümliche Gedicht *Einkehr* von Ludwig Uhland, das möglicherweise solche Schülerinnen und Schüler anspricht, denen der Zugang zur Lyrik schwerfällt, beschreibt einen Apfelbaum als Allegorie eines Wirtes und seines Gasthauses. Das lyrische Ich berichtet im Präteritum, wie es bei einem Besuch bestens versorgt wurde und nicht einmal etwas dafür bezahlen musste, sodass es sich mit einem Segensspruch verabschiedet. Das Gedicht weist darauf hin, wie reich ein Apfelbaum Menschen und Vögel beschenkt. Darüber hinaus macht es auf die Gastfreundlichkeit, Fürsorglichkeit und Großzügigkeit der Natur aufmerksam. Zahlreiche Adjektive (V. 1, 5, 7, 13f., 16) heben diese Eigenschaften hervor. Die fünf Strophen in der Form eines Volkslieds bestehen aus vier Versen mit vier- und dreihebigen Jamben im Wechsel sowie Kreuzreimen mit männlichen und weiblichen Endungen. Jede der ersten vier Strophen besteht aus einem Satz, den nach zwei Versen ein Semikolon unterbricht, in der letzten folgt einem Aussagesatz der Segensruf des Gastes.

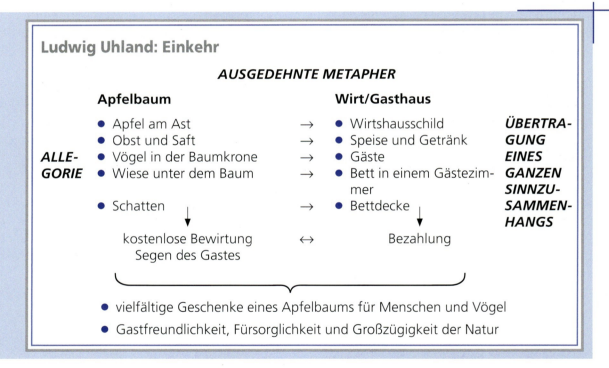

Ludwig Uhland: Einkehr
Sprache und Form

- 5 Strophen mit 4 Versen aus 4– und 3–hebigen Jamben ⎤ im Wechsel:
- Kreuzreime mit männlichen und weiblichen Endungen ⎦ volksliedhafter Ton
- Übereinstimmung von Satz-, Strophen- und Versstruktur: Strophen 1–4 aus je einem Satz mit Unterbrechung durch ein Semikolon nach den ersten beiden Versen; Strophe 5 aus Aussage- und Ausrufesatz
- Beschreibung/Bericht im Präteritum
- Adjektive (V. 1, 5, 7, 13f., 16) für positive Eigenschaften

Mit Bäumen befassen sich weitere Gedichte dieses Modells: Celans *Espenbaum* (Arbeitsblatt 9, S. 55, mit Erläuterungen auf S. 35 f.), Heines *Ein Fichtenbaum steht einsam* (Arbeitsblatt 15, S. 82, mit Erläuterungen auf S. 63 f.) sowie die poetologischen Naturgedichte in Kapitel 7.5 auf S. 220 f., mit Erläuterungen auf S. 209–213.

Eichendorffs berühmtes Gedicht *Abschied* auf dem **Arbeitsblatt 36** (S. 145), das in Mendelssohns Vertonung[1] populär wurde, kennzeichnet der Gegensatz zwischen dem Wald, in dem das Ich sich seiner selbst gewiss ist, und der fremden Welt, in der es sich zu verlieren droht. „Auf der einen Seite steht der Wald: Ein Naturbereich, in dem das Ich Authentizität erfahren hat, wird zum Zeichen innerer, vor allem emotionaler Gewissheit, Wahrheit und Unverletzlichkeit. […] Auf der anderen Seite steht die Fremde: ein topografisch ‚außen' angesiedelter städtischer Bereich, charakterisiert durch Geschäftigkeit, Eile, Bewegtheit, Buntheit, Betrug, Schauspiel" (Regener[2], S. 40). In der ersten der vier Strophen, die aus acht Versen mit dreihebigen Jamben und Kreuzreimen mit klingenden und stumpfen Endungen im Wechsel bestehen, spricht das Subjekt Landschaft und Wald voller Enthusiasmus an, weil ihm die Weite wohltut, es sich der Freude und dem Schmerz hingeben kann und es sich außerhalb der rast- und sinnlos tätigen Welt geborgen fühlt. Das durch Wiederholung und Anapher hervorgehobene Empfindungswort „O" verstärkt den ersten, elliptischen Ausruf. „In der zweiten Strophe wechselt die Rede unvermittelt ihre Richtung. Es spricht nicht mehr das Ich zum Wald, sondern es selbst wird Adressat der Rede." (Regener, S. 38). In einem Konditionalsatz beschreibt es die Morgenstimmung, in der das Herz in den Vogelgesang einstimmt (V. 11 f.), und nach einem Doppelpunkt die Wirkungen, die sich mit der Anapher „Da" (V. 13, 15, 17) bis in die nächste Strophe aneinanderreihen: Heilung, neues Leben und Orientierung für das Handeln und Empfinden. Diese zielt auf die „Ausgewogenheit von ethischen, praktischen und emotionalen Anteilen" (Regener, S. 38), die das Ich des Gedichts verinnerlicht hat. In der Schlussstrophe blickt es in die nahe Zukunft, wo es an einem anderen Ort dem bunten Treiben in engen Gassen begegnet, aber fremd und einsam bleibt. Gleichwohl ist es sich sicher, dass die Erinnerung an den heimatlichen Wald auch dort stärkt und verjüngt.

---

[1] Zum Beispiel auf der CD *Kein schöner Land. Die schönsten Volks- & Heimatlieder*. Deutsche Grammophon eloquence Nr. 472662–2, Nr. 9, oder auf Youtube unter dem Suchbegriffe *O Täler weit*.

[2] Ursula Regener: Von einem, der auszog. [Zu den Gedichten *Abschied* und *Warnung*]. In: Gert Sautermeister [Hrsg.]: Gedichte von Joseph von Eichendorff. Interpretationen. Stuttgart: Reclam (UB Nr. 17528) 2005, S. 34–46.

Joseph von Eichendorff: Abschied

Strophe	Wald: ⟷ Innenraum, Selbstgewissheit	„geschäft'ge Welt": Außenraum, drohender Selbstverlust	Sprache und Form
1	• wohltuende Weite • Hingabe an Freude und Schmerz • Geborgenheit	• rast- und sinnlose Tätigkeit	• enthusiastische dreiteilige Anrede von Landschaft und Wald • Empfindungswort „O"/ Wiederholung/Anapher/ Ellipse: Verstärkung • Metapher (V. 8)
2/3	• Morgenstimmung • Einstimmen des Herzens in den Vogelsang • Wirkungen: Heilung, neues Leben, Orientierung für Handeln und Empfinden		• Konditionalsatz • Anrede des Ich in der 2. Person (V. 12–16) • Anapher „Da" (V. 13, 15, 17)
4	Stärkung ⟶ Verjüngung	• Zukunftsperspektive: Leben an einem anderen Ort, Konfrontation mit buntem Treiben in dessen engen Gassen • Fremdheit • Einsamkeit	

- 4 Strophen aus 8 Versen mit 3–hebigen Jamben und Kreuzreimen mit klingenden/ stumpfen Endungen im Wechsel
- Adjektivhäufungen (V. 2, 18, 22): Hervorhebung wichtiger Begriffe

Mendelssohns Vertonung, in der die zweite Strophe fehlt, akzentuiert jeweils den sechsten Vers (V. 6, 22, 30) besonders und hebt die beiden folgenden am Schluss durch Wiederholung hervor. Die Schülerinnen und Schüler können diese wenigen Merkmale der Komposition entdecken und deuten sowie das Volkslied mit ihren eigenen Musikvorstellungen vergleichen – entweder in der Gruppe oder im Unterrichtsgespräch, das sich an die Präsentation anschließt.

■ *Welche Kompositionsmerkmale stellen Sie in Mendelssohns Vertonung fest? Vergleichen Sie das Lied mit Ihren Musikvorstellungen.*

In dem Sonett *Dem Schwarzwald zu* von Johannes R. Becher erlebt das Ich bei der Annäherung an das Mittelgebirge eine Krise seines Selbstwertgefühls, das aber nicht nur zurückkehrt, sondern sogar noch zunimmt. Im ersten Quartett kündigt sich der noch ferne Wald durch verschiedene Sinneswahrnehmungen an: den veränderten Wind, den Harzgeruch und die dicht mit Bäumen überwachsenen Erhebungen. Die Metaphern „Gewölke" (V. 2) und „Wogen" (V. 4) geben dem Schwarzwald aus dieser Perspektive das Ansehen anderer Naturelemente. Das zweite Quartett macht deutlich, wie dieser Anblick auf das Subjekt wirkt. Der elliptische Ausruf des Staunens über die Größe und Pracht des Waldes in der Abendstimmung geht mit dem Bewusstsein der eigenen Unscheinbarkeit und Vergänglichkeit einher, denn menschliche Schritte hinterlassen weder akustische noch visuelle Spuren. In den beiden Terzetten schlägt diese Wirkung jedoch ins Gegenteil um, je näher der Wald kommt. Das Ich fühlt sich jetzt frei, größer, erweitert und in seinem Selbstbewusstsein gestärkt, weil es, „wieder" fest verwurzelt (V. 11), einen sicheren Stand hat. Es gleicht sich allegorisch den Tannen an, von denen ein ähnlicher Effekt ausgeht wie von Hölderlins Eichbäumen in dem gleichnamigen Gedicht (vgl. das Arbeitsblatt 35 auf S. 144) und die die Einheit des Himmels und der Erde verkörpern. Seiner nun ganz gewiss, lädt das Ich in einem abschließenden Ausruf zum Besuch des Waldes ein. Die letzte Strophe verzichtet deshalb auf Enjambements, die sich in den beiden ersten sogar über die Strophengrenze hinweg erstrecken und die Ausdruck von Irritation und Verunsicherung durch die Infragestellung des Selbst sind. Die Veränderung vollzieht sich durch eine Bewegung, die in den Quartetten fehlt (V. 4–6), die sich, objektiv paradox, im Sensorium des Subjekts abspielt und die am Anfang und am Schluss der Terzette wortgleich benannt ist (V. 9, 14). Die zweite Person verallgemeinert die Wahrnehmungen, Empfindungen und Einsichten über das individuelle Ich hinaus.

Johannes R. Becher: Dem Schwarzwald zu

zunehmende Annäherung an den Schwarzwald

- Sonett, 5-hebige Jamben
- Reimschema abab, cdcd, efe, fdd

1. Quartett:	**Wahrnehmung aus der Ferne** durch verschiedene Sinnesorgane: Haut: anderer Wind Nase: Harzgeruch Augen: mit Wald überwachsene Erhebungen	• Metaphern (Gewölke, V. 2; Wogen, V. 4): Anspielung auf andere Naturelemente • Enjambements, sogar über die Strophengrenze hinweg: Irritation, Verunsicherung
2. Quartett	**Wirkung I: Vermindertes Selbstwertgefühl** • Staunen über Größe und Pracht des Waldes in der Abendstimmung • Bewusstsein der eigenen/menschlichen Unscheinbarkeit und Vergänglichkeit	• Ausruf, Ellipsen • verallgemeinerndes „du" • Bewegungslosigkeit (V. 4–6)
1. Terzett	**Wirkung II: Rückkehr und Zunahme des Selbstwertgefühls** • Freiheit, Größe, Weite • fester, sicherer Stand	• Gegensatz • Tannen als Allegorie des Ichs • paradoxe Bewegung/ Wiederholung (V. 9, 14)
2. Terzett	**Fazit** • Wald als Einheit von Himmel und Erde • Einladung/Aufforderung zum Besuch	• Symbol • Versstruktur = Satzstruktur: zurückgewonnene Sicherheit

Krise des Ich und deren Überwindung

4.3 Tiere

Die Fauna als Teilbereich der Natur repräsentieren neben den für dieses Kapitel ausgewählten Gedichten weitere Textbeispiele an anderen Stellen des Modells: *chamäleon* von Jan Wagner, *Möwenflug* von Conrad Ferdinand Meyer und *Rose und Schmetterling* von Gottfried Keller und Rose Ausländer auf den Arbeitsblättern 12, 19 und 33 (S. 58, 87, 142) mit Erläuterungen dazu auf den Seiten 40 f., 59, 73–75, 123–126. In Goethes erzählendem Tiergedicht *Adler und Taube* auf dem **Arbeitsblatt 37** (S. 146) vertreten die beiden Vogelarten unterschiedliche Lebenskonzepte, die in ihrer Veranlagung begründet sind: Die eine findet ihr Glück im Flug und bei der Jagd, die andere in der „Genügsamkeit" (V. 47–50). Die erste der beiden Strophen in freien Rhythmen schildert das Unglück eines jungen Adlers, dessen Flügel der Pfeil eines Jägers verletzt. Die Natur, deren umfassende Heilungskraft die Anapher „All" und die Metonymie „Balsam" (V. 10 f.) unterstreichen, behebt zwar den Schaden, der Vogel bleibt aber behindert, versinkt in Trauer und sehnt sich nach der Weite des Himmels, seinem Lebensraum. In der zweiten Strophe versucht ein Taubenpaar, ihn zu trösten und aufzumuntern. Rhetorische Fragen und Aufzählungen sollen ihn darauf aufmerksam machen, dass ihm „zur ruhigen Glückseligkeit" nichts fehle (V. 35 f.). Er könne sich an heißen Tagen vor der Sonne schützen, ihren Schein am Abend ebenso genießen wie die Blumen am Morgen und sei mit Speise und Trank bestens versorgt. Solcher Selbstzufriedenheit widerspricht der junge Raubvogel jedoch, weil sie seiner Art nicht entspricht. Auf menschliche Verhältnisse übertragen, verkörpert er jemanden, der ehrgeizige Ziele verfolgt, nach Höherem strebt, idealistisch denkt, sehr begabt ist und mit jugendlichem Elan wie der „Adlersjüngling" (V. 1) etwas erreichen will. Das Taubenpaar gleicht dagegen Menschen, die sich auf ihre Erfahrung berufen, sich mit der Realität abfinden und sich damit begnügen, die wichtigsten Bedürfnisse zu befriedigen und sich an den Annehmlichkeiten ihrer engeren Umgebung zu freuen. Wie aus der biografischen Notiz auf dem Arbeitsblatt 37 hervorgeht, befand sich Goethe nach seinem Jurastudium selbst in einem Zwiespalt, wie ihn das Gedicht darstellt: Auf der einen Seite begründete die Anwaltspraxis eine sichere bürgerliche Existenz, auf der anderen schränkte sie den Dichter ein und gefährdete seine Kreativität.

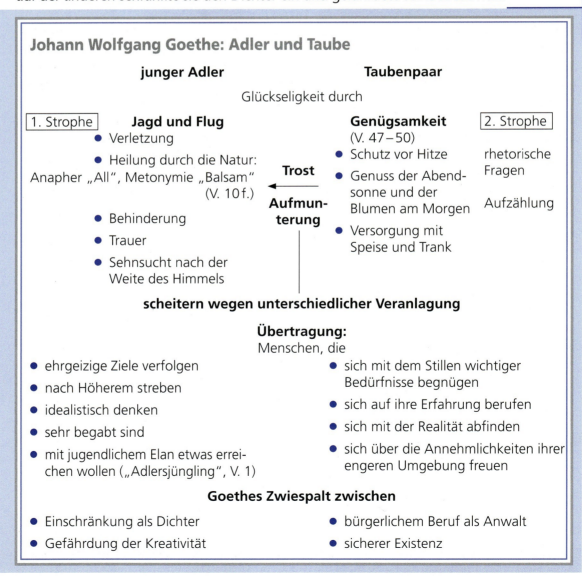

Rilkes Gedicht *Der Panther* auf dem **Arbeitsblatt 38** (S. 147), nach Wolfgang Leppmann[1] „wohl das schönste Tiergedicht deutscher Sprache" (S. 304), beschreibt ein wildes Raubtier in einem Käfig, dessen natürlicher Lebens- und Bewegungsraum also noch viel stärker eingeengt ist als der des angeschossenen Adlers in Goethes Gedicht. Die drei Strophen mit jeweils vier Versen aus in der Regel fünfhebigen Jamben und Kreuzreimen, in denen sich weibliche und männliche Kadenzen abwechseln, zeigen den Widerspruch zwischen der Natur des Panthers und seinem Gefängnis sowie die zerstörerischen Folgen für das Tier an dessen Blick und Gang. Die erste Strophe geht darauf ein, was der Panther von seiner äußeren Umgebung sieht: nur Stäbe, die durch Wiederholung, End- und Binnenreim sowie hyperbolische Vermehrung (V. 4) dominieren und keine andere Wahrnehmung zulassen. Der Blick ist müde, der ursprünglich wache Gesichtssinn fast abgestorben und die reale Welt außerhalb des Käfigs verloren. In der zweiten Strophe wird am Hin- und Hergehen des Raubtiers gleichwohl dessen Eigenart deutlich: in den weichen, geschmeidigen und zugleich starken Schritten und – eingebettet in den Vergleich mit einem Tanz – in der Kraft und in dem „große[n] Wille[n]" (V. 7f.). Dieser ist aber betäubt und der Gang beschränkt sich auf das Drehen „im allerkleinsten Kreise" (V. 6). Die dritte Strophe verfolgt schließlich den Weg eines Bildes, das ein seltener Blick des Panthers in der Metonymie des sich öffnenden Vorhangs (V. 9f.) erfasst, in das Innere des Tiers. Sein Körper verrät zwar eine angespannte Erwartung, im Herzen als Lebenszentrum vergeht das Bild jedoch und hinterlässt keinen bleibenden Eindruck. Nach diesem Erlöschen, das metrisch durch den fehlenden Jambus im letzten Vers zum Ausdruck kommt, setzt sich das entfremdete Dahinvegetieren fort. In einzelnen Momenten, in denen der kurz auflebende Gesichtssinn die Eintönigkeit überraschend durchbricht, fallen Vers- und Satzstruktur, die sonst übereinstimmen, auseinander (V. 10). Der Einschnitt ist wie am Ende der vorletzten Zeile durch einen Gedankenstrich verstärkt. Interpreten verstehen das Gedicht „vorzugsweise als sinnbildliche Darstellung aller gefangenen Kreatur inklusive des Menschen, der am Bewusstsein der ihm gesetzten Grenzen – im Arbeitstag, in der Familie, in der eigenen Körperlichkeit, im bürgerlichen Leben […] krankt und an dieser Erkenntnis zugrunde geht" (Leppmann, S. 304).

---

[1] W. L.: Des Schrecklichen Ende. In: Marcel Reich-Ranicki [Hrsg.]: 1000 Deutsche Gedichte und ihre Interpretationen. Fünfter Band. A. a. O., S. 304–306

Rainer Maria Rilke: Der Panther

	wildes Raubtier ↔	Gefangenschaft im Käfig	Sprache und Form
1. Strophe Blick in die Umgebung		nur Stäbe: • ermüdeter, fast abgestorbener Gesichtssinn • Verlust der realen Welt	• Wiederholung, End- und Binnenreim • Konjunktiv (V. 3) Vermehrung (der Stäbe, V. 4)
2. Strophe: Gang	• weiche, geschmeidige, starke Schritte • Kraft • „großer Wille" (V. 8)	• äußerste Einschränkung des Raums • Betäubung	• Hyperbeln Verminderung (Superlativ, V. 6) • Vergleich mit einem Tanz (V. 7)
3. Strophe: Weg eines erblickten Bildes ins Innere	seltenes, überraschendes Ereignis • kurz auflebender Gesichtssinn • erwartungsvolle Anspannung des Körpers	• Vergehen im Lebenszentrum • Fortsetzung des entfremdeten Dahinvegetierens	• Metonymie (sich öffnender Vorhang, V. 9 f.) • fehlender Jambus in der Schlusszeile • Auseinanderfallen von Satz- und Versstruktur • Verstärkung der Einschnitte durch Gedankenstriche

- 3 Strophen mit jeweils 4 Versen aus in der Regel 5–hebigen Jamben
- Kreuzreime mit weiblichen/männlichen Kadenzen im Wechsel

Interpretation

- Menschen und Tiere in Gefangenschaft (Wildtiere in Zoo oder Zirkus)
- Leiden an Begrenzungen und Einschränkungen der Freiheit

Von Musik begleitet, trägt der Schauspieler Otto Sander das Gedicht in dem Rilke-Projekt *Bis an alle Sterne* von Richard Schönherz und Angelica Fleer vor[1]. In ihrer Komposition sind vor allem die gleichmäßigen Schritte des Panthers zu hören, aber auch klingende Stäbe, die bewegten Töne des Bildes, welches das Auge aufnimmt, und der Stillstand, nachdem es im Herzen vergangen ist. Die musikalische Darbietung des Gedichts kann von der Gruppe, die sich mit ihm beschäftigt, berücksichtigt oder nach deren Präsentation vorgespielt und besprochen werden.

■ *Untersuchen Sie das Verhältnis zwischen dem Panther-Gedicht und der musikalischen Begleitung von dessen Vortrag durch Otto Sander in dem „Rilke-Projekt" von Schönherz und Fleer.*

---

[1] Rilke-Projekt „Bis an alle Sterne". Idee, Konzept, Kompositionen und Arrangements von Richard Schönherz und Angelica Fleer. BMG Ariola Classics GmbH 2001. 74321782802. Nr. 8.

Baudelaires Gedicht *Der Albatros* konfrontiert die natürliche Lebensweise des Vogels mit seinem Verhalten in Situationen, für die er nicht geschaffen ist. Auch er kann wie der Adler und der Panther in den anderen Beispieltexten dieses Kapitels nicht mehr so leben, wie es seiner Veranlagung entspricht, und leidet darunter. Während Goethe ein einmaliges Geschehen erzählt, schildert Baudelaire eines, das sich „oft" (V. 1) wiederholt: Seeleute fangen auf ihren Fahrten Albatrosse, die ihre Schiffe in elegantem Flug begleiten und die Lüfte beherrschen, und vergnügen sich an deren Unbeholfenheit. Denn ihre „großen weißen flügel" (V. 7) sind unter Deck funktionslos und behindern sie, sodass die Seevögel sich linkisch bewegen, von den Besatzungen verspottet und parodiert werden und bedrückt sind. Das lyrische Ich bemitleidet sie als „arme[ ]" (V. 12), während es sie in ihrem angestammten Element mit den Metaphern „herrn im azur" (V. 6), „[d]er lüfte könig" (V. 10) und „fürst der wolke" (V. 13) als aristokratische Erscheinungen bewundert. In der letzten Strophe überträgt es diese Konstellation in einem allegorischen Vergleich auf das Verhältnis zwischen Dichter und Volksmenge: Der Künstler ist in der geistigen Welt zuhause und fühlt sich dort sicher und überlegen, was ein Parallelismus in V. 14 unterstreicht, seine Begabung beeinträchtigt ihn aber in der Realität, sodass die dem Materiellen verhafteten und auf den Nutzen bedachten Menschen ihn respektlos behandeln. Die Übersetzung von Stefan George in konsequenter Kleinschreibung verzichtet auf Kommas. Gelegentlich strukturieren Punkte an ihrer Stelle die Sätze. Die jeweils vier Verse der vier Strophen bestehen aus fünfhebigen Jamben; in den Kreuzreimen wechseln klingende und stumpfe Endungen. Die Aussagekraft des Gedichts entsteht aus Gegensätzen: hauptsächlich zwischen Albatrossen und Menschen, räumlich zwischen oben und unten, zeitlich zwischen „sonst" und „nun" (V. 9). Die großen Flügel symbolisieren die außergewöhnlichen Fähigkeiten der Sturmvögel, aber auch ihre Behinderung auf der Erde und die dadruch ausgelöste Trauer.

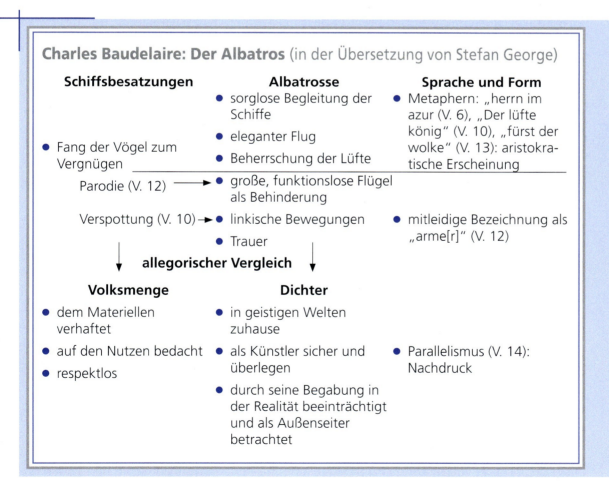

> **Charles Baudelaire: Der Albatros**
> **Übergreifende sprachliche und formale Merkmale**
> - 4 Strophen mit je 4 Versen aus 5–hebigen Jamben
> - Kreuzreime mit klingenden/stumpfen Endungen im Wechsel
> - konsequente Kleinschreibung; gelegentliche Strukturierung der Sätze durch Punkte
> - Gegensätze: Albatrosse/Menschen, oben/unten (räumlich), sonst/nun (V. 9; zeitlich)
> - Flügelsymbol: außergewöhnliche Fähigkeiten/Behinderung/Bedrückung

4.4 Landschaften der Natur und des Gemüts

In den Wald-Gedichten auf dem Arbeitsblatt 36 (S. 145) steht die Landschaft in enger Beziehung zur inneren Verfassung des Subjekts. Dieses Verhältnis thematisieren auch die beiden folgenden Gedichte ausdrücklich oder indirekt. Während das Ich bei Eichendorff im Wald zu sich selber findet und bei Becher das Selbstwertgefühl beim Anblick des Schwarzwalds erschüttert und wieder gestärkt wird, skizziert Goes in dem Gedicht *Landschaft der Seele* auf dem **Arbeitsblatt 39** (S. 148) Äußeres und Inneres als düster und hoffnungslos: „Kein Himmel. Nur Gewölk ringsum/Schwarzblau und wetterschwer." (V. 1 f.) Die dunklen Gewitterwolken weisen auf eine drückende Last hin, die auf der Seele liegt, melancholisch stimmt und im dritten Vers benannt ist: „Gefahr und Angst." Die imperativisch eingeforderten Antworten auf Fragen nach den Ursachen, die das Ich sich selbst oder einem anderen stellt, bleiben aber aus. Stattdessen richtet sich der Blick auf die Risse im Weg, die auf lange Trockenheit schließen lassen, und die weiten Felder, deren Gold durch die Wiederholung des Farbadjektivs und das kursive „Ein" (V. 6), das die Einheitlichkeit betont und andere visuelle Eindrücke ausschließt, gesteigert ist, durch die Brandmetapher jedoch wie Feuer erscheint. In dem letzten, im Unterschied zu den vorausgehenden Ellipsen mit lakonischen Feststellungen und Fragen vollständigen Satz verdichtet sich die Seelenlandschaft auf die Hungerkrähe als Bild des Herzens. Der schwarze Vogel hastet mit unangenehmen Lauten unruhig und ziellos zwischen Himmel und Erde umher. Er bringt zwar Bewegung in die Szene, veranschaulicht aber insbesondere, dass dem Menschen nicht nur materiell, sondern auch emotional alles Lebensnotwendige fehlt, und damit seine innere Leere. Angesichts der Entstehungszeit des Gedichts – 1949 – und der Biografie seines Verfassers – im Zweiten Weltkrieg war er Lazarettgeistlicher (vgl. die Informationen auf dem Arbeitsblatt 39) – liegt es nahe, es auf den Seelenzustand eines Kriegsheimkehrers und – darüber hinaus – der unter schrecklichen Erfahrungen und Erinnerungen Leidenden zu beziehen. Die Seele ist ausgedörrt wie der Weg, die reifen Felder rufen brennende Städte ins Gedächtnis zurück und Gefahr und Angst sind weiterhin lebendig, obwohl es keine Gründe mehr dafür gibt. In der Landschaft spiegeln sich also bleibende seelische Verwundungen. Die innere Verkümmerung überträgt sich auch auf die Sprache, die sich auf das Notwendigste beschränkt. Dennoch bedient sie sich einiger Formelemente, die vielleicht einen Neuanfang und dessen Nährboden andeuten sollen: Regelmäßigkeit und Schönheit des Sprachklangs. So wechseln sich vier- und dreihebige Jambenzeilen ab, von denen sich die zweite und vierte sowie die sechste und achte stumpf reimen. Die fünfte und letzte Zeile beginnen allerdings mit einem Daktylus und einem Trochäus; jener geht in das jambische Metrum über, dieser hebt es vollständig auf.

Nach der Gruppenarbeit auf der Grundlage einer breiten Auswahl an Gedichten in den Kapiteln 4.1–4.3 dieses Bausteins überprüfen die Schülerinnen und Schüler nun an einem der beiden lyrischen Texte auf dem Arbeitsblatt 39 für sich allein, inwieweit sie in der Lage sind, ihn selbstständig zu interpretieren. Das folgende Tafelbild fasst mögliche Ergebnisse zu dem Gedicht *Landschaft der Seele* von Albrecht Goes zusammen. Hypothesen und Schlussfolgerungen sind kursiv wiedergegeben.

■ *Bearbeiten Sie die Aufgabe 1 auf dem Arbeitsblatt 39.*

Albrecht Goes: Landschaft der Seele

Himmel: dunkle Gewitter-   Gefahr und Angst   Ellipsen:
wolken → schwarzblau: | Melancholie   lakonische Feststellungen
→ wetterschwer: | drückende
                              Last
• unbekannte Ursache   Fragen, Imperative,
• Suche nach Gründen   Anreden
bleibt ergebnislos

Erde: rissiger Weg   • *Trockenheit*   Brandmetapher
weite, goldene Felder • *Feuer*   wiederholtes
                                                Farbadjektiv,   } Steige-
                                                vereinheitli-   rung
                                                chendes „Ein"

Dazwischen: Herz   • *Gefühlszentrum*   Bild der Hungerkrähe:
• *Entbehrung des Lebens-*   schwarzer Vogel, unruhiges
   notwendigsten   Hasten, unangenehme Laute
• *innere Leere*

biografische Interpretation: • *seelische Wunden eines Kriegsheimkehrers*
• *Erinnerungen an Kriegserlebnisse*
• *Weiterwirken von überstandenen Gefahren und Ängsten*
• *innere Verkümmerung* → *aufs Notwendigste*
Form: ← *beschränkte Sprache*

• Wechsel von 4– und 3–hebigen Jambenversen
• männliche Endreime in den Zeilen 2/4 und 6/8
• Daktylus/Trochäus zu Beginn des 5./8. Verses:
  kurzfristige/vollständige Veränderung der metrischen Regelmäßigkeit

Das zweite Gedicht, *Schlechte Laune vor reizvoller Landschaft* von Hellmuth Opitz, das die Schülerinnen und Schüler für die Einzelarbeit auswählen können, durchzieht der Gegensatz zwischen einer attraktiven Urlaubsgegend und dem Missmut des Subjekts. Es fährt an einem Sonntag mit der Bahn durch den Schwarzwald und empfindet die bezaubernde Gegend als unangenehm auf- und zudringlich. Das Mittelgebirge „stemmt sich" mit Gewalt „ins Zugfenster" (V. 1 f.), die Landschaft übt in der Metapher eines „Flittchen[s]", das „seine Schönheiten vor[wölbt]" (V. 3 f.), erotische Reize aus, und beim Blick auf Tannen, Urlaubsorte und Höfe stören die Überfülle, die eine Aufzählung zum Ausdruck bringt, und die kommerzielle Geschäftigkeit, die sich in Bildassoziationen zeigt, in denen Häuser wie religiöse Holzschnitzereien oder Kuckucksuhren aussehen, die in Souvenirläden massenhaft angeboten werden. Die Impressionen werden von einem erstaunten Ausruf unterbrochen, in dem das Ich die Landschaftsvielfalt ironisch als Aufwand des personifizierten Sonntags darstellt, „mich milde zu stimmen" (V. 8f.). Kurz und bündig stellt es aber das Scheitern des Versuchs fest, seine Stimmung aufzuhellen. Deshalb setzt es Spott und Kritik fort, steigert sie in elliptischen Sätzen, welche die Anapher „nicht" aneinanderreiht, und konzentriert sich auf Menschen, die allerdings auf Einzelheiten reduziert werden: die Radler auf „bunte[ ] Trikots", die das umgangssprachliche Adjektiv „idiotisch" missbilligt und die Blütenmetapher poetisch wieder rehabilitiert (V. 10f.), die Wanderer durch eine Synekdoche auf Herzschrittmacher (V. 12f.) und die Kellnerin auf ihr Gesicht und das professionelle Augenlächeln. Dass nicht einmal ihr eine Aufheiterung des Subjekts gelingt, macht das ganze Ausmaß von dessen schlechter Laune deutlich. Ihr Lächeln gelte allen Gästen und sei deshalb kein Zeichen persönlicher Zuwendung. Das Gesicht, in dem sich die Individualität eines Menschen verdichtet, wird deshalb mit einem Begriff aus der Computerwelt abgewertet. Das Gedicht verzichtet weitgehend auf lyrische Formelemente und mutet wie ein Prosatext mit eher zufälligen Zeilenbrüchen an.

Hellmuth Opitz: Schlechte Laune vor reizvoller Landschaft

Landschaft ⟷ Stimmung		Sprache
• Bahnfahrt am Sonntag durch den Schwarzwald →	unangenehme Zu- und Aufdringlichkeit der Landschaft	• Landschaft „stemmt sich" (V. 1), „wölbt" wie ein Flittchen „seine Schönheiten vor" → erotische Reize
• Blick auf Tannen, Urlaubsorte, Höfe	störende Überfülle, kommerzielle Geschäftigkeit	• Aufzählung, Metapher „herrgottsgeschnitzt[ ]", Vergleich (V. 6f.)

Landschaftsvielfalt zur Aufheiterung des Ichs:	erstaunter Ausruf, Personifizierung des Sonntags, Ironie
Scheitern des Versuchs:	kurze Feststellung

Menschen Reduktion auf Einzelheiten:	Fortsetzung und Steigerung von **Spott und Kritik als Ausdruck schlechter Laune**	
• bunte Radlertrikots (V. 10f.)		• elliptische Sätze; Aufzählung;
• Herzschrittmacher der Wanderer (V. 12f.)	Professionalität im Gastgewerbe ohne persönliche Zuwendung	• Anapher „nicht"; • Umgangssprache „idiotisch": Missbilligung; • Blütenmetapher: Poetisierung;
• Augenlächeln und Gesicht der Kellnerin		• Synekdoche (V. 12f.) • Fachbegriff aus der Computerwelt: Abwertung

Form: Prosatext mit eher zufälligen Zeilenbrüchen

Beide Gedichte regen die Schülerinnen und Schüler dazu an, selbst ein Gedicht zu verfassen, in dem sich die Stimmung eines Menschen in der Landschaft spiegelt. Sie können sich sprachlich und formal an eines der Gedichte auf den Arbeitsblättern 36 und 39 anlehnen oder eigene lyrische Ausdrucksformen finden.

■ *Bearbeiten Sie Aufgabe 2 auf dem Arbeitsblatt 39.*

Ein Brief
zur eigenständigen Interpretation von Naturgedichten

Liebe Schülerinnen und Schüler,

nachdem Sie eine Reihe von Naturgedichten kennengelernt und interpretiert haben, setzen Sie sich jetzt mit einem weiteren zunächst allein und dann vielleicht in einer Gruppe visuell und analytisch auseinander. Sie können eines der Gedichte auf den **Arbeitsblättern 33–38** auswählen, die sich mit Blumen und Gärten, Bäumen und Wald sowie Tieren befassen, sich aber auch für ein anderes Naturgedicht entscheiden, zum Beispiel in folgenden Sammelbänden:

> Constanze Neumann [Hrsg.]: Und voll mit wilden Rosen. Die schönsten Naturgedichte.
> Frankfurt am Main: Fischer Taschenbuch 2008.

> Dietrich Bode [Hrsg.]: Deutsche Naturlyrik. Eine Auswahl. Stuttgart: Reclam (UB 18944) 2012.

Teilen Sie dem Lehrer oder der Lehrerin mit, welches Gedicht Sie gerne bearbeiten möchten. Sollten einzelne Gedichte von vielen ausgewählt werden, bitte ich um die Bereitschaft, auch andere Texte in Betracht zu ziehen.

Ablauf und Aufgaben

- Bis zum _____ entscheiden Sie sich für ein Gedicht und gestalten dazu ein Bild, das dessen Gehalt, einen wichtigen Gedanken oder ein Motiv veranschaulicht. Sie können dieses Bild malen oder zeichnen, eine Collage anfertigen, eine fotografische Aufnahme ausdrucken oder mit Grafik- und Bildtools am Computer arbeiten. Es ist auch möglich, eigene und fremde Gestaltungselemente zu verbinden.
- Zeigen Sie das Ergebnis Ihrer Arbeit bis zu diesem Tag Ihren Mitschülerinnen und Mitschülern noch nicht, denn die Bilder werden im Klassenzimmer ausgehängt und beim Betrachten der Ausstellung ihren Texten zugeordnet. Auf diese Weise sind alle mit ihrem kreativen Potenzial und als Rezipienten beteiligt, sodass hoffentlich ein reger Gedankenaustausch stattfindet.
- Anschließend bilden die Schülerinnen und Schüler, die dasselbe Gedicht visualisiert haben, Paare oder Gruppen, um sich ihre Bilder mit dem Ziel zu erläutern, den Text zu interpretieren. Wenn sich für ein Gedicht nur ein Einzelner/eine Einzelne entschieden hat, nimmt er/sie gleich die nächste Aufgabe in Angriff.
- Diese besteht darin, das Gedicht zu interpretieren, insbesondere inhaltliche, sprachliche und formale Gesichtspunkte in ihrer Wechselbeziehung und -wirkung zu beleuchten. Die Ergebnisse werden auf Plakaten festgehalten, die auch das Gedicht und die Bilder zeigen. Zum Beispiel ist es möglich, Notizen aus dem vergrößerten Text abzuleiten. Für diese Arbeit stehen Ihnen die Deutschstunden am _____ zur Verfügung.
- Am _____ stellen die Paare, Gruppen oder Einzelnen ihre Ergebnisse in der Klasse vor. Die Präsentation umfasst den Vortrag des Gedichts, der mit geeigneter Musik unterlegt sein kann, die Erläuterung der Bilder und die Interpretation. Diese Teile müssen nicht strikt getrennt werden, sondern können auch geschickt miteinander verbunden sein.
- An jede Präsentation schließt sich ein Gespräch mit der Klasse an, in dem Fragen gestellt sowie die Ergebnisse ergänzt oder korrigiert werden können.
- Wenn die Plakate optisch ansprechend gestaltet sind, können sie an einem geeigneten Ort auf Stellwänden auch den Schülerinnen und Schülern anderer Klassen gezeigt werden und dem literarischen Leben der Schule dadurch einen kräftigen Impuls geben.

Selbstverständlich stehe ich Ihnen mit Rat und Tat hilfreich zur Seite.

Ich wünsche Ihnen viele Ideen, Freude bei der Arbeit und gutes Gelingen.

Ihr Deutschlehrer/Ihre Deutschlehrerin

Rose und Schmetterling

Lesen Sie den Brief auf dem Arbeitsblatt 32 und interpretieren Sie eines der beiden folgenden Gedichte, falls Sie sich dafür entschieden haben.
Gehen Sie bitte so vor, wie der Brief Ablauf und Aufgaben beschreibt.

Gottfried Keller

In eines Armen Gärtchen, tief verborgen,
Blüht einsam eine wunderschöne Rose,
Sie schmückt mit Tau der klare Sommermorgen,
Und schmeichelnd um sie her die Abendlüfte kosen.

5 Doch nichts bewegt ihr schuldlos heitres Leben;
Sich unbewusst, in kindlich süßem Träumen,
Schaut unverwandt mit ahnungsvollem Beben
Die Zarte nach des Äthers fernen blauen Räumen.

Da naht es sich mit goldnen Liebesschwingen,
10 Der Schmetterling wiegt sich im Glanz der Sonne;
Er wird der Rose teure Grüße bringen,
Sie wecken zu der Liebe Weh und Wonne.

Schon glühet sie von seinen heißen Küssen,
Nicht weiß die Arme, wie ihr will geschehen,
15 Sie siehet tausend Blütensterne sprießen
Und rings um sich ein Zauberland entstehen.

Das zarte Herz, das lang verschlossen träumte,
Erschließt sich jetzt in unbegrenztem Sehnen;
Was unsichtbar im reichen Innern keimte,
20 Eröffnet üppig sich mit Liebestränen.

Noch zittert sie, und schon ist er entschwunden,
Der schöne Fremdling, dem sie sich ergeben.
Er hat sie leider nimmermehr gefunden –
Lang ist die Liebe, doch nur kurz das Leben.

25 Und stille wird die Rose nun verblühen,
Die Blätter fallen schon, eins nach dem andern.
So wird auch unser Jugendstern verglühen –
Wir träumen nur, wir lieben und wir wandern.

Rosengedichte, S. 55f./G. K. Sämtliche Werke und ausgewählte Briefe.
Hrsg. von Clemens Heselhaus. Bd. 3 München: Hanser ²1963.
© 1958 Carl Hanser Verlag München.

Rose Ausländer
Rose und Schmetterling

Wenn das weiße Morgenlächeln
    über meinem Kelche hängt,
und der Frühluft leises Fächeln
    sich in meinem Haar verfängt,
5 dass mein grüner Körperstengel
    sehnsuchtschwer sich überneigt,
kommt ein schöner Falterengel,
    der mit mir zum Himmel steigt.

Meine duftige Gewandung
10   wandelt er zum Flügelkleid,
über Tag und Mittagsbrandung
    schweben wir durch lose Zeit.
Und wir schaukeln, und wir strahlen
    unsre Seelen in der Luft,
15 füllen alle Blütenschalen:
    er mit Farbe, ich mit Duft.

Rosengedichte, S. 94. R. A.: Gesammelte Werke in 7 Bänden. Hrsg. von Helmut
Braun. [Bd. 2:] Die Erde war ein atlasweißes Feld. Gedichte 1927–1956.
Frankfurt a. M.: Fischer 1985.
© S. Fischer Verlag Frankfurt am Main.

Rose Ausländer (1901–88), eigentl. Rosalie Scherzer, Tochter einer jüdischen Familie aus Czernowitz in der Bukowina, das ursprünglich zur habsburgischen Donaumonarchie gehörte und heute im östlichen Grenzgebiet zwischen Rumänien und der Ukraine liegt. 1921 Emigration in die USA; 1931 Rückkehr; überlebte die Judenverfolgung in Kellerverstecken; 1946 wieder USA, 1964 Rückkehr nach Europa. Zwischen 1949 und 1956 konnte die Lyrikerin keine Gedichte in ihrer Muttersprache schreiben. Unter dem Einfluss von Paul Celan löst sie sich von ihrem früheren klassisch-expressionistischen Stil und verfasst Verse, die Sprache auf elementare Feststellungen reduzieren.

Gärten

Lesen Sie den Brief auf dem Arbeitsblatt 32 und interpretieren Sie eines der beiden folgenden Gedichte, falls Sie sich dafür entschieden haben.
Gehen Sie bitte so vor, wie der Brief Ablauf und Aufgaben beschreibt.

Sarah Kirsch
Selektion

Welche Unordnung die Rosenblätter
Sind aus den Angeln gefallen der Wind
Blies sie ums Haus auf die Gemüsebeete.
Streng getrennt wachsen hier in den Gärten
5 Magen- und Augenpflanzen, der Schönheit
Bleibt ein einziges Beet
Während den ausgerichteten Reihen
Früher Kartoffeln Möhren Endivien Kohl
Ein Exerzierplatz[1] eingeräumt wird.

10 Die Wirrnis des Gartens verwirrt
Auch den Gärtner, jetzt muss
Durchgegriffen werden angetreten Salat
Richtet euch Teltower Rüben Rapunzel
Auf den Abfallhaufen Franzosenkraut
15 Wucherblume falsche Kamille und Quecke
Es ist verboten die nackten Füße
Wieder ins Erdreich zu stecken.

S. K.: Erdreich. In: Werke in fünf Bänden. Zweiter Band. Gedichte 2. Stuttgart: DVA 1999, S. 106.

---

[1] Platz in einer Kaserne zum Einüben gleichmäßigen Marschierens und schnellen Antretens

Hans Magnus Enzensberger
Fremder Garten

Es ist heiß. Das Gift kocht in den Tomaten.
Hinter den Gärten rollen versäumte Züge vorbei,
das verbotene Schiff heult hinter den Türmen.

Angewurzelt unter den Ulmen. Wo soll ich euch hintun,
5 Füße? Meine Augen, an welches Ufer euch setzen?
Um mein Land, doch wo ist es? bin ich betrogen.

Die Signale verdorren. Das Schiff speit Öl in den Hafen
und wendet. Ruß, ein fettes rieselndes Tuch
deckt den Garten. Mittag, und keine Grille.

Deutsche Naturlyrik, S. 155/H. M. E.: Die Gedichte. Frankfurt am Main: Suhrkamp 1983. © Suhrkamp Verlag Berlin

Hans Magnus Enzensberger, geb. 1929 in Kaufbeuren, aufgewachsen in Nürnberg; nach Kriegserfahrungen im Volkssturm Abitur in Nördlingen und bis 1954 Studium von Literaturwissenschaft und Philosophie. 1955 Promotion, dann bis 1957 Rundfunkredakteur beim SDR in Stuttgart und 1960/61 Lektor beim Suhrkamp-Verlag; er lebte in Norwegen, Rom, Berlin, auf Kuba, in New York und wohnt heute in München. Alle literarischen und journalistischen Gattungen sowie mehrere Sprachen beherrschend, übt er Zeit- und Gesellschaftskritik. Kreativ und gebildet, bereichert er das intellektuelle Leben mit vielen Impulsen.

Bäume

Lesen Sie den Brief auf dem Arbeitsblatt 32 und interpretieren Sie eines der beiden folgenden Gedichte, falls Sie sich dafür entschieden haben.
Gehen Sie bitte so vor, wie der Brief Ablauf und Aufgaben beschreibt.

Friedrich Hölderlin
Die Eichbäume

Aus den Gärten komm ich zu euch, ihr Söhne des Berges!
Aus den Gärten, da lebt die Natur geduldig und häuslich,
Pflegend und wieder gepflegt mit dem fleißigen Menschen
                                      zusammen.
Aber ihr, ihr Herrlichen! steht, wie ein Volk von Titanen[1]
5 In der zahmeren Welt und gehört nur euch und dem Himmel,
Der euch nährt' und erzog, und der Erde, die euch geboren.
Keiner von euch ist noch in die Schule der Menschen gegangen,
Und ihr drängt euch fröhlich und frei, aus der kräftigen Wurzel,
Untereinander herauf und ergreift, wie der Adler die Beute,
10 Mit gewaltigem Arme den Raum, und gegen die Wolken
Ist euch heiter und groß die sonnige Krone gerichtet.
Eine Welt ist jeder von euch, wie die Sterne des Himmels
Lebt ihr, jeder ein Gott, in freiem Bunde zusammen.
Könnt ich die Knechtschaft nur erdulden, ich neidete nimmer
15 Diesen Wald und schmiegte mich gern ans gesellige Leben.
Fesselte nur nicht mehr ans gesellige Leben das Herz mich,
Das von Liebe nicht lässt, wie gern würd ich unter euch wohnen!

Friedrich Hölderlin. Sämtliche Werke und Briefe. Erster Band. Hrsg. v. Günter Mieth. München: Hanser Verlag 1970, S. 198.

---

[1] in der griechischen Mythologie Söhne und Töchter der ältesten Götter Uranos (Himmel) und Gäa (Erde). Sie verkörpern den Kampf gegen Unterdrückung und den Widerstand gegen Unterordnung.

Ludwig Uhland
Einkehr

Bei einem Wirte, wundermild,
Da war ich jüngst zu Gaste;
Ein goldner Apfel war sein Schild
An einem langen Aste.

5 Es war der gute Apfelbaum,
Bei dem ich eingekehret;
Mit süßer Kost und frischem Schaum
Hat er mich wohl genähret.

Es kamen in sein grünes Haus
10 Viel leichtbeschwingte Gäste;
Sie sprangen frei und hielten Schmaus
Und sangen auf das Beste.

Ich fand ein Bett zu süßer Ruh
Auf weichen, grünen Matten;
15 Der Wirt, er deckte selbst mich zu
Mit seinem kühlen Schatten.

Nun fragt ich nach der Schuldigkeit,
Da schüttelt' er den Wipfel.
Gesegnet sei er allezeit
20 Von der Wurzel bis zum Gipfel!

Deutsche Naturlyrik, S. 67/L. U.: Werke. Bd. 1: Sämtliche Gedichte. München: Winkler 1980.

Ludwig Uhland (1787–1862), Sohn eines Tübinger Universitätssekretärs, 1801–08 Jura- und Philologiestudium in seiner Heimatstadt; danach Anwalt in Tübingen und Stuttgart sowie Tätigkeit im Justizministerium. 1819–39 Abgeordneter der Liberalen im württembergischen Landtag und 1848 in der Paulskirchenversammlung in Frankfurt; 1829–33 Professor für deutsche Sprache und Literatur in Tübingen. Nach der Aufgabe dieses Amtes wegen seines Einsatzes für die Demokratie Privatgelehrter, der sich vor allem der mittelalterlichen Dichtung und der Erforschung von Volksliedern und Sagen widmete. Uhland ist der bekannteste Vertreter der schwäbischen Spätromantik und wurde durch volkstümliche Gedichte und Balladen bekannt.

Wald

Lesen Sie den Brief auf dem Arbeitsblatt 32 und interpretieren Sie eines der beiden folgenden Gedichte, falls Sie sich dafür entschieden haben.
Gehen Sie bitte so vor, wie der Brief Ablauf und Aufgaben beschreibt.

Joseph von Eichendorff
Abschied (1815)

O Täler weit, o Höhen,
O schöner grüner Wald,
Du meiner Lust und Wehen
Andächt'ger Aufenthalt!
5 Da draußen, stets betrogen,
Saus't die geschäft'ge Welt,
Schlag' noch einmal die Bogen
Um mich, du grünes Zelt!

Wenn es beginnt zu tagen,
10 Die Erde dampft und blinkt,
Die Vögel lustig schlagen,
Dass dir dein Herz erklingt:
Da mag vergehn, verwehen
Das trübe Erdenleid,
15 Da sollst du auferstehen,
In junger Herrlichkeit!

Da steht im Wald geschrieben,
Ein stilles, ernstes Wort
Von rechtem Tun und Lieben,
20 Und was des Menschen Hort[1].
Ich habe treu gelesen
Die Worte schlicht und wahr,
Und durch mein ganzes Wesen
Ward's unaussprechlich klar.

25 Bald werd' ich dich verlassen,
Fremd in der Fremde geh'n,
Auf buntbewegten Gassen
Des Lebens Schauspiel sehn;
Und mitten in dem Leben
30 Wird deines Ernst's Gewalt
Mich Einsamen erheben,
So wird mein Herz nicht alt.

Aus dem Roman *Ahnung und Gegenwart*.
J. v. E.: Sämtliche Gedichte und Versepen. Hrsg. v. Hartwig Schultz.
Frankfurt am Main und Leipzig: Insel Verlag 2007, S. 285 f.

[1] Pflegestätte

Johannes R. Becher
Dem Schwarzwald zu

Dem Schwarzwald zu schlägt plötzlich um der Wind,
Gewölke harzigen Dufts. Wie überzogen
Vom Wald ist alles. Doch der Wald beginnt
Noch lange nicht. Fern siehst du seine Wogen

5 Bewegungslos gelagert. Welch ein Wald,
Wenn er so abends daliegt! Macht dich klein,
Unscheinbar, denn du weißt, dein Schritt verhallt
In seinem Raum, und keine Spur wird sein.

Der Wald kommt auf dich zu, und freier lässt
10 Der Wald dich atmen, ja du wächst durch ihn
Zum Wipfel auf, schlägst wieder Wurzeln fest.

Vereint siehst du im Tannen-Immergrün
Des Himmels und der Erde Widerschein.
Der Wald kommt auf dich zu. Kehr in ihm ein!

Wald-Gedichte, S. 37/J. R. B.: Gesammelte Werke. 18. Bde. Hrsg. vom Johannes-R.-Becher-Archiv der Deutschen Akademie der Künste zu Berlin. Bd. 4: Gedichte 1936–1941. Berlin/Weimar: Aufbau-Verlag 1966.
© Aufbau Verlagsgruppe GmbH Berlin

Johannes R.(obert) Becher (1891–1958), Sohn eines höheren Justizbeamten in München; Medizin-, Philosophie- und Literaturstudium in Berlin, Jena und seiner Heimatstadt; seit 1918 KPD-Mitglied; 1933 Emigration; 1935–45 Sowjetunion. Nach dem Krieg Rückkehr nach Ost-Berlin, Übernahme wichtiger kulturpolitischer Ämter in der DDR, ab 1954 Minister für Kultur. Als expressionistischer Lyriker rebelliert Becher gegen das Bürgertum im Kaiserreich, protestiert gegen den Krieg, setzt sich für das Proletariat und weltweite Brüderschaft ein und zertrümmert überlieferte sprachliche Formen. Im Exil und danach besinnt er sich auf sie zurück, insbesondere auf das Sonett, um die breite Masse der Bevölkerung zu erreichen. Auch mit seinem Erzählwerk gilt er als ein Hauptvertreter des sozialistischen Realismus. Er verfasste den Text der DDR-Hymne *Auferstanden aus Ruinen*.

Johann Wolfgang Goethe: Adler und Taube (1773)

Lesen Sie den Brief auf dem Arbeitsblatt 32 und interpretieren Sie das folgende Gedicht, falls Sie sich dafür entschieden haben.
Gehen Sie bitte so vor, wie der Brief Ablauf und Aufgaben beschreibt.

Ein Adlersjüngling hob die Flügel
Nach Raub aus;
Ihn traf des Jägers Pfeil und schnitt
Der rechten Schwinge Sennkraft ab.
5 Er stürzt' hinab in einen Myrtenhain,
Fraß seinen Schmerz drei Tage lang
Und zuckt' an Qual
Drei lange, lange Nächte lang.
Zuletzt heilt ihn
10 Allgegenwärt'ger Balsam
Allheilender Natur.
Er schleicht aus dem Gebüsch hervor
Und reckt die Flügel – ach!
Die Schwingkraft weggeschnitten –
15 Hebt sich mühsam kaum
Am Boden weg
Unwürd'gem Raubbedürfnis nach,
Und ruht tieftrauernd
Auf dem niedern Fels am Bach;
20 Er blickt zur Eich hinauf,
Hinauf zum Himmel,
Und eine Träne füllt sein hohes Aug.

Da kommt mutwillig durch die Myrtenäste
Dahergerauscht ein Taubenpaar,
25 Lässt sich herab und wandelt nickend
Über goldnen Sand am Bach
Und ruckt¹ einander an;
Ihr rötlich Auge buhlt² umher,

Erblickt den Innigtrauernden.
30 Der Tauber schwingt neugiergesellig sich
Zum nahen Busch und blickt
Mit Selbstgefälligkeit ihn freundlich an.
„Du trauerst", liebelt er,
„Sei guten Mutes, Freund!
35 Hast du zur ruhigen Glückseligkeit
Nicht alles hier?
Kannst du dich nicht des goldnen Zweiges freun,
Der vor des Tages Glut dich schützt?
Kannst du der Abendsonne Schein
40 Auf weichem Moos am Bache nicht
Die Brust entgegenheben?
Du wandelst durch der Blumen frischen Tau,
Pflückst aus dem Überfluss
Des Waldgebüsches dir
45 Gelegne Speise, letzest
Den leichten Durst am Silberquell
O Freund, das wahre Glück
Ist die Genügsamkeit,
Und die Genügsamkeit
50 Hat überall genug."
„O Weise!" sprach der Adler, und tief ernst
Versinkt er tiefer in sich selbst,
„O Weisheit! Du redst wie eine Taube!"

Goethe. Berliner Ausgabe. Bd. 1: Gedichte. 3. Aufl. Berlin und Weimar: Aufbau-Verlag 1976, S. 325–327.

---

¹ rucken: Gurren der Tauben
² buhlen: um jemanden werben

In dem 1773 entstandenen Gedicht verwendet Goethe das „Gegensatzpaar Adler-Taube […], um die Gefahr darzustellen, von der er seine Existenz in Frankfurt bedroht sah: dass seine schöpferischen Kräfte durch die Übernahme einer Anwaltpraxis gelähmt werden würden."

Anmerkungen in der Berliner Ausgabe, Bd. I, S. 871

Zwei Tiergedichte

Lesen Sie den Brief auf dem Arbeitsblatt 32 und interpretieren Sie eines der beiden folgenden Gedichte, falls Sie sich dafür entschieden haben.
Gehen Sie bitte so vor, wie der Brief Ablauf und Aufgaben beschreibt.

Rainer Maria Rilke
Der Panther (1903)
Im Jardin des Plantes, Paris

Sein Blick ist vom Vorübergehn der Stäbe
so müd geworden, dass er nichts mehr hält.
Ihm ist, als ob es tausend Stäbe gäbe
und hinter tausend Stäben keine Welt.

5 Der weiche Gang geschmeidig starker Schritte,
der sich im allerkleinsten Kreise dreht,
ist wie ein Tanz von Kraft um eine Mitte,
in der betäubt ein großer Wille steht.

Nur manchmal schiebt der Vorhang der Pupille
10 sich lautlos auf -. Dann geht ein Bild hinein,
geht durch der Glieder angespannte Stille –
und hört im Herzen auf zu sein.

R. M. R.: Die Gedichte. Frankfurt am Main und Leipzig:
Insel Verlag 2006, S. 447.

Charles Baudelaire
L'Albatros

Souvent, pour s'amuser, les hommes d'équipage
Prennent des albatros, vastes oiseaux des mers,
Qui suivent, indolents compagnons de voyage,
Le navire glissant sur les gouffres amers.

5 À peine les ont-ils déposés sur les planches,
Que ces rois de l'azur, maladroits et honteux,
Laissent piteusement leurs grandes ailes blanches
Comme des avirons traîner à côté d'eux.

Ce voyageur ailé, comme il est gauche et veule!
10 Lui, naguère si beau, qu'il est comique et laid!
L'un agace son bec avec un brûle-gueule,
L'autre mime, en boitant, l'infirme qui volait!

Le Poète est semblable au prince des nuées
Qui hante la tempête et se rit de l'archer;
15 Exilé sur le sol au milieu des huées,
Ses ailes de géant l'empêchent de marcher.

C. B.: Les Fleurs du Mal/Die Blumen des Bösen. Französisch/Deutsch.
Stuttgart: Reclam 1980, 1998, S. 14, 16.

Charles Baudelaire (1821–67): lebte als Lyriker und Begründer der literarischen Moderne in Paris. Von seiner bürgerlichen Herkunft setzt er sich als Außenseiter ab. Er wird aus dem Internat verwiesen, seine Familie entmündigt ihn; er leidet unter Geldnot und schließt sich vorübergehend radikalen Sozialisten an. Wegen seines bekanntesten Gedichtbandes *Die Blumen des Bösen* wird er verurteilt, weil er die öffentliche Moral verletze.

Oft kommt es dass das schiffsvolk zum vergnügen
Die albatros · die grossen vögel · fängt
Die sorglos folgen wenn auf seinen zügen
Das schiff sich durch die schlimmen klippen zwängt.

5 Kaum sind sie unten auf des deckes gängen
Als sie · die herrn im azur · ungeschickt
Die großen weißen flügel traurig hängen
Und an der seite schleifen wie geknickt.

Er sonst so flink ist nun der matte steife.
10 Der lüfte könig duldet spott und schmach:
Der eine neckt ihn mit der tabakspfeife ·
ein andrer ahmt den flug des armen nach.

Der dichter ist wie jener fürst der wolke ·
Er haust im sturm · er lacht dem bogenstrang.
15 Doch hindern drunten zwischen frechem volke
Die riesenhaften flügel ihn am gang.

Aus dem Französischen übersetzt von Stefan George.
Meer-Gedichte, S. 67f./St. G.: Gedichte. Hrsg. von Günter Baumann.
Stuttgart: Reclam 2004, S. 182.

Zwei Landschaftsgedichte

1. Erschließen Sie in einem der beiden Gedichte den Zusammenhang zwischen Landschaft und Seelenzustand. Berücksichtigen Sie dabei die Wechselbeziehung zwischen Inhalt, Sprache und Form und in dem Gedicht von Goes außerdem dessen Entstehungszeit.

2. Verfassen Sie ein Gedicht, in dem sich die Stimmung einer Person in der Landschaft spiegelt. Sie können sich sprachlich und formal an eines der Gedichte auf diesem oder einem früher ausgegebenen (Nr. 36) Arbeitsblatt anlehnen oder eine eigene lyrische Ausdrucksform finden.

Albrecht Goes
Landschaft der Seele (1948)

Kein Himmel. Nur Gewölk ringsum
Schwarzblau und wetterschwer.
Gefahr und Angst. Sag: Angst – wovor?
Gefahr: und sprich – woher?
5 Rissig der Weg. Das ganze Feld
Ein golden-goldner Brand.
Mein Herz, die Hungerkrähe, fährt
Kreischend über das Land.

Conrady, S. 764/A. G.: Leicht und schwer. Siebzig Jahre im Gedicht. Frankfurt am Main: Fischer Taschenbuch 1998.

Hellmuth Opitz
Schlechte Laune vor reizvoller Landschaft

Nun stemmt sich nach dem Breisgau
noch der Schwarzwald ins Zugfenster,
das nächste Landschaftsflittchen wölbt
seine Schönheiten vor, übersät
5 von Tannen, Luftkurorten und diesen
herrgottsgeschnitzten Häusern, die wie
Kuckucksuhren an den Hängen kleben.
Wie viel Gegend dieser Sonntag aufbietet,
mich milde zu stimmen! Doch nichts
10 hilft. Nicht die idiotisch bunten Trikots der
Radler, die an allen Straßenrändern blühen,
nicht die Herzschrittmacher, die emsig
die Wanderwege hinauftickern, nicht die
Apfelplantagen, die Sägewerke und Seen.
15 Ja, nicht einmal die Kellnerin, die gerade
Kaffee serviert und mir mit den Augen
ein Lächeln zusteckt, mir und dem Japaner
am Tisch nebenan. Ein Lächeln wie aus
dem Gesicht geschnitten, ihrem Gesicht,
20 der benutzerfreundlichen Oberfläche für
jeden hergelaufenen Blick.

Conrady, S. 1278/H. O.: Die Sekunden vor Augenaufschlag. Bielefeld: Pendragon 2006.

Albrecht Goes (1908–2000) entstammt einer schwäbischen Pfarrersfamilie und wurde in dem Dorf Langenbeutingen im nördlichen Baden-Württemberg geboren. Nach dem Besuch der theologischen Seminare Schöntal und Urach Studium in Tübingen und Berlin. 1930–52 Pfarrer, dann beurlaubt und freier Schriftsteller in Stuttgart. Im Zweiten Weltkrieg Lazarettgeistlicher. Goes verbindet in seiner Lyrik, seinen Erzählungen, Essays und Predigten „das christlich-humanistische Bildungserbe mit realistischer Darstellung und zeitnahem Problembewusstsein. […] In den Gedichten […] findet sich das Wissen um die Gefährdungen, Ängste und Verwirrungen des Daseins wie auch der Glaube an eine Geborgenheit des Menschen innerhalb der Schöpfungsidee."

Harenberg Lexikon der Weltliteratur Bd. 2. Studienausgabe 1995, S. 1128

Hellmuth Opitz, geb. 1959 und aufgewachsen in Bielefeld. Nach dem Abitur Studium von Germanistik und Philosophie in Münster und Entschluss, als freier Schriftsteller zu leben. Mitglied verschiedener Rockbands. Als Journalist und Redakteur arbeitet er überwiegend für Musikmagazine, gestaltet aber auch Werbetexte. Aufenthalte in London, Amsterdam und New York. Opitz veröffentlicht insbesondere Lyrik- und Prosabände und beteiligt sich gern an Poetry Slams.

Baustein 5

Verlorene, bedrohte und zerstörte Natur

5.1 Verlorene Natur

Den Verlust der Natur thematisieren nicht erst Gedichte der vergangenen Jahrzehnte, etwa Enzensbergers *Fremder Garten* auf dem Arbeitsblatt 34 (S. 143, mit Erläuterungen auf S. 127 f.) oder Bachmanns *Entfremdung* auf dem Arbeitsblatt 62 (S. 231 mit dem Interpretationsaufsatz auf S. 232–234), sondern auch viel ältere wie Hölderlins *An die Natur* auf dem Arbeitsblatt 4 (S. 49, mit Erläuterungen auf S. 25 f., 50). Ein weiteres Beispiel dafür ist das Gedicht *Die Aussicht* (**Arbeitsblatt 40** auf S. 161) des auf dem Hohenasperg bei Ludwigsburg, dem „Tränenberg[ ]" (V. 1, 7, 25), eingekerkerten Christian Friedrich Daniel Schubart, in dem wie in dem hölderlinschen das Ich einen Bruch in seinem persönlichen Verhältnis zur Natur beklagt. Brecht dagegen führt in den Versen *Über das Frühjahr* ihren Verlust auf technische, ökonomische und gesellschaftliche Ursachen zurück, deren Folgen sich in der wachstumsintensivsten Jahreszeit besonders deutlich abzeichnen. In Schubarts Gedicht schweift der Blick in den drei ersten der fünf Strophen mit jeweils sechs Versen aus fünfhebigen Trochäen von der Bergfestung in das weite Land, in dem der Schöpfer und die personifizierte Natur ruhig umhergehen und in dem „Milch und Honig fließt" (V. 6), das also wie das Mose verheißene Kanaan (2. Mose 3, V. 8) reich gesegnet ist. Auen (V. 4), blühende Bäume, in denen sich Insekten laben (V. 8 f.), Weinberge und der Fluss unterstreichen die Fruchtbarkeit, das mit einem doppelten Vergleich veranschaulichte Gewimmel auf der Straße (V. 11 f.) hebt die Rührigkeit und Lebensfreude der Menschen hervor und alles zusammen entzückt den Betrachter und den Dichter. Vor allem die im Neckar gespiegelte, durch die Metonymie des glühenden Goldes umrahmte „Abendsonne" fesselt den „Späherblick" und erzeugt „Himmelslust" (V. 13–15). In der vierten Strophe wendet sich das Subjekt seiner eigenen Situation und Verfassung als Gefangener zu, die im Gegensatz zu den fernen Schönheiten stehen und durch den „Tränenberg[ ]" von Anfang an präsent sind. Der Eingesperrte hat an der „schönen Welt" keinen Anteil, Trauer, die das wiederholte „alles" und das Epitheton „tief" steigern, liegt über ihr (V. 21–22) und der Blick richtet sich auf den Kirchhof, den Ort des Todes. Er spricht sich in der ersten und zweiten Person als „armer Mann" an (V. 19, 24) und versagt es sich in einer rhetorischen Frage, die Schönheiten der Erde zu genießen, die ihm entrissen wurden (V. 20 f.). Gleichwohl fühlt er sich zu einem Ort hingezogen, dessen Grün und Schönheit von höchstem Grad ihn vor allen anderen auszeichnen: den Friedhof. Doppelpunkt, Gedankenstrich und die schmerzvolle Interjektion „Ach" leiten diese überraschende Erkenntnis am Schluss des Gedichts ein, mit der das Bedürfnis nach den Schönheiten der Natur auch im Gefängnis gestillt wird. Die Eingangsverse der ersten beiden Strophen machen in fast identischen Worten auf sie aufmerksam, während die zwei letzten die adversativen Konjunktionen „Aber" und „Doch" einleiten. Dem Reichtum der Natur in den Strophen 1–3 entspricht ein hypotaktischer Satzbau, den in den folgenden eher parataktische, der Kargheit in der Haft angepasste Sätze ablösen.

Ist die Natur bei Schubart räumlich fern, verliert sie sich in Brechts Gedicht *Über das Frühjahr*, das aus einer einzigen Strophe in freien Rhythmen besteht, überwiegend in der Dimension der Zeit. Die regelmäßig wiederkehrende Jahreszeit, in der die Naturkräfte am stärksten wirken, die Tage sich verlängern und aufhellen und die Veränderungen spürbarer sind als sonst, wird nur noch in der Erinnerung und in Büchern aufbewahrt, aber nicht mehr direkt erlebt. „Die berühmten Schwärme der Vögel" sind nicht mehr zu beobachten, weil sie Städte meiden (V. 12–14), und allenfalls in Eisenbahnen ist das Frühjahr zu bemerken (V. 15f.). Die gewaltigen Naturvorgänge, von denen die „Stürme" „[i]n großer Höhe" (V. 19f.) künden, lassen sich nur noch vermuten und stark abgeschwächt mit technischen Hilfsmitteln erfassen. Mit der Gier nach Rohstoffen benennt gleich der zweite Vers die Hauptursache für den Verlust der Natur. Als weitere Gründe deuten sich die Verstädterung und der technische Fortschritt an (V. 13, 15, 22). So bleibt nur, das Frühjahr als eindrücklichste Erscheinungsform der Natur im Gedächtnis aufzubewahren. In dem Gedicht geht es nicht um individuelles Empfinden, sondern um verallgemeinernde analytische Feststellungen, die schon die Überschrift ankündigt. Das Ich geht in einem kollektiven Wir auf (V. 2, 5, 10, 22), die Aussagesätze reihen sich weitgehend parataktisch aneinander. Beispiele für ausgebeutete Bodenschätze werden ebenso aufgezählt wie die Merkmale des Frühlings (V. 2, 6–9), diese sogar zum Teil in Parallelismen (V. 6f.). Der Wechsel zwischen den Vergangenheitsformen des Präteritums (V. 1–4) und des Perfekts (V. 12–14) einerseits und des Präsens (V. 5–11, 15–22) andererseits untermauert die zeitliche Ferne des Naturerlebens.

Um die unterschiedlichen Ursachen des Naturverlusts zu erkennen, untersuchen und vergleichen die Schülerinnen und Schüler die beiden Gedichte in Partnerarbeit.

■ Bearbeiten Sie die Aufgabe auf dem Arbeitsblatt 40.

Verlorene Natur in zwei Gedichten (I) – C. D. F. Schubert: Die Aussicht

Natur
- göttliche Schöpfung
- Personifizierung
- reich gesegnetes Land, in dem wie im alttestamentlichen Kanaan „Milch und Honig fließt" (V. 6/2. Mose 3, V. 8)
- blühende Bäume/Insekten
- belebte Straße: doppelter Vergleich
- Fluss/darin gespiegelte Abendsonne: Metonymie „glühend[es] Gold"

} Schönheit Fruchtbarkeit Lebensfreude „Himmelslust"

Verlust
- „Tränenberg[]" (V. 1, 7, 25)
- ohne Anteil an der „schönen Welt" (V. 21): durch Ausruf verstärkt
- trauernde Erde: Steigerung durch das wiederholte „alles" und das Epitheton „tief" (V. 22f.)
- Blick auf den Friedhof

Ursache: Haft

Reaktion
- Anrede der eigenen Person als „armer Mann" (V. 19, 24)
- Zweifel am Genuss der Schönheit in einer rhetorischen Frage (V. 20)
- Erkenntnis am Schluss nach Doppelpunkte und Gedankenstrich sowie eingeleitet von der schmerzvollen Interjektion „Ach":
  Umdeutung des Friedhofs als schönster Ort (V. 29f.)
  höchste Steigerungsstufe durch Komparative als Superlative (V. 28, 30)

Sprache und Form
- 5 Strophen aus je 6 Versen in 5-hebigen Trochäen
- Paar- und umarmende Reime
- Wiederholungen (V. 1, 7)
- Gegensätze (adversative Konjunktionen in V. 19, 25)
- Hypotaxe (Str. 1–3): Überfluss
- Parataxe (Str. 4/5): Kargheit

Verlorene Natur in zwei Gedichten (II) – B. Brecht: Über das Frühjahr

Natur

- regelmäßig wiederkehrende Jahreszeit
- intensivste Wachstumsperiode (V. 4)
- längere Tage ⎫
- stärkere Sonne ⎬ Parallelismen (V. 6)
- Wärme und Düfte
- Vogelschwärme

Verlust

- große zeitliche und räumliche Ferne (Erinnerung, V. 5; Bücher, V. 10; Stürme „in großer Höhe" (V. 19 f.)
- kein direktes Erleben (Eisenbahnfahrt)
- Vermutung und stark abgeschwächte Wahrnehmung von Naturvorgängen (V. 20–22)
- unerfüllte Erwartung (V. 12–14)

Ursachen

- Gier nach Rohstoffen
- technischer Fortschritt
- Städte

Reaktion

- Aufbewahrung im Gedächtnis
- verallgemeinernde, analytische Feststellungen anstelle individueller Empfindungen (Überschrift)
- kollektives „Wir" (V. 2, 5, 10, 22)

Sprache und Form

- eine Strophe in freien Rhythmen
- weitgehend parataktische Reihe von Aussagesätzen
- Aufzählungen: Bodenschätze (V. 2), Merkmale des Frühlings (V. 6–9)
- Wechsel zwischen Vergangenheits- (V. 1–4, 12–14) und Präsensform (V. 5–11, 15–22)

5.2 Bedrohte Natur

Dass die Bedrohung der Natur, die bereits in Sarah Kirschs Versen *Im Sommer* auf dem Arbeitsblatt 30 (S. 120, mit Erläuterungen auf S. 107) zu bemerken war, Menschen nicht erst seit einigen Jahrzehnten umtreibt, geht aus Justinus Kerners Gedicht *Im Grase* auf dem **Arbeitsblatt 41** (S. 163) hervor. Das Ich, ein Dichter, möchte dem Erdgetümmel (V. 25, vgl. auch Str. 2) entkommen, auf der Wiese liegen und in den Himmel schauen, doch beim Blick „[i]n diesen keuschen, sel'gen Raum" (V. 10) überkommen es Ahnungen, dass die Poesie durch „[d]as Fliegen, de[n] unsel'ge[n] Traum" (V. 12) von dort ebenso vertrieben werde wie von der Erde. Das Subjekt freut sich an den Wolken im Glanz der Sonne (V. 3), dem Flug eines Falken (V. 4), der Stille, Ruhe und Klarheit über ihm, weil es die Menschen, ihre Betriebsamkeit, ihre Verkehrsmittel und deren Lärm nicht stören, sowie darüber, dass die Dichtkunst eine Zuflucht gefunden hat (V. 25–28). Dennoch befürchtet es, dass sie diese verliert, wenn Flugzeuge die Vögel vertreiben, Waren durch die Lüfte transportiert werden und Öl- anstelle von Regentropfen auf die Erde fallen. Reale Glücksgefühle (Str. 1) und düstere Visionen im Konjunktiv (V. 11) entstehen aus der Sehnsucht nach einem naturnahen Raum für die dichterische Inspiration, für die auf der Erde kein Platz mehr ist. Angenehme und unerquickliche Empfindungen verbinden sich oft mit Adjektiven: blau (V. 2, 5), golden (V. 3), satt (V. 9), keusch, selig (V. 10), singend (V. 15) einerseits, unselig (V. 12), grämlich, stumm (V. 16), dunkel (V. 18), trauernd (V. 28) andererseits. Die Aufzählung von Negationen in der zweiten Strophe sowie das Schlüsselwort „Dampf" (V. 6, 8, 31) als Synekdoche der Industrialisierung umreißen die Gründe, weshalb die Poesie die Erde verlassen hat. Das Gedicht umfasst acht Strophen mit je vier Versen aus vierhebigen Jamben und Kreuzreimen, in denen sich weibliche und männliche Kadenzen abwechseln.

Die Schülerinnen und Schüler denken, bevor sie das Gedicht lesen, darüber nach, wodurch die Natur gegenwärtig bedroht ist. Sie könnten, wie Brecht in dem Gedicht *Über das Frühjahr* auf dem Arbeitsblatt 40 (S. 162), auf die Ausbeutung der Rohstoffe verweisen, auf die damit verbundenen Gefahren der Verschmutzung und Verseuchung von Böden und Gewässern, auf die Erwärmung der Erdatmosphäre durch den CO_2-Ausstoß, auf das Aussterben von Tier- und Pflanzenarten oder die nukleare Verstrahlung. Was ihnen einfällt, vergleichen sie dann mit der Bedrohung der Natur in Kerners Gedicht.

- *Wodurch ist die Natur heutzutage bedroht?*
- *Lesen Sie das Gedicht „Im Grase" von Justinus Kerner auf dem Arbeitsblatt 41 und vergleichen Sie es mit Ihren Überlegungen.*

Das Gedicht interpretieren die Schülerinnen und Schüler zunächst allein anhand der Aufgaben 1 und 2 auf dem Arbeitsblatt 41. Wenn sie fertig sind, vergleichen und besprechen sie ihre Ergebnisse mit denen ihres Sitznachbarn.

- *Bearbeiten Sie die Aufgaben 1 und 2 auf dem Arbeitsblatt 41.*

- *Vergleichen und besprechen Sie, wenn Sie fertig sind, Ihre Ergebnisse mit denen Ihres Sitznachbarn.*

Justinus Kerner: Im Grase

Betrachtung des Himmels durch ein Dichter-Ich

Freude über	Gegen-satz	**Furcht vor**
den „sel'gen Raum" (V. 10)	↔	dem „unsel'ge[n] Traum" des Fliegens (V. 12)
• Wolken im Sonnenglanz (V. 3)		• Flugzeugen
• Falkenflug (V. 4)		• Vertreibung der Vögel
• Stille, Ruhe und Klarheit		• Warentransporte durch die Luft
• Abwesenheit von Menschen, ihrer Betriebsamkeit, ihren Verkehrsmitteln und deren Lärm		• Öl- statt Regentropfen
• Zufluchtsort der Poesie		• endgültiges Verschwinden der Dichtkunst

Sehnsucht nach einem naturnahen Raum für die dichterische Inspiration,
für die auf der Erde kein Platz mehr ist

Justinus Kerner: Im Grase

Sprache und Form

- Adjektive für gegensätzliche Empfindungen:
  blau (V. 2, 5), golden (V. 3), satt (V. 9), keusch, selig (V. 10), singend (V. 15) ←→ unselig (V. 12), grämlich, stumm (V. 16), dunkel (V. 18), trauernd (V. 28)
- Zukunftsvorstellung im Konjunktiv (V. 11)
- Aufzählung von Negationen (Str. 2)
- Schlüsselwort „Dampf" (V. 6, 8, 31) als Synekdoche der Industrialisierung

  Gründe für den Rückzug der Poesie

- 8 Strophen mit je 4 Versen aus 4-hebigen Jamben
  Kreuzreime mit weiblichen/männlichen Kadenzen im Wechsel

Die ganze Kraft und Tragweite der Vision in Kerners Gedicht entdecken die Schülerinnen und Schüler, wenn sie sich über die wichtigsten Entwicklungsstufen des menschlichen Fliegens informieren und vor diesem Hintergrund erörtern, inwieweit sich die Befürchtungen des Dichter-Ichs bewahrheitet haben. Sie stellen fest, dass es erst seit der vorletzten Jahrhundertwende, also lange nach Kerners Tod, brauchbare Flugzeuge gibt und dass die Ahnungen nicht nur erfüllt, sondern weit übertroffen wurden.

■ *Recherchieren Sie die wichtigsten Entwicklungsstufen des menschlichen Fliegens (Aufgabe 3 auf dem Arbeitsblatt 41).*

Entwicklung des menschlichen Fliegens

um 1500	Flugapparate Leonardo da Vincis in Anlehnung an den Vogelflug
1783	Heißluftballon der Brüder Montgolfier
1811	Flugversuch des Schneiders von Ulm mit einem Hängegleiter
1852/53	erstes, von Georges Cayley nach aerodynamischen Gesetzen entwickeltes bemanntes Starrflügelflugzeug (Dreidecker)
1891–96	Otto Lilienthals Gleitflugversuche
1900	erster Zeppelin über dem Bodensee
1903	Motorflugzeug der Gebrüder Wright
1907	Hubschrauber
1. Weltkrieg	bewaffnete Flugzeuge/Luftkrieg
1915	Ganzmetall-Flugzeug von Hugo Junkers
1939	Düsenflugzeug von Ernst Heinkel
1947	Durchbruch der Schallmauer
1957	Düsenverkehrsflugzeuge (Boeing 707)
1961	erster Weltraumflug eines Menschen (Juri Gagarin)
1969	Amerikaner auf dem Mond

■ *Erörtern Sie, inwieweit sich die Befürchtungen in Kerners Gedicht bewahrheitet haben (Aufgabe 4 auf dem Arbeitsblatt 41).*

Heute werden nicht nur große Warenmengen auf Luftverkehrswegen transportiert (vgl. V. 17–20), sondern Geschäfts- und Urlaubsreisen mit dem Flugzeug in alle Kontinente sind für viele Menschen eine Selbstverständlichkeit (vgl. V. 11 f.). Abgase der Luftfahrzeuge schaden der Atmosphäre, in Notfällen lassen sie vor der Landung Kerosin ab (vgl. V. 24) und Anwohner von Flughäfen klagen über unerträglichen Lärm (vgl. V. 5–8). Seit Mitte des vorigen Jahrhunderts überwinden Fluggeräte sogar die Erdanziehungskraft und dringen ins Weltall vor.

Nach den sachlichen Auseinandersetzungen mit den Befürchtungen in Kerners Gedicht antworten die Schülerinnen und Schüler dem Ich in lyrischer Form aus heutiger Sicht.

■ *Verfassen Sie eine lyrische Antwort an Kerners Ich aus heutiger Sicht (Aufgabe 5 auf dem Arbeitsblatt 41).*

Die beiden Gedichte auf dem **Arbeitsblatt 42** (S. 164) bringen Wunden der Natur zur Sprache, unterscheiden sich aber durch die Art der Verletzung und durch die Reaktion der lyrischen Subjekte. In den Versen von Conrad Ferdinand Meyer wurden die Wunden bereits zugefügt: mit dem Beil dem jungen Baum (V. 1) und zur gleichen Zeit dem Ich mit dem Messer (V. 5 f.). Jenes empört sich kurz über die Verursacher, indem es sie als „Frevler" (V. 2) bezeichnet, bekundet dann aber fragend sein Mitleid und erinnert an die Versorgung der Verletzung, um die es sich kümmert (V. 3, 7). Von der Heilung überzeugt, berichtet es von der eigenen, schlimmeren und „unerträglich" schmerzenden Wunde (V. 6, 8), die nicht nur körperlich, sondern als Metapher auch seelisch zu verstehen ist. Vermutlich handelt es sich um eine Kränkung wegen des verletzten Baums. Die Parallelen erstrecken sich jedoch nicht nur auf die Verwundung, sondern auch auf die Genesung. Durch „die Kraft der Erde", den Rindensaft und erfrischende Kühlung erholen sich beide, der Baum und das Subjekt. Sie werden im Vertrauen auf die Heilungskräfte der Natur, die an den Narben zu erkennen sind, gesund. In den Versen aus fünfhebigen Jamben mit klingenden Paarreimen sieht das Ich in dem Baum ein persönliches Gegenüber, das es betreut und dabei selbst genest. Sein Heilungsprozess verläuft auch formal parallel zu dem des Du, denn Verspaare schildern ihn jeweils für die erste und zweite Person (V. 7/8, 9/10, 11/12, 13/14), bis er in der letzten Zeile für das gemeinsame Wir abgeschlossen ist. Die Wirkung der wohltuenden Naturkräfte und das Vertrauen in sie verstärken Ausrufezeichen, die in der zweiten Hälfte immer dichter aufeinanderfolgen, und das durch ein Enjambement an den Versanfang rückende und dadurch herausgehobene, adverbial gebrauchte Adjektiv „Heilsam" (V. 12) sowie die kurze Aufforderung „Und traue" (V. 4), die gegen Ende (V. 16) zu einem Selbstbekenntnis wird. Den abrupten Übergang von Zorn zu Mitleid markiert ein Gedankenstrich, Komparative (V. 6) bringen zum Ausdruck, dass die Wunde des Ichs schlimmer ist als die des Baums, und eine Klimax (V. 17) verdeutlicht den Gegensatz, dass Verletzungen heilen, aber auch tödlich enden können. Sie ruft am Schluss noch einmal das ganze Ausmaß der Bedrohung, aber ebenso der heilsamen Naturkräfte ins Bewusstsein.

In dem Gedicht *Natur* von Ludwig Fels steht ihre Verletzung durch den Bau eines Häuschens und damit die Zersiedelung der Landschaft noch bevor. Den Entschluss von Bekannten und ihre von Freude getragene Begründung, dass hier „noch alles so natürlich" sei (V. 5), kommentiert das Subjekt knapp und trocken mit einem grundsätzlichen sachlichen Einwand: Sie zerstörten, was sie suchten (V. 8–10). Es kritisiert damit das geplante Vorhaben und entlarvt gedankenloses, widersprüchliches Verhalten. Die beiden Strophen in freien Rhythmen stehen im Gegensatz zueinander: inhaltlich durch die Einstellung zu dem Bauprojekt und sprachlich durch Umfang und Gestaltungsweise. Der lapidaren, mürrischen Erwiderung im Konjunktiv gehen wortreichere, begeisterte Äußerungen im Indikativ mit einer Aufzählung von angenehm empfundenen Naturelementen (V. 5 f.) und die Beschreibung des Grundstücks mit einem Chiasmus (V. 3 f.) voraus. Von dieser abgesehen enthält das Gedicht nur direkte Reden des Ichs und seiner Bekannten, die den bevorstehenden Eingriff in die Natur durch Präsens (V. 5 f.) und Futur (V. 1 f., 7) artikulieren.

Die Schülerinnen und Schüler erörtern, inwieweit die beiden Gedichte auf dem Arbeitsblatt 42 Bedrohungen der Natur thematisieren, und bearbeiten dann die Aufgaben 1 und 2 in Partnerarbeit.

■ *Erörtern Sie, inwieweit die Gedichte auf dem Arbeitsblatt 42 Bedrohungen der Natur ansprechen.*

■ *Bearbeiten Sie die Aufgaben 1 und 2 auf dem Arbeitsblatt 42.*

Verletzte Natur

	C. F. Meyer: Der verwundete Baum	**Ludwig Fels: Natur**
Verletzungen	bereits geschehen: • Beilhiebe in den jungen Baum (V. 1) • Schnittwunde des Ichs	in der Zukunft: • Hausbau • Zersiedelung der Landschaft
Reaktionen des Ichs	• Empörung über „[d]ie Frevler" (V. 2) • Mitleid mit dem Baum (V. 2) • Versorgung der Wunde (V. 3, 7) • fester Glaube an die Heilung (V. 4) • Mitteilung der eigenen Verletzung (V. 5 f.) • parallele Genesungsprozesse • im Vertrauen auf die Heilungskräfte der Natur • Narben als Erkennungszeichen	• knapper, trockener Kommentar • sachlicher, grundsätzlicher Einwand • Kritik an dem geplanten Vorhaben • Entlarvung widersprüchlichen Verhaltens

Sprache und Form	• 5–hebige Jamben, klingende Paarreime
	• Personifizierung des Baums
	• Verspaare mit parallelen Heilungsverläufen von Ich und Du (V. 7/8, 9/10, 11/12, 13/14)
	• „Wir" in der letzten Zeile: gemeinsamer Abschluss
	• Hervorhebung der Heilung durch die Natur:
	  – Ausrufezeichen in immer dichterer Folge
	  – Enjambement/„Heilsam" am Versanfang (V. 11)
	• Vertrauen in die Naturkräfte: Aufforderung und Selbstbekenntnis vor Doppelpunkt (V. 4, 16)
	• Gedankenstrich (V. 2): abrupter Übergang von Zorn zu Mitleid
	• Komparative (V. 6): Vergleich der Verletzungen
	• Klimax (V. 17): gegensätzliche Folgen von Wunden
		• freie Rhythmen
		• Gegensatz der beiden Strophen
		  – inhaltlich (Einstellung zu dem Bauprojekt)
		  – sprachlich (Umfang und Gestaltungsweise)
		• begeisterte Äußerungen:
		  – Indikativ
		  – Aufzählung (V. 5 f.)
		• Chiasmus: Beschreibung des Grundstücks
		• lapidare Erwiderung
		  – Konjunktiv
		• direkte Reden
		• Präsens (V. 5 f.)/Futur (V. 1, 7): bevorstehender Eingriff in die Natur

Falls die Schülerinnen und Schüler nicht von selbst nach der Ursache seiner Wunde, von der das Ich in Meyers Gedicht spricht, fragen, gibt ihnen der Lehrer oder die Lehrerin einen Impuls.

- *Wodurch könnte die Verletzung des Ichs in Meyers Gedicht entstanden sein? Handelt es sich um eine Wunde des Körpers oder der Seele?*

Eine Gestaltungsaufgabe veranlasst die Schülerinnen und Schüler schließlich dazu, ein eigenes Gedicht über Verletzungen der Natur zu schreiben. Deren Bedrohungen, die am Anfang des Kapitels gesammelt wurden, können ihnen dabei inhaltliche Anregungen geben.

- *Bearbeiten Sie Aufgabe 3 auf dem Arbeitsblatt 42. Lassen Sie sich dabei von den gesammelten Bedrohungen der Natur anregen.*

5.3 Zerstörte Natur

Die beiden Gedichte auf den **Arbeitsblättern 43** und **44** (S. 165f.) führen eine zerstörte Landschaft vor Augen, die in dem von Volker Braun in freien Rhythmen verfassten rekultiviert wurde, wie aus dem zweiten Teil ab Vers 15 hervorgeht. Die dort wiederholte Anfangszeile markiert eine Zäsur und den Übergang von der Vergangenheit in die Gegenwart. Im ersten Teil fällt die natürliche Heidelandschaft, die zwei alliterierende Adjektivattribute charakterisieren (V. 4), dem Abbau von Rohstoffen, wahrscheinlich dem Braunkohle-Tagebau, der ihr mit „Werkzeugen" (V. 2), „Stahlgestängen" (V. 8) und Schächten (V. 10) stark zusetzt, zum Opfer. Die ersten drei Strophen, die das Lokaladverb „Hier" anaphorisch einleitet, berichten in einer Klimax immer drastischer und anschaulicher von den schwerwiegenden Eingriffen in die Natur, deren Schilderung sich in zwei weiteren Strophen fortsetzt. Diese Steigerung kommt auch in einer Erweiterung der Vers- und Strophenlängen zum Ausdruck: Einem Strophenpaar mit zwei Zeilen, das durch einen Parallelismus verbunden ist (V. 1, 3), folgen drei Strophen mit drei längeren Versen, welche die Folgen darstellen, die im zweiten Teil übertüncht sind: Wo tote, mit ihren Wurzeln ausgerissene Bäume lagen (V. 5f.), wurden junges Grün und „kleine[ ] Eichen" neu gepflanzt (V. 15f.); den auf der Suche nach Bodenschätzen durchwühlten Sand hat ein „weiße[r] neugeborene[r] Strand" ersetzt (V. 22f.); die aufgerissenen, durchgrabenen und abgetragenen Erdschichten (V. 8–13) sind zu einer neuen Erholungslandschaft geformt, die bequeme Wege durchziehen (V. 17f.), und an der Stelle des beim Tagebau entstandenen Kraters breitet sich ein See aus (V. 19f.). Die harte (V. 3), mitleidslose (V. 10), teuflische (V. 10) Ausbeutung, die der Natur die Seele raubt (V. 13), wird durch das neu gestaltete Gelände aber nicht ganz geheilt, denn nach einem Doppelpunkt bezeichnet eine Metapher den Kratersee als „der Erde/Aufgeschlagenes Auge" (V. 20f.). Durch ihn bleiben also die Verletzungen sichtbar, und auch sein Strand hat etwas Trennendes, das die isolierte Schlusszeile unterstreicht. Die ursprüngliche Heide ist für immer zerstört und kann durch eine künstliche Landschaft nicht wiederhergestellt werden. Zahlreiche Partizipien und Aufzählungen verdichten die Eindrücke des Raubbaus an der Natur, die menschliche Züge annimmt (V. 5: nackt, V. 6: Adern, V. 13: entseelt, V. 16: Eichen ohne Furcht, V. 20f.: aufgeschlagenes Auge der Erde, V. 22: neugeboren), und des Versuchs, die Schäden zu beheben. Der Bruch zwischen Mensch und Natur zeigt sich auf der formalen Ebene an den Enjambements (V. 5f., 9f., 20f.), in denen Satz- und Versstruktur auseinanderfallen. Das Klangspiel „abgeteuft"/„teuflisch[ ]" (V. 9f.) beurteilt die skrupellose Vernichtung der Heide als in höchstem Grade bösartig und grausam. Das lyrische Ich bekennt sich zu seiner Mitverantwortung, indem es sich in dem verallgemeinernden „Wir" einschließt (V. 1–3, 14, 23f.).
Um den Realitätsbezug von Brauns Gedicht zu erkennen, betrachten und vergleichen die Schülerinnen und Schüler die beiden Bilder in **Zusatzmaterial 7** auf Seite 245, auf denen

ein Tagebau in der Nähe eines Dorfes sowie das renaturierte Abbaugebiet zu sehen sind. Vermutlich werden die Jugendlichen die Bemühungen, die Landschaftswunden zu heilen, gutheißen.

> ■ *Vergleichen Sie die beiden Bilder in Zusatzmaterial 7. Erklären und beurteilen Sie die Veränderungen.*

Der visuelle Impuls erleichtert den Schülerinnen und Schülern den Zugang zu dem Gedicht, dessen Beziehungen zu den Bildern sie nun ermitteln. Das hilft ihnen, den zweiteiligen Aufbau festzustellen, der die Grundstruktur für die weitere Interpretation vorgibt. Der eingehenden Texterschließung geht jedoch die Beschreibung voraus, wie das Gedicht auf die jungen Leserinnen und Leser wirkt. Wahrscheinlich irritieren sie dessen Inhalt und Sprache, es enttäuscht ihre Erwartungen an einen lyrischen Text, nicht zuletzt deshalb, weil sie die Arbeitswelt, insbesondere den maschinellen Bergbau, nicht mit dieser Gattung in Verbindung bringen.

> ■ *Lesen Sie das Gedicht „Durchgearbeitete Landschaft" von Volker Braun auf dem Arbeitsblatt 43 und untersuchen Sie, was es mit den Bildern in Zusatzmaterial 7 verbindet (Aufgabe 1).*

> ■ *Beschreiben Sie, wie das Gedicht auf Sie wirkt (Aufgabe 2).*
>
> ■ *Erläutern Sie den Aufbau des Gedichts (Aufgabe 3).*

Die in Einzelarbeit gewonnenen Ergebnisse zu der sich daran anschließenden Interpretationsaufgabe stellen die Schülerinnen und Schüler im Unterrichtsgespräch gegenseitig vor, sie vergleichen sie und ergänzen sie gegebenenfalls in ihren Unterlagen. Zwei zusätzliche Hinweise in Aufgabe 4 erleichtern die Texterschließung und strukturieren die Einsichten.

> ■ *Bearbeiten Sie Aufgabe 4 auf dem Arbeitsblatt 43.*

Volker Braun: Durchgearbeitete Landschaft

Vergangenheit		Gegenwart
Zerstörung (V. 1–13)	natürliche Heidelandschaft	**Rekultivierung**
durch Werkzeuge, Stahlgestänge, Schächte	Alliteration „ruhig rauchend[ ]" (V. 4) zweifaches „Hier sind wir durchgegangen" (V. 1, 14)	(V. 14–24) durch eine Erholungslandschaft

Folgen

- tote, mit Wurzeln ausgerissene Bäume → junges Grün, „kleine[ ] Eichen ohne Furcht" (V. 15 f.)
- nach Bodenschätzen durchwühlter Sand → Strand (V. 22)
- aufgerissene, durchgrabene, abgetragene Erde → neu geschaffene Landschaftsformen
- Abbaukrater → See

Einschätzung

hart (V. 3), „mitleidlos" (V. 10), „teuflisch[ ]" (V. 10), Raub der Naturseele (V. 13)	bleibende Verletzung (Metapher „der Erde/Aufgeschlagenes Auge", V. 20 f.) Künstlichkeit

> **Volker Braun: Durchgearbeitete Landschaft**
> **Sprache und Form**
>
> - Aufzählungen/Partizipien: Verdichtung der Eindrücke
> - Vermenschlichung der Natur (V. 5: nackt; V. 6: Adern; V. 13: entseelt; V. 16: Eichen ohne Furcht, V. 20 f.: aufgeschlagenes Auge der Erde; V. 22: neugeboren
> - Parallelismus (V. 1, 3), Lokaladverb/Anapher „Hier", Klimax (Str. 1–3)
> - Erweiterung der Vers- und Strophenlängen (Str. 1–5)
> - Enjambements (V. 5 f., 9 f., 20 f.): Bruch im Verhältnis zwischen Mensch und Natur
> - verallgemeinerndes Wir (V. 1–3, 14, 23): Bekenntnis des Ichs zu seiner Mitverantwortung
> - Klangspiel „abgeteuft"/„teuflisch[ ]" (V. 9 f.): Grausamkeit und Bösartigkeit in höchstem Grad
> - freie Rhythmen

Mathias Schreiber schildert die *Landschaft bei Dormagen* auf dem Arbeitsblatt 44 in Bildern, die beim ersten Blick seltsam und rätselhaft erscheinen. Zwei Gruppen kristallisieren sich heraus: Himmel (V. 4), Sonne (V. 11), Rübenfeld (V. 14) und Krüppelbirke (V. 15) repräsentieren die Natur, die Autobahn (V. 7), Hochhäuser (V. 13) und Chemiewerke (V. 16) eine Industriestadt. Am Friedhof mit seiner Mauer grenzen beide Bereiche aneinander. Er markiert einen weiteren wichtigen Ort, weil er das Gedicht einleitet und abschließt. Dieser Rahmen des Todes spannt ein Symbolgeflecht auf, das sich über die Natur legt. Wohn- und Industriebauten muten dagegen „optimistisch" (V. 12) und moralisch (V. 16 f.) an. Erst in der letzten Strophe ist in einem Subjektsatz in unpersönlicher Weise von Menschen die Rede, die aus der Stadt „in den Erholungspark" fahren. Ohne sie zeigt sich schon in der mittleren Strophe diese durch Autobahnen erleichterte Mobilität, die jedoch, weil die Straße am Friedhof vorbeiführt, der Tod überschattet. Verkehrswege stehen durch Strophe 3 im Zentrum und drängen die Menschen an den Rand. In den lakonischen Aussagesätzen des Gedichts dominieren Personifizierungen, die befremdlich, grotesk und obszön wirken. Der Vergleich in der zweiten Strophe, der aus einer Ellipse besteht, verbindet die blaue Farbe des Himmels mit dem Wasser des Meeres, einem unansehnlichen Lebewesen darin und seinem Todeskampf, und der Mittag beschäftigt sich in der Eingangsstrophe mit Grab und Vogel. Will seine Geste denotativ besagen, dass dieser wie alle Kreatur dem Tod geweiht ist, oder mokiert er sich im übertragenen Sinn über Dummheit und Sinnlosigkeit?

Die Schülerinnen und Schüler gruppieren die Begriffe, welche die Landschaft in Schreibers Gedicht benennen, suchen nach Verbindungen unter ihnen und erläutern und vergleichen ihre Ergebnisse dann im Unterrichtsgespräch. Anschließend untersuchen sie, wie das Gedicht die Landschaft darstellt, leiten daraus Interpretationshypothesen ab und formulieren ihre Einsichten in einem Interpretationsaufsatz. Ein Gespräch über die gewonnenen Ergebnisse unterbricht die Einzelarbeit jeweils.

- *Bearbeiten Sie Aufgabe 1 auf dem Arbeitsblatt 44.*

- *Untersuchen Sie, wie das Gedicht die Landschaftsteile in Schreibers Gedicht darstellt. (Aufgabe 2 auf dem Arbeitsblatt 44).*

- *Leiten Sie aus Ihren Erkenntnissen Interpretationshypothesen ab (Aufgabe 3 auf dem Arbeitsblatt 44).*

Verfassen Sie aus Ihren Einsichten einen Interpretationsaufsatz, in dem Sie Ihre Interpretationshypothesen begründen. (Aufgabe 4 auf dem Arbeitsblatt 44).

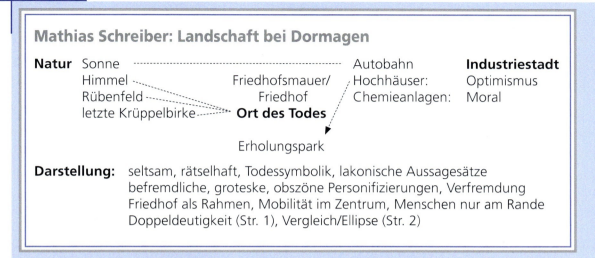

Die gestrichelten Linien und Pfeile zeigen Verbindungen zwischen den einzelnen Landschaftselementen, wie sie sich aus dem Gedicht ergeben.
Die folgenden Interpretationshypothesen verstehen sich als Vorschläge, welche die Kreativität im Kurs nicht einschränken oder behindern dürfen.

Interpretationshypothesen zu dem Gedicht *Landschaft bei Dormagen*

- Hochhäuser, Industrieanlagen und Schnellverkehrsstraßen verdrängen die Natur.
- Menschen stehen nicht mehr im Mittelpunkt, sondern am Rand.
- Natur ist nur noch in künstlich angelegten Erholungsparks zu erleben.
- Ihr Tod lässt sich aber nicht verschleiern, sondern ist allgegenwärtig.
- Schönheit und Ordnung gehen verloren.
- An einem sonnig-warmen Mittag zeigen sich die Kehrseiten der Industrialisierung und Motorisierung.

Die Gedichte von Braun und Schreiber befassen sich mit der Zerstörung der Natur und der Landschaft, im einen durch den Tagebau, im andern durch Verkehrswege, Hochhäuser und Industrieanlagen. Bilder des Todes, die sich bei Braun auf Bäume und Boden beziehen und bei Schreiber durch den Friedhof, den Selbstmord des Rübenfeldes und die sterbende Qualle präsent sind, veranschaulichen verstärkend die vernichtenden Schäden. Erholungsparks können sie nicht beheben, weil ihre Natur künstlich bleibt. Verdrängungsversuche scheitern, weil die Verletzungen dauerhaft erkennbar sind oder der Friedhof am Weg liegt. Personifizierungen erstrecken sich im einen Fall auf die Körper, im andern auf das Verhalten. Beide Gedichte bestehen aus freien Rhythmen und Strophen von unterschiedlicher Länge. Eines vermittelt Eindrücke von der Realität, das andere verfremdet sie.

Bearbeiten Sie Aufgabe 5 auf dem Arbeitsblatt 44.

Baustein 5: Verlorene, bedrohte und zerstörte Natur

Vergleich der Landschaftsgedichte von Volker Braun und Mathias Schreiber

Gemeinsamkeiten	Unterschiede	
	Durchgearbeitete Landschaft	*Landschaft bei Dormagen*
• Zerstörung der Natur/ der Landschaft →	• durch Bergbau	• durch Verkehrswege, Hochhäuser, Industrieanlagen
• Bilder des Todes →	• Bäume, Boden	• Friedhof, Selbstmord des Rübenfeldes, sterbende Qualle
• Erholungsparks als künstliche Natur		
• Scheitern von Verdrängungsversuchen →	• dauerhafte Verletzungen	• Friedhof am Weg
• Personifizierungen →	• Körper	• Verhalten
• freie Rhythmen, Strophen von unterschiedlicher Länge	• Eindrücke von der Realität	• Verfremdung

Notizen

_____
_____
_____
_____
_____
_____
_____
_____
_____
_____
_____
_____
_____
_____

Naturverlust

*Untersuchen und vergleichen Sie die Gedichte von C. F. D. Schubart und B. Brecht.
Gehen Sie insbesondere darauf ein,*
- *wie sie die Natur und ihren Verlust darstellen,*
- *was den Verlust verursacht,*
- *wie das Ich reagiert,*
- *wie Sprache und Form gestaltet sind und in welcher Beziehung sie zum Inhalt stehen.*

Christian Friedrich Daniel Schubart
Die Aussicht (1786)

Schön ist's, von des Tränenberges Höhen
Gott auf seiner Erde wandeln sehen,
Wo sein Odem die Geschöpfe küsst,
Auen sehen, drauf Natur, die treue,
5 Eingekleidet in des Himmels Bläue,
Schreitet und wo Milch und Honig fließt.

Schön ist's, in des Tränenberges Lüften
Bäume sehn in silberweißen Düften,
Die der Käfer wonnesummend trinkt,
10 Und die Straße sehn im weiten Lande,
Menschenwimmelnd, wie vom Silbersande
Sie, der Milchstraß gleich am Himmel, blinkt,

Und der Neckar, blau vorüberziehend,
In dem Gold der Abendsonne glühend,
15 Ist dem Späherblicke Himmelslust,

Und den Wein, des siechen[1] Wandrers Leben,
Wachsen sehn an mütterlichen Reben
Ist Entzücken für des Dichtes Brust.

Aber, armer Mann, du bist gefangen.
20 Kannst du trunken an der Schönheit hangen?
Nichts auf dieser schönen Welt ist dein!
Alles, alles ist in tiefer Trauer
Auf der weiten Erde; denn die Mauer
Meiner Feste schließt mich Armen ein!

25 Doch herab von meinem Tränenberge
Seh ich dort den Moderplatz der Särge;
Hinter einer Kirche streckt er sich,
Grüner als die andern Plätze alle: –
Ach, herab von meinem hohen Walle
30 Seh ich keinen schönern Platz für mich.

_{Conrady, S. 264/Nach C. F. D. S.: Sämtliche Gedichte. Frankfurt/Main: Hermann 1825.}

---

[1] krank, hinfällig

Christian Friedrich Daniel Schubart
(1739–91), Sohn eines Pfarrers; nach abgebrochenem Theologiestudium Organist und Hofkapellmeister in Ludwigsburg; wegen ausschweifender Lebensweise und kritischer Veröffentlichungen vom württembergischen Herzog Carl Eugen zunächst des Landes verwiesen und später zehn Jahre auf dem Hohenasperg inhaftiert; danach wieder als gebrochener Mann zum Theater- und Musikdirektor am Stuttgarter Hof eingesetzt. Als Lyriker zwischen Empfindsamkeit und Sturm und Drang von Schiller geschätzt, der ihn im Gefängnis besuchte. Dort entstand eine Vielzahl geistlicher und weltlicher Gedichte.

Bertolt Brecht
Über das Frühjahr (1928)

Lange bevor
Wir uns stürzten auf Erdöl, Eisen und Ammoniak
Gab es in jedem Jahr
Die Zeit der unaufhaltsam und heftig grünenden Bäume.
5 Wir alle erinnern uns
Verlängerter Tage
Helleren Himmels
Änderung der Luft
Des gewiss kommenden Frühjahrs.
10 Noch lesen wir in Büchern
Von dieser gefeierten Jahreszeit

Und doch sind schon lange
Nicht mehr gesichtet worden über unseren Städten
Die berühmten Schwärme der Vögel.
15 Am ehesten noch sitzend in Eisenbahnen
Fällt dem Volk das Frühjahr auf.
Die Ebenen zeigen es
In alter Deutlichkeit.
In großer Höhe freilich
20 Scheinen Stürme zu gehen:
Sie berühren nur mehr
Unsere Antennen.

B. B.: Werke. Große kommentierte Berliner und Frankfurter Ausgabe. Hrsg. v. Werner Hecht u. a. Bd. 14: Gedichte 4: Gedichte und Gedichtfragmente 1928–1939. Frankfurt a. M.: Suhrkamp 1993, S. 7. © Suhrkamp Ffm.

Bertolt Brecht (1898–1956), Sohn eines Fabrikdirektors in Augsburg; ab 1917 Literatur-, Philosophie- und Medizin-Studium in München; seit 1920 Tätigkeiten am Theater und Beziehungen zu Künstlerkreisen; ab 1924 an Berliner Bühnen und Studium des Marxismus; 1933 Emigration und immer wieder Flucht vor deutschen Besatzungstruppen. 1947 Rückkehr aus den USA in die Schweiz und 1948 nach Ost-Berlin; Gründung des Berliner Ensembles mit Helene Weigel. Obwohl vor allem dem Theater zugewandt, wurde er auch als Lyriker und Verfasser kurzer Prosatexte bekannt.

Justinus Kerner: Im Grase (1826?)

1. Ermitteln Sie, worüber sich das Ich „[i]m Grase" freut, wovor es sich fürchtet und wonach es sich sehnt.
2. Untersuchen Sie Sprache und Form des Gedichts, insbesondere das Vokabular für die verschiedenen Empfindungen.
3. Recherchieren Sie die wichtigsten Entwicklungsstufen des menschlichen Fliegens.
4. Erörtern Sie, inwieweit sich die Befürchtungen in Kerners Gedicht bewahrheitet haben.
5. Verfassen Sie eine lyrische Antwort an Kerners Ich aus heutiger Sicht.

Lasst mich in Gras und Blumen liegen
Und schaun dem blauen Himmel zu:
Wie gold'ne Wolken ihn durchfliegen,
In ihm ein Falke kreist in Ruh'.

5 Die blaue Stille stört dort oben
Kein Dampfer und kein Segelschiff,
Kein Menschentritt, kein Pferdetoben,
Nicht des Dampfwagens wilder Pfiff.

Lasst satt mich schauen in die Klarheit,
10 In diesen keuschen, sel'gen Raum,
Denn bald könnt' werden ja zur Wahrheit
Das Fliegen, der unsel'ge Traum.

Dann flieht der Vogel aus den Lüften
Wie aus dem Rhein der Salme¹ schon,
15 Und wo einst singend Lerchen schifften,
Schifft grämlich stumm Britannias Sohn.

Blick' ich gen Himmel zu gewahren
Warum's so plötzlich dunkel sei,
Erschau ich einen Zug von Waren,
20 Der an der Sonne schifft vorbei.

Fühl' Regen ich im Sonnenscheine,
Such' ich den Regenbogen keck,
Ist es kein Regen, wie ich meine,
Ward in der Luft ein Oelfass leck.

25 Lasst schaun mich von dem Erdgetümmel
Zum Himmel, eh' es ist zu spät,
Eh' wie vom Erdball so vom Himmel
Die Poesie still trauernd geht.

Verzeiht dies Lied des Dichters Grolle,
30 Träumt er von solchem Himmelsgraus,
Er, den die Zeit, die dampfestolle,
Schließt von der Erde lieblos aus.

Fingerhut: Naturlyrik, S. 102/J. K.: Gesamtwerke in 4 Bänden, hrsg. vom
Justinus-Kerner-Verein Weinsberg. Weinsberg o. J. (1909). Bd. 3, S. 13f.

Justinus Kerner (1786–1862), Sohn einer Beamtenfamilie in Ludwigsburg; nach einer Tuchmacherlehre 1804–1808 Medizinstudium in Tübingen; 1809/10 Reisen nach Frankfurt, Hamburg, Berlin, Nürnberg, Dresden und Wien. Anschließend praktischer Arzt in schwäbischen Städten, 1813 Heirat mit Friederike Ehmann, 1819–1851 Amtsarzt in Weinsberg, wo er übersinnliche Einflüsse auf Menschen untersuchte. Zusammen mit seinem Freund Ludwig Uhland Hauptvertreter der Schwäbischen Dichterschule in der Spätromantik, die sich gegen das aufklärerische Denken wandte. „Das ‚Kernerhaus' in Weinsberg wurde bald zum literarisch-geselligen Mittelpunkt Württembergs." (Harenberg Lexikon der Weltliteratur. Bd. 3. Studienausg. Dortmund, S. 1605). Kerners stimmungsvoll-empfindsame, volksliedhafte Lyrik pendelt zwischen Heiterkeit und Schwermut.

---
¹ Lachs

Verletzte Natur

1. Ermitteln sie, welche Verletzungen die beiden Gedichte ansprechen und wie das Ich darauf eingeht.

2. Untersuchen Sie jeweils die Beziehung zwischen Inhalt, Sprache und Form.

3. Verfassen Sie ein Gedicht, in dem Sie auf Verletzungen der Natur in Ihrer Umgebung oder in Ihrem Erfahrungsbereich reagieren. Sie können sich an den Vorlagen auf diesem Arbeitsblatt orientieren oder auch andere lyrische Formen finden.

Conrad Ferdinand Meyer
Der verwundete Baum

Sie haben mit dem Beile dich zerschnitten,
Die Frevler – hast du viel dabei gelitten?
Ich selber habe sorglich dich verbunden
Und traue: Junger Baum, du wirst gesunden!
5 Auch ich erlitt zu schier derselben Stunde
Von schärferm Messer eine tiefre Wunde.
Zu untersuchen komm ich deine täglich
Und meine fühl ich brennen unerträglich.
Du saugest gierig ein die Kraft der Erde,
10 Mir ist als ob auch ich durchrieselt werde!
Der frische Saft quillt aus zerschnittner Rinde
Heilsam. Mir ist, als ob auch ich's empfinde!
Indem ich *deine* sich erfrischen fühle,
Ist mir, als ob sich *meine* Wunde kühle!
15 Natur beginnt zu wirken und zu weben,
Ich traue: Beiden geht es nicht ans Leben!
Wie viele, so verwundet, welkten, starben!
Wir beide prahlen noch mit unsern Narben!

Deutsche Naturlyrik, S. 89/C. F. Meyer: Sämtliche Gedichte. Stuttgart: Reclam 1978 [u.ö.].

Ludwig Fels
Natur

Hierher, sagen mir Bekannte, bauen wir
unser Häuschen.
Auf ihrem Grundstück grasen Kühe
und Blumen wachsen im Klee.
5 Hier ist noch alles so natürlich, sagen sie, die Luft
und der Wald, Hügel und Felder
hier werden wir wohnen …

Ohne euch
sag ich
10 würde es so bleiben.

Fingerhut: Naturlyrik S. 105/L. F.: Ernüchterung. Erlangen, Berlin 1975, o. S. [27]

Ludwig Fels (geb. 1946) stammt aus ärmlichen, kleinbürgerlichen Verhältnissen, blieb ohne Ausbildung und übernahm als Gelegenheitsarbeiter unterschiedliche Tätigkeiten. Ab 1973 freier Schriftsteller, wird er 1981 Mitglied des PEN-Zentrums Deutschland und lebt seit 1983 in Wien. Nach Anfängen als Arbeiterschriftsteller verfasste er neben Lyrik auch Erzählungen, Romane, Theaterstücke und Hörspiele, die ein drastischer Realismus kennzeichnet.

Volker Braun: Durchgearbeitete Landschaft

1. Untersuchen Sie die Beziehung zwischen den beiden Bildern in Zusatzmaterial 7 und Brauns Gedicht.

2. Beschreiben Sie, wie das Gedicht auf Sie wirkt.

3. Erläutern Sie den Aufbau des Gedichts.

4. Erschließen Sie auf dieser Grundlage Inhalt, Sprache und Form in ihrer Wechselbeziehung. Unterscheiden Sie inhaltlich zwischen Mitteln, Folgen und Urteilen und achten Sie auf ähnliche Bezeichnungen in den Abschnitten des lyrischen Textes sowie die damit verbundene Botschaft.

Hier sind wir durchgegangen
Mit unsern verschiedenen Werkzeugen

Hier stellten wir etwas Hartes an
Mit der ruhig rauchenden Heide

5 Hier lagen die Bäume verendet, mit nackten
Wurzeln, der Sand durchlöchert bis in die Adern
Und ausgepumpt, umzingelt der blühende Staub

Mit Stahlgestängen, aufgerissen die Orte, weggeschnitten
Überfahren der Dreck mit rohen Kisten, abgeteuft[1] die
10   teuflischen Schächte mitleidlos

Ausgelöffelt die weichen Lager, zerhackt, verschüttet,
   zersiebt, das Unterste gekehrt nach oben und durch-
   gewalkt und entseelt und zerklüftet alles

Hier sind wir durchgegangen.

15 Und bepflanzt mit einem durchdringenden Grün
Der Schluff[2], und kleinen Eichen ohne Furcht

Und in ein plötzliches zartes Gebirge
Die Bahn, gegossen aus blankem Bitum[3]

Das Restloch mit blauem Wasser
20 Verfüllt und Booten: der Erde
Aufgeschlagenes Auge

Und der weiße neugeborene Strand
Den wir betreten

Zwischen uns.

Fingerhut: Naturlyrik, S. 95/V. B.: Gegen die symmetrische Welt.
Gedichte. Frankfurt/M. 1974, S. 34f.
© Suhrkamp Berlin

Volker Braun, geb. 1939 in Dresden; nach dem Abitur Arbeiter in einer Druckerei sowie im Tief- und Tagebau; 1960–64 Philosophiestudium in Leipzig, nachdem er in die SED eingetreten war. 1965–67 und 1977–90 Dramaturg und Mitarbeiter am Berliner Ensemble, das Bertolt Brecht und seine Frau Helene Weigel gründeten. Braun geht in seinen Werken – neben Gedichten Theaterstücken, Erzählungen und Romanen – dem „Widerspruch zwischen Anspruch und Wirklichkeit der sozialistischen Gesellschaft" nach (Harenberg Lexikon der Weltliteratur. Bd. 1. Studienausg. Dortmund 1955, S. 450). Trotz seiner kritischen Einstellung gegenüber den Verhältnissen in der DDR erhielt er zahlreiche Auszeichnungen

---

[1] einen Schacht senkrecht nach unten gebaut
[2] feinkörniger, sandiger Boden
[3] teerartige Masse

Mathias Schreiber: Landschaft bei Dormagen[1]

1. Ermitteln Sie, welche Teile der Landschaft das Gedicht benennt. Bilden Sie Gruppen von Begriffen, die zusammengehören, und stellen Sie fest, was sie verbindet.
   Begründen Sie Ihre Überlegungen.
2. Untersuchen Sie, wie das Gedicht diese Landschaftsteile darstellt.
3. Leiten Sie daraus Interpretationshypothesen ab.
4. Formulieren Sie Ihre Einsichten schriftlich als Interpretationsaufsatz.
5. Vergleichen Sie die Landschaftsgedichte von Mathias Schreiber und Volker Braun (auf dem Arbeitsblatt 43). Achten Sie auf Gemeinsamkeiten und Unterschiede und berücksichtigen Sie Inhalt, Sprache und Form.

Auf der sauber verputzten Friedhofsmauer
hockt der Mittag und zeigt
einem Grab den Vogel.

Der Himmel wasserblau
5 wie die Todesblase
einer Riesenqualle.

Die Autobahn schwitzt.
Sie macht die Beine breit,
dazwischen
10 verbleites Grün.
Die Sonne fährt hundert.

Hier werden optimistische
Hochhäuser gebaut.
Ein Rübenfeld erhängt sich
15 an der letzten Krüppelbirke.
Die Chemie hebt empört
ihren stinkenden Zeigefinger.

Wer von der Stadt aus
in den Erholungspark will,
20 muss den Friedhof passieren.

Conrady, S. 1115/M. S.: Der Maulschellenbaum.
Kransberg: Petri Presse 1974. © Mathias Schreiber

Mathias Schreiber, geb. 1943 in Berlin. Nach geisteswissenschaftlichem Studium, Staatsexamen und Promotion Feuilletonchef bzw. dessen Stellvertreter beim Kölner Stadtanzeiger und bei der FAZ. 1991–2005 Ressortleiter für Kultur in der Redaktion des SPIEGEL; seither weiterhin Autor für das Nachrichtenmagazin. Neben drei Lyrikbänden veröffentlichte er Bücher zu philosophischen Fragen.

---

[1] nordrhein-westfälische Stadt am linken Rheinufer mit chemischer Großindustrie

Baustein 6
Naturlyrik von der Antike bis zur Romantik

In diesem und im nächsten Baustein liegt der Schwerpunkt auf der literaturgeschichtlichen Zuordnung und Erschließung der Naturlyrik. Die ausgewählten Gedichte sollen einzelne Epochen repräsentieren, Verständnis für unterschiedliche oder auch gleichbleibende lyrische Darstellungen der Natur, ihrer Wirkungen oder der Auseinandersetzung mit ihr wecken, den Schülerinnen und Schülern einen Überblick über die sich verändernden oder tradierten Inhalte und Formen vermitteln und ihnen damit auch Einsichten in das Lebensgefühl und die Denkweisen der Entstehungszeit ermöglichen. Vom Mittelalter bis zur Romantik hinterlassen schon die Naturszenerien und -stimmungen der Gedichte bildkräftige Eindrücke von den Epochen. Manche Kapitel beziehen Gedichte ein, die bereits an anderen Stellen dieses Modells besprochen wurden und die sich ebenfalls dazu eignen, literarische Epochen zu veranschaulichen oder abzugrenzen, oder sie verweisen auf sie. Insbesondere im Zusammenhang mit Klopstocks *Frühlingsfeier* (Kap. 2.3 auf S. 68–70) wurden bereits literaturgeschichtliche Zusammenhänge an einer Nahtstelle gestreift.

6.1 Antike und Altes Testament

Die Naturlyrik des Altertums vertreten zwei anakreontische Lieder auf dem **Arbeitsblatt 45** (S. 181), die Eduard Mörike übersetzt hat. Ob sie von dem frühgriechischen Dichter Anakreon selbst stammen, ist ungewiss, sie stehen aber seiner Art des Dichtens nahe, die in hellenistischer und byzantinischer Zeit nachgeahmt wurde und die deutsche Lyrik des Rokoko (1740–1780) maßgeblich beeinflusste (vgl. das Arbeitsblatt 49 auf S. 187 und dazu S. 174–177 im Modell). An dem ersten Gedicht *Auf Dionysos* können die Schülerinnen und Schüler die Merkmale der anakreontischen Dichtung, wie sie auf dem Arbeitsblatt 45 benannt sind, leicht erkennen: Der griechische Fruchtbarkeitsgott versorgt die Menschen mit Wein, den er in der Natur reifen lässt. Die Ernte der Trauben soll „alle[r] Welt" (V. 12) Gesundheit, körperliche Schönheit, geistige Frische und fröhliche Herzen bringen, ihnen also zu Lebensfreude und -genuss verhelfen. Der Gott ermutigt den Jüngling durch den Wein zur Liebe, zu der das berauschende Getränk gehört (V. 2, 6), und schenkt ihm ein reizvolles Aussehen beim geselligen Speisen und Tanzen (V. 3). Wie alle Wirkungen des Weins sind auch das Lachen, das er auslöst, und der Trost, den er spendet, auf das Diesseits gerichtet. Die leicht verständlichen, heiteren, zuversichtlichen Verse, die Dionysos und sein Getränk preisen, überspielen die Schattenseiten des Lebens.

> ■ *Weisen Sie in dem Gedicht „Auf Dionysos" auf dem Arbeitsblatt 45 die Merkmale anakreontischer Lyrik nach (Aufgabe 1).*

Merkmale anakreontischer Lyrik am Beispiel des Gedichts *Auf Dionysos*

Wein: Gabe des Dionysos an die Menschen
Natur: Reifung und Ernte der Trauben
Genuss: Gesundheit, körperliche Schönheit, geistige Frische, fröhliche Herzen
Liebe: Ermutigung des Jünglings, Wein als „Trank der Liebe" (V. 6)
Geselligkeit: Speisen und Tanzen
Form: leicht verständliche, heitere, zuversichtliche Verse

- Ausrichtung auf das Diesseits
- Überspielen der Schattenseiten im Leben

Das zweite Gedicht *An die Zikade* preist ein Wesen, das zum Vorbild für ein erfülltes und genussvolles menschliches Dasein wird. Das Insekt besitzt einen bedürfnislosen Körper (V. 3, 18), der weder altert noch leidet (V. 15, 17), und ist deshalb den unangenehmen Seiten des Lebens nicht ausgesetzt, dafür aber mit Eigenschaften ausgestattet, nach denen sich die Menschen sehnen. Aus diesem Grund wird es geschätzt, verehrt und sogar von den Göttern geliebt, denen es gleicht. Die Schülerinnen und Schüler untersuchen, was das Ich der Zikade zuschreibt, und unterscheiden dabei Eigenschaften und Schlussfolgerungen.

■ *Untersuchen Sie, welche Eigenschaften das Ich in dem zweiten Gedicht auf dem Arbeitsblatt 45 der Zikade zuschreibt und welche Schlüsse es daraus ableitet.*

An die Zikade gerichtete lyrische Rede

Eigenschaften des Insekts
- bedürfnisloser Körper (V. 3, 18)
- Leben in der Höhe (V. 2)
- göttlicher Gesang (V. 4, 14, 17)
- Reichtum (V. 5–7)
- Harmlosigkeit (V. 9)
- Bote des Sommers (V. 11)
- ohne Alter und Leiden (V. 15–17)
- Weisheit (V. 16)

Schlüsse
- königliches, göttergleiches Wesen (V. 4, 19)
- Liebling Apollons und der Musen (V. 12–14)
- Wertschätzung und Verehrung durch die Menschen (V. 8, 10)
- Seligpreisung (V. 1)

→ **Vorbild für ein erfülltes und genussvolles menschliches Dasein**

Die beiden Gedichte wurzeln in antiken Vorstellungs- und Glaubenswelten, denn das eine verehrt Dionysos und die Wirkung des Weins, mit dem er die Menschen ergötzt, und das zweite rückt die Zikade, ein mediterranes Insekt, in die Nähe von Apollon und den Musen. Der Glaube an einen dreieinigen christlichen Gott hatte noch nicht den griechisch-römischen Polytheismus abgelöst.

■ *Woran ist zu erkennen, dass es sich auf dem Arbeitsblatt 45 um Gedichte aus der Antike handelt? (Aufgabe 3)*

Neben Gedichten der griechisch-römischen Antike beeinflussen auch Psalmen des Alten Testaments die abendländische Naturlyrik. „In der Weltliteratur wie in der Gebetssprache der Völker findet sich nichts, was mit den Psalmen vergleichbar wäre."[1] Die Verse 1–24 des Schöpfungspsalms 104 auf dem **Arbeitsblatt 46** (S. 182) sind ein Beispiel dieser „Theopoesie" (vgl. die Erläuterungen dazu), das in folgende Abschnitte unterteilt ist: „V. 1: Eröffnung des Lobpreises. V. 2–4: Lobpreis der himmlischen Majestät Gottes. V. 5–9: Erschaffung und Bewahrung der Erde. V. 10–18: Versorgung der Geschöpfe durch Gott. V. 19–24: Die Teilung der Zeiten"[2]. In dem Psalm bewundert, lobt und preist das Ich Gott, dessen Werke und Weisheit, es sieht in ihm selbstverständlich denjenigen, der die Natur in vollkommener Weise erschaffen hat und für seine Geschöpfe bestens sorgt, und es freut sich über Gott, seine Schöpfung und seine fürsorgliche Güte.

Die Schülerinnen und Schüler gliedern den umfangreichen Psalmtext, finden Überschriften für die einzelnen Abschnitte und fügen in Stichworten hinzu, was in ihnen jeweils über die Natur gesagt wird. Dann ermitteln sie, was in dem Psalm über das Ich, sein Verhältnis zur Natur und seine Beziehung zu Gott zum Ausdruck kommt.

■ *Bearbeiten Sie die Aufgaben 1–3 auf dem Arbeitsblatt 46 in der angegebenen Reihenfolge.*

Der Schöpfungspsalm 104, V. 1–24

Gliederung und Aussagen über die Natur

- <u>Beginn des Lobpreises</u> (V. 1): Aufforderung an die Seele als unsterblicher Teil des Menschen
- <u>Gottes Herrlichkeit in Naturerscheinungen</u> (V. 2–4): Lichtkleid, Himmelsteppich, Wolkenwagen, „Gemächer über den Wassern", Winde als Flügel und Boten
- <u>Erschaffung und Erhaltung der Erde</u> (V. 5–9): Trennung von Wasser und Land, Gestaltung von Bergen und Tälern
- <u>Versorgung von Tieren und Menschen</u> (V. 10–18): Quellen, Vogelgezwitscher, Nahrungsmittel (Früchte, Wein und Brot für die Menschen/Gras für das Vieh), Öl zur Schönheitspflege, Lebensräume für die Tiere
- <u>Zeitordnung</u> (V. 19–23): des Jahres durch den Mond, Tag/Nacht durch die Sonne, Tätigkeit/Ruhe bei Mensch und Tier
- <u>Ruhm der Schöpfungsordnung</u> (V. 24)

Der Psalm ist Ausdruck

- der Bewunderung, des Lobes und Preises Gottes, seiner Werke und Weisheit durch das Ich,
- der Gewissheit, dass die Natur von Gott in vollkommener Weise erschaffen wurde und in ihr für alle Geschöpfe bestens gesorgt ist,
- der Freude über Gott, seine Schöpfung und seine Güte.

---

[1] Georg Karl Frank: Einführung. In: Lobe den Herrn, meine Seele. Alle 150 Psalmen mit Auslegungen. Hrsg. von Ulrich Fischer u. a. Stuttgart, Zürich: Kreuz Verlag 2003, S. 9.

[2] Wuppertaler Studienbibel. Reihe: Altes Testament. 6. Das Buch der Psalmen. Das Buch der Sprüche. Der Prediger. Das Hohelied. Wuppertal: Brockhaus 1995, S. 32.

Baustein 6: Naturlyrik von der Antike bis zur Romantik

Während der biblische Psalm zu einem „sprachliche[n] Heiligtum" (Erläuterungen auf dem Arbeitsblatt 46) gehört und Gott durch die Aufzählung seiner Werke in der Natur lobpreist, handelt es sich bei Hallers *Morgengedanken*, Klopstocks *Frühlingsfeier* und Celans *Psalm* auf den Arbeitsblättern 5, 17 und 18 (S. 51, 84, 86) um profane Texte. In Hallers Gedicht beobachtet das Ich die Naturerscheinungen am Morgen, schließt daraus auf die Allmacht des Schöpfers und verstummt angesichts dessen Größe. In Klopstocks *Frühlingsfeier* begegnet Gott dem Subjekt im Gewitter, das dabei wechselnden Empfindungen ausgesetzt ist und mit Bitten und Anbetung reagiert. Celans *Psalm* verneint, dass Menschen Geschöpfe Gottes sind; dennoch preisen sie die Leere durch ihr Blühen und Schreiben.

■ *Vergleichen Sie den Psalm 104 (V. 1–24) mit Hallers „Morgengedanken", Klopstocks „Frühlingsfeier" und Celans „Psalm" auf den Arbeitsblättern 5, 17 und 18 (Aufgabe 4 auf dem Arbeitsblatt 46).*

Vergleich des Psalms 104 (V. 1–24) mit thematisch verwandten Gedichten

Psalm 104	A. v. Haller: **Morgengedanken**	F. G. Klopstock: **Die Frühlingsfeier**	P. Celan: **Psalm**
	←——————— profane Texte ———————→		
• Teil eines „sprachliche[n] Heiligtum[s]" • Lobpreis Gottes durch die Aufzählung seiner Werke in der Natur	• Beobachtung von Naturerscheinungen am Morgen • Schluss auf die Allmacht des Schöpfers • Verstummen der Lobesworte angesichts seiner Größe	• Gottesbegegnung im Gewitter • wechselnde Empfindungen des Ichs: u. a. Ehrfurcht (V. 1), Anspannung (V. 12, 16), Ungewissheit (V. 21), Bewunderung (V. 34, 37–40), Erleichterung (V. 53–56, 61–64) • Reaktionen: Bitten (V. 20), Anbetung (V. 41–44)	• Verneinung der Menschen als Geschöpfe Gottes • Lobpreis der Leere durch Blühen und Schreiben

6.2 Mittelalter

In dem Gedicht *Muget ir schouwen* (**Arbeitsblatt 47** auf S. 183) des bekanntesten mittelhochdeutschen Lyrikers Walther von der Vogelweide übt das lyrische Ich Kritik an dem demütigenden Spott der Frau, für den sie sich schämen solle (V. 26–29). Die Anrede als „Herrin" (V. 33, 41) bezeichnet ihren hohen Rang und erweckt den Eindruck der Unerreichbarkeit, wie sie der hohe Minnesang voraussetzt. Walthers Subjekt drängt jedoch die Angesprochene, es mit ihrer Liebe zu beglücken (V. 41–48), und droht ihr sogar, sich andernfalls von ihr abzuwenden (V. 43 f.). Der Sänger macht ihre Zurückhaltung dafür verantwortlich, dass er unglücklich ist (V. 33–36, 41), wirft ihr vor, ihn grausam und ungehörig zu behandeln, wenn sie sich nur ihm gegenüber kleinlich, sonst aber immer großmütig verhalte (V. 36–40), und durchschaut die Sinnlosigkeit des Werbens um eine Frau, deren roter, lieblicher Mund als Zeichen der Liebe zu der inneren Lieblosigkeit im Widerspruch steht (V. 30–32) und dadurch seine Schönheit verliert (V. 25). Mit dem Verlangen nach Gleichrangigkeit, Gegenseitigkeit und Erfüllung der Liebe sowie der Ablehnung der höfischen Hierarchie setzt sich das Gedicht über die gesellschaftlichen Konventionen des klassischen Minnesangs hinweg. Um sein Ziel zu erreichen, verweist das Ich auf das Blühen und die Glücksgefühle im Frühling (V. 42, 45 f.), die im Kontrast zu seinem eigenen Befinden stehen. Deshalb schildern die ersten drei Strophen, bevor das Gedicht in der zweiten Hälfte auf das eigentliche Anliegen eingeht, die prächtige Natur im Mai (Str. 1, 3) und die Auswirkungen auf die Menschen (Str. 2). Das Subjekt bewundert die Schönheit und belebende Kraft, die fröhlich und zuversichtlich stimmen. Ausrufe und rhetorische Fragen verstärken die Begeisterung ebenso wie die Empörung in den Strophen 4–6.

Die Schülerinnen und Schüler lesen das Gedicht im ersten Teil des Arbeitsblattes 47 auf Mittelhochdeutsch, versuchen es zu übersetzen, vergleichen ihre Ergebnisse mit dem Text in gegenwärtigem Deutsch, den sie im zweiten Teil des Arbeitsblattes 47 finden, und suchen bei gravierenden Abweichungen nach Erklärungen. Dann informieren sie sich über den Minnesang, dessen beide Ausprägungen der hohen und niederen Minne auf jeweils einer Seite des Arbeitsblattes beschrieben sind, ordnen Walthers Gedicht einer von ihnen zu und begründen ihre Entscheidung. Schließlich untersuchen sie, welche Rolle die Natur spielt.

- *Versuchen Sie Walther von der Vogelweides Gedicht „Muget ir schouwen" auf dem Arbeitsblatt 47 zu übersetzen (Aufgabe 1).*

- *Vergleichen Sie Ihre Übersetzung mit derjenigen auf dem zweiten Teil des Arbeitsblattes (Aufgabe 2).*

- *Welche gravierenden Abweichungen stellen Sie fest? Wie erklären Sie sich diese? (Aufgabe 2).*

- *Bearbeiten Sie die Aufgaben 3 und 4 auf dem Arbeitsblatt 47.*

Walther von der Vogelweide: Muget ir schouwen

als Beispiel der **niederen Minnelyrik**:

- Kritik an dem demütigenden Spott der Frau, der „Herrin" (V. 33, 41) der hohen Minne
- Drängen des Ichs, es mit ihrer Liebe zu beglücken (V. 41–48)
- Drohung, sich andernfalls von ihr abzuwenden (V. 43 f.)
- Zurückhaltung der Frau als Ursache für das Unglück des Mannes (V. 33–36, 41)
- Vorwurf, ihn „grausam" und ungehörig zu behandeln (Kleinlichkeit trotz sonstiger Großmut, V. 36–40)
- Sinnlosigkeit des Werbens um eine Frau, deren Mund der inneren Lieblosigkeit widerspricht (V. 25, 30–32)

- Gleichrangigkeit, Gegenseitigkeit und Erfüllung der Liebe
- Ablehnung der höfischen Hierarchie
- Überwindung der gesellschaftlichen Konventionen des klassischen Minnesangs

Bedeutung der Natur
- Bewunderung ihrer Schönheit und belebenden Kraft im Mai
- Anlass für Fröhlichkeit und Zuversicht unter den Menschen
- Kontrast zum Befinden des lyrischen Ichs
- Begründung des Verlangens, ihm seinen Wunsch zu erfüllen

6.3 Barock

Die Gegensätzlichkeit im Barock als Hauptmerkmal der Epoche zeigt sich auch in den Naturmotiven der Lyrik. Sie sind zum einen „von heiterer, sanfter [...] Art" und ermuntern zum „fröhlichen Lebensgenuss", etwa in der Liebe, zum andern betonen sie die Vergänglichkeit der irdischen Welt (**Arbeitsblatt 48**, Erläuterungsteil II auf S. 186). „Andreas Gryphius [rückt] das Leiden, das Bewusstsein der Vergänglichkeit und Gebrechlichkeit des Lebens und der Welt in den Mittelpunkt seines Werkes" und drängt in seiner Lyrik „zur pathetisch bewegten Rede. Worthäufungen, asyndetische Reihungen, Parallelismen und Antithesen gehören zu ihren wichtigsten rhetorischen Mitteln" (Beutin: Deutsche Literaturgeschichte, S. 119 f.). Diese inhaltliche und sprachliche Kennzeichnung lässt sich am Beispiel des Gedichts *Einsamkeit* auf dem Arbeitsblatt 48 verfolgen, das mit dem Nachdenken über die Eitelkeit und Vergänglichkeit des Menschen sowie die Unsicherheit und Wechselhaftigkeit seines Daseins, der allgemeingültigen persönlichen Einsicht am Schluss, dass Gottes Geist allein Beständigkeit verleihe, und der Form des Sonetts typische Eigenarten der Barocklyrik aufweist. Die öde, abgelegene und unkultivierte Natur steht als „schön[er] und fruchtbar[er]" Erkenntnisraum (V. 13) im Kontrast zum höfischen und weltlichen Treiben. Was in der Natureinsamkeit zu sehen ist, lenkt die Gedanken in die richtige Richtung, nämlich über die Vergänglichkeit der Dinge und des Menschen nachzudenken, denn sogar der dauerhaft erscheinende Stein zerfällt (Str. 3). „Das Sonett ist kein Landschaftsgedicht. Die christliche Tradition – jedenfalls vor Brockes (Physiko-Theologie) – kennt Landschaftsdarstellungen im eigentlichen Sinne nicht. Es geht hier vielmehr um eine geistige Auseinandersetzung mit Elementen der Natur [...] in Hinblick auf die eschatologische Bestimmung des Menschen. Von daher erfolgt die Entscheidung für den Ort [...] und für die Auswahl und Zusammenstellung der Gegenstände." (Mauser[1], S. 233). „Vanitas-Gedanken stehen in einem eigenen Feld bildhaft-topischer Entsprechungen. Zu ihnen gehört eine besondere Szenerie der Einsamkeit: so die öde Wüste mit Gegenständen, die zeigen, dass alles Irdische dem Gesetz der Zeit, des Verfalls, der Sterblichkeit unterliegt (1–4, 9–12). [...] Keine liebliche Landschaft (›locus amoenus‹), sondern eine anti-amöne wird hier als Meditations-Rahmen [...] vorgestellt: ein ‚locus desertus' [...] oder ›locus terribilis‹ [...]" (ebd., S. 235), den das Ich im vorletzten Vers allerdings ins Gegenteil verkehrt und als angenehm empfindet, weil es dort zur wahren Erkenntnis gelangt. Die Sonettform strukturiert den Inhalt des Gedichts: Das erste Quartett beschreibt die Umgebung und die Wahrnehmungen des Ichs, das zweite dessen Betrachtungen über den Menschen, seine Hoffnungen und den Umgang miteinander. Das erste Terzett zählt Vergänglichkeitssymbole auf, die zum Nachdenken anregen. Ihnen steht im zweiten die Erkenntnis dessen, was dauerhaft Bestand hat, gegenüber. „Die Stufen der Einsicht sind am verbalen ›Rückgrat‹ des Gedichts ablesbar: beschauen (3), betrachten (6), (Gedanken) entwerfen (11), (eigentlich) erkennen (13)" (Mauser, S. 231f.). Das Sonett benennt damit „Meditationsschritte von grundlegender Bedeutung" (ebd., S. 238). Zugleich nähert es sich „der sprachlichen Verwirklichung dessen, was auch ohne Bildbeigabe als Emblem bezeichnet werden kann, d. h. als kommunikative Einheit von Inscriptio/Überschrift (hier: ‚Einsamkeit'), Pictura/Bild (hier: Metapher der ‚öden Wüste' mit den ‚Requisiten' in den beiden Vierzeilern) und Subscriptio/Epigramm (hier: zusammenfassende Auswertung, Schlussfolgerung in den beiden Terzetten". (Ebd.)

Die Schülerinnen und Schüler nähern sich dem im Barock und für Gryphius maßgeblichen Motiv der Vanitas und des Memento mori über das Gemälde auf dem Arbeitsblatt 48, auf dem ein Stillleben mit Strauß und Totenkopf zu sehen ist. Das Vergänglichkeitssymbol dominiert die Gegenstände um es herum und den Blumenstrauß, dessen Schönheit sich dem Ende zuneigt, wie einige verwelkende Blüten andeuten. Münzen und Gläser verweisen auf Reichtum und Überfluss, das Buch auf Wissen und Gelehrsamkeit und die Peitsche auf

---

[1] Wolfram Mauser: Andreas Gryphius' *Einsamkeit*. Meditation, Melancholie und Vanitas. In: Volker Meid [Hrsg.]: Gedichte und Interpretationen. Bd. 1: Renaissance und Barock. Stuttgart: Reclam (UB 7890) 1984, S. 231–244.

Macht.[1] Wohlstand und Schönheit werden mit ihrer Vergänglichkeit konfrontiert. In diesem Gegensatz äußert sich das „Gefühl tiefer Unsicherheit" (Arbeitsblatt 48, Erläuterungsteil I), wie es im 17. Jahrhundert durch Umwälzungen und Kriegserfahrungen entsteht (vgl. ebd.).

- *Beschreiben und interpretieren Sie das Gemälde auf dem Arbeitsblatt 48 (Aufgabe 1).*
- *Ermitteln Sie, welche Beziehungen zu den Erläuterungen I über die Barockepoche sich daraus ergeben (Aufgabe 2 auf dem Arbeitsblatt 48).*

Den visuellen Zugang zu der Epoche führen die Schülerinnen und Schüler gestaltend weiter, indem sie die Szenerie in dem Gedicht *Einsamkeit* zeichnen oder malen.

- *Malen oder zeichnen Sie die Szenerie, die das Gedicht „Einsamkeit" von Andreas Gryphius schildert (Arbeitsauftrag 3 auf dem Arbeitsblatt 48).*

Dann untersuchen sie zu zweit auf der Grundlage der Erläuterungen II auf dem Arbeitsblatt 48 in drei Schritten, inwieweit sich die Merkmale des Barock und der in ihr entstandenen Lyrik an dem Gedicht *Einsamkeit* feststellen lassen, welche Funktion der Natur darin zukommt und wie es inhaltlich aufgebaut sowie sprachlich und formal gestaltet ist.

- *Bearbeiten Sie die Aufgaben 4–6 auf dem Arbeitsblatt 48 nacheinander.*

Das Gedicht *Einsamkeit* von Andreas Gryphius als Beispiel für die Naturdarstellung im Barock

Epochenmerkmale
- Nachdenken über die Eitelkeit und Vergänglichkeit des Menschen sowie die Unsicherheit und Wechselhaftigkeit seines Daseins
- Erkenntnis, dass Gottes Geist allein Beständigkeit bewirke,
- als allgemeingültige persönliche Einsicht am Schluss
- Sonettform

Darstellung der Natur
- Ödnis und Abgeschiedenheit als Kontrast zum höfischen und weltlichen Treiben
- Umdeutung in einen „schön[en] und fruchtbar[en]" Erkenntnisraum (V. 13)
- Szenerie des Zerfalls, dem auch dauerhaft erscheinende Gegenstände wie Steine (V. 9f.) ausgeliefert sind
- Argumentationshilfe in einer geistigen Auseinandersetzung, um eine Behauptung zu begründen
- Einfluss von Mustern, Traditionen und religiösen Vorstellungen

---

[1] Udo Becker: Lexikon der Symbole. Freiburg: Herder/Frechen: KOMET 1992, S. 213f.

> **Inhaltlicher Aufbau und sprachlich-formale Gestaltung des Sonetts *Einsamkeit***
>
> 1. Quartett: **Beschauen** der abgelegenen Naturlandschaft durch das Ich
> 2. Quartett: **Betrachtungen** über den Menschen, seinen Hoffnungen und den Umgang miteinander
> 1. Terzett: **Gedankenentwürfe** angesichts von Vergänglichkeitssymbolen
> 2. Terzett: **Erkenntnis**, was dauerhaft Bestand hat
>
> Versmaß: 6–hebige Jamben mit Zäsur in der Mitte
> Reimschema: abba, abba, ccd, eec
> Sprache:
> - Gegensätze (Tal/Höh, Morgen/Abend, verfallene, unkultivierte Gegend/schönes, fruchtbares Land
> - Aufzählungen/Anapher „wie" (V. 6–8; V. 9f.)
> - Parallelismus (V. 5)

Das Gedicht eignet sich einerseits dazu, einzelne grundlegende Schritte der Meditation zu verfolgen, und andererseits den Begriff des Emblems zu streifen, das als literarische Form vor allem im Barock Verbreitung fand und dessen Struktur in der Gestaltung von Werbeanzeigen wiederzuerkennen ist.

- *Welche Stufen des Meditierens sind in dem Gedicht zu erkennen? Achten Sie dabei insbesondere auf die Verben.*
- *Prüfen Sie, inwieweit das Gedicht „Einsamkeit" als Emblem bezeichnet werden kann.*

Emblem: Gattung/Textsorte aus drei Teilen, die gegenseitig aufeinander verweisen und sich zu einer Gesamtaussage ergänzen:
1. Überschrift (lat. inscriptio), 2. Bild (lat. pictura), 3. Unterschrift (lat. subscriptio)

- *Inwieweit lässt sich die Struktur des Emblems in Werbeanzeigen wiedererkennen?*

6.4 Aufklärung, Rokoko, Sturm und Drang, Klassik

In der Aufklärung befreien sich denkende Menschen endgültig aus fraglos geltenden Traditionen und irrationalen Bindungen oder rechtfertigen diese neu auf der Basis der Vernunft. Das Streben nach Autonomie, Glück und Harmonie konzentriert sich im Rokoko auf maßvollen Lebensgenuss und weibliche Anmut, radikalisiert sich im Sturm und Drang im Protest gegen soziale Missstände und richtet sich in der Klassik auf das Ideal eines harmonischen Ausgleichs individueller Antriebskräfte und gesellschaftlicher Standesunterschiede. Als „allegorisches Zeichen" der Aufklärung betrachtet Georg Christoph Lichtenberg in einer Erläuterung von Daniel Chodowieckis bekanntem Kupferstich „die aufgehende Sonne" (Arbeitsblatt 50 auf S. 189) und deshalb sollen vier Morgengedichte auf den **Arbeitsblättern 5, 11**

und **49** (S. 51, 57, 187f.) diese Epoche und die weiteren, die sich im 18. Jahrhundert unter ihrem Einfluss entwickelt haben, illustrieren und den Gegensatz zu dem Nachtgedicht und der Romantik im nächsten Kapitel einprägsam verstärken.
Bevor die Schülerinnen und Schüler sich überlegen, welche Epoche die Gedichte repräsentieren, nähern sie sich deren Inhalt, indem sie die Texte lesen und intuitiv Gemeinsamkeiten und Unterschiede notieren. Falls die Gedichte von Haller und Goethe schon ausführlicher besprochen wurden, ruft die Vergleichsaufgabe deren Inhalt in Erinnerung und die Schülerinnen und Schüler versuchen die beiden anderen Texte unmittelbar zu erfassen.

■ *Bearbeiten Sie Aufgabe 1 auf dem Arbeitsblatt 49.*

Das folgende Tafelbild enthält einige mögliche Vergleichsergebnisse.

Vergleich von vier Morgengedichten zwischen Aufklärung und Klassik

A. v. Haller: **Morgengedanken**	F. v. Hagedorn: **Der Morgen**	F. Schiller: **Morgenfantasie**	J. W. v. Goethe: **Zueignung**
Schilderung des Geschehens in der Natur am Morgen und ihrer beeindruckenden Wirkung			
• Ende der Nacht • Ausbreitung des Lichts • Belebung der Pflanzen, Vögel und Menschen • Gott als allmächtiger Schöpfer der Natur • Selbstbeschränkung des Menschen	• Anziehungskraft durch akustische und visuelle Reize (Str. 1, 2) • Schafhirtenmotive (V. 3f., Str. 3) • aufkommende Liebesgefühle (V. 21–24, Str. 5) • Gegensatz Jagd/ Liebe (Str. 4, 5) • Rückzug des Liebespaars (V. 37–40) • Lebensglück aus der Natur (Str. 6)	• energischer, bewegungsintensiver Anbruch des Tages • Segnung des Lichts und seiner Wärme als belebende Kraft (Str. 2, 3) • Tätigkeit der Landwirte (Str. 4) • Ratlosigkeit und Traurigkeit des Ich als Gegensatz (Str. 5, 6) • sich aufdrängende Gedankenverbindung Morgen/ Abend, Leben/Tod	• Erwachen des Ichs • Freude beim Besteigen des Berges • Einhüllung durch Nebel und Aufhellung • Begegnung mit einer Göttin • Bestimmung als Dichter • wohltuende Wirkung der Dichtkunst

Nach dieser vergleichenden inhaltlichen Annäherung versuchen die Schülerinnen und Schüler die Gedichte anhand der Epochenskizzen auf dem **Arbeitsblatt 50** (S. 189f.) literaturgeschichtlich einzuordnen. Nach einer kurzen Besprechung und – falls nötig – Korrektur ihrer Lösungen finden sich Gruppen zusammen, um die Einordnung für alle Gedichte zu begründen. Wenn sie damit fertig sind, entscheiden sie, für welches sie ihre Überlegungen und Argumente vorstellen; die weiteren Ergebnisse überprüfen und ergänzen sie beim Vortrag der anderen Gruppen. Durch Abweichungen kommen Gespräche in Gang.

Baustein 6: Naturlyrik von der Antike bis zur Romantik

- *Lesen Sie die literaturgeschichtlichen Epochenskizzen auf dem Arbeitsblatt 50 und ordnen Sie die vier Gedichte jeweils einer Epoche zu.*

- *Begründen Sie die Zuordnung.*

- *Stellen Sie Ihre Überlegungen und Argumente zu einem Gedicht vor.*

- *Vergleichen Sie Ihre Ergebnisse zu den weiteren Gedichten mit denen der anderen Gruppen und ergänzen oder korrigieren Sie jene, falls erforderlich.*

Das folgende Tafelbild listet Gründe für die Zuordnung auf, die sich aus den kurzen, zwangsläufig reduzierten Epochenskizzen auf dem Arbeitsblatt 50 ableiten lassen. Selbstverständlich kann es um weitere schlüssige Argumente erweitert werden.

Literaturgeschichtliche Einordnung der vier Morgengedichte

A. v. Haller: **Morgengedanken**	F. v. Hagedorn: **Der Morgen**	F. Schiller: **Morgenfantasie**	J. W. v. Goethe: **Zueignung**
↓	↓	↓	↓
Aufklärung	**Rokoko/ Anakreontik**	**Sturm und Drang**	**Klassik**
• sinnliche Wahrnehmung/ Erfahrung der morgendlichen Natur • Schluss auf die Allmacht des Schöpfers und seines Wirkens • harmonische, zweckmäßige Ordnung der Natur • selbstständig gewonnene, nicht durch Bekehrung vermittelte Erkenntnis	• sinnlicher Genuss der schönen Natur am Morgen • Schäferidylle (V. 3f., Str. 3) • Liebesgefühle des Schafhirten und des Subjekts • Mäßigung triebhafter Lust durch das Zärtlichkeitsbedürfnis der Geliebten (V. 33–36) • Selbsterkenntnis im Spiegel der Natur: Schönheit, Anmut und Tugendhaftigkeit nach dem Vorbild der Natur (Str. 6)	• kraftvoll anbrechender Morgen • ursprüngliche Naturlandschaft abseits der Städte • starke, gegensätzliche Gefühle (Str. 6) • Einsamkeit und Melancholie (Str. 5) • ethische Orientierungslosigkeit	• Anstieg durch Nebel zur Klarheit der eigenen Bestimmung als organische Entwicklung • Erziehung durch die Worte und das Geschenk der Göttin • Harmonie von individuellen Anlagen und gesellschaftlichen Aufgaben • ausgleichende, heilsame Wirkung durch schöne, harmonische Formen der Dichtung • symbolisches Geschehen

Die didaktische Reduktion der literaturgeschichtlichen Skizzen auf dem Arbeitsblatt 50 lässt sich aufheben, wenn die Gruppen zu der Epoche, auf die sich ihr Vortrag zu einem der vier Gedichte und seiner literarhistorischen Einordnung bezog, weitere Informationen sammeln und dem Kurs mitteilen. Sie suchen dieser Epoche zugeordnete Gedichte über die Natur oder andere Themen und jedes Gruppenmitglied rezitiert eines von ihnen und stellt seinen Verfasser vor, über den es sich vorher erkundigt hat. Aus der Aufklärung käme neben Haller die Naturlyrik von Barthold Hinrich Brockes zur Sprache, Rokoko und Anakreontik vertreten außer Hagedorn Wilhelm Ludwig Gleim, Johann Peter Uz und Johann Nikolaus Götz und im Sturm und Drang machten sich neben Goethe und Schiller, später die überragenden Dichter der Klassik, Ludwig Heinrich Hölty, Johann Heinrich Voß, Christian Friedrich Daniel Schubart und Gottfried August Bürger als Lyriker einen Namen. Die Rechercheaufträge können in ihrem Umfang variiert und auch auf andere Epochen ausgedehnt werden.

- *Sammeln Sie weitere Informationen zu der Epoche, auf die sich Ihr Vortrag zu einem der vier Gedichte und seiner literaturgeschichtlichen Einordnung bezog.*

- *Suchen Sie andere Gedichte aus dieser Epoche über die Natur oder andere Themen.*

- *Wählen Sie eines dieser Gedichte für eine Rezitation aus und erkundigen Sie sich über seinen Verfasser.*

- *Stellen Sie die zusätzlichen Informationen zu der Epoche, die Gedichte, die sie veranschaulichen, und ihre Verfasser vor.*

Zwei weitere Gedichte auf dem **Arbeitsblatt 51** (S. 191) unterstreichen den besonderen Stellenwert der Klassik in der deutschen Literatur und illustrieren, an welchen Mustern sich diese Epoche orientierte: an der Natur und an der griechischen Antike. Das Gedicht *Parabase* entstand zwar um 1820, als Goethe 70 Jahre alt war, durch seinen Inhalt und vor allem seinen Platz in der Anordnung der Gedichte steht es aber in engem Zusammenhang mit den großen Naturgedichten der klassischen Zeit. Es geht nämlich der *Metamorphose der Pflanzen* voraus, „in der Goethe die Idee der Urpflanze mit dem Nachdenken über das Wesen des Menschen, über die Freundschaft und die ‚heilige Liebe' verbindet" (Simm[1]). Die Funktion des Gedichts für das ihm folgende ergibt sich aus dem Titel *Parabase*: „Er spielt […] auf ein dramaturgisches Element der attischen Komödie [an], das ‚Danebentreten', mit dem der Chorführer aus der Bühnenillusion heraustritt und das Publikum direkt anspricht." (Ebd.). In der Anordnung von Goethes Gedichten bereitet die *Parabase* die Leserinnen und Leser also in einer abstrahierenden Vorbemerkung auf das „geheime[ ]", „ew'ge[ ]" Gesetz der Natur vor, welches das lyrische Ich in der *Metamorphose der Pflanzen* der Geliebten veranschaulicht und dessen „heiliges Rätsel" nur in staunender Betrachtung zu lösen ist (Metamorphose der Pflanzen, V. 1, 6f., 9. 47, 65[2]), nicht durch analytisches Forschen. Die *Parabase* deutet damit an, wie die Einsicht über das „ewig Eine" der lebendig schaffenden Natur zu gewinnen ist. Das Gedicht beginnt mit einem Rückblick auf eine längst vergangene Lebensphase, in der das Subjekt die Natur voller Freude und Eifer kognitiv zu ergründen suchte, und endet mit der Einsicht, dass sie nur im „Erstaunen" zu erfassen sei, das „als Anfang der Philosophie […] bei allem ‚Bestrebtsein' nicht überschritten werden [kann und soll]" (Simm) – eine weise Selbstbeschränkung, die auf dem Weg in die Moderne aufgegeben wurde. Das Gedicht beschreibt die Natur als lebendiges, gestaltendes Schaffen, durch das sie sich ständig verändert. In ihm wirke eine einheitliche, beständige Kraft, die sich in vielfältigen Formen zeigt und Gegensätzliches verbindet: Kleines und Großes, Nahes und Fernes.

Hölderlins Gedicht *Der Neckar* schildert in den ersten drei Strophen die Flusslandschaft als Lebensraum des jugendlichen Ichs, der ihm vertraut war, in dem sein Gefühlsleben er-

---

[1] Hans Joachim Simm: Gestaltendes Erstaunen. Frankfurter Allgemeine Zeitung vom 24. Sept. 2011 (Frankfurter Anthologie).
[2] Goethe. Berliner Ausgabe. Bd. 1. 3. Aufl. Berlin und Weimar: Aufbau-Verlag 1976, S. 543–545, oder Gerhard Friedl: Unterrichtsmodell Klassik. Hrsg. v. Johannes Diekhans. Paderborn: Schöningh Verlag (EinFach Deutsch) 2012, S. 170f.

wachte, der es von fremden Zwängen befreite und in dem es seine Lebensfreude genoss. Der Strom trug es aber auch bisher unbekannten Landschaften entgegen, an den Rhein, in Städte und auf „lust'ge[ ] Inseln" (V. 12). Mit der räumlichen Erweiterung verändern sich die Gefühle und so entsteht in der vierten Strophe eine Sehnsucht nach den Schönheiten der Erde, die in Griechenland und seiner verfallenden antiken Kunst zu finden sind. Säulenreste künden noch einsam von der untergegangenen Pracht, dem „Stolz der Welt" (V. 22). Die Natur gleicht dort Temperatur- wie Stimmungsunterschiede aus (V. 24–28), kompensiert die ärmlichen Lebensverhältnisse (V. 27f.) und erfreut die Menschen mit ihren Gaben (V. 29–32). Das Subjekt hofft, dass es sein Genius (V. 34) einst – nach dem Tod – in diese Inselwelt geleitet, doch bleibt ihm seine Heimat auch dort in lebendiger Erinnerung. Das Gedicht verbindet also die Landschaften der vergangenen Jugend und der vollkommenen Schönheit, der Herkunft und der Zukunftserwartung. Beide erhalten durch das Element des Wassers ihre besondere Ausprägung und üben eine heilsame Wirkung aus.

Die Schülerinnen und Schüler erkennen in den Gedichten mit der Natur und der griechischen Antike maßgebliche Grundlagen der Klassik. Im Wechsel von Partnerarbeit und Unterrichtsgespräch, in dem die Schülerergebnisse verglichen und ergänzt werden, untersuchen sie, was sie über die beiden Bereiche erfahren und wie diese auf das lyrische Ich wirken. Um die Aussagen in Goethes Gedicht zu verstehen, überlegen sie sich geeignete Beispiele, wie sie im folgenden Tafelbild kursiv und in Klammern hinzugefügt sind, und in Hölderlins Gedicht stellen sie fest, was die Neckarlandschaft und Griechenland verbindet.

- Lesen Sie die beiden Gedichte auf dem Arbeitsblatt 51 und erschließen Sie aus ihnen, woran sich die Vertreter der Klassik orientierten. (Aufgabe 1).

- Bearbeiten Sie Aufgabe 2 auf dem Arbeitsblatt 51.

Goethes Einsichten über die Natur in dem Gedicht *Parabase*

kognitiv-analytische Erforschung vor langer Zeit/in jungen Jahren

↓

einheitliche, beständige Kraft — **Natur** — lebendiges, gestaltendes Schaffen und Verändern *(z. B. Wachstums- und Entwicklungsstadien von Pflanzen und Tieren, etwa Insekten; Lebensalter des Menschen; Erdzeitalter; Entstehen/Vergehen von Himmelskörpern)*

in vielfältigen Formen / Verbindung von Gegensätzlichem: klein/groß, nah/fern

↓

Staunen

➡ **Vorbild für die Literatur in der Klassik**

Friedrich Hölderlin: Der Neckar

Neckar: Fluss- und Naturlandschaft (Str. 1–3, 9)

- Lebensraum des jugendlichen Ichs in der Vergangenheit: Vertrautheit, erwachendes Gefühlsleben (Herz, V. 1, 10), Befreiung von fremden Zwängen, Lebensfreude
- Begegnung mit bisher unbekannten Landschaften (Rhein, Städte, „lust'ge[ ] Inseln")

Griechenland: Natur und Kunst (Str. 4–9)

- Ziel der Sehnsucht nach den Schönheiten der Erde, der verfallenden antiken Kunst und ihrer untergegangenen Pracht, dem „Stolz der Welt" (V. 22)
- Ausgleich von Temperatur- und Stimmungsunterschieden (V. 24–28) ⎤ durch die
- Kompensation ärmlicher Lebensverhältnisse (V. 27 f.) ⎦ Natur
- Freude der Menschen über die Gaben der Natur (V. 29–32)
- Hoffnung, einst, nach dem Tod, in die griechische Inselwelt geleitet zu werden

Verbindung zwischen Neckarlandschaft und Griechenland

- dauerhafte Erinnerung an den Neckar in Griechenland
- Überlagerung der Landschaften vergangener Jugend und vollkommener Schönheit
- Zusammenfügen von Herkunft und Zukunftserwartung
- Wasser als dominierendes Element (Fluss, Meer, Inseln)
- heilsame Wirkungen

➜ **griechische Antike neben der Natur als Grundlage der Klassik**

Nach der Besprechung der Gedichte können die Schülerinnen und Schüler erörtern, inwieweit, weshalb und mit welchen Folgen sich die Einstellung zur Natur in der Gegenwart im Vergleich zu Goethe geändert hat, und beurteilen, ob sich die moderne Naturwissenschaft bewährt hat. Im Anschluss an Hölderlins *Neckar*-Gedicht liegt die Frage nahe, welche Reize und Schönheiten der Erde (V. 14) heutige Jugendliche in ihren Bann ziehen.

■ *Vergleichen Sie Goethes Einstellung zur Natur mit der gegenwärtigen: Unterscheiden sie sich? Aus welchen Gründen? Mit welchen Folgen?*
Beurteilen Sie in diesem Zusammenhang Methoden und Auswirkungen der modernen Naturwissenschaft.

■ *In Hölderlins Gedicht sehnt sich das Ich nach der schönen Welt und den „Reizen der Erde"(V. 13 f.). Welche Sehnsüchte haben Jugendliche heute?*

6.5 Romantik

Im Gegensatz zu den Morgengedichten des vorausgehenden Kapitels (vgl. Arbeitsblatt 49 auf S. 187 f.), in denen die Sonne aufgeht, die Natur erwacht und das Licht sich ausbreitet, wenden sich Brentanos Verse auf dem **Arbeitsblatt 52** (S. 192) der Nacht, der Dunkelheit, dem Mond und den Träumen zu. Das kurze Gedicht beginnt damit, dass das lyrische Ich das Du in einer zweiteiligen rhetorischen Frage, deren parallele Satzstruktur eine Anapher unterstreicht, auf das Rauschen der Brunnen und das Zirpen der Grille, zwei Sinnenreize der äußeren Natur, aufmerksam macht und es auffordert, stille zu sein und sich auf die akustischen Wahrnehmungen zu konzentrieren. Diese bilden die Brücke zur Seligkeit des Träumens, in das Wolken und Mond hineinleiten und das die Grenze des Lebens überschreitet (V. 4), und des Fliegens in den nächtlichen Sternenhimmel. Die Anapher „Selig" in den Versen 4 f. verklammert die beiden Sätze des Gedichts und weist mit Nachdruck auf den Zustand tiefster Beglückung

Baustein 6: Naturlyrik von der Antike bis zur Romantik

und Zufriedenheit hin, den die Fantasie, das Irrationale und Wunderbare hervorbringen und der sich vom Du auf das Ich überträgt (V. 12). Beim Einschlafen und im Traumflug erfüllen sich die Wünsche und Sehnsüchte des Menschen nach Zuwendung, Geborgenheit, himmlischer Harmonie und einer idealen Welt als Teil seiner inneren Natur. Die Imperative nach dem Doppelpunkt am Ende von Vers 10 fassen in einer Klimax die Einstellung des Subjekts zusammen und fordern sein Gegenüber auf, sich im Schlaf den Weiten jenseits des Bewusstseins zu überlassen. Wenn der Mensch seine Glückseligkeit im Traum findet, sucht er sie mit seiner Vernunft in der modernen Zivilisation, die sich in der Romantik ausbreitet, vergebens. Die „globale[ ] Krise der Gesellschaftsordnung" (Erläuterungen zur literarischen Romantik auf dem Arbeitsblatt 52) verlangt es, Literatur und Künste in einem Gegenentwurf zu den von der Aufklärung inspirierten Epochen „romantisch[ ]" zu erneuern (vgl. ebd.). Neben Wiederholungen von Wörtern (stille, V. 3; selig, V. 4f., 7; Traum, V. 4, 8), Anaphern (V. 1f., 4f.,), Parallelismen (V. 1f., 4–6) und der Klimax (V. 11) erzeugen vor allem Alliterationen (V. 3: lass uns lauschen; V. 5: wen die Wolken wiegen; V. 12: bin beglückt) und Assonanzen (z. B. V. 2: wie die Grille zirpt) die „Sprachmusik" (Aufgabe 3 auf dem Arbeitsblatt 52) des Gedichts.

Nachdem Brentanos Gedicht die Schülerinnen und Schüler auf den Gegensatz zu den vorausgehenden Epochen aufmerksam gemacht hat, untersuchen sie in Einzelarbeit, welche der literaturgeschichtlichen Erläuterungen zur Romantik auf dem Arbeitsblatt 52 sich mit dem lyrischen Text in Verbindung bringen lassen, wie er äußere und innere Welt aufeinander bezieht und worin seine Sprachmusik besteht. Aus ihren Beiträgen entsteht ein Tafelbild, das die Ergebnisse zu den drei Aufgaben integriert.

- *Worin besteht der Gegensatz von Brentanos Gedicht auf dem Arbeitsblatt 52 zu denjenigen aus den vorausgehenden Epochen auf den Arbeitsblättern 49 und 50 (Aufgabe 1).*

- *Bearbeiten Sie die Aufgaben 2 und 3 auf dem Arbeitsblatt 52.*

Merkmale der Romantik
am Beispiel von Brentanos Gedicht *Hörst du wie die Brunnen rauschen*

Romantik		vorausgehende Epochen: Aufklärung, Rokoko, Sturm und Drang, Klassik
Nacht	↔	Morgen
Dunkelheit	↔	Licht
Mond	↔	Sonne
Träume	↔	erwachende Natur

Sinnenreize der äußeren Natur
- Klänge der Brunnen und der Grille

Freisetzung der Fantasie durch Wunderbares und Irrationales
- Träumen und Fliegen

Wünsche und Sehnsüchte des Menschen als Teil seiner inneren Natur
- Zuwendung, Geborgenheit, himmlische Harmonie, ideale Welt, Seligkeit

„Sprachmusik"
- Anaphern, Wiederholungen, Parallelismen, Klimax von Imperativen, Alliterationen, Assonanzen

Literatur und Künste als Gegenentwurf zur
- Dominanz der Vernunft
- modernen Zivilisation
- gesellschaftlichen Krise

Zwei anakreontische Lieder

1. Weisen Sie in dem Gedicht „Auf Dionysos" die Merkmale anakreontischer Lyrik nach.
2. Untersuchen Sie, welche Eigenschaften das Ich in dem zweiten Gedicht der Zikade zuschreibt und welche Schlüsse es daraus ableitet.
3. Woran ist zu erkennen, dass es sich um Gedichte der Antike handelt?

Auf Dionysos[1]

Der dem Jüngling Kraft im Kampfe
Gibt, ihm Mut gibt in der Liebe,
Reiz, wenn er beim Schmause tanzet-
Seht, der Gott, er kehret wieder!

5 Seinen Wein, das Kind der Rebe,
Den gelinden Trank der Liebe,
Ihn, den lachenden, den Tröster,
Bringet er den Menschenkindern.

In die grün umrankten Beeren
10 Schließt er ihn und wartet seiner,
Dass, wenn wir die Trauben schneiden,
Alle Welt gesunden möge,
Frisch und schön an Leib und Gliedern,
Frisch und froh an Sinn und Herzen,
15 Bis zur Wiederkehr der Lese.

An die Zikade

Selig preis ich dich Zikade,
Die du auf der Bäume Wipfeln,
Durch ein wenig Tau geletzet,
Singend, wie ein König, lebest.
5 Dir gehöret eigen alles
Was du siehest auf den Fluren,
Alles was die Horen[2] bringen.
Lieb und wert hält dich der Landmann,
Denn du trachtest nicht zu schaden;
10 Du den Sterblichen verehrte,
Süße Heroldin des Sommers!
Auch der Musen[3] Liebling bist du,
Bist der Liebling selbst Apollons[4],
Der dir gab die Silberstimme.
15 Nie versehret dich das Alter,
Weise Tochter du der Erde,
Liederfreundin, Leidenlose,
Ohne Fleisch und Blut Geborne,
Fast den Göttern zu vergleichen!

Übersetzung von Eduard Mörike: Anakreontische Lieder Nr. 39 und 40.
In: E. M.: Sämtliche Werke. Bd. II. München: Winkler 1970, S. 896 f.

[1] griech. Gott des Weins   [2] griech. Göttinnen der Jahreszeiten   [3] griech. Göttinnen der Künste
[4] griech. Gott des Lichts, der Ordnung, des Maßes und der Künste sowie Anführer der Musen

---

Anakreontische Lieder sind Gedichte in der Art Anakreons aus späterer Zeit. „In einfachen, kurzen Verszeilen werden die bevorzugten Themen Liebe, Wein, Natur, Geselligkeit und genussvolles Leben mit zierlicher Leichtigkeit, spielerischer Heiterkeit, Anmut und Eleganz dargestellt. Die Motive sind ganz aufs Diesseitige gerichtet."
Harenberg Lexikon der Weltliteratur. Studienausg. Bd. 1. Dortmund 1989, S. 135.

Von dem frühgriechischen Lyriker Anakreon sind nur wenige Texte oder Bruchstücke erhalten. Das Gedicht „An die Zikade" stammt, so Eduard Mörike, der die Lieder übersetzte, möglicherweise von dem antiken Dichter selbst, „Auf Dionysos" habe dagegen Veränderungen in der Form erfahren.
E. Mörike: Sämtl. Werke. Bd. II. München: Winkler 1970, S. 907, 930

Anakreon (um 580–495 v. Chr.) verließ 545 v. Chr. seine Heimat Kleinasien, als die Perser die griechischen Kolonien besetzten, und lebte zunächst in der Stadt Abdera in Thrakien, dann als Dichter am Hof des Tyrannen Polykrates auf Samos und schließlich in gleicher Funktion bei dem Herrscher von Athen, Hipparchos. Seine Lyrik ist von der Lebensweise des gebildeten, genießenden Adels mit luxuriösen Gastmählern bei Musik, Tanz und philosophischen Gesprächen geprägt. Er gilt als Dichter des Weins und der Liebe.

Psalm 104, Verse 1–24

1. Gliedern Sie den Psalm und finden Sie Überschriften für die einzelnen Teile.

2. Notieren Sie in Stichworten, was diese Abschnitte über die Natur aussagen.

3. Ermitteln Sie, was das Ich in dem Psalm zum Ausdruck bringt – über sich selbst, sein Verhältnis zur Natur und seine Beziehung zu Gott. Berücksichtigen Sie die Informationen über die Psalmen des Alten Testaments auf diesem Arbeitsblatt.

4. Vergleichen Sie den Psalm 104 mit den „Morgengedanken" Albrecht von Hallers, dem zweiten Teil von Klopstocks „Frühlingsfeier" und Celans „Psalm" auf den Arbeitsblättern 5, 17 und 18.

Lobe den HERRN, meine Seele!
   HERR, mein Gott, du bist sehr herrlich;
du bist schön und prächtig geschmückt.
   ²Licht ist dein Kleid, das du anhast.
Du breitest den Himmel aus wie einen Teppich;
   ³du baust deine Gemächer über den Wassern.
Du fährst auf den Wolken wie auf einem Wagen
   und kommst daher auf den Fittichen des Windes,
⁴der du machst Winde zu deinen Boten
   und Feuerflammen zu deinen Dienern;
⁵der du das Erdreich gegründet hast auf festen Boden,
   dass es bleibt immer und ewiglich.
⁶Mit Fluten decktest du es wie mit einem Kleide,
   und die Wasser standen über den Bergen.
⁷Aber vor deinem Schelten flohen sie,
   vor deinem Donner fuhren sie dahin.
⁸Die Berge stiegen hoch empor,
   und die Täler senkten sich herunter
   zum Ort, den du ihnen gegründet hast.
⁹Du hast eine Grenze gesetzt, darüber kommen sie nicht
   und dürfen nicht wieder das Erdreich bedecken.

¹⁰Du lässest Wasser in den Tälern quellen,
   dass sie zwischen den Bergen dahinfließen,
¹¹dass alle Tiere des Feldes trinken
   und das Wild seinen Durst lösche.
¹²Darüber sitzen die Vögel des Himmels
   und singen unter den Zweigen.
¹³Du feuchtest die Berge von oben her,
   du machst das Land voll Früchte, die du schaffest.
¹⁴Du lässest Gras wachsen für das Vieh
   und Saat zu Nutz den Menschen,
   dass du Brot aus der Erde hervorbringst,
     ¹⁵dass der Wein erfreue des Menschen Herz
   und sein Antlitz schön werde vom Öl
   und das Brot des Menschen Herz stärke.
¹⁶Die Bäume des HERRN stehen voll Saft,
   die Zedern des Libanon, die er gepflanzt hat.
¹⁷Dort nisten die Vögel,
   und die Reiher wohnen in den Wipfeln.
¹⁸Die hohen Berge geben dem Steinbock Zuflucht
   und die Felsklüfte dem Klippdachs.

¹⁹Du hast den Mond gemacht, das Jahr danach zu teilen;
   die Sonne weiß ihren Niedergang.
²⁰Du machst Finsternis, dass es Nacht wird;
   da regen sich alle wilden Tiere,
²¹die jungen Löwen, die da brüllen nach Raub
   und ihre Speise suchen vor Gott.
²²Wenn aber die Sonne aufgeht, heben sie sich davon
   und legen sich in ihre Höhlen.
²³So geht dann der Mensch aus an seine Arbeit
   und an sein Werk bis an den Abend.

²⁴HERR, wie sind deine Werke so groß und viel!
   Du hast sie alle weise geordnet,
   und die Erde ist voll deiner Güter.

Die Bibel. Nach der Übersetzung Martin Luthers. Stuttgart: Deutsche Bibelgesellschaft 1999, S. 602f.

Der Psalter, das Buch der Psalmen, „eine Zusammenstellung von 150 Liedern, Gebeten und Gedichten unterschiedlicher Herkunft und Zeit[…] ist als das Gebets-, Lese- und Lebensbuch Israels und der Kirche Teil der jüdischen und der christlichen Bibel geworden. […] Man hat die Psalmen […] ‚Gottesdichtung' (Theopoesie) genannt, denn in ihnen geht es nicht um Teilaspekte des Lebens, sondern um Gott als den Grund und Sinn allen Lebens." In ihnen „komme eine Eigenart des semitischen/hebräischen Denkens zum Niederschlag, das nicht wie das griechische Denken begrifflich abgrenzen, sondern möglichst plastisch die Lebendigkeit einer Sache oder einer Erfahrung wiedergeben will." Nach Gattungen und Bauformen lassen sich Klage-, Bitt-, Lob-, Dank-, Zions-, Königs- und Weisheitspsalmen unterscheiden. „Das nunmehr vorliegende Psalmenbuch dürfte seine Endgestalt um 150 v. Chr. erhalten haben" und kann „als ein sprachliches Heiligtum" betrachtet werden, „das sich den Beterinnen und und Betern als Ort der Gottespräsenz inmitten einer vom Chaos bedrohten Welt […] anbietet"

Erich Zenger: Einführung in das Buch der Psalmen. In: Mit der Bibel durch das Jahr 2007. Ökumenische Bibelauslegungen. Hrsg. von Ulrich Fischer u. a. Stuttgart: Kreuz Verlag 2006, S. XXIV-XXIX

Walther von der Vogelweide: Muget ir schouwen (Mittelhochdeutsch, um 1200)

1. Versuchen Sie das Gedicht zu übersetzen.

2. Vergleichen Sie Ihre Übersetzung mit derjenigen auf dem zweiten Teil des Arbeitsblattes. Suchen Sie bei gravierenden Abweichungen nach Erklärungen.

3. Lesen Sie die beiden Erläuterungen zum Minnesang und entscheiden Sie, ob das Gedicht ein Beispiel für die hohe oder niedere Minne ist. Begründen Sie Ihre Zuordnung. Gewinnen sie durch die Informationen weitere Erkenntnisse über den lyrischen Text?

4. Untersuchen Sie, was die Natur zum Ausdruck bringen soll.

Muget ir schouwen waz dem meien
wunders ist beschert?
Seht an pfaffen, seht an leien,
wie daz allez vert.
5 Grôz ist sîn gewalt:
ine weiz obe er zouber künne:
swar er vert in sîner wünne,
dân ist niemen alt.

Uns wil schiere wol gelingen.
10 wir suln sîn gemeit,
Tanzen lachen unde singen,
âne dörperheit.
Wê wer wære unfrô?
sît die vogele alsô schône
15 singent in ir besten dône –
tuon wir ouch alsô!

Wol dir, meie, wie dû scheidest
allez âne haz!
Wie dû walt und ouwe kleidest,
20 und die heide baz!
Diu hât varve mê.
›du bist kurzer, ich bin langer‹
alsô strîtents ûf dem anger,
bluomen unde klê.

25 Rôter munt, wie dû dich swachest!
lâ dîn lachen sîn.
Scham dich daz dû mich an lachest
nâch dem schaden mîn!
Ist daz wol getân?
30 owê sô verlorner stunde,
sol von minneclîchem munde
solch unminne ergân!

Daz mich, frouwe, an fröiden irret,
daz ist iuwer lîp.
35 An iu einer ez mir wirret,
ungenædic wîp!
Wâ nemt ir den muot?
ir sît doch genâden rîche:
tuot ir mir ungnædeclîche,
40 sô sît ir niht guot.

Scheidet, frouwe, mich von sorgen,
liebet mir die zît!
oder ich muoz an fröiden borgen,
daz ir sælic sît!
45 Muget ir umbe sehen?
sich fröit al diu welt gemeine:
möhte mir von iu ein kleine
fröidelîn geschehen!

Conrady, S. 107f./W. v. d. V.: Gedichte. Ausgew. u. übers. v. P. Wapnewski. Frankfurt/Main: Fischer Tb 1998.

Der **Minnesang** ist „ein wesentliches Ausdrucksmittel" des Ritterstandes. Er spielt „als einstimmiger Solovortrag, der gelegentlich schriftlich notiert und von Fiedel, Harfe, Flöte, Dudelsack, Schalmei begleitet wird, eine zentrale Rolle im höfischen Festtagsablauf; nicht selten treten Minnesänger gegeneinander zum Wettstreit an – eine sublime Form des ritterlichen Turniers. Die Minnesänger kommen aus allen Ständen"; Könige, Burggrafen, „Ritter von Geburt und von Vermögen, ärmliche Ministeriale der niedersten Stufe und Unterständische" sind unter ihnen. Der Minnesang „setzt nicht nur die versammelte Ritterschaft, sondern auch die Anwesenheit der Damen voraus. Die Grundkonstellation des Minnesangs ist des Öfteren als paradox bezeichnet worden: Der Minnesänger stimmt ein Werbe- und Preislied auf eine der anwesenden Damen an; ihm ist aber bewusst, dass er seine Dame, die er ‚anhimmelt', nie erobern wird. [...] Da die Minne eine körperliche Begegnung ausschließt, ist sie ganz als ethische, erzieherische Kraft zu sehen."

Aus: Wolfgang Beutin u. a.: Deutsche Literaturgeschichte. Von den Anfängen bis zur Gegenwart. 7., erw. Aufl. Stuttgart, Weimar: Metzler 2008, S. 36f.

Walther von der Vogelweide: Muget ir schouwen (Übersetzung)

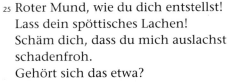

Seht nur, was dem Mai
an Herrlichkeiten beschert worden ist!
Seht alle Welt an,
wie es ihr ergeht!
5 Groß ist seine Gewalt:
mir scheint, er versteht zu zaubern;
denn wohin er fährt in seiner Pracht,
wird alles wieder jung.

Auch mit uns wird alles gut werden,
10 wir werden fröhlich sein,
werden tanzen, lachen, singen –
freilich fern aller bäurischen Grobheit.
Wer wollte jetzt nicht fröhlich sein?
Da doch alle Vögel so schön
15 ihre lieblichsten Melodien singen –
lasst es uns ihnen gleichtun!

Gelobt seist du, Mai, wie du richterlich
alles in Frieden schlichtest.
Wie du Wald und Aue mit Kleidern ausstattest,
20 und schöner noch die Heide:
denn sie ist die bunteste.
»Du bist kleiner, ich bin größer!« -
so streiten sie auf der Wiese,
der Klee und die Blumen.

25 Roter Mund, wie du dich entstellst!
Lass dein spöttisches Lachen!
Schäm dich, dass du mich auslachst
schadenfroh.
Gehört sich das etwa?
30 Ach vertan ist die Zeit,
in der ein lieblicher Mund
Lieblosigkeit ausdrückt!

Denn was, Herrin, mich am Frohsein hindert,
das seid doch Ihr allein!
35 Ihr allein macht mich unglücklich,
die Ihr grausam seid.
Woher kommt Euch solche Laune?
Ihr seid doch sonst so großmütig.
Wenn Ihr an mir kleinlich handelt,
40 handelt Ihr nicht recht.

Erlöst, Herrin, mich von meinem Kummer,
macht, dass auch für mich der Frühling blüht!
Sonst müsste ich mich anderwärts nach Beglückung umsehen …
Dann: Gehabt Euch wohl!
45 Aber seht Euch doch einmal um:
alle Welt ist voller Glück!
Könnte mir von Euch nicht ein kleines
Glückchen geschenkt werden?

Conrady, S. 108/W. v. d. V.: Gedichte. Ausgew. u. übers. v. P. Wapnewski. Frankfurt/Main: Fischer Tb 1998.

Walther von der Vogelweide (um 1170–1230): Er stammt wahrscheinlich aus Niederösterreich, lebte am Wiener Hof, den er aber wegen Streitigkeiten mit dem Dichter Reinmar von Hagenau, der das Prinzip der hohen Minne konsequent und mustergültig umsetzte, verlassen musste. Als Berufsdichter wirkte er dann an anderen Höfen, bis er gegen Ende seines Lebens ein Lehen zugesprochen bekam.

„Walther von der Vogelweide gilt als Vollender und Überwinder des **hohen Minnesangs**, weil er als der erlebnishungrigste, weltoffenste und kritischste Dichter seiner Zeit besonders in den späten Liedern der ‚**niederen Minne**' […] zu einem neuen, realitätsbezogenen Ausdruck gefunden hat."
„Auch Walthers Dichtung ist Minnesang, dem der Frauendienst zugrunde liegt. Auch er verliert den Verstand, aber er verliert ihn, wenn er seine Geliebte sieht oder neben ihr sitzt und mir ihr spricht. Walther unterscheidet sich vom klassischen Minnesang durch sein neues Minneprinzip, das auf Gegenseitigkeit beruht – keine Betonung der Hierarchie also, wie es für eine auf die höfische Adresse konzentrierte Dichtung nahe liegen mag, sondern weltoffenes Zugehen auf die individuelle Frau, die nicht mehr den ‚abstrakten' höfisch-repräsentativen Typus verkörpert."
„Walther kämpft […] nicht nur gegen die Ungerechtigkeit, ja Hohlheit des klassischen Minnekonzepts an, sondern auch gegen die Erniedrigung und Demütigung des Mannes, die er als unritterlich, als höfisch-dekadent empfindet."

Aus: Beutin: Deutsche Literaturgeschichte. A. a. O., S. 37, 43f.

Naturmotive im Barock

1. Beschreiben und interpretieren Sie das Gemälde Adriaens van Utrecht aus dem Jahr 1642.

2. Lesen Sie die Informationen zur Epoche des Barock auf der ersten Seite dieses Arbeitsblattes (Erläuterungsteil I). Ermitteln Sie, welche Beziehungen zu dem Gemälde sich daraus ergeben.

3. Lesen Sie das Gedicht „Einsamkeit" von Andreas Gryphius auf der zweiten Seite des Arbeitsblattes. Malen oder zeichnen Sie die geschilderte Szenerie.

4. Lesen Sie die Erläuterungen zur Lyrik des Barock auf der zweiten Seite des Arbeitsblattes (Teil II). Untersuchen Sie, inwieweit sich die Merkmale der Epoche sowie der Lyrik des Barock in dem Gedicht von Gryphius feststellen lassen.

5. Bestimmen Sie, welche Aufgabe der Natur in diesem Gedicht zukommt.

6. Erläutern Sie den inhaltlichen Aufbau, die sprachliche Gestaltung und die äußere Form des Gedichts.

Adriaen van Utrecht:
Vanitas Still-Life with a Bouquet and a Skull (1642)

Erläuterungsteil I

Im 17. Jahrhundert, dem Zeitalter des **Barock**, „setzt sich die naturwissenschaftliche Beobachtung gegen die Berufung auf die tradierten Aussagen durch. Zusammen mit den modernen europäischen Nationalstaaten als wirtschaftlichen und politischen Einheiten entwickelt sich der Absolutismus […]. Der Dreißigjährige Krieg (1618–1648) […] besiegelt die Zerrissenheit des Deutschen Reiches und sorgt dafür, dass der Absolutismus sich hier nicht auf nationaler Ebene, sondern an einer Vielzahl kleinerer und größerer Höfe verwirklicht.

Alle diese Umwälzungen erzeugen ein Gefühl tiefer Unsicherheit. Vanitas (Eitelkeit, Vergänglichkeit, Nichtigkeit) scheint alles Irdische zu kennzeichnen. Die Göttin Fortuna herrscht […]; sie ist […] das launische Glück, das unberechenbar kommt und geht. […]

In dieser Epoche der großen Veränderungen ist man jederzeit des Ungewöhnlichen und Gegensätzlichen gewärtig und lässt sich davon faszinieren. Die Literatur entspricht dem durch Steigerung und Antithese."

Wolf Wucherpfennig: Deutsche Literaturgeschichte. Von den Anfängen bis zur Gegenwart. Stuttgart: Klett 2010, S. 38 f.

Andreas Gryphius
Einsamkeit (1650)

In dieser Einsamkeit der mehr denn öden Wüsten,
Gestreckt auf wildes Kraut, an die bemooste See,
Beschau ich jenes Tal und dieser Felsen Höh,
Auf welchen Eulen nur und stille Vögel nisten.

5 Hier, fern von dem Palast, weit von des Pöbels Lüsten,
Betracht ich, wie der Mensch in Eitelkeit vergeh,
Wie auf nicht festem Grund all unser Hoffen steh,
Wie die vor Abend schmähn, die vor dem Tag uns grüßten.

Die Höhl, der raue Wald, der Totenkopf, der Stein,
10 Den auch die Zeit auffrisst, die abgezehrten Bein
Entwerfen in dem Mut unzählige Gedanken.

Der Mauren alter Graus, dies ungebaute Land
Ist schön und fruchtbar mir, der eigentlich erkannt,
Dass alles, ohn ein Geist, den Gott selbst hält, muss wanken.

Conrady, S. 174/Aus und nach: A. G.: Lyrische Gedichte. Hg. v. H. Palm. Tübingen: Bibliothek des Literarischen Vereins in Stuttgart 1884 (Nachdruck 1961)

Andreas Gryphius (eigentlich: Greif, 1616–1664), Sohn eines Geistlichen; schwere, von dem Tod der Eltern und dem Dreißigjährigen Krieg geprägte Jugend; Schulbesuch mit Unterbrechungen; 1636 Hauslehrer bei dem Grafen Schönborn, der ihn fördert und zum Dichter krönt. 1638 Studium im holländischen Leiden, ab 1639 Lehrtätigkeit. 1644–46 Reisen nach Frankreich und Italien. 1649 Hochzeit mit Rosina Deutschländer, der Tochter einer vornehmen Ratsfamilie. Ab 1650 Rechtsbeistand der Landstände im Fürstentum Glogau, seit 1662 als „der Unsterbliche" Mitglied der „Fruchtbringenden Gesellschaft" in Weimar, der bekanntesten der Sprachgesellschaften im Barock.

Erläuterungsteil II
„Die barocken Gedichte sollen nichts Persönliches ausdrücken, sondern eine allgemeingültige Behauptung, ein Lob, eine Lehre, so nachdrücklich wie möglich vertreten. Darum haben sie argumentierenden Charakter; oft schließen sie mit einer zusammenfassenden Pointe ab. [...] Beliebt ist [...] das Sonett. Mit *Andreas Gryphius* erreicht die deutschsprachige Sonettkunst ihren ersten Höhepunkt."

Wucherpfennig: Deutsche Literaturgeschichte. A. a. O., S. 44

„Die Begegnung des lyrischen Ich mit der Natur suggeriert im barocken Gedicht weder erlebnishafte Einmaligkeit noch emotionale Unmittelbarkeit; vielmehr werden die Naturphänomene nach gewissen Mustern gestaltet und gedeutet, die poetischen Traditionen oder auch der religiösen Vorstellungswelt entstammen. Insbesondere zwei wichtige Themenkomplexe [...] lassen sich dabei unterscheiden": Einerseits „Naturmotive [...] von heiterer, sanfter, zumeist frühlingshafter Art" in Gedichten, „die den fröhlichen Lebensgenuss verherrlichen oder dazu mahnen, ihn nicht zu versäumen; häufig kommt dabei auch das Thema der Liebe ins Spiel". Andererseits „die Natur unter dem christlichen Blickwinkel [...]: Sie wird zwar als Schöpfung Gottes angesehen, was ihr eine gewissen Würde sichert, ist aber [...] als Teil der irdischen Welt der Vergänglichkeit unterworfen, während der Christ das wahre Leben erst im Jenseits, in der himmlischen Ewigkeit zu finden hofft".

Ulrich Kittstein: Deutsche Naturlyrik. Ihre Geschichte in Einzelanalysen. Darmstadt: Wissenschaftl. Buchgesellschaft 2009, S. 21 f., 26

Morgengedichte der Aufklärung, des Rokoko, des Sturm und Drang und der Klassik

1. *Lesen Sie die Gedichte von Friedrich von Hagedorn und Friedrich Schiller auf diesem Arbeitsblatt sowie von Albrecht von Haller auf dem Arbeitsblatt 5 und Johann Wolfgang von Goethe auf dem Arbeitsblatt 11. Notieren Sie intuitiv inhaltliche Gemeinsamkeiten und Unterschiede.*

2. *Lesen Sie die literaturgeschichtlichen Epochenskizzen auf dem Arbeitsblatt 50 und ordnen Sie die vier Gedichte jeweils einer Epoche zu.*

3. *Begründen Sie die Zuordnung.*

Friedrich von Hagedorn
Der Morgen

Uns lockt die Morgenröte
   In Busch und Wald,
Wo schon der Hirten Flöte
   Ins Land erschallt.
5 Die Lerche steigt und schwirret,
   Von Lust erregt;
Die Taube lacht und girret,
   Die Wachtel schlägt.

Die Hügel und die Weide
10   Stehn aufgehellt,
Und Fruchtbarkeit und Freude
   Beblümt das Feld.
Der Schmelz[1] der grünen Flächen
   Glänzt voller Pracht,
15 Und von den klaren Bächen
   Entweicht die Nacht.

Der Hügel weiße Bürde,
   Der Schafe Zucht,
Drängt sich aus Stall und Hürde
20   Mit froher Flucht.
Seht, wie der Mann der Herde
   Den Morgen fühlt
Und auf der frischen Erde
   Den Buhler spielt!

25 Der Jäger macht schon rege
   Und hetzt das Reh
Durch blutbetriefte Wege,
   Durch Busch und Klee.
Sein Hifthorn[2] gibt das Zeichen;
30   Man eilt herbei:
Gleich schallt aus allen Sträuchen
   Das Jagdgeschrei.

Doch Phyllis'[3] Herz erbebet
   Bei dieser Lust;
35 Nur Zärtlichkeit belebet
   Die sanfte Brust.
Lass uns die Täler suchen,
   Geliebtes Kind,
Wo wir von Berg und Buchen
40   Umschlossen sind!

Erkenne dich im Bilde
   Von jener Flur!
Sei stets, wie dies Gefilde,
   Schön durch Natur,
45 Erwünschter als der Morgen,
   Hold wie sein Strahl;
So frei von Stolz und Sorgen
   Wie dieses Tal!

Conrady, S. 218/Nach F. v. H.: Sämtliche poetische Werke. Hamburg: Bohn 1757 (Nachdruck 1968)

---

[1] weicher Glanz
[2] Jagdhorn
[3] Frauenname aus der griechischen Mythologie. Die Königstochter begeht wegen eines nicht eingehaltenen Eheversprechens Selbstmord und wird in einen Baum verwandelt.

Friedrich von Hagedorn (1708–54), Sohn einer Hamburger Adelsfamilie mit Verbindungen zu Schriftstellerkreisen; 1726/27 abgebrochenes Jurastudium; 1729–31 Privatsekretär des dänischen Gesandten in London; ab 1733 Sekretär der Handelsgesellschaft *English Court* in Hamburg; 1734 Eheschließung mit einer bürgerlichen Frau. Seine Gedichte orientieren sich an antiken Vorbildern und der Schäferpoesie, „preisen die Liebe, den Wein und die Natur. Sie betonen den Unterschied zwischen Wirklichkeit und Kunst" (Harenberg Lexikon der Weltliteratur. Studienausg. Bd. 2. Dortmund 1995, S. 1230f.)

Friedrich Schiller
Morgenfantasie

Frisch atmet des Morgens lebendiger Hauch,
    Purpurisch zuckt durch düstre Tannenritzen
Das junge Licht und äugelt aus dem Strauch,
    In goldnen Flammen blitzen
5   Der Berge Wolkenspitzen,
Mit freudig melodisch gewirbeltem Lied
    Begrüßen erwachende Lerchen die Sonne,
    Die schon in lachender Wonne
Jugendlichschön in Auroras[1] Umarmungen glüht.

10   Sei, Licht, mir gesegnet!
    Dein Strahlenguss regnet
Erwärmend hernieder auf Anger[2] und Au.
    Wie silberfarb flittern
    Die Wiesen, wie zittern
15 Tausend Sonnen in perlendem Tau!

    In säuselnder Kühle
    Beginnen die Spiele
      Der jungen Natur,
    Die Zephire[3] kosen
20   Und schmeicheln um Rosen,
Und Düfte beströmen die lachende Flur.

Wie hoch aus den Städten die Rauchwolken dampfen,
Laut wiehern und schnauben und knirschen und strampfen
    Die Rosse, die Farren[4,]
25   Die Wagen erknarren
    Ins ächzende Tal.
    Die Waldungen leben
Und Adler und Falken und Habichte schweben,
Und wiegen die Flügel im blendenden Strahl.

30   Den Frieden zu finden,
    Wohin soll ich wenden
      Am elenden Stab?
    Die lachende Erde
    Mit Jünglingsgebärde
      Für mich nur ein Grab!

35 Steig empor, o Morgenrot, und röte
    Mit purpurnem Kusse Hain und Feld,
Säusle nieder, Abendrot, und flöte
    Sanft in Schlummer die erstorbne Welt.
Morgen – ach! du rötest
40   Eine Totenflur,
Ach! und du, o Abendrot, umflötest
    Meinen langen Schlummer nur.

F. S.: Sämtliche Werke. Erster Band: Gedichte. Dramen I.
8., durchges. Aufl. Lizenzausg. f. d. Wiss. Buchgesellschaft Darmstadt.
München: Hanser 1987, S. 100f.

Das Gedicht des jungen Schiller erschien erstmals in der von dem Dichter herausgegebenen *Anthologie auf das Jahr 1782*, die lyrische Texte von ihm selbst und anderen Autoren enthielt. Um deren Zahl größer erscheinen zu lassen, unterzeichnete er seine Gedichte mit unterschiedlichen Namenskürzeln. Die *Morgenfantasie* entstand wie die meisten seiner eigenen Texte 1781 in Stuttgart, als auch sein erstes Drama *Die Räuber* gedruckt wurde.

---

[1] römische Göttin der Morgenröte
[2] Weide am Bach
[3] milde Westwinde
[4] Stiere

Skizzen literaturgeschichtlicher Epochen im 18. Jahrhundert

Lesen Sie die Epochenskizzen, ordnen Sie die in Aufgabe 1 auf dem Arbeitsblatt 49 angegebenen Gedichte jeweils einer Epoche zu und suchen Sie nach der Besprechung und Korrektur Ihrer Ergebnisse in Gruppen Gründe für die Zusammengehörigkeit.

Daniel Chodowiecki: Auflärung, 1791 (Ausschnitt)

„Dieses höchste Werk der Vernunft [die Aufklärung] […] hat bis jetzt noch kein allgemeines verständliches allegorisches Zeichen (vielleicht weil die Sache selbst noch neu ist) als die aufgehende Sonne. Es wird auch wohl lange das schicklichste bleiben, wegen der Nebel, die immer aus Sümpfen, Rauchfässern und von Brandopfern auf Götzenaltären aufsteigen werden, die sie so leicht verdecken können. Indessen wenn die Sonne nur aufgeht, so schaden Nebel nichts."

Georg Christoph Lichtenberg im *Göttinger Taschen Calender für das Jahr 1792*

Aufklärung (ab 1720)

„Mit der Aufklärung setzt sich endgültig das neuzeitliche Menschenbild durch. Im Mittelalter waren die Menschen standesbestimmt. Die Aufklärung dagegen setzt voraus, dass jeder der Anlage nach gleichermaßen befähigt ist, selbstständig zu urteilen und zu handeln. Die Menschen haben daher das Recht und die Pflicht, jede Behauptung, der sie zustimmen sollen, selbstständig und kritisch auf ihre Richtigkeit, jede Handlung, zu der sie aufgefordert werden, auf ihre moralische Berechtigung hin zu prüfen. […] Die Methode, mit deren Hilfe man sich ein selbstständiges Urteil bildet, besteht darin, nur das als gegeben anzunehmen, was man mit seinen eigenen Sinnen wahrgenommen hat; aus dieser sinnlichen Erfahrung muss man dann mit Hilfe logischer Sätze zurückschließen auf das, was nicht wahrnehmbar ist, nämlich auf die Naturgesetze bzw. auf die gesamte gesetzmäßige und harmonische Ordnung, die nach der Überzeugung der Aufklärer das Universum durchzieht."

Die Lyrik „vollzieht den Übergang von der älteren Auffassung, die aus der Natur die geheimnisvollen Zeichen göttlicher Belehrung herausliest, zur unmittelbaren Anschauung des göttlichen Wirkens in der Natur."

Rokoko/Anakreontik (1740–1780)

„In der Spannung zwischen dem Wunsch nach irdischem Glück und den Forderungen vernünftiger Moral, zwischen empfindsamer Schwärmerei und vernünftiger Anerkennung der Wirklichkeit entsteht […] eine eigene Stilrichtung, das literarische Rokoko. Dessen Vertreter preisen Lebensgenuss und Sinnlichkeit, die freilich durch weise Mäßigung begrenzt werden sollen. Vorbild ist die Lehre des griechischen Philosophen Epikur. […] Anmutig, gelegentlich mit leicht frivolen Andeutungen, wird die vernünftige Tugend beschrieben, soweit sie zierlich und graziös in weiblicher Gestalt erscheint. Die Maske verliebter Schäfer, also die Gattung der Schäferidylle, eignet sich besonders zu dieser spielerisch-erotischen Darstellung.

Hauptvertreter dieser Richtung sind […] die sogenannten Anakreontiker – Lyriker, die dem Vorbild einer antiken Gedichtsammlung folgen, die vermeintlich von dem griechischen Lyriker Anakreon stammt" (vgl. das Arbeitsblatt 45).

Sturm und Drang (1770–1785)

„Der Sturm und Drang ist eine Protestbewegung junger Intellektueller, die nicht selten aus unteren Gesellschaftsschichten stammen. Das aufklärerische Ideal der Selbstbestimmung hat sie ergriffen [...]; angesichts von Fürstenherrschaft und Untertanengesinnung scheint es ihnen aber unmöglich, dieses Ideal durch allgemeine Erziehung zu verwirklichen. Daher protestieren sie sowohl gegen Fürstenwillkür als auch gegen die erzieherischen Vernunft- und Tugendforderungen der Aufklärung, die ihnen als Zwang erscheinen. Statt dessen pflegen sie weiter die Gefühle der Empfindsamkeit, geben ihnen aber eine antiautoritäre Wendung. [...]
Der so verstandene individuelle Mensch lebt aus dem fühlenden Herzen heraus [...].
Dadurch, dass sie sich von allen gesellschaftlichen Bindungen zu lösen suchen, empfinden die Stürmer und Dränger Vereinzelung und Einsamkeit umso stärker. Ihr Protest schlägt daher leicht um in Melancholie. [...]
Natur ist nun nicht mehr die allgemeine Vernunftnatur, sondern die ursprüngliche, noch ungestörte, kraftvoll sich entwickelnde Einzigartigkeit. [...] Als Ort ursprünglicher Natur wird auch die Landschaft entdeckt; ihr gegenüber kann sich das Herz noch besser öffnen als gegenüber einer einzelnen Person."

Klassik (1785–1815)

Die Klassik hält fest an der Forderung des Sturm und Drang, der Einzelne müsse sich in organischer Entwicklung zu einer harmonischen Individualität entfalten. Zugleich aber erkennt sie eine gesellschaftliche Ordnung an. Daher sucht sie harmonische Individualität und harmonisches Zusammenleben miteinander zu verbinden. Dazu ist einerseits erforderlich, dass der einzelne Mensch nicht unterdrückt und verformt wird, andererseits aber auch, dass er freiwillig Maß und Grenzen anerkennt. Wäre eine solche doppelte Harmonie allgemein hergestellt, so wäre das Ideal verwirklicht, nämlich ein Zustand, in dem die Idee des Menschen, sein Wesen, in ihm Gestalt gewinnt. [...]
Kunst und Dichtung erhalten, wie in der Aufklärung, eine erzieherische Aufgabe. Sie sollen aber nicht nur, wie dort, durch ihren möglichst wirkungsvoll vorgetragenen Inhalt beeinflussen, [...] sondern sie sollen auch durch die schöne, harmonische Form selbst wirken. Insofern diese ästhetische Erziehung dem Menschen die Idee seiner selbst, sein Wesen im schönen, begrifflich nie ganz ausdeutbaren Bild vorstellt, bekommen Kunst und Dichtung eine religiöse Funktion. [...]
Auch in der Lyrik soll das Idealtypische erscheinen. Das macht unmittelbare Selbstaussage unmöglich. In schlichten, liedhaften Formen spricht Subjektivität sich jetzt auf symbolisch-allgemeingültige Weise aus."

Wolf Wucherpfennig: Deutsche Literaturgeschichte. Von den Anfängen bis zur Gegenwart. Stuttgart: Klett 2010, S. 58, 64, 68, 80, 94f., 101

Die Grundlagen der Klassik am Beispiel von zwei Naturgedichten

1. Lesen Sie die beiden Gedichte und erschließen Sie aus ihnen, woran sich die Vertreter der Klassik orientierten.

2. Untersuchen Sie, was in den Gedichten über diese grundlegenden Bereiche zu erfahren ist und welche Wirkung sie auf das lyrische Ich ausüben.
   – Versuchen Sie die Aussagen in Goethes Gedicht durch geeignete Beispiele zu veranschaulichen.
   – Stellen Sie fest, was in Hölderlins Gedicht die beiden in ihm angesprochenen Bereiche verbindet.

Johann Wolfgang von Goethe
Parabase[1]

Freudig war vor vielen Jahren
Eifrig so der Geist bestrebt,
Zu erforschen, zu erfahren,
Wie Natur im Schaffen lebt.
5 Und es ist das ewig Eine,
Das sich vielfach offenbart;
Klein das Große, groß das Kleine,
Alles nach der eignen Art.
Immer wechselnd, fest sich haltend,
10 Nah und fern und fern und nah;
So gestaltend, umgestaltend –
Zum Erstaunen bin ich da.

Goethe. Berliner Ausgabe. Bd. 1: Gedichte. 3. Aufl. Berlin und Weimar: Aufbau-Verlag 1976, S. 542f.

Friedrich Hölderlin
Der Neckar

In deinen Tälern wachte mein Herz mir auf
   Zum Leben, deine Wellen umspielten mich,
      Und all der holden Hügel, die dich
         Wanderer! kennen, ist keiner fremd mir.
5 Auf ihren Gipfeln löste des Himmels Luft
   Mir oft der Knechtschaft Schmerzen; und aus dem Tal,
      Wie Leben aus dem Freudebecher,
         Glänzte die bläuliche Silberwelle.
Der Berge Quellen eilten hinab zu dir,
10 Mit ihnen auch mein Herz und du nahmst uns mit,
      Zum stillerhabnen Rhein, zu seinen
         Städten hinunter und lust'gen Inseln.

Noch dünkt die Welt mir schön, und das Aug entflieht
   Verlangend nach den Reizen der Erde mir,
15   Zum goldenen Paktol[2], zu Smyrnas[3]
         Ufer, zu Ilions[4] Wald. Auch möcht ich

Bei Sunium[5] oft landen, den stummen Pfad
   Nach deinen Säulen fragen, Olympion[6]!
      Noch eh der Sturmwind und das Alter
20   Hin in den Schutt der Athenertempel

Und ihrer Gottesbilder auch dich begräbt,
   Denn lang schon einsam stehst du, o Stolz der Welt,
      Die nicht mehr ist. Und o ihr schönen
         Inseln Ioniens[7]! wo die Meerluft
25 Die heißen Ufer kühlt und den Lorbeerwald
   Durchsäuselt, wenn die Sonne den Weinstock wärmt,
      Ach! wo ein goldner Herbst dem armen
         Volk in Gesänge die Seufzer wandelt,

Wenn sein Granatbaum reift, wenn aus grüner Nacht
30   Die Pomeranze blinkt, und der Mastixbaum[8]
      Von Harze träuft und Pauk und Cymbel
         Zum labyrinthischen Tanze klingen.

Zu euch, ihr Inseln! bringt mich vielleicht, zu euch
   Mein Schutzgott einst; doch weicht mir aus treuem Sinn
35   Auch da mein Neckar nicht mit seinen
         Lieblichen Wiesen und Uferweiden.

F. H.: Sämtliche Werke und Briefe. Erster Band. Hrsg. von Günter Mieth. München: Hanser 1970, S.282f.

---

[1] in der griechischen Komödie Anrede des Publikums durch den Chor oder Chorführer. Der Titel erklärt sich durch die Reihenfolge in Goethes Gedichtsammlung.
[2] Fluss in Kleinasien, der heutigen Türkei, der im Altertum als reich an Gold galt
[3] Izmir in der Türkei
[4] Troja
[5] Kap Sunion, die Südspitze der Halbinsel Attika, mit einem Poseidontempel
[6] Olympia, ein Heiligtum des Zeus
[7] Küstenlandschaft in Kleinasien
[8] immergrüner, harzhaltiger Strauch

Ein romantisches Gedicht von Clemens Brentano: Hörst du wie die Brunnen rauschen (1827)

1. Trotz einzelner Beziehungen zu den vorausgehenden Epochen, mit denen sich die Arbeitsblätter 49 und 50 befassen, steht die Romantik im Gegensatz zu ihnen.
Woran zeigt sich dieser Kontrast beim Lesen der Gedichte sofort und einprägsam?

2. Lesen Sie die Textausschnitte auf der rechten Seite und untersuchen Sie, welche Merkmale der Romantik Sie mit Brentanos Gedicht in Verbindung bringen können.

3. Die Romantiker schreiben „vor allem liedhafte Gedichte, deren Sprachmusik Inneres und Äußeres miteinander verschmilzt" (Wolf Wucherpfennig: Deutsche Literaturgeschichte. Stuttgart: Klett 2010, S. 127). Ermitteln Sie,
   a) wo Brentanos Gedicht Äußeres und Inneres anspricht und wie beides aufeinander bezogen ist,
   b) durch welche sprachlichen Formen und rhetorischen Figuren die „Sprachmusik" entsteht.

Hörst du wie die Brunnen rauschen,
Hörst du wie die Grille zirpt?
Stille, stille, lass uns lauschen,
Selig, wer in Träumen stirbt.
5 Selig, wen die Wolken wiegen,
Wem der Mond ein Schlaflied singt,
O wie selig kann der fliegen,
Dem der Traum den Flügel schwingt,
Dass an blauer Himmelsdecke
10 Sterne er wie Blumen pflückt:
Schlafe, träume, flieg', ich wecke
Bald Dich auf und bin beglückt.
(Schlaflied des Prinzen im *Märchen von dem Myrtenfräulein*)

Deutsche Naturlyrik, S. 60/C. B.: Werke. Erster Band. München: Hanser 1968.

Clemens Brentano (1778–1842): Sohn eines wohlhabenden italienischen Kaufmanns, in dessen Firma er aber nicht bleiben wollte; dennoch durch sein Erbe wirtschaftlich unabhängig; unstetes, krisenanfälliges Leben mit häufigen Ortswechseln, kurzen Ehen und unglücklichen Liebesbeziehungen; ab 1801 Freundschaft mit Achim von Arnim, Rheinreise und Herausgabe der Volksliedsammlung *Des Knaben Wunderhorn*; 1817 Hinwendung zum katholischen Glauben; 1819–24 Besuche bei einer stigmatisierten Nonne, deren Visionen er beschreibt. Brentano beeinflusste die Romantik in allen Phasen wesentlich. Seine klangvolle Lyrik überragt die anderen Teile seines literarischen Werks.

Zur literarischen Romantik (1795–1835)

- „Abgeleitet von den Genrebezeichnungen ‚Roman' oder ‚Romanze' meint ‚romantisch' das Wunderbare, Exotische, Abenteuerliche, Sinnliche, Schaurige, die Abwendung von der modernen Zivilisation und die Hinwendung zur inneren und äußeren Natur des Menschen sowie zur vergangenen Gesellschaftsformen und Zeiten (Mittelalter)."

- „Verbindendes Element zwischen den verschiedenen Zirkeln und Autoren war die Überzeugung, dass ‚nur durch eine ›romantische‹ Erneuerung der Literatur und Künste eine Überwindung der seit der Französischen Revolution manifest gewordenen globalen Krise der Gesellschaftsordnung wie der individuellen Lebenspraxis zu erreichen sei' (E. Ribbat)".

- Eine „Gemeinsamkeit liegt in der Aufwertung des Irrationalen, das in der Aufklärung verdrängt und tabuisiert worden war. […] Die Romantiker hingegen brachten die von der Aufklärung vernachlässigten Wunsch- und Triebstrukturen zum Sprechen."

- „Das Gemeinsame der romantischen Literatur besteht in der Erweiterung der künstlerischen Ausdrucksweisen und der Freisetzung der Fantasie."

Wolfgang Beutin u. a.: Deutsche Literaturgeschichte. Von den Anfängen bis zur Gegenwart. Stuttgart, Weimar: Metzler 2008, S. 202–204

Baustein 7

Naturlyrik in der Moderne

7.1 Realismus und Naturalismus

Die meisten Gedichte im fünften Baustein zeigten bereits die Entwicklung der Naturlyrik in der Moderne, die in der deutschen Literatur mit dem Naturalismus beginnt.[1] Da dieser als „Radikalisierung des Realismus, als ‚Realismus in Angriffsstellung' (Hermand)" bezeichnet werden kann[2], beginnt dieser Baustein mit der Vorstufe. So kommt der Bruch zwischen ideellen Bestrebungen, die sich an den Ewigkeitswerten des Glaubens, der Vernunft, der Antike oder des Mittelalters orientieren, und deren Ablehnung wegen der Dominanz der Realität und des Materiellen besonders krass zur Geltung. In Kellers Gedicht *Aus dem Leben. I* auf dem **Arbeitsblatt 53** (S. 214) distanziert sich das lyrische Ich von ideellen Konstrukten wie Unsterblichkeit (V. 4), Patriotismus (V. 12) und Unendlichkeit (V. 19) und wendet sich den Schönheiten und angenehmen Reizen der Natur zu – dem Wasser (V. 10), dem Himmel (V. 11) und den Blumen (V. 14, 17) –, die es mit seinen Sinnen erfassen kann. Es versteht die Botschaft der Lilie und der Rosen, die ihm die eigene Vergänglichkeit vor Augen führen. Anders als im Barock (vgl. die Schlusszeile von Gryphius' Gedicht *Einsamkeit* auf dem Arbeitsblatt 48, S. 186) sucht es jedoch nicht nach etwas Bleibendem, sondern fügt sich in das „ewige[ ] Nimmerwiedersein" (V. 24). Ungeachtet der inhaltlichen Abwendung vom Idealismus bleiben die klassisch-romantischen Formen für die Lyrik im Realismus weiterhin maßgebend (vgl. Arbeitsblatt 53, Z. 12 f. im unteren Teil). Diesen Einfluss dokumentiert auch Kellers Gedicht, aus dem ein sensibles Formbewusstsein spricht. Strophen, Metrum und Endreime zeichnen Gleich- und Regelmäßigkeit aus, Vers- und Satzstruktur stimmen überein, weil das Ich seinen im Winter gefassten Entschluss im Sommer bestätigt sieht und damit auch sich selbst als Person. Das Blumensymbol und die Verallgemeinerbarkeit individueller Erkenntnisse sind eher mit der Klassik in Verbindung zu bringen, die Anlehnung an das Lied und die Klangwirkungen dagegen mit der Romantik: Assonanzen (Im Grabe aber ruht der Wahn./Ich fahre auf dem klaren Strome, V. 8 f.; holden Rosen, V. 17), Binnenreim (Zu glühn, zu blühn, V. 21) und Anapher (V. 5 f.) betonen die musikalische Dimension der Sprache.
Die Schülerinnen und Schüler wenden sich in Partnerarbeit zunächst dem Inhalt des Gedichts unabhängig von seiner literaturgeschichtlichen Einordnung zu, indem sie klären, welche Einsichten das lyrische Ich gewinnt und welche Einstellungen es vertritt. Dann lesen sie die Informationen zur Epoche des Realismus und stellen fest, welche sie auf das Gedicht beziehen können. Die Ergebnisse zu den beiden Aufgaben notieren sie nach Möglichkeit in zwei Spalten so, dass die in dem Gedicht vermittelten Einsichten und Einstellungen den Epochenmerkmalen entsprechen. Schließlich richten sie ihre Aufmerksamkeit auf die „klassisch-romantischen Muster[ ]" (Arbeitsblatt 53, Z. 12 f. unten), an denen sich Kellers Gedicht orientiert. Nach jeder Aufgabe werden die Ergebnisse in einem kurzen Unterrichtsgespräch verglichen, ergänzt und korrigiert.

■ *Bearbeiten Sie die Aufgaben auf dem Arbeitsblatt 53 nacheinander.*

---
[1] Vgl. Wucherpfennig: Deutsche Literaturgeschichte, S. 187.
[2] Metzler-Literatur-Lexikon. A. a. O., S. 320.

Realismus: *Aus dem Leben. I* von Gottfried Keller

Einsichten und Einstellungen des lyrischen Ichs

- Ablehnung der Unsterblichkeit als Wahnvorstellung (V. 1–4, 8)
- Verzicht auf Patriotismus
- Abwendung vom Unendlichen
- Freude an den Schönheiten und angenehmen Reizen der Natur
- Offenheit und Verständnis für die Botschaft der Blumen: Bewusstsein der Vergänglichkeit

Epochenmerkmale

- Infragestellung religiöser Normen
- Interesse für das Alltägliche
- Unergiebigkeit metaphysischer Fragen, abnehmende Bedeutung von Philosophie und Ethik
- Darstellung der Wirklichkeit: sinnlich wahrnehmbare Tatsachen (sommerliche Wärme, kühlendes Wasser, blauer Himmel, Blühen und Duften der Blumen)

Realismus als Gegenbewegung zum Idealismus, aber formale Orientierung an „klassisch-romantischen Mustern"

- Gleich- und Regelmäßigkeit der Strophen, des Metrums, der Endreime
- Übereinstimmung von Vers- und Satzstruktur: Richtigkeit des Entschlusses, Bestätigung der Person
- emphatische, verstärkende Interjektion „O" (V. 4, 14)
- Blumensymbol
- verallgemeinerbare individuelle Erkenntnisse } Klassik
- Liedform
- Klangwirkungen (Alliteration, Anapher, Binnenreim, Assonanzen) } Romantik

---

Die Naturalisten „[wollten] [i]hr oberstes Ziel, eine möglichst objektive Nachahmung der Natur, […] mit Hilfe literarischer Techniken erreichen" (Beutin: Deutsche Literaturgeschichte, S. 345). Deshalb legt Arno Holz in „seiner programmatischen Hauptschrift *Die Kunst. Ihr Wesen und ihre Gesetze*" von 1891/92 in einem von zwei Grundsätzen „die Wiedergabe der Natur als Ziel der Kunst" fest (ebd.). „Allerdings gibt es dabei Hindernisse, die in der inneren ‚Natur' des Menschen liegen: seine Emotionen und sein Temperament, die […] zwangsläufig zu subjektiven Verzerrungen führen." (Ebd.) Diese berücksichtigt er mit der Variablen X in der Formel „Kunst = Natur – X" ebenso wie „das künstlerische Material und seine Handhabung sowie die (Re-)Produktionsbedingungen" (ebd.). Mit einer „minutiöse[n] Schreibtechnik" versuchte er die Natur exakt darzustellen (ebd.). Der dafür geprägte Begriff „Sekundenstil" hat sich trotz der Ablehnung durch Holz selbst eingebürgert. Sein zweiter Grundsatz verlangt vom Künstler, mit seinen Darstellungsmitteln zu experimentieren (vgl. ebd.). „Was man heute als das eigentlich Innovative der frühen Moderne begreift, nämlich Sprach- und Formexperimente, unternahm als fast Einziger Holz. In der Lyrik opponierte er gegen alle Konventionen des Verses und der Strophe und schuf eine Prosalyrik, die nur einem ‚natürlichen' Rhythmus gehorchen sollte. […] Inhalt und Ausdruck sollen identisch sein. (Ebd., S. 345f.) Er will auf „Reim, Metrik und Strophik" verzichten und formt seine Gedicht stattdessen durch die „Mittelachsenzentrierung" (ebd., S. 346), die in dem Beispiel *Mählich durchbrechende Sonne* auf dem **Arbeitsblatt 54** (S. 215) sofort ins Auge fällt. Es gehört nicht in die Reihe der Morgengedichte, denn vom Aufgang der Sonne ist nicht die Rede, sondern davon, wie sich das Licht seinen Weg durch die weißen Wolken bahnt (V. 9–13) und in das Ich eindringt (V. 26–29). Anders als Bachmanns Sonnenhymnus auf dem Arbeitsblatt 24 (S. 114), der Schönheit und Wirkung des Gestirns besingt und sich für einen Vergleich anbietet, konzentriert sich das Gedicht von Holz auf die Wahrnehmungen und Empfindungen des Ichs, die es sprachlich möglichst genau zu erfassen sucht: die Blumenwiese, in der es liegt (V. 1–7), die Wärme und das von Licht erfüllte Weiß des Himmels über ihm (V. 8–13), die langsam zufallenden Augen (V. 14–17), die Sinneseindrücke jenseits des Sehens (V. 2, 8, 18–20) und schließlich sein eigenes Selbst, das sich von der Welt entfernt hat, die Sonne „[m]inutenlang" (V. 30) in sich spürt und selig ist (V. 21–34). Das Subjekt beschreibt die einzelnen, auch „kaum merklich[en]" (V. 18) Sinneseindrücke und ihre Wirkungen von der äußeren Umgebung bis zu inneren körperlichen und seelischen Regungen en détail im Verlauf einer kurzen Zeitspanne, die Auslassungspunkte dehnen, sodass sich das Geschehen intensiviert. Das Gedicht stellt also in der Zeitlupe des Sekundenstils die sensiblen Reaktionen des Menschen auf angenehme Reize der Natur dar. Das Gefühl der Seligkeit, das sich am Schluss einstellt, gehört allerdings nicht zur Natur, die wiederzugeben das Ziel naturalistischer Kunst ist. Im Gegensatz zu Kellers Gedicht auf dem Arbeitsblatt 53 (S. 214), das den Realismus repräsentiert und in Sprache und Form den „klassisch-romantischen Mustern" folgt (vgl. S. 214, Z. 12 unten), experimentiert Holz mit den künstlerischen Darstellungsmitteln der Lyrik. Die Achsensymmetrie und Auslassungspunkte unterwerfen die Verse ganz neuen Gesetzen, sodass die einzelnen Abschnitte kaum noch als herkömmliche Strophen zu erkennen sind. Die Eingangsverse 1–7 gestalten den Ort, an dem sich das Ich befindet, grafisch nach: Gras und Blumen in den Farben Grün und Gelb (V. 1–3, 6f.) umgeben es, „Drin/liege ich." (V. 4f.) Sprachlich innovativ sind vor allem die Neologismen in Vers 11: Die aneinandergereihten Komposita mit dem anaphorischen Bestimmungswort „licht-" erfassen, wie die Sonne das wolkige Weiß verdrängt, und bilden nach dem Doppelpunkt in Vers 8 auch sprachlich das Zentrum des Gedichts. Ein weiteres Charakteristikum sind Ellipsen, die zweimal sogar nur ein Wort enthalten (V. 30, 34) und denen bloß zwei vollständige Sätze unterschiedlicher Länge gegenüberstehen (V. 4f., 21–29). In der modernen Lyrik sind gehäufte Ellipsen zwar nichts Ungewöhnliches, an deren Anfang markieren sie aber einen gravierenden Einschnitt. Die sprachliche Experimentierlust verschmäht jedoch auch traditionelle rhetorische Mittel nicht, sondern integriert sie: Aufzählungen (V. 1–3, 11–13, 18–20, 21–29), Binnenreime (Luft/Duft, V. 18f.), Alliterationen (goldgelb, V. 6; Butterblumen, V. 7), Assonanzen (i, V. 4–6, 8, 11–14). Der hellste Vokal überträgt das Sonnenlicht in sprachliche Laute.

Die Schülerinnen und Schüler bestimmen Inhalt, Form und Sprache des für sie ungewöhnlichen Gedichts, ohne in dieser ersten Phase auf literaturgeschichtliche Aspekte zu achten. Dann versuchen sie die Grundsätze des Naturalismus und den Sekundenstil in dem Gedicht nachzuweisen sowie die naturalistische Grundformel „Kunst = Natur – X" zu erklären. Nach jeder Aufgabe schließt sich an die Partnerarbeit eine Gesprächsrunde im Kurs an, um die Ergebnisse zu vergleichen.

- *Bearbeiten Sie die Aufgaben 1–4 auf dem Arbeitsblatt 54 nacheinander.*
- *Vergleichen Sie Ihre Ergebnisse.*

> **Naturalismus (1880–1900):** *Mählich durchbrechende Sonne* von Arno Holz
>
> **Inhalt: Wahrnehmungen und Empfindungen des Ichs in der Natur**
> - Umgebung und Position: Liegen in einer Blumenwiese (V. 1–7)
> - Wärme und lichterfülltes Weiß des Himmels (V. 8–13)
> - Sinneseindrücke bei offenen und geschlossenen Augen (Sehen/Fühlen, V. 8, 18/ Riechen, V. 19/Hören, V. 20)
> - Körper und Seele: Entfernung von der Welt, Eindringen der Sonne, Seligkeit
>
> **Sprache und Form: Bruch mit der Überlieferung trotz gelegentlichen Rückgriffs auf konventionelle sprachliche Formen**
> - Achsensymmetrie, Auslassungspunkte, Verzicht auf Vers- und Strophenformen, grafische Nachahmung des Inhalts der Verse 1–7 ⎫ Experimentieren
> - Neologismen (V. 11): anaphorische Reihe von Komposita mit dem Bestimmungswort „licht-", Ellipsen, Einwortsätze (V. 30, 34) ⎭
>   Aufzählungen, Binnenreime (V. 18f.), Alliterationen (V. 6f.), ⎫ traditionelle rhetorische Mittel
>   Assonanzen (i, V. 4–6, 8): Übertragung des Sonnenlichts in helle Sprachlaute ⎭
>
> **Wiedergabe der Natur als Ziel der Kunst/Sekundenstil**
> - möglichst genaue Beschreibung von Sinneseindrücken und ihrer Wirkung auf das Ich
> - detaillierte Darstellung von Wahrnehmungen der äußeren Umgebung und innerer körperlicher und seelischer Regungen
> - Dehnung und Intensivierung des Geschehens
>
> **Aber: Seligkeit als emotionaler Schluss- und Höhepunkt keine naturwissenschaftliche Größe**

■ *Vergleichen Sie das Gedicht von Holz mit dem Sonnengesang von Ingeborg Bachmann auf dem Arbeitsblatt 24.*

7.2 Impressionismus und Expressionismus

Den Unterschied zwischen Impressionismus und Expressionismus erkennen die Schülerinnen und Schüler beim Vergleich zweier Rosengedichte auf dem **Arbeitsblatt 55** (S. 216), denen sie vorgegebene Kennzeichnungen zuordnen, die sie anschließend belegen. Das Gedicht von Rilke, dessen Frühwerk als impressionistisch gilt, stammt zwar aus seinen letzten Lebensjahren, veranschaulicht aber exemplarisch die genaue, einfühlsame Beobachtung und Beschreibung des wilden Rosenbuschs, die Eindrücke, die er hinterlässt, und damit das Zusammenspiel von äußerer Erscheinung und innerer Stimmung. „Die lyrischen ‚Beschreibungen' bleiben alle dem Phänomen des wilden Rosenbuschs zugeordnet, lassen sich aber zwanglos auf menschliche Existenzmöglichkeiten übertragen" (Fülleborn[1], S. 384). Impressionismus, Symbolismus und Neuromantik als literarische Richtungen um 1900 zu unterscheiden würde den Deutschunterricht in der Regel überlasten; deshalb werden diese Ausprägungen der modernen Literatur in einem Begriff zusammengefasst, der

---
[1] Ulrich Fülleborn: Nachdenken über das Glück. In: Marcel Reich-Ranicki [Hrsg.]: 1000 Deutsche Gedichte und ihre Interpretationen. Fünfter Band. A. a. O., S. 384–386.

sich als Gegensatz zu dem des Expressionismus aufdrängt. In dieser Epoche entsteht Lyrik nicht mehr durch eine subjektive Verinnerlichung der äußeren Welt wie im Impressionismus, sondern umgekehrt durch den Ausdruck von Gefühls- und Seelenlagen in aggressiven Bildern, die provozieren, schockieren und Bedrohungen, Verfall und Untergang ins Bewusstsein rücken. So fesselt die zweite Rosenblüte in Stadlers Gedicht nicht durch Schönheit und Zartheit das Auge des Betrachters, sondern das lyrische Ich projiziert auf sie unangenehme Empfindungen, wenn es ihr unkontrolliertes, proportionsloses Wachstum (V. 1, 5 f.), Gier, Verletzungen (V. 4 f.), Tod (V. 6), Ende und Ungewissheit zuschreibt.

Nachdem die Schülerinnen und Schüler die erste Aufgabe auf dem Arbeitsblatt 55 allein bearbeitet haben, vergleichen und überprüfen sie ihre Ergebnisse zuerst mit ihrem Sitznachbarn und dann im Unterrichtsgespräch, um eine gemeinsame Grundlage für die weiteren Aufgaben zu haben. Die folgende Übersicht ergänzen die richtigen Zuordnungen um mögliche Belege.

- *Bearbeiten Sie nacheinander die Aufgaben 1, 3 und 4 auf dem Arbeitsblatt 55.*
- *Vergleichen und überprüfen Sie Ihre Ergebnisse zu Aufgabe 1 mit Ihrem Sitznachbarn und im Unterrichtsgespräch, bevor Sie weiterarbeiten. Verfahren Sie nach Aufgabe 4 ebenso.*

Impressionismus (1890–1920): *Wilder Rosenbusch* von Rainer Maria Rilke

Merkmale	Belege
Eindrücke der äußeren Welt als Auslöser von subjektiven Stimmungen und Einsichten	Jugend, Reinheit, Genügsamkeit, Lebenskraft des in sich ruhenden Rosenbuschs im Kontrast zu der dunklen Umgebung
unzugängliche Geheimnisse der Natur und der inneren Welt	unwillkürliches Blühen (V. 5 f.); Unergründlichkeit des Daseins (V. 7), Leben aus sich selbst heraus (V. 8)
Schönheit und Harmonie	Ausschwingen/Versunkenheit (V. 3 f.); Schutzlosigkeit/Sicherheit (V. 11 f.); halboffene Blüten (V. 5); bewunderte Erscheinung vor dunklem Hintergrund
genaue Schilderung von Details	Ranken (V. 3); Blüten (V. 5–8)
unbeschwerte Heiterkeit	Selbstzufriedenheit, unbewusste Lebensfreude
Neigung zur Pointe	Botschaft an den Wanderer nach Doppelpunkt in den Schlussversen

Baustein 7: Naturlyrik in der Moderne

Expressionismus (1910–20): *Die Rosen im Garten* von Ernst Stadler

Merkmale	Belege
Ausdruck von Gefühls- und Seelenlagen in der äußeren Welt	Depression: Übergang vom Sommer in den Herbst (V. 7) Verachtung für Epigonen: zweites Blühen (V. 2 f.)
Naturerscheinungen als Schreckensvisionen	maß- und formloses, gieriges, unaufhörliches, wildes Blühen (V. 1, 4–6)
Bedrohung, Verfall, Untergang	Vergleich mit Verwundung und Tod (V. 4–6)
Darstellung des Hässlichen und Ekelhaften	abstoßende Bilder: dick (V. 1), „aufgerissene[ ] Adern" (V. 4), „heftig aufgeschwellte[s] Fleisch" (V. 5), „Todesröcheln" (V. 6); fehlende Ausstrahlung des ersten Blühens
Provokation/Schock/Aggression	Zerstörung des überlieferten Rosensymbols und Verkehrung ins Gegenteil
groteske Verzerrungen	
Steigerungen, Paradoxien, Neologismen	„in dicken Bündeln/In die Sonne" schießende Blüten (V. 1 f.); „schwelgerische Zartheit" (V. 2); „Sternenfeuer[]" (V. 3)

7.3 Nationalsozialismus und Zweiter Weltkrieg

Die vier Gedichte auf dem **Arbeitsblatt 56** (S. 217 f.) schildern Erlebnisse, Eindrücke und Gedanken in der Zeit des Nationalsozialismus und Zweiten Weltkriegs oder Empfindungen und Reflexionen kurz nach dem Ende dieser Schreckensjahre. Die Schülerinnen und Schüler lesen die Gedichte, wählen eines aus, interpretieren dieses in einer Gruppe, deren Mitglieder sich ebenso entschieden haben, tragen es im Kurs vor und präsentieren ihre Ergebnisse. Sie berücksichtigen dabei insbesondere den historischen Hintergrund, die Reaktionen des lyrischen Ichs, die Bedeutung der Natur und die Wechselbeziehung zwischen Inhalt, Sprache und Form. Bei Bedarf – in größeren Kursen oder zur Verkleinerung der Gruppen – kann auch Enzensbergers Gedicht *das ende der eulen* auf dem Arbeitsblatt 57 (S. 219), das unter denselben Gesichtspunkten zu untersuchen ist, in diese Gruppenarbeitsphase einbezogen werden. Die Tafelbilder sind als Grundlage für Nachfragen, Korrekturen oder Ergänzungen gedacht.

■ *Bearbeiten Sie die Aufgaben auf dem Arbeitsblatt 56 in der angegebenen Reihenfolge.*

Das Gedicht *Frühling 1938* geht auf die Vorzeichen des Krieges ein, der sich im zweiten Teil mit dem Geschützdonner bei deutschen Seemanövern akustisch ankündigt. Das lyrische Ich benennt im ersten Teil in Gedichten die Schuldigen, weist auf die verheerenden Folgen hin, die ein Krieg für die Menschen mit sich bringt (V. 5–8) und schützt zusammen mit seinem „junge[n] Sohn" das von der Kälte besonders bedrohte „Aprikosenbäumchen an der Hausmauer", auf das dieser ihn, kindlich-natürlich reagierend, aufmerksam macht (V. 3 f., 8–10). Anstelle heiterer, belebender Gefühle, die im Frühling als einer Zeit des Übergangs, in der es schon grünt und noch Schnee fällt (V. 2 f.), die Bäume „grüne Blätter und noch keine Blüten" oder „Blüten und noch keine Blätter" haben und „weiße[ ] Dolden [...] aus dürren Ästen zu sprießen [scheinen]" (V. 12–15; vgl. Kittstein, S. 232) aufkommen, breitet sich eine bedrohliche und bedrückende Stimmung aus. Mit dem Manöverlärm dringt die Kriegsgefahr in die ländlich-natürliche Szenerie ein, Schüsse der Schiffskanonen mischen sich „[i]n das Gezwitscher der Stare" (V. 18). „[D]ie brutale Realität der Zeitgeschichte" bricht „in einer virtuos konstruierten und durch die Zeilenbrüche zusätzlich hervorgehobenen dreifachen Steigerung" in das Naturbild ein: „Der ‚ferne Donner' deutet bereits auf Gefahr, kann aber doch immer noch als Naturphänomen aufgefasst werden; der Hinweis auf die ‚manövrierenden Schiffsgeschütze' macht dann schon unmissverständlich deutlich, dass die Bedrohung in Wirklichkeit von *Menschen* ausgeht, und der letzte Vers benennt die Aggressoren schließlich direkt und gestattet keinen Zweifel mehr an ihren mörderischen Absichten" (Kittstein, S. 233). Aber auch die Natur selbst spiegelt die düsteren Ahnungen, wenn am „Ostersonntag früh [...] ein plötzlicher Schneesturm über die Insel" fegt (V. 2) und eine Schneedecke „[z]wischen [die] grünenden Hecken" legt (V. 3), dem Sonnenschein im Garten Regenwolken „[ü]ber dem Sund" entgegenstehen (V. 11 f.) oder „das Käuzlein" „in diesen Frühjahrsnächten" oft ruft (V. 22 f.). „Im Wortsinne überschattet von den Kriegsvorbereitungen des nationalsozialistischen Regimes, erweist sich der Frühling als eine Zeit der Furcht und des Schreckens." (Kittstein, S. 233). „In den ‚finsteren Zeiten' gibt es keine ‚reine' Naturbetrachtung, keinen ungetrübten Genuss mehr, weil selbst die Wahrnehmung an sich unverdächtiger Naturvorgänge durch das Wissen um die konkrete zeitgeschichtliche Situation überlagert und entstellt wird." (Ebd.). Das Gedicht in freien Rhythmen ähnelt einem versifizierten Prosatext. Die drei ungleich langen Teile setzen unterschiedliche inhaltliche Schwerpunkte: der erste berichtet im Präteritum von einem Ereignis am Ostermorgen, der zweite schildert im Präsens, was in der Natur zu sehen und zu hören ist sowie das ferne, fremde, Unheil verkündende Eindringen der donnernden Kriegsschiffe und der dritte enthält verallgemeinernde Feststellungen, die unter anderem Aberglauben und Wahrheit als unterschiedliche Bewusstseinsstufen kontrastieren, auf denen sich gleichwohl dasselbe abzeichnet, nämlich der Tod. Eine Antiklimax in Vers 7 verlagert die Bedrohung von ganz Europa auf das schreibende Individuum und Enjambements zeigen auf formaler Ebene die Gefährdung der jahreszeitlichen Ordnung in der Natur und harmonischer Beziehungen, wie sie im gemeinsamen Handeln von Vater und Sohn zum Ausdruck kommen, durch den Krieg.

Baustein 7: Naturlyrik in der Moderne

Nationalsozialismus und Zweiter Weltkrieg im Spiegel von Naturgedichten (I):
Bertolt Brecht: Frühling 1938

Historische Ereignisse	→	**Reaktionen des lyrischen Ichs**
• Kriegsgefahr im Frühling 1938		• literarische Warnungen
• Seemanöver von deutschen Kriegsschiffen		• Benennung der Schuldigen
		• Hinweis auf verheerende, tödliche Folgen

Bedeutung der Natur

- bedrohliche, bedrückende Stimmung in heiterer, belebender Jahreszeit
- Vorzeichen des Krieges in ländlich-natürlicher Szenerie
- Abbildung der düsteren Ahnungen in Gegensätzen
  – Schneesturm ↔ grünende Hecken (V. 2 f.)
  – Sonnenschein ↔ Regenwolken (V. 11 f.)
  – Vogelgezwitscher ↔ Schiffskanonen (V. 18–20)
  – Frühlingsnächte ↔ Käuzleinrufe (V. 23–26)
- Ankündigung des Todes durch einen Vogel (V. 24–26)
- Rettungsversuche inner- und außerhalb der Natur:
  – kindlich-naiv: Sack über dem Aprikosenbäumchen
  – literarisch: ein Werk gegen den Krieg

Bertolt Brecht: Frühling 1938
Wechselbeziehung von Inhalt, Sprache und Form

- freie Rhythmen: Nähe zur Prosa
- 3 Strophen von ungleicher Länge → unterschiedliche inhaltliche Schwerpunkte:
  I: Ereignisbericht im Präteritum
  II: visuelle/akustische Wahrnehmungen in der Natur/des Kanonendonners im Präsens
  III: verallgemeinernde Feststellungen
- Kontrast Aberglaube/Wahrheit: Vorhersagen des Todes
- Antiklimax (V. 7): Verlagerung der Bedrohung von ganz Europa auf das Individuum
- Enjambements: Gefährdung von Ordnung und Harmonie
- Steigerung der Gefahr: Donner, Schiffsgeschütze, Drittes Reich (V. 19–21)

Das Gedicht von Hermann Lenz blickt nach Russland, einen grausamen Schauplatz des Zweiten Weltkriegs im Herbst 1942 oder 1943. Das lyrische Ich, vermutlich ein deutscher Soldat, wie die Biografie des Verfassers nahelegt, gibt wieder, wie es die herbstliche Natur unter dem Eindruck des Krieges wahrnimmt. In Naturbildern teilt es seine Gedanken und seine melancholische Stimmung mit. Die Allgegenwart von Verletzung und Gefahr symbolisiert das Rot der Preiselbeeren (V. 1), des Bluts und des Laubs (V. 4) sowie der Wunden (V. 5); die von Schlangen getöteten Mäuse (V. 3) und das verletzte Schaf (V. 8) sind ein Sinnbild für die Unterlegenheit und Schädigung derer, die anderen nichts zuleide tun. „[D]es weichen Schafes Fell" steht im Gegensatz zu der „raue[n] Hand", die am Baumstamm zu spüren ist (V. 2) und die Verrohung im Krieg andeutet. „Tautränen" (V. 7) sind ein Zeichen für Schmerzen und Leid und mit dem grauen Tag (V. 6) legen sich Angst und Schwermut auf die Gemüter. Wenn der Himmel aufklart, reift der Wein zwar, er bringt aber nicht Lebensfreude wie in dem anakreontischen Lied *Auf Dionysos* auf dem Arbeitsblatt 45 (S. 181), sondern er erinnert an Sterben und Feuersbrünste im Krieg. Anders als Brecht verwendet Lenz mit fünfhebigen Jambenversen und Kreuzreimen, in denen weibliche und männliche Endungen abwechseln, traditionelle lyrische Formen, vielleicht um in ihnen angesichts des Elends Halt zu finden. Die lapidaren Aussagen des Gedichts reihen sich in kurzen Hauptsätzen aneinander. Die beiden Schlussverse nach dem Doppelpunkt spitzen die düstere Stimmung in einem Fazit zu, verstärken sie durch die Häufung von zum Teil gesteigerten Adjektiven und dehnen sie in die Zukunft aus.

Nationalsozialismus und Zweiter Weltkrieg im Spiegel von Naturgedichten (II):
Hermann Lenz: Russischer Herbst

Historische Ereignisse ⟶ **Reaktionen des lyrischen Ichs**

- Russland als Schauplatz des Zweiten Weltkriegs im Herbst 1942 oder 1943
- Wahrnehmungen und Gedanken in der Natur unter dem Eindruck des Krieges

Bedeutung der Natur

- melancholische Stimmung in Naturbildern:
  – Rot (Preiselbeeren, V. 1; Blut, Laub, V. 4; Wunden, V. 5): Verletzung, Gefahr
  – von Schlangen getötete Mäuse (V. 3), verletztes Schaf: Unterlegenheit und Schädigung derer, die anderen nichts zuleide tun
  – „Tautränen" (V. 7): Schmerzen, Leid
  – Grau des Tages (V. 6): Angst, Schwermut
  – Wein: Erinnerung an Sterben und zerstörende Feuer statt Lebensfreude
- „raue Hand" am Baumstamm (V. 2) im Gegensatz zum weichen Schaffell (V. 8): Verrohung im Krieg

---

Hermann Lenz: Russischer Herbst
Wechselbeziehung von Inhalt, Sprache und Form

- 5–hebige Jambenverse mit Kreuzreimen und dem Wechsel von weiblichen/männlichen Endungen: Suche nach Halt in traditionellen lyrischen Formen
- kurze Hauptsätze: lapidare Aussagen ohne sprachlichen Schmuck
- Schlussverse nach Doppelpunkt:
  – Zuspitzung der düsteren Stimmung in einem Fazit
  – Verstärkung durch Häufung von zum Teil gesteigerten Adjektiven
  – Ausdehnung in die Zukunft

Die letzte Strophe fordert dazu heraus, die Funktion des Weins für das lyrische Ich in dem Gedicht von Lenz mit derjenigen in dem anakreontischen Lied *Auf Dionysos* auf dem Arbeitsblatt 45 (S. 181) zu vergleichen.

Baustein 7: Naturlyrik in der Moderne

■ Vergleichen Sie, welche Rolle der Wein für das lyrische Ich in der letzten Strophe des Gedichts von Lenz und in dem anakreontischen Lied „Auf Dionysos" auf dem Arbeitsblatt 45 spielt.

Die beiden Gedichte von Nelly Sachs und Elisabeth Langgässer auf dem **Arbeitsblatt 56** (S. 218) sind zwar nach dem Krieg und der nationalsozialistischen Diktatur verfasst worden, stehen aber noch ganz im Zeichen dieser Schreckenszeit, die sie mit unterschiedlichen Empfindungen in Erinnerung rufen. Sachs richtet ihre Verse an die „Zuschauenden", welche die Ermordung ihrer jüdischen Mitmenschen gesehen oder vielleicht auch nur indirekt durch die Deportation in Konzentrationslager mitbekommen haben und nichts dagegen unternahmen. Die Dichterin konfrontiert die Angesprochenen mit den anklagenden „Blicke[n] der Toten" (V. 4) und wirft jenen vor, sich von den Mördern nicht abgewandt zu haben, sondern falschen Versprechungen erlegen zu sein (V. 18–21). In der Natur bleiben die Getöteten, ihr Leid und ihre Vorhaltungen lebendig, ihre „brechende[n] Augen" in den Veilchen, ihre „flehend erhobene[n] Hände" im Eichengeäst und ihr Blut sowie die Erinnerung an sie in der Abendsonne (Str. 2). „[D]er Turteltaube Nachruf" macht auf „die ungesungenen Wiegenlieder" (V. 12 f.) und damit auf die fehlenden Nachkommen aufmerksam. Große Begabungen unter ihnen, die „Sterne herunterholen" (V. 14), also Außergewöhnliches leisten können, durften sich nicht entfalten, sodass sich die Gestirne wie eh und je im Brunnenwasser spiegeln und alles bleibt, wie es immer war. Die vier unterschiedlich langen Strophen in freien Rhythmen thematisieren in der ersten und letzten die Verantwortung und das Versäumnis der „Zuschauenden" und die von ihnen umrahmten die Gegenwart und Zukunftslosigkeit der Ermordeten. Die Anapher „Wieviel" in den Fragesätzen der zweiten Strophe fordert diejenigen, die das Gedicht in der zweiten Person Plural anspricht, dazu auf, sich dem Ausmaß ihrer Schuld zu stellen, obwohl sie selbst nicht getötet hätten. Der Schmerzensruf „O" (V. 12) und die Ellipsen sind ein Hinweis auf die emotionale Aufwühlung des Ichs.

Nationalsozialismus und Zweiter Weltkrieg im Spiegel von Naturgedichten (III):
Nelly Sachs: Ihr Zuschauenden

Historische Ereignisse	→	Reaktionen des lyrischen Ichs
• Ermordung und Deportation jüdischer Menschen in Konzentrationslager unter den Augen der Bevölkerung		• Anklage der Angesprochenen durch die Toten
		• Vorwurf, sich von den Mördern nicht distanziert zu haben und falschen Versprechungen erlegen zu sein (V. 18–21)

Bedeutung der Natur

- Bild und Gegenwart der Getöteten
  – Veilchen: Augen
  – Eichengeäst: „flehend erhobene Hände"
  – Abendsonne: Blut, Erinnerung
- „der Turteltaube Nachruf" (V. 13): fehlende Nachkommen
- große Begabungen, die sich nicht entfalten konnten (V. 14)
- „alte[r] Brunnen" (V. 15): Verharren im Überlieferten und Beschränkten

Nelly Sachs: Ihr Zuschauenden
Wechselbeziehung von Inhalt, Sprache und Form

- 4 unterschiedlich lange Strophen in freien Rhythmen
- Str. 1, 4: Verantwortung und Versäumnis der „Zuschauenden"
  Str. 2, 3: Gegenwart und Zukunftslosigkeit der Ermordeten
- Anrede der Angesprochenen in der 2. Person Plural
- anaphorisch eingeleitete Fragesätze in Str. 2: Aufforderung, sich dem Ausmaß der Schuld zu stellen
- Schmerzensruf „O" (V. 12) ⎫
- Ellipsen ⎬ innere Aufwühlung des Ichs

In Langgässers Gedicht *Frühling 1946* schlagen die Gefühle in die entgegengesetzte Richtung aus. Es ist, auch konträr zu Brechts *Frühling 1938*, in dem das lyrische Ich traurig und pessimistisch die Vorzeichen von Krieg und Sterben beschreibt, vom Glück über die Rettung aus dem nationalsozialistischen Totenreich und das neue Leben erfüllt, dessen sich das Subjekt wie die Blume in der Frühlingszeit erfreut. Dennoch bleibt das Entsetzen über grauenvolle Erlebnisse in Bildern der griechischen Mythologie, insbesondere der Unterwelt, nah und gegenwärtig (Str. 3, 4). Die Anemone symbolisiert jedoch Neubeginn und Befreiung (V. 6–10), sie verbreitet Helligkeit und Leichtigkeit nach dem Dunkel und der Last der vergangenen Jahre und ihr Blühen gleicht dem Erscheinen Nausikaas, die sich, nachdem Odysseus das rettende Ufer erreicht hat, fürsorglich um ihn kümmert. Die zarte, freundliche Blume neigt sich im Wind, ohne unter auferlegten Gewichten zu leiden (V. 6, 9f.), kennt die Schrecken der Unterwelt ebenso wenig wie eine verneinende, nihilistische Einstellung (V. 23–25) und weckt interesselos natürliche Empfindungen (V. 26–29), während die verführerisch „ausgesprühte Lügenlauge" der nationalsozialistischen Propaganda töten konnte (V. 18–20, 26). Die Anemone steht für die „stille Selbstgenügsamkeit", „die für das Leben der Natur kennzeichnend ist" (Hoffmann[1], S. 332), die Kröte beherrscht dagegen das Reich der Finsternis, des Todes und dämonischer Mächte. In den sechs Strophen zu je fünf Versen, die aus drei (Verse 1, 2, 5) oder vier (Verse 3, 4) Trochäen bestehen und sich nach dem Schema abaab reimen, äußert sich die zurückkehrende Lebenslust in der Freude an lyrischen Formen. Die in der ersten Strophe in der fragenden Anrede der Anemone noch vorhandene Unsicherheit weicht in den letzten beiden Strophen der Gewissheit, die sich in Ausrufen (V. 21, 30), einer drängend-fordernden Bitte (V. 21 f.) und ohne jede Einschränkung gültigen Aussagen artikuliert. Den Gegensatz zwischen oben und unten verstärken helle und dunkle Vokale, während zahlreiche Umlaute über das ganze Gedicht verteilt sind. Besonders häufig kommt das ü vor, das durch einen dreifachen Endreim in drei Strophen noch zusätzlich hervortritt und die Klangwirkung des Gedichts bestimmt. Die harte Alliteration „Nein und Nicht" (V. 20) einsilbiger, substantivierter Negationswörter betont das Wesen der Welt, welche die Anemone nicht kennt, und steht im Kontrast zu dem viersilbigen klangvollen Namen Nausikaas, mit dem die Blume in der Schlussstrophe angesprochen und nicht wie in der Eingangsstrophe nur verglichen wird.

---

[1] Dieter Hoffmann: Arbeitsbuch deutschsprachige Lyrik seit 1945. Tübingen, Basel: Francke 1998.

Nationalsozialismus und Zweiter Weltkrieg im Spiegel von Naturgedichten (IV):
Elisabeth Langgässer: Frühling 1946

Historische Ereignisse → **Reaktionen des lyrischen Ichs**

- Ende von Krieg und Nationalsozialismus
- Entsetzen über grauenvolle Erlebnisse
- Freude über Rettung und neues Leben (der Blume, des Ichs)

Bedeutung der Natur

- Anemone als zartes, freundliches Zeichen des Neubeginns und der Befreiung (V. 6–10)
  - Verbreitung von Helligkeit und Leichtigkeit
  - Vergleich mit Nausikaa, die sich fürsorglich um Odysseus kümmert, nachdem er das rettende Ufer erreicht hat
  - Weckung natürlicher Empfindungen
  - „stille Selbstgenügsamkeit"
  - Kontrast zu dem Dunkel, den Lasten, der Härte, den Lügen, dem „Nein und Nicht" (V. 25) des nationalsozialistischen Totenreichs.
- Kröte als Symbol des Finster-Dämonischen

Elisabeth Langgässer: Frühling 1946
Wechselbeziehung von Inhalt, Sprache und Form

- 6 Strophen zu je 5 Versen mit 3 (V. 1, 2, 5) oder 4 (V. 3, 4) Trochäen
- Endreimschema abaab
- helle/dunkle Vokale: Gegensatz oben/unten ⎱ lyrische Formen als Ausdruck von Lebensfreude
- Umlaute, insbesondere „ü", auch in Endreimen ⎰
- Alliteration der einsilbigen, substantivierten Negationswörter „Nein und Nicht" (V. 25): Wesen der Unterwelt im Gegensatz zu dem klangvollen Namen Nausikaas
- fragende Anrede in Str. 2: Unsicherheit
- Ausrufe, Bitte, Feststellungen: Gewissheit
- Anspielungen aus der griechischen Mythologie (Nausikaa, Unterwelt): Verstärkung des Kontrasts

---

Der Schriftsteller Horst Krüger liebt Langgässers Gedicht, weil es „[i]n ganz einfacher, übersichtlicher, fast klassischer Form, die die Tradition der deutschen Naturlyrik von Goethe bis Loerke, Huchel und Lehmann fortsetzt", „das eminent Politische scheinbar ganz ‚unpolitisch' zur Sprache bringt" (S. 392f.[1]). Es sage „in mythischen Chiffren den Nachgeborenen […], was es heißt, Hitler überlebt zu haben" (ebd., S. 392). Krüger bezeichnet es als „antifaschistisches Gedicht, aber aus welcher Tiefe der Geschichte, auf welcher Höhe poetischer Reflexion!" (ebd.). Hoffmann dagegen kritisiert an dem Gedicht, dass es mit dem Ende des

---

[1] Horst Krüger: Hitler überlebend. In: Marcel Reich-Ranicki [Hrsg.]: 1000 Deutsche Gedichte und ihre Interpretationen. Siebter Band. A. a. O., S. 391–393.

„Weg[s] durch die Hölle" im Zweiten Weltkrieg und Dritten Reich „die geschichtliche Zeit wieder in den Hintergrund" dränge und sich wieder dem entbehrten „stille[n] Leben der Natur" zuwende (a.a.O., S. 333). „Die Verachtung der geschichtlichen Zeit [...] schließt freilich die Augen vor der Tatsache, dass es eben diese Zeit ist, in der die Menschen den größten Teil ihres Daseins über leben." (Ebd.). So erscheint „die Dichtung der *naturmagischen Schule* vielfach doch wie eine Flucht vor der bösen Wirklichkeit" (ebd.).

Die Schülerinnen und Schüler sehen sich mit gegensätzlichen Interpretationsergebnissen zu demselben Gedicht konfrontiert, erörtern die unterschiedlichen Positionen und versuchen einen eigenen Standpunkt zu finden.

■ *Langgässers Gedicht „Frühling 1946" schätzen die Interpreten ganz unterschiedlich ein:*
  ● *Horst Krüger bezeichnet es als „antifaschistisches Gedicht", welches „das eminent Politische [...] ganz ‚unpolitisch' zur Sprache bringt".*
  ● *Dieter Hoffmann vermisst dagegen die Auseinandersetzung mit der „geschichtlichen Zeit". Er versteht das Gedicht als „Flucht vor der bösen Wirklichkeit".*

Erörtern sie die gegensätzlichen Auffassungen und begründen Sie Ihren eigenen Standpunkt.

Da sich die Überschriften der Gedichte von Langgässer und Brecht nur durch die Jahreszahl unterscheiden, liegt ein Vergleich unter diesem Gesichtspunkt nahe.

■ *Vergleichen Sie die Gedichte Langgässers und Brechts im Hinblick auf ihre Überschrift.*

7.4 Von der Nachkriegszeit bis in die Gegenwart

Die beiden Naturgedichte von Enzensberger und Buselmeier auf dem **Arbeitsblatt 57** (S. 219) illustrieren zwei Tendenzen und die Entwicklung der Lyrik in den vergangenen fünf Jahrzehnten bis in die Gegenwart. Einerseits kritisieren die Dichter auch in dieser Gattung engagiert politische und gesellschaftliche Verhältnisse, andererseits bringen sie ihre Empfindungen, Beobachtungen und Gedanken im persönlichen Umfeld in Versen zum Ausdruck, die dem Leser oder der Leserin einen weiten Assoziationsraum eröffnen. Enzensbergers 1960 erstmals erschienenes Gedicht *das ende der eulen* steht ganz im Zeichen der atomaren Konfrontation zwischen Ost und West im Kalten Krieg und beschreibt die Zerstörung der Erde und der Menschheit durch nukleare Waffen nicht nur als große Gefahr, sondern als Katastrophe, die in der poetischen Vorstellung schon eingetreten ist. Das Ich klagt über den möglichen Untergang einer vielfältigen Tier- und Naturwelt, „einer vormenschlichen Welt [...], die im ‚ticken des ernstfalls' zu Grunde gehen wird, hingerichtet von einer unmenschlich, roboterhaft funktionierenden Technik, die in der zweiten Strophe als Weltuntergangsmaschinerie inszeniert wird" (Baumgart[1]). Zum Ende der Menschen als deren Urheber, die samt ihren kulturellen Errungenschaften in Vergessenheit versinken (V. 23–27), will es das Wort dagegen nicht ergreifen. „Prediger und Propheten pflegen warnend, strafend, drohend auf Menschen einzureden, und genau an denen will das Gedicht vorbeisprechen – das ist seine provokante Pointe von Anfang an." (Ebd.) Es schildert die Natur als artenreiche Fauna auf dem Land, im Meer und in der Luft sowie als Landschaften, die der Mensch eher meidet (V. 6, 11 f., 16 f.). Dieser baut einen sinnlosen, weil beim Einsatz für alle tödlichen

---
[1] Reinhard Baumgart: Wie eine Alarmglocke dröhnend. FAZ vom 8.1.2000 (Frankfurter Anthologie).

(V. 14, 16, 20) militärischen Schutzschild aus unsichtbaren Strahlen und bedient sich des vierten Elements in „schwebenden feuerglocken" (V. 21), dem die Natur „arglos" (V. 20) ausgeliefert ist. So fällt die sprachlose Kreatur dem Rüstungswahn zum Opfer. Die drei Strophen zu 12, 10 und 12 Versen in freien Rhythmen gliedern den Inhalt des Gedichts übersichtlich: die erste umreißt den Gegenstand, von dem das Subjekt spricht, die zweite geht nach dem Doppelpunkt auf die Ursachen für das Ende der belebten und unbelebten Natur ein und die dritte dehnt den Gegensatz zwischen Menschen und Tieren über deren Untergang hinaus aus: Jene geraten in Vergessenheit, diese sind „sprachlose[ ] zeugen" der „spurlosen tat" (V. 29, 32). Die Eingangs- und Schlussverse 1–3 und 31–34 sind nicht nur inhaltlich, insbesondere durch die Eulen, sondern durch den Satzbau, Anaphern, Parallelismen und Aufzählungen auch formal aufeinander bezogen und dadurch hervorgehoben, sodass sie dem Gedicht einen Rahmen geben. Die im ersten Vers entworfene Redekonstellation zwischen erster Person Singular und zweiter Person Plural greift die dritte Strophe auf und führt sie weiter; an ihrem Beginn bezieht sich das Ich in den Kreis der Angesprochenen ein. Mit der konsequenten Kleinschreibung widersetzt sich das Gedicht den sprachlichen Konventionen, in Alliterationen und Assonanzen jedoch ist der Wohlklang der Sprache zu vernehmen (lebt/lüften, V. 9; leuchtend/letzten, V. 13f.; antennen/tödlich, befingert/floridas, V. 15 f; schilf/schiefer, V. 18; ruhm/rostfreien, V. 27; ottern/robben, V. 33; e als dominanter Vokal des gesamten Gedichts). In den elliptischen Partizipialsätzen der mittleren Strophe erfasst die Missachtung der natürlichen Ordnung auch die Form. Mit dem „ende der eulen" geht auch die Weisheit verloren, die der Nachtvogel, der das Dunkel durchdringt, als Attribut der griechischen Göttin Athene verkörpert[1].

Nachdem im Unterrichtsgespräch der historische Hintergrund des Gedichts geklärt sowie die Reaktionen des lyrischen Ichs ermittelt wurden, erarbeiten die Schülerinnen und Schüler einzeln die Aufgaben 1. b) und c) auf dem Arbeitsblatt 57. Die gesamte Aufgabe 1 kann auch das Angebot für die Gruppenarbeit auf dem Arbeitsblatt 56 (S. 217) ergänzen und erweitern.

- *Welche historischen Ereignisse spricht Enzensbergers Gedicht „das ende der eulen" auf dem Arbeitsblatt 57 an und wie reagiert das lyrische Ich darauf (Aufgabe 1a).*

- *Bearbeiten Sie die Aufgaben 1. b) und c) auf dem Arbeitsblatt 57.*

oder

- *Erweitern Sie die Auswahl der Gedichte auf dem Arbeitsblatt 56 um „das ende der eulen" von Hans Magnus Enzensberger und bearbeiten Sie die dort beschriebenen Aufgaben 1–4.*

---

[1] Die negative Symbolik der Eule, Unheil anzukündigen und „die Dunkelheit des Nichtwissens" zu veranschaulichen, kommt im dem Gedicht nicht zum Tragen (Christopher Wetzel: Das große Lexikon der Symbole. Darmstadt: Primus Verlag 2008, S. 78).

Baustein 7: Naturlyrik in der Moderne

Die Nachkriegszeit im Spiegel des Gedichts *das ende der eulen* von H. M. Enzensberger

Historische Ereignisse ⟶ **Reaktionen des lyrischen Ichs**

- atomare Konfrontation zwischen Ost und West im Kalten Krieg
- Zerstörung der Erde und der Menschheit durch Atomwaffen als reale Gefahr

- Klage über den möglichen Untergang einer vielfältigen Tier- und Naturwelt
- Schweigen über das Ende der Menschen als Verursacher, die samt ihren kulturellen Errungenschaften in Vergessenheit versinken

Bedeutung der Natur

- artenreiche Fauna auf dem Land, im Meer und in der Luft
- Landschaften, die der Mensch eher meidet (V. 6, 11 f., 16 f.)
- ohne jeden Bezug zu ihrer existenziellen Bedrohung („arglos", V. 20)
- sprachlose Kreatur als Opfer des Rüstungswahns

H. M. Enzensberger: das ende der eulen
Wechselbeziehung von Inhalt, Sprache und Form

- 3 Strophen zu 12, 10, 12 Versen in freien Rhythmen: inhaltliche Gliederung
- Str. 1: Gegenstand des Sprechens; Str. 2 nach Doppelpunkt: Ursachen für das Ende der Natur; Str. 3: Gegensatz von vergessenen Menschen und Tieren als Zeugen des Untergangs
- Eingangs- und Schlussverse 1–3, 31–34 als Rahmen: inhaltliche (Eulen) und formale (Satzbau, Anaphern, Parallelismen, Aufzählungen) Beziehung und Hervorhebung
- Weiterführung der Redekonstellation des 1. Verses (1. Pers. Sg., 2. Pers. Pl.) in der 3. Strophe
- Einbeziehung des Ichs in den Kreis der Angesprochenen (V. 23)
- konsequente Kleinschreibung: Bruch mit den sprachlichen Konventionen
- Alliterationen (V. 9, 13–16, 18, 27) und Assonanzen (V. 33, Dominanz des e-Vokals): Wohlklang der Sprache
- elliptische Partizipialsätze der mittleren Strophe: Missachtung der formalen/ natürlichen Ordnung
- Symbolik der Eulen: Verlust der Weisheit

Buselmeier hüllt das lyrische *Gedenken an E.* in den Bericht von einer Hainbuche vor dem Fenster des Ichs, die der Wind umwirft, und in die Beschreibung der Wirkung, die dieses Ereignis bei Dichtern auslöst. Die dritte und damit mittlere der fünf Strophen aus jeweils drei Versen in freien Rhythmen trennt und verbindet beide Teile, indem sie den Blick auf die Eichkätzchenzweige des Baums richtet und sie in Vers 8, der Mittelachse des Gedichts, bewundernd als „Luftschiffer Irrlichter" bezeichnet. Die Metaphern und die Assonanz heller Vokale zeigen, wie sehr die Zweige die poetische Fantasie beflügeln. Der „Westwind" ist zwar meist mild – vielleicht fühlt sich das Subjekt ihm deshalb besonders verbunden (V. 2 f.) – , in diesem Fall aber jugendlich kraftvoll und ungestüm, sodass ihm die Hainbuche nicht standhalten kann. Wegen ihres Platzes „vor meinem Fenster", der jetzt leer ist, war auch sie dem Ich nahe und vertraut. Die letzten beiden Strophen erfüllt ein Schreckensschrei, der bis in die Träume der Dichter zu hören ist, unter dem ihre Herzen erzittern und der deshalb nach literarischer Gestaltung verlangt. Ob der fallende Baum aufschreit, sodass die vierte Strophe das Geschehen in der zweiten personifiziert weiterführt und die Symmetrie des Gedichts verstärkt, E. oder der Dichter, bleibt offen. Unabhängig davon erinnert die umstürzende Hainbuche an den Verlust eines vertrauten, faszinierenden und geliebten Menschen.

Die Schülerinnen und Schüler interpretieren das Gedicht einzeln in drei Schritten, die den Teilen a) – c) der Aufgabe 2 auf dem Arbeitsblatt 57 entsprechen. Nach jeder Teilaufgabe werden die Ergebnisse im Unterrichtsgespräch gesammelt und verglichen.

■ *Bearbeiten Sie die Teile a) – c) von Aufgabe 2 auf dem Arbeitsblatt 57 nacheinander.*

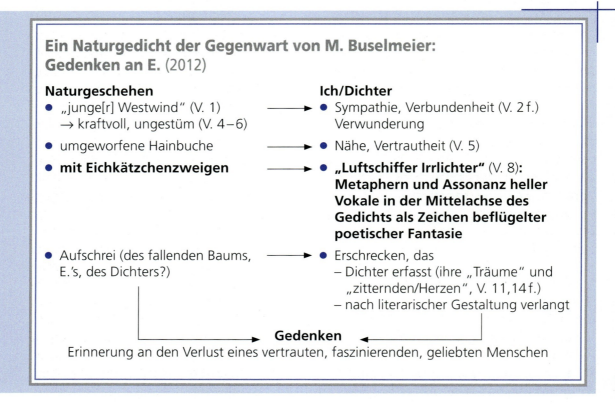

Die Gedichte von Buselmeier, Donhauser, Wagner und Opitz auf den **Arbeitsblättern 8, 12, 39** und **57** (S. 54, 58, 148, 219) werfen die Frage auf, welche Richtungen die Naturlyrik in der Gegenwart einschlägt. Indem die Schülerinnen und Schüler nach Antworten suchen, kontrastieren sie ihre Erwartungen mit den aktuellen Entwicklungen auf diesem lyrischen Themenfeld.

■ *Stellen Sie anhand der Gedichte von Buselmeier, Donhauser, Wagner und Opitz auf den Arbeitsblättern 8, 12, 39 und 57 inhaltliche und formale Tendenzen in der Naturlyrik der Gegenwart fest.*

Die Schülerinnen und Schüler könnten darauf hinweisen, dass der Mensch die Natur nicht mehr als selbstverständlichen und faszinierenden Teil seines Lebensraums begreift, mit dem er sich auseinandersetzt, über den er nachdenkt und in dem er sich selbst erkennt, sondern die Distanz zu ihr sich vergrößert und er sich von ihr entfremdet. Baum, Tier und Landschaften ziehen zwar die Aufmerksamkeit auf sich, aber in Buselmeiers Gedicht zerstört die Natur selbst, was sie hervorbringt, Donhausers Abendgedicht umkreist in der Rückschau, was fehlt, das Chamäleon existiert zurückgezogen in den eigenen Schutzeinrichtungen und der Schwarzwald hat durch Tourismus und Kommerzialisierung seinen ursprünglichen Reiz verloren. Die Dichter verzichten oft auf Strophengliederung, regelmäßiges Metrum und Reime und damit auf traditionelle Gestaltungsmittel, die Gedichte strukturieren oder mit Wohlklang schmücken, sodass sie sich lyrischer Prosa nähern.

7.5 Poetologische Naturgedichte

Bertolt Brecht erklärt und rechtfertigt in seinem programmatischen Gedicht *Schlechte Zeit für Lyrik* auf dem **Arbeitsblatt 58** (S. 220) seine Art und Weise, Texte in dieser Gattung zu verfassen, und stellt sie traditionellen Erwartungen gegenüber. Die Überschrift scheint darauf aufmerksam machen zu wollen, dass äußere Bedingungen die Lyriker stark beeinträchtigen. Da der Dichter jedoch lyrisch darlegt, was er wahrnimmt und wovon er redet und schreibt, ist der Titel ironisch zu verstehen. Indem das Gedicht den Blick auf Benachteiligte, mühsame Arbeit und Arme richtet, prangert es gesellschaftlich-ökonomische Missstände an, gibt es Anstöße, die Ursachen jenseits bloßer Äußerlichkeiten zu ergründen, und lenkt es die Lyrik in eine neue, zeitgemäße Richtung. Es beginnt damit, dass das Ich eine ihm unterstellte Wissenslücke über die Tatsache, dass glückliche Menschen beliebt, angenehm und schön seien, mit dem Nachdruck kurzer, parallelisierter und mit einer Anapher eingeleiteter Aussagesätze zurückweist. Die zweite Strophe konfrontiert diese Selbstverständlichkeit mit der Allegorie eines Unglücklichen, dem durch „den schlechten Boden" „verkrüppelte[n] Baum im Hof", den „[d]ie Vorübergehenden" wegen seines Aussehens beschimpfen. Das adversative „aber" (V. 5) unterstreicht die Unstimmigkeit zwischen Ursache und Wirkung, weil dem Baum Missbilligung entgegenschlägt, obwohl er für seine Verkrüppelung als Folge des ungünstigen Platzes nichts kann. Diese Erkenntnis führt dazu, dass das Dichter-Subjekt idyllisch-heitere Szenen am Strand übersieht, die frühe Alterung der Häuslerin es mehr beschäftigt als erotische Reize und es Reime ablehnt (V. 15f.). Der Verzicht auf Gleichklang spiegelt „die von den Gedichten thematisierten ‚Ungereimtheiten' auf der formalen Ebene" (Kittstein, S. 237). Wie „[u]nregelmäßige Rhythmen und schroffe, betont ‚unorganische' Zeilenbrüche [soll er] verhindern, dass sich der Leser vagen Stimmungen und verschwommenen Assoziationen hingibt, und die Freiheit des selbständigen Denkens gewährleisten" (ebd., S. 236f.). Die Schlussstrophe vertieft den Zwiespalt zwischen Naturimpression und politischem Geschehen, „blühende[m] Apfelbaum" und Hitler-Reden, Begeisterung und Entsetzen, doch nur eine Seite veranlasst den Dichter zum Schreiben, das gleichwohl die andere einschließt. Brecht findet „eine Form der Naturlyrik, die sich den ‚finsteren Zeiten' stellt, statt ihnen auszuweichen, und zwar indem sie die Beziehung zur Natur gerade als eine gestörte und beeinträchtigte gestaltet. So gilt für Brecht grundsätzlich: ‚Wo er Natur in der Lyrik thematisiert, ist immer zugleich von Gesellschaft und der jeweiligen geschichtlichen Situation die Rede.'[1]" (Kittstein, S. 231; vgl. auch die Gedichte *Über das Frühjahr* und *Frühling 1938* auf den Arbeitsblättern 40 und 56 auf S. 162, 217, mit Erläuterungen dazu auf S. 149–151, 198–200). „Die literarischen Strategien in Brechts Naturgedichten aus der Exilzeit können mit dem Begriff der *Verfremdung* bezeichnet werden, den der Autor zwar im Zusammenhang seiner Theorie des epischen Theaters geprägt und erörtert hat, der aber ebenso geeignet ist, grundlegende Verfahrensweisen seines lyrischen Schreibens zu erfassen. Die Verfremdung zielt generell darauf ab, allzu vertraute, zu festen Mechanismen erstarrte Denk- und Wahrnehmungsmuster zu durchbrechen und vermeintlich längst bekannte Phänomene in ein neues, ungewohntes Licht zu stellen – in Brechts Augen die erste und wichtigste Bedingung für eine produktive, eingreifende Haltung, die das Gegebene nicht mehr ohne Weiteres als selbstverständlich und unabänderlich hinnimmt." (Kittstein, S. 237).

---

[1] Peter Bödeker: Das Ende der Naturlyrik? Brechts Gedichte über das Verhältnis von Natur und Gesellschaft. In: Naturlyrik und Gesellschaft. Hrsg. v. Norbert Mecklenburg. Stuttgart 1977, S. 163–178, hier S. 174.

Bevor die Schülerinnen und Schüler Inhalt, Sprache und Form des Gedichts *Schlechte Zeit für Lyrik* in Partnerarbeit untersuchen, ermitteln sie dessen Intention und Botschaft. An die Sammlung und Besprechung der Interpretationsergebnisse schließt sich die gemeinsam zu erörternde Frage an, ob Brechts Verfremdungsbegriff auch auf die Naturlyrik übertragen werden kann. Sollte er im Kurs noch nicht bekannt sein, erklären ihn die eigenen Worte des Dichters auf dem Arbeitsblatt 58.

- Ermitteln Sie Intention und Botschaft von Brechts Gedicht „Schlechte Zeit für Lyrik" auf dem Arbeitsblatt 58 (Aufgabe 1).

- Untersuchen Sie, wie das Anliegen des Gedichts inhaltlich, sprachlich und formal verwirklicht wird. (Aufgabe 2).

- Vergleichen und Besprechen Sie Ihre Ergebnisse.

- Prüfen Sie, ob sich der Begriff der Verfremdung, den Brecht für sein episches Theater entworfen hat, auch auf seine Naturgedichte, von denen sich weitere auf den Arbeitsblättern 40 und 56 befinden, anwenden lässt (Aufgabe 3).

Bertolt Brecht: Schlechte Zeit für Lyrik

Intentionen des Ichs
- Erklärung und Rechtfertigung der eigenen Art und Weise, Gedichte zu schreiben
- Zurückweisung falscher, in der Gattungstradition begründeter Erwartungen

Botschaft des Gedichts
- Umorientierung der Lyrik durch
- Anprangerung gesellschaftlich-ökonomischer Missstände
- Aufmerksamkeit für Ursachen jenseits von Äußerlichkeiten
- Warnung vor politischen Gefahren

Inhalt

traditionell ←—— Lyrik ——→ zeitgemäß

traditionell	zeitgemäß
• angenehme Ausstrahlung glücklicher Menschen	• Benachteiligte
• idyllisch-heitere Szenen	• mühsame Arbeit
• erotische Reize	• Armut
• „blühende[r] Apfelbaum"	• Hitler-Reden
• Begeisterung	• Entsetzen
• Reime	

innerer Zwiespalt
gesellschaftlich-politische Realität als Schreibanlass
neue Form der Naturlyrik

Sprache und Form
- Ironie (Überschrift)
- kurze Aussagesätze, Parallelismen, Anapher in V. 1–3: nachdrückliche Zurückweisung einer vermuteten Wissenslücke
- Allegorie des verkrüppelten Baums (V. 4–7)
- Kontrast Ursache/Wirkung („aber", V. 5)
- rhetorische Frage (V. 11 f.)
- weder Reime noch einheitliches Versmaß, freie Rhythmen, lyrische Prosa

Verfremdung
- Infragestellung von Selbstverständlichem
- Staunen und Neugier
- Bewusstsein über die Kausalität gesellschaftlicher Verhältnisse
- Veränderung

Der „blühende[ ] Apfelbaum" in dem Gedicht *Schlechte Zeit für Lyrik* (V. 18) steht in doppelter Opposition: zu dem „verkrüppelte[n] Baum im Hof" (V. 4–7) und zu der gefährlichen nationalsozialistischen Propaganda (V. 19). Beide Erscheinungen beeinträchtigen die Freude am Schönen und bewegen das Subjekt, sich mit üblen Zuständen und Vorgängen zu befassen. Der Aufschrei in den Versen 6–8 des Gedichts *An die Nachgeborenen*, ebenfalls auf dem Arbeitsblatt 58 und „wohl die berühmteste Äußerung des Autors Bertolt Brecht […] zum Thema Natur" (Kittstein, S. 230), steigert diesen Kontrast, indem er schon „[e]in Gespräch über Bäume", die „hier – wie häufig bei Brecht – als pars pro toto" für die Natur stehen (ebd.) und in dem anderen Gedicht Gegenstand des lyrischen Gesprächs sind, unzulässig nennt und in die Nähe eines Verbrechens rückt, weil es den Gedankenaustausch über „so viele Untaten" verhindert. Die Verse „sprechen […] von einer zutiefst gestörten Beziehung zwischen dem Menschen und der natürlichen Sphäre" und entwerfen „das Bild einer ,verkehrten Welt' […], in der scheinbar harmlose Dinge plötzlich eine schreckliche Bedeutung annehmen" (ebd.).

■ *Vergleichen Sie die Verse über Bäume in dem Gedicht „Schlechte Zeit für Lyrik" mit dem kurzen Ausschnitt aus „An die Nachgeborenen" (Aufgabe 4 auf dem Arbeitsblatt 58).*

Die beiden poetologischen Baum-Gedichte von Erich Fried und Rose Ausländer auf dem **Arbeitsblatt 59** (S. 221) befassen sich mit dem Entstehen und dem Gehalt von Lyrik, schlagen dabei aber ganz unterschiedliche Richtungen ein. Für Frieds Dichter stellen sich Widersprüche und Anklage der Gesellschaft als zentrale und zwingende Themen seiner Gedichte heraus, denen auch eine „Neue Naturdichtung", zum Beispiel über „Tannen am Morgen" (V. 4, 9, 11), nicht entkommen kann. In Ausländers Versen dagegen inspirieren Bäume das Dichter-Ich, rufen religiöse Vorstellungen in ihm wach, lösen Glücksgefühle aus und verzaubern es, während der Poet des anderen Gedichts, das von ihm „in der dritten Person" spricht und „stark an den Lyriker Fried selbst [erinnert]" (Kittstein, S. 272), Einfälle durchspielt. „Als Erstes [V. 6–9] erwägt der Autor, den Vorsatz des ,Themenwechsel[s]' selbst zu bedichten, also ein metapoetisches Gedicht zu verfassen" (ebd., S. 273). „Erst der Beginn des zweiten Abschnitts [V. 10] führt dann die unmittelbare Begegnung mit der Natur ein, freilich auch nur als Gedankenexperiment […], das zudem von skeptischen Kommentaren des lyrischen Sprechers begleitet wird [V. 12 f.]" (ebd.). Die zweite Hälfte des Gedichts zieht ab Vers 14 nach dem Doppelpunkt eine weitere Möglichkeit in Betracht, bei der die Tannen der Bodenspekulation zum Opfer fallen. Doch „ausgerechnet [durch diesen] Raubbau an der Natur" (Kittstein, S. 274) entsteht „ein neuer Eindruck/selbsterlebt" (V. 24 f.), den das Ich im Konjunktiv, in Parallelismen und Komparativen poetisch als „hochgradig pervertierten Naturgenuss" (Kittstein, S. 274) beschreibt. „Kann aber Natur nur noch im Zustand ihrer Verwüstung durch das rücksichtslose Eingreifen der Menschen so intensiv erlebt werden, dass sie zur literarischen Gestaltung inspiriert, dann fällt die lyrische Schilderung einer Naturbegegnung eben zwangsläufig gesellschaftskritisch aus" (ebd.). Der Versuch des Dichters, sich in der Natur von den „Widersprüche[n] dieser Gesellschaft" (V. 3) abzuwenden, schlägt also fehl und führt mitten in sie hinein. Damit „hebt sich der von Brecht konstatierte Gegensatz zwischen einem ,Gespräch über Bäume' und der Auseinandersetzung mit den ,Untaten' in ,finsteren Zeiten' auf, da gerade die Vernichtung der Natur durch menschliche Profitgier die Fatalität der herrschenden (Un)Ordnung sichtbar macht" (Kittstein, S. 274). Frieds poetologische Reflexion über „Neue Naturdichtung" denkt also Brechts Verse produktiv weiter (vgl. ebd.) und formuliert „implizit ein Programm für jene ökologisch sensibilisierte ,Umwelt-Lyrik', die in den siebziger Jahren [des 20. Jahrhunderts] ihre Hochkonjunktur erlebte" (ebd.; vgl. die Gedichte von Volker Braun und Mathias Schreiber auf den Arbeitsblättern 43 und 44 auf S. 165 f.). Walter Helmut Fritz spitzt in seinem Gedicht *Bäume* diese veränderte Einstellung zu, indem er Brechts Verse umkehrt: „Inzwischen ist es fast/zu einem Verbrechen geworden,/nicht über Bäume zu sprechen" (nach Kittstein, S. 275). Die drei Strophen von Frieds Gedicht aus jeweils neun Versen in freien Rhythmen strukturieren die Überlegungen und gliedern den Inhalt. Die beiden ersten Strophen schildern eine reale und eine fiktive Situation, die dritte leitet daraus Folgerungen und Wertungen ab. Es handelt sich um Gedankenlyrik, weil weder Erlebnisse noch Stimmungen maßgeblich sind, sondern Wissen (V. 1), Notwendigkeiten (V. 4f.), Einfälle (V. 6, 12f.), Vorstellungen (ab V. 10), ein Vorsatz (V. 8) und eine Alternative (V. 13). Ein Konditional- und Temporalsatz (V. 10, 14), das Unsicherheits-Adverb „vielleicht" (V. 15) und der Konjunktiv II (V. 1, ab V. 19) unterstreichen, dass bloß Möglichkeiten durchdacht werden.

Der Zauber, den Bäume auf Ausländers lyrisches Ich ausüben, geht von den Wurzeln als Quelle schöpferischer Kraft ebenso aus wie vom Laub, das „grüne Geschichten" zuflüstert (V. 5f.). Wie der Baum wächst auch das Gedicht durch den Gestaltungswillen und die Sprachkunst des Subjekts vom Boden in die Höhe, weist über das irdische Dasein hinaus und erreicht so nach einer Phase des Bemühens und Beschwörens die Sphäre von „Gnade" und „Glück" (V. 9f.), die ohne Anstrengung geschenkt werden. Diesen Verlauf bilden die fünf Strophen mit jeweils zwei Versen ohne Endreime und metrische Regelmäßigkeit sprachlich-formal nach, indem der Satzbau in der zweiten Hälfte des Gedichts zunehmend aufbricht und in eine kunstvolle poetische Sprache übergeht: In der Eingangsstrophe ist der Hauptsatz um einen Relativsatz, sytaktisches „Wurzelwerk", erweitert; die Strophen 2 und 3 bestehen aus sich verjüngenden Hauptsätzen, denen in Strophe 4 eine elliptische Aussage folgt, die ein Relativsatz fortsetzt, wie ein Ast aus dem Stamm hervorgeht. Die letzte Strophe besteht schließlich aus einem Paar unvollständiger Sätze, die sich nur im Schlusswort unterscheiden. Dieses alliteriert jeweils mit dem Wort am Anfang des Verses, dem „Grün", das schon in der mittleren Strophe als Farbe des personifizierten Laubs und als Symbol müheloser Kreativität anklingt.

Da sich die Schülerinnen und Schüler unter „Widersprüche[n] dieser Gesellschaft", über die Frieds Lyriker üblicherweise schreibt (V. 1–3), vielleicht wenig vorstellen können, in dem Gedicht selbst aber eine Reihe von Widersprüchen unübersehbar sind, beginnt die Besprechung mit dieser zentralen Kategorie.

- *Ermitteln Sie die Widersprüche, die Frieds Gedicht enthält.*
  Welche „Widersprüche dieser Gesellschaft" könnten das lyrische Ich umtreiben?
  (Aufgabe 1 auf dem Arbeitsblatt 59)

Das Bedürfnis des Dichters, sich einem neuen Thema zu widmen, konfrontiert ihn paradoxerweise wieder mit dem alten, sein Wunsch, „über die Tannen am Morgen/[zu] schreiben" (V. 4f.) – Voraussetzung wäre, sie zu erleben und beeindruckt zu sein –, wird nicht verwirklicht, weil der Poet sich seinen Reflexionen hingibt, und die Sehnsucht nach der Natur durchkreuzt der Einfall, dass sie Bodenspekulation zerstört haben könnte. Über das Gedicht hinaus könnten die Schülerinnen und Schüler auf gesellschaftlich-politische Widersprüche zwischen Armut und Reichtum, Friedensbeteuerungen und Waffenexporten, künstlicher Medienwelt und realen Lebens- und Arbeitsbedingungen, demokratischer Verfassung und der Macht globaler Märke oder hoffnungsvollen Zukunftsentwürfen und gegenwärtiger Jugendarbeitslosigkeit hinweisen. Nach diesen einleitenden Überlegungen bearbeiten die Schülerinnen und Schüler paarweise die Aufgaben 2 und 3 auf dem Arbeitsblatt 59 und besprechen die Ergebnisse im Kurs.

- *Bearbeiten Sie die Aufgaben 2 und 3 auf dem Arbeitsblatt 59.*

- *Informieren Sie den Kurs über Ihre wichtigsten Ergebnisse. Vergleichen Sie Ihre Erkenntnisse mit denen anderer Kursmitglieder und ergänzen oder korrigieren Sie Ihre Aufzeichnungen.*

Vergleich zweier poetologischer Baum-Gedichte

Erich Fried: Neue Naturdichtung	**Rose Ausländer: Bäume**

Entstehung und Gehalt lyrischer Texte

- Widersprüche und Anklage der Gesellschaft als zentrale und zwingende Themen
- Fehlschlag des Versuchs, sich davon durch Naturgedichte zu befreien
- Durchspielen von **Einfällen**:
  – Gedicht über den Vorsatz des Themenwechsels (V. 6–9)
  – Aufbruch in die Natur (V. 10f.)
  – Zweifel an der eigenen Kreativität (V. 12)
  – gefällte Bäume
- vorgestellter Eindruck zerstörter Natur als Gesellschaftskritik

- Bäume und ihr Zauber als Inspiration des Dichter-Ichs
  – Wurzeln als Kraftquelle (Str. 2)
  – Laub als Ideengeber
  – Verknüpfung mit religiösen Vorstellungen
  – geschenktes Glück

Sprache und Form

- 3 Strophen zu je 9 Versen in freien Rhythmen: inhaltliche Gliederung
- Gedankenlyrik: Durchdenken von Möglichkeiten anstelle realen Erlebens (Konditional-/Temporalsatz, V. 10, 14; Unsicherheitsadverb „vielleicht", V. 15; Konjunktiv II, V. 1, ab V. 19)
- Komparative/Parallelismus (V. 20–22): Intensivierung der poetischen Wirkung
- Er (V. 1–18): reale und fiktive Situation
- Ich (V. 19–27): Folgerung, Bewertung

- 5 Strophen zu je 2 Versen ohne Endreime und metrische Regelmäßigkeit
- Str. 1: Haupt- und Relativsatz: „Wurzelwerk"
- Str. 2/3: sich verjüngende Hauptsätze: Stamm
- Str. 4: elliptische Aussage mit Relativsatz: Geäst
- Str. 5: unvollständiges, mit Ausnahme des Schlussworts identisches Satzpaar, Alliteration (Grün, Gnade, Glück): Baumkrone
- Personifizierung (Str. 3)
- Aufbrechen des Satzbaus und zunehmende Poetisierung
- Baum als Allegorie des Gedichts
- „Grün" als Symbol müheloser Kreativität

Nach dem interpretierenden Vergleich können die Schülerinnen und Schüler der Frage nachgehen, in welcher Beziehung Frieds Reflexionen über „Neue Naturdichtung" zu Brechts Aussagen über „[e]in Gespräch über Bäume" (Arbeitsblatt 58 auf S. 220) stehen. Außerdem liegt es nahe, den Unterschied zwischen diesen Versen und denen von Walter Helmut Fritz zu erläutern, die jene ins Gegenteil verkehren.

■ In welcher Beziehung stehen Frieds Reflexionen in dem Gedicht „Neue Naturdichtung" zu dem Inhalt von Brechts Versen über „[e]in Gespräch über Bäume" in dem Gedicht „An die Nachgeborenen" auf dem Arbeitsblatt 58?

■ Vergleichen Sie Brechts Aussagen mit denen in Versen von Walter Helmut Fritz:
„Inzwischen ist es fast
zu einem Verbrechen geworden,
nicht über Bäume zu sprechen".

Ein Gedicht von Gottfried Keller aus der Epoche des Realismus (1850–1895)

1. Ermitteln sie, von welchen Einsichten und Einstellungen sich das lyrische Ich leiten lässt.
2. Lesen Sie die literaturgeschichtlichen Informationen im zweiten Teil dieses Arbeitsblattes und überprüfen sie, welche von ihnen Kellers Gedicht beispielhaft veranschaulicht.
3. Erläutern Sie, inwiefern das Gedicht „klassisch-romantischen Mustern"(Z. 13) folgt.

Aus dem Leben (1849)

I

Ich hab in kalten Wintertagen,
In dunkler, hoffnungsarmer Zeit
Ganz aus dem Sinne dich geschlagen,
O Trugbild der Unsterblichkeit.

5 Nun, da der Sommer glüht und glänzet,
Nun seh ich, dass ich wohlgetan!
Aufs neu hab ich das Haupt bekränzet,
Im Grabe aber ruht der Wahn.

Ich fahre auf dem klaren Strome,
10 Er rinnt mir kühlend durch die Hand,
Ich schau hinauf zum blauen Dome
Und such – kein bessres Vaterland.

Nun erst versteh ich, die da blühet,
O Lilie, deinen stillen Gruß:
15 Ich weiß, wie sehr das Herz auch glühet,
Dass ich wie du vergehen muss!

Seid mir gegrüßt ihr holden Rosen
In eures Daseins flüchtgem Glück!
Ich wende mich vom Schrankenlosen
20 Zu eurer Anmut froh zurück!

Zu glühn, zu blühn und ganz zu leben,
Das lehret euer Duft und Schein,
Und willig dann sich hinzugeben
Dem ewigen Nimmerwiedersein.

<small>Conrady, S. 493/G. K.: Sämtliche Werke und ausgewählte Briefe. Hrsg. v. C. Heselhaus. 4. Aufl. Bd. 3. München: Hanser 1979</small>

„Von Realismus spricht man üblicherweise dann, wenn die Schriftsteller ihr Interesse dem Alltäglichen zuwenden, um es ernsthaft, umfassend und ohne subjektive Kommentare zu beschreiben, sodass die Darstellung den Vergleich mit der [...] Wirklichkeit herausfordert."
„Die Industrielle Revolution fördert ein pragmatisches Denken. Diesem gelten ethische Prinzipien und philo-
5 sophische Grundfragen als zweitrangig gegenüber Nutzen und praktischem Erfolg. [...]
Der Pragmatismus untergräbt nicht nur die religiösen Normen, sondern auch die humanistischen Wertvorstellungen von Aufklärung und Klassik. [...]
Dem sachlich pragmatischen Denken gibt der sogenannte Positivismus des Franzosen *Auguste Comte* eine philosophische Grundlage. Comte fordert, man solle sich nur mit dem Positiven beschäftigen – darunter
10 versteht er die sinnlich wahrnehmbaren Tatsachen – , Fragen nach Wahrheit, Wesen, Ursache hingegen als unfruchtbare Metaphysik aus der Philosophie verbannen."
Obwohl mit den Inhalten auch „[e]in sachlich beschreibender Stil [...] in die Literatur ein[zieht]", orientieren sich „[d]ie meisten Gedichte" formal an „klassisch-romantischen Mustern".

<small>Wolf Wucherpfennig: Deutsche Literaturgeschichte. Von den Anfängen bis zur Gegenwart. Stuttgart: Klett 2010, S. 166, 168, 170, 174</small>

Naturalismus (1880–1900):
Ein Gedicht von Arno Holz

1. Bestimmen Sie Inhalt, Form und Sprache des Gedichts.

2. Holz stellte in seiner programmatischen Schrift „Die Kunst. Ihr Wesen und ihre Gesetze" 1891/92 zwei Grundsätze des Naturalismus auf, der „die subjektiven Einzeleindrücke mit Hilfe einer naturwissenschaftlichen Methode zu objektivieren" versucht[1]:
   a) Ziel der Kunst ist die Wiedergabe der Natur.
   b) Mit den künstlerischen Darstellungsmitteln – in der Literatur: Sprache und Form – soll experimentiert werden.
   Untersuchen Sie, inwieweit diese Grundsätze in dem Gedicht „Mählich durchbrechende Sonne" realisiert sind.

3. Erläutern Sie, ausgehend vom ersten Grundsatz (2a), die von Holz entwickelte naturalistische Grundformel „Kunst = Natur – X".
   Beschreiben Sie insbesondere, wofür die Variable X stehen könnte.

4. Die „minutiöse Schreibtechnik von Holz" wird als „Sekundenstil" bezeichnet, der „am ehesten mit der Zeitlupentechnik im Film zu vergleichen ist"[2] und „alle, auch die kleinsten Einzeleindrücke in zeitlicher Folge wieder[gibt]"[3]. „Der Sekundenstil ermöglicht es, die Äußerungen feinster seelischer Regungen der dargestellten Figuren auszudrücken."[4]
   Überprüfen Sie, inwieweit Holz diesen Sekundenstil auch in dem Gedicht „Mählich durchbrechende Sonne" angewandt hat

Mählich durchbrechende Sonne

Schönes,
grünes, weiches
Gras.

Drin
liege ich.

Inmitten goldgelber
Butterblumen!

Über mir ... warm ... der Himmel:

Ein
weites, schütteres,
lichtwühlig, lichtblendig, lichtwogig
zitterndes
Weiß,
das mir die
Augen
langsam ... ganz ... langsam
schließt.

Wehende ... Luft ... kaum merklich
ein Duft, ein
zartes ... Summen.

Nun
bin ich fern
von jeder Welt,
ein sanftes Rot erfüllt mich ganz,
und
deutlich ... spüre ich ... wie die
Sonne
mir durchs Blut
rinnt.

Minutenlang.

Versunken
alles ... Nur noch
ich.

Selig!

Conrady, S. 538f./A. H.: Werke. Hrsg. v. W. Emrich u. a. Holz.. Neuwied: Luchterhand. Bd. 1: 1961, Bd. 5: 1962.

Arno Holz (1863–1929), Sohn eines Apothekers in Rastenburg/Ostpreußen, lebte ab 1875 in Berlin. Besuch des Gymnasiums, das er nicht abschloss. Ab 1881 Journalist und freier Schriftsteller ohne sichere materielle Basis. 1888–1893 Freundschaft und enge Zusammenarbeit mit Johannes Schlaf. Er begründete den Naturalismus theoretisch und setze dessen Postulate in allen literarischen Gattungen um

---
1 Wolf Wucherpfennig: Deutsche Literaturgeschichte. Von den Anfängen bis zur Gegenwart. Stuttgart: Klett 2010, S. 194.
2 Wolfgang Beutin u. a.: Deutsche Literaturgeschichte. Von den Anfängen bis zur Gegenwart. Stuttgart, Weimar: Metzler 2008, S. 345.
3 Wucherpfennig: Literaturgeschichte, S. 194.
4 Ebd.

Impressionismus (1890–1920) und Expressionismus (1910–20): Zwei Rosengedichte

1. Ordnen Sie die Kennzeichnungen im unteren Teil des Arbeitsblattes den beiden Gedichten zu.

2. Überprüfen Sie Ihr Ergebnis und markieren Sie Gedicht und Merkmale bei Rilke grün, bei Stadler rot.

3. Entscheiden Sie aufgrund Ihrer Ergebnisse, welches Gedicht den Impressionismus (lat. impressio = Eindruck) und welches den Expressionismus (lat. expressio = Ausdruck) repräsentiert.

4. Begründen Sie Ihre Zuordnungen, indem Sie in einer Tabelle Belege für die Merkmale notieren.

Rainer Maria Rilke
Wilder Rosenbusch

Wie steht er da vor den Verdunkelungen
des Regenabends, jung und rein;
in seinen Ranken schenkend ausgeschwungen
und doch versunken in sein Rose-sein;

5 die flachen Blüten, da und dort schon offen,
jegliche ungewollt und ungepflegt:
so, von sich selbst unendlich übertroffen
und unbeschreiblich aus sich selbst erregt,

ruft er dem Wandrer, der in abendlicher
10 Nachdenklichkeit den Weg vorüberkommt:
Oh sieh mich stehn, sieh her, was bin ich sicher
und unbeschützt und habe was mir frommt.

_{Rainer Maria Rilke: Die Gedichte. Frankfurt am Main und Leipzig: Insel 2006, S. 787}

Ernst Stadler
Die Rosen im Garten (1914)

Die Rosen im Garten blühn zum zweiten Mal. Täglich schießen sie in dicken Bündeln
In die Sonne. Aber die schwelgerische Zartheit ist dahin,
Mit der ihr erstes Blühen sich im Hof des weiß und roten Sternenfeuers wiegte.
Sie springen gieriger, wie aus aufgerissenen Adern strömend,
5 Über das heftig aufgeschwellte Fleisch der Blätter.
Ihr wildes Blühen ist wie Todesröcheln,
Das der vergehende Sommer in das ungewisse Licht des Herbstes trägt.

_{E. St.: Der Aufbruch und andere Gediche. Hrsg. v. Heinz Rölleke. Stuttgart: Reclam 1967, 1996, S. 46.}

Ernst Stadler (1883–1914): als Sohn eines hohen Beamten in Colmar/ Elsass geboren und in Straßburg aufgewachsen; Studium der Germanistik, Romanistik und vergleichenden Sprachwissenschaft in Straßburg, München und Oxford; 1910–14 Professor für Literaturwissenschaft in Basel; als Reserveleutnant in Zandvoorde bei Ypern gefallen. Nach Anfängen unter dem Einfluss Nietzsches, Georges und Hofmannsthals entwickelt sich Stadler mit seinem Gedichtband *Der Aufbruch* zu einem wichtigen Vertreter des frühen Expressionismus.

- Bedrohung, Verfall, Untergang
- Darstellung des Hässlichen und Ekelhaften
- Eindrücke der äußeren Welt als Auslöser von subjektiven Stimmungen und Einsichten
- Ausdruck von Gefühls- und Seelenlagen in der äußeren Welt
- unbeschwerte Heiterkeit
- genaue Schilderung von Details (wie im Naturalismus)
- Steigerungen, Paradoxien, Neologismen
- Schönheit und Harmonie
- Neigung zur Pointe
- Provokation/Schock/Aggression
- unzugängliche Geheimnisse der Natur und der inneren Welt
- groteske Verzerrungen
- Naturerscheinungen als Schreckensvisionen

Naturgedichte über die Zeit des Nationalsozialismus und des Zweiten Weltkriegs

1. Lesen Sie die vier Gedichte und wählen Sie eines aus, das Sie in einer Gruppe mit anderen, die sich ebenfalls so entschieden haben, näher untersuchen.

2. Gehen Sie bei Ihrer Interpretation insbesondere darauf ein,
   a) auf welche historischen Ereignisse das Gedicht anspielt und wie das lyrische Ich darauf reagiert,
   b) welche Bedeutung der Natur zukommt,
   c) in welcher Wechselbeziehung Inhalt, Sprache und Form stehen.

3. Studieren Sie einen angemessenen Vortrag des Gedichts ein, mit dem Sie Ihre Präsentation im Kurs beginnen.

4. Notieren Sie Ihre Ergebnisse und stellen Sie diese dem Kurs vor.

Hermann Lenz (1913–1998), geb. in Stuttgart, aufgewachsen in Künzelsau; ab 1933 Studium der Germanistik, Kunstgeschichte und Philosophie in Heidelberg und München; von 1940 an Soldat in Frankreich und Russland. Nach dem Krieg Heirat mit der Kunsthistorikerin Hanne Trautwein und wenig beachteter Schriftsteller, bis 1973 Peter Handke auf ihn aufmerksam machte. 1978 Büchner-Preis. Der Erzähler findet seine Stoffe in der Vergangenheit, die er aus autobiografischer Perspektive mit Blick auf die Empfindungen seiner Figuren erschließt. 1936 erschienen seine ersten Gedichte.

Bertolt Brecht
Frühling 1938

1
Heute, Ostersonntag früh
Ging ein plötzlicher Schneesturm über die Insel[1].
Zwischen den grünenden Hecken lag Schnee. Mein junger Sohn
Holte mich zu einem Aprikosenbäumchen an der Hausmauer
5 Von einem Werk weg, in dem ich auf diejenigen mit dem Finger deutete
Die einen Krieg vorbereiteten, der
Den Kontinent, diese Insel, mein Volk, meine Familie und mich
Vertilgen muss. Schweigend
Legten wir einen Sack
10 Über den frierenden Baum.

2
Über dem Sund hängt Regengewölke, aber den Garten
Vergoldet noch die Sonne. Die Birnbäume
Haben grüne Blätter und noch keine Blüten, die Kirschbäume hingegen
Blüten und noch keine Blätter. Die weißen Dolden
Scheinen aus dürren Ästen zu sprießen.
15 Über das gekräuselte Sundwasser
Läuft ein kleines Boot mit geflicktem Segel.
In das Gezwitscher der Stare
Mischt sich der ferne Donner
Der manövrierenden Schiffsgeschütze
20 Des Dritten Reiches.

3
In den Weiden am Sund
Ruft in diesen Frühjahrsnächten oft das Käuzlein.
Nach dem Aberglauben der Bauern
Setzt das Käuzlein die Menschen davon in Kenntnis
Dass sie nicht lang leben. Mich
25 Der ich weiß, dass ich die Wahrheit gesagt habe
Über die Herrschenden, braucht der Totenvogel davon
Nicht erst in Kenntnis zu setzen.

B. B.: Werke. Große kommentierte Berliner und Frankfurter Ausgabe. Hrsg. v. Werner Hecht u. a. Bd. 12: Gedichte 2: Sammlungen 1938–1956. Frankfurt a. M.: Suhrkamp 1988, S. 95 f.

Hermann Lenz
Russischer Herbst (1943)

Prall hängen überall die Preiselbeeren.
Am Baumstamm spür ich eine raue Hand.
Die Mäuse sich umsonst der Schlangen wehren.
Ihr Blut ist nass. Das Laub ist rot entbrannt.

5 Es wehn der Erde offne rote Wunden.
Der Tag geht grau vorbei und wird nicht hell.
Tautränen habe ich im Gras gefunden,
Und Schlehdorn ritzt des weichen Schafes Fell.

Die dunkle Wolke kommt und geht vorüber.
10 Der Herbst kocht heuer einen seltnen Wein:
Von lauter Asche wird er dunkler, trüber
Und von der Totenerde bitter sein.

Conrady, S. 791/H. L.: Zeitlebens. Gedichte 1934–1980. München: Schneekluth 1981. © Schneekluth Verlag

---

[1] Von 1934–39 lebte Brecht mit Unterbrechungen in Skovsbostrand bei Svendborg an der dänischen Küste in einem Bauernhaus.

Nelly Sachs
Ihr Zuschauenden (1946)

Unter deren Blicken getötet wurde.
Wie man auch einen Blick im Rücken fühlt,
So fühlt ihr an euerm Leibe
Die Blicke der Toten.

5 Wieviel brechende Augen werden euch ansehn
Wenn ihr aus den Verstecken ein Veilchen pflückt?
Wieviel flehend erhobene Hände
In dem märtyrerhaft geschlungenen Gezweige
Der alten Eichen?
10 Wieviel Erinnerung wächst im Blute
Der Abendsonne?

O die ungesungenen Wiegenlieder
In der Turteltaube Nachtruf –
Manch einer hätte Sterne herunterholen können,
15 Nun muss es der alte Brunnen für ihn tun!

Ihr Zuschauenden,
Die ihr keine Mörderhand erhobt,
Aber die ihr den Staub nicht von eurer Sehnsucht
Schütteltet[1],
20 Die ihr stehenbliebt, dort, wo er zu Licht
Verwandelt wird.

Conrady, S. 745/N. S.: Fahrt ins Staublose. Frankfurt/Main: Suhrkamp 1961.
© Suhrkamp Verlag

---

[1] Im Matthäus-Evangelium, Kap. 10, V. 14, fordert Jesus seine Jünger auf, Häuser und Städte, in denen sie und ihre Lehre zurückgewiesen werden, zu verlassen und den Staub von ihren Füßen zu schütteln. Für das Jüngste Gericht kündigt er solchen Orten Unheil an.

Nelly Sachs (1891–1970), Tochter einer großbürgerlichen jüdischen, aber assimilierten Familie in Berlin; dort lebte sie aufgrund ihrer Kränklichkeit sehr zurückgezogen, bis sie 1940 in letzter Minute mit ihrer Mutter vor der Deportation in ein Konzentrationslager nach Stockholm floh. Der Tod ihrer Mutter 1950 und eine Deutschlandreise 1960 belasteten sie psychisch schwer. Die Lyrikerin setzt sich vor allem mit dem Holocaust auseinander, ihrem eigenen Schicksal und dem des jüdischen Volkes. Ihre vor 1942 entstandenen Gedichte lehnte sie ab. 1966 wurde sie mit dem Nobelpreis für Literatur ausgezeichnet.

Elisabeth Langgässer
Frühling 1946

Holde Anemone,
bist du wieder da
und erscheinst mit heller Krone
mir Geschundenem zum Lohne
5 wie Nausikaa[2]?

Windbewegtes Bücken,
Woge, Schaum und Licht!
Ach, welch sphärisches Entzücken
nahm dem staubgebeugten Rücken
10 endlich sein Gewicht?

Aus dem Reich der Kröte
steige ich empor,
unterm Lid noch Plutons[3] Röte
und des Totenführers[4] Flöte
15 grässlich noch im Ohr.

Sah in Gorgos[5] Auge
eisenharten Glanz,
ausgesprühte Lügenlauge
hört' ich flüstern, dass sie tauge
20 mich zu töten ganz.

Anemone! Küssen
lass mich dein Gesicht:
Ungespiegelt von den Flüssen
Styx und Lethe[6], ohne Wissen
25 um das Nein und Nicht.

Ohne zu verführen,
lebst und bist du da,
still mein Herz zu rühren,
ohne es zu schüren –
30 Kind Nausikaa!

Conrady, S. 744/E. L.: Gedichte. Hamburg 1959. © Claassen Verlag in der Ullstein Buchverlage GmbH Berlin

---

[2] Tochter des Königs Alkinoos, die nicht wie ihre Gefährtinnen vor Odysseus flieht, als er sich schwimmend auf ihre Insel rettet, sondern für Kleider sorgt und ihn zu ihrem Vater bringt
[3] Gott des Reichtums und der Unterwelt
[4] Hermes geleitet die Verstorbenen in die Unterwelt, wo sie der Fährmann Charon übersetzt
[5] Medusa, ein Ungeheuer der griechischen Mythologie, deren Blick diejenigen, die sie sehen, versteinert
[6] Flüsse der Unterwelt

Elisabeth Langgässer (1899–1950), geboren in Alzey als Tochter einer Familie jüdischer Herkunft, die aber zum Katholizismus konvertiert war. 1919–28 Volksschullehrerin, 1929/30 Dozentin in Berlin, ab 1931 freie Schriftstellerin. 1935 Heirat mit dem Philosophen Wilhelm Hofmann. 1936 als „Halbjüdin" Schreibverbot, das sie aber umging. Im Zweiten Weltkrieg Zwangsarbeit; Erkrankung an Multipler Sklerose. Im Todesjahr Auszeichnung mit dem Georg-Büchner-Preis. Ihre Kurzgeschichten und Gedichte befassen sich mit religiösen Themen und dem Zauber der Natur.

Nachkriegszeit und Gegenwart

1. Interpretieren Sie Enzensbergers Gedicht „das ende der eulen". Gehen Sie insbesondere darauf ein,
   a) auf welche historischen Ereignisse das Gedicht anspielt und wie das lyrische Ich darauf reagiert,
   b) welche Bedeutung der Natur zukommt,
   c) in welcher Wechselbeziehung Inhalt, Sprache und Form stehen.

2. Interpretieren Sie Buselmeiers Gedicht „Gedenken an E.". Berücksichtigen Sie dabei
   a) die Schilderung des Naturgeschehens,
   b) die Reaktionen des lyrischen Ichs,
   c) die Überschrift.

Hans Magnus Enzensberger
das ende der eulen

ich spreche von euerm nicht,
ich spreche vom ende der eulen.
ich spreche von butt und wal
in ihrem dunkeln haus,
5 dem siebenfältigen meer,
von den gletschern,
sie werden kalben[1] zu früh,
rab und taube, gefiederten zeugen,
von allem was lebt in lüften
10 und wäldern, und den flechten im kies,
vom weglosen selbst, und vom grauen moor
und den leeren gebirgen:

auf radarschirmen leuchtend
zum letzten mal, ausgewertet
15 auf meldetischen, von antennen
tödlich befingert floridas sümpfe
und das sibirische eis, tier
und schilf und schiefer erwürgt
von warnketten, umzingelt
20 vom letzten manöver, arglos
unter schwebenden feuerglocken,
im ticken des ernstfalls.

wir sind schon vergessen.
sorgt euch nicht um die waisen,
25 aus dem sinn schlagt euch
die mündelsichern[2] gefühle,
den ruhm, die rostfreien psalmen.
ich spreche nicht mehr von euch,
planern der spurlosen tat,
30 und von mir nicht, und keinem.
ich spreche von dem was nicht spricht,
von den sprachlosen zeugen,
von ottern und robben,
von den alten eulen der erde.

FAZ vom 8.1.2000 (Frankfurter Anthologie) /H. M. E.: Landessprache. Gedichte. Frankfurt am Main: Suhrkamp (es 304) 1969

[1] Geburt eines Kalbs; Abbruch großer Eisstücke von einem Gletscher
[2] sichere Geldanlage für Personen, deren Belange ein Vormund vertritt

Michael Buselmeier
Gedenken an E.

Der junge Westwind
der mir der nächste ist
unter den Winden

hat die Hainbuche
5 vor meinem Fenster
gefällt

voller Eichkatzen
Luftschiffer Irrlichter
die Zweige

10 ein Aufschrei
der bis in die Träume
der Dichter

eindringt
in ihre zitternden
15 Herzen

M. B.: Dante deutsch. Gedichte. Heidelberg: Wunderhorn 2012, S. 35.

Michael Buselmeier, geboren 1938 in Berlin, aufgewachsen in Heidelberg. Ausbildung als Schauspieler, Regieassistent. Studium der Germanistik und Kunstgeschichte, Lehrtätigkeit an verschiedenen Hochschulen. Zahlreiche Lyrik- und Prosaveröffentlichungen.
Publizistische Arbeiten für den Rundfunk und überregionale Zeitschriften. Mehrfach ausgezeichnet.

M. B.: Dante deutsch, S. 89

Bertolt Brecht: Schlechte Zeit für Lyrik

1. *Ermitteln Sie die Intention des Ichs und die Botschaft des Gedichts.*
2. *Untersuchen Sie, wie das Anliegen inhaltlich, sprachlich und formal verwirklicht wird.*
3. *Prüfen Sie, ob sich der Begriff der Verfremdung (vgl. die Erläuterungen), den Brecht für das epische Theater entworfen hat, auch auf seine Naturgedichte anwenden lässt.*
4. *Vergleichen Sie die Verse über Bäume mit dem Ausschnitt aus einem anderen berühmten Gedicht Brechts, das die Überschrift „An die Nachgeborenen" trägt.*

Ich weiß doch: nur der Glückliche
Ist beliebt. Seine Stimme
Hört man gern. Sein Gesicht ist schön.

Der verkrüppelte Baum im Hof
5 Zeigt auf den schlechten Boden, aber
Die Vorübergehenden schimpfen ihn einen Krüppel
Doch mit Recht.

Die grünen Boote und die lustigen Segel des Sundes[1]
Sehe ich nicht. Von allem
10 Sehe ich nur der Fischer rissiges Garnnetz.
Warum rede ich nur davon
Dass die vierzigjährige Häuslerin[2] gekrümmt geht?
Die Brüste der Mädchen
Sind warm wie ehedem.

15 In meinem Lied ein Reim
Käme mir fast vor wie Übermut.

In mir streiten sich
Die Begeisterung über den blühenden Apfelbaum
Und das Entsetzen über die Reden des Anstreichers[3].
20 Aber nur das zweite
Drängt mich zum Schreibtisch.

B. B.: Ausgewählte Gedichte. Auswahl von Siegfried Unseld. Nachwort von Walter Jens. 7. Aufl. Frankfurt am Main: Suhrkamp 1973, S. 42f.

Was ist Verfremdung?
Einen Vorgang oder einen Charakter verfremden heißt zunächst einfach, dem Vorgang oder dem Charakter das Selbstverständliche, Bekannte, Einleuchtende zu nehmen und über ihn Staunen und Neugierde zu erzeugen. […] Damit ist gewonnen, dass der Zuschauer die Menschen auf der Bühne nicht mehr als ganz unänderbare, unbeeinflussbare, ihrem Schicksal hilflos ausgelieferte dargestellt sieht. Er sieht: dieser Mensch ist so und so, weil die Verhältnisse so und so sind. Und die Verhältnisse sind so und so, weil der Mensch so und so ist. Er ist aber nicht nur so vorstellbar, wie er ist, sondern auch anders, so wie er sein könnte, und auch die Verhältnisse sind anders vorstellbar, als sie sind.

B. B.: Über experimentelles Theater. In B. B.: Werke. Große kommentierte Berliner und Frankfurter Ausgabe. Hrsg. v. Werner Hecht u. a. Band 22: Schriften 2, Teil 1. Frankfurt am Main: Suhrkamp 1993, S. 554f.

An die Nachgeborenen (V. 6–8)

Was sind das für Zeiten, wo
Ein Gespräch über Bäume fast ein Verbrechen ist
Weil es ein Schweigen über so viele Untaten einschließt!

Ebd., S. 56.

---

[1] Meerenge. 1934–39 lebte Brecht in Skovsbostrand bei Svendborg in Dänemark.
[2] Besitzerin eines kleinen Hauses ohne Land in einem Dorf
[3] Hitlers, der Kunstmaler werden wollte

Zwei poetologische Naturgedichte über Bäume

1. Ermitteln Sie die Widersprüche, die Frieds Gedicht enthält. Welche „Widersprüche dieser Gesellschaft" könnten das Dichter-Ich umtreiben?

2. Vergleichen Sie, was Sie in den beiden Gedichten über das Entstehen und den Gehalt lyrischer Texte erfahren.

3. Untersuchen sie, inwieweit Sprache und Form den Inhalten entsprechen.

Erich Fried
Neue Naturdichtung

Er weiß dass es eintönig wäre
nur immer Gedichte zu machen
über die Widersprüche dieser Gesellschaft
und dass er lieber über die Tannen am Morgen
5 schreiben sollte
Daher fällt ihm bald ein Gedicht ein
über den nötigen Themenwechsel und über
seinen Vorsatz
von den Tannen am Morgen zu schreiben

10 Aber sogar wenn er wirklich früh genug aufsteht
und sich hinausfahren lässt zu den Tannen am Morgen
fällt ihm dann etwas ein zu ihrem Anblick und Duft?
Oder ertappt er sich auf der Fahrt bei dem Einfall:
Wenn wir hinauskommen
15 sind sie vielleicht schon gefällt
und liegen astlos auf dem zerklüfteten Sandgrund
zwischen Sägemehl Spänen und abgefallenen Nadeln
weil irgendein Spekulant den Boden gekauft hat

Das wäre zwar traurig
20 doch der Harzgeruch wäre dann stärker
und das Morgenlicht auf den gelben gesägten Stümpfen
wäre dann heller weil keine Baumkrone mehr
der Sonne im Weg stünde. Das
wäre ein neuer Eindruck
25 selbsterlebt und sicher mehr als genug
für ein Gedicht
das diese Gesellschaft anklagt

Kittstein, S. 271 f./E. F.: Gesammelte Werke. Hrsg. von Volker Kaukoreit und Klaus Wagenbach. Bd. 2: Gedichte 2. Berlin 1994, S. 60 f.

Rose Ausländer
Die Bäume

Immer sind es Bäume
die mich verzaubern

Aus ihrem Wurzelwerk schöpfe ich
die Kraft für mein Lied

5 Ihr Laub flüstert mir
grüne Geschichten

Jeder Baum ein Gebet
das den Himmel beschwört

Grün die Farbe der Gnade
10 Grün die Farbe des Glücks

Die schönsten Naturgedichte, S. 35/R. A.: Gedichte. Hg. von Helmut Braun. Frankfurt am Main: Fischer 2007.

Erich Fried (1921–88), aufgewachsen in Wien, emigrierte 1938 wegen seiner jüdischen Herkunft nach der Ermordung des Vaters nach London. 1952–68 Redakteur der BBC, dann freier Schriftsteller. Mitglied der Gruppe 47, Büchner-Preis 1987. In seiner Lyrik übt er Kritik an politischen, gesellschaftlichen und geistigen Zwängen; es gelingen ihm aber auch einfühlsame Liebesgedichte. Außerdem übersetzte er Shakespeare.

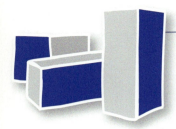

Baustein 8

Der Interpretationsaufsatz

8.1 Inhalt – Aufbau – Teilübungen

Der Interpretationsaufsatz, in dem die Schülerinnen und Schüler ein Gedicht interpretieren oder zwei lyrische Texte vergleichen, stellt eine komplexe und anspruchsvolle Aufgabe dar, bei deren Bewältigung zahlreiche Teilleistungen erbracht werden, die sich zu einem individuellen Ganzen zusammenfügen. Um die damit verbundenen Anforderungen erfüllen zu können, müssen die Schülerinnen und Schüler die nötigen Fähigkeiten schrittweise erwerben. Die Schwierigkeiten, vor die sie das Verfassen eines vollständigen Aufsatzes stellt, lassen sich auf zweierlei Art reduzieren und dadurch leichter bewältigen: Zum einen bietet sich an vielen Stellen und schon in frühen Phasen der Unterrichtseinheit die Gelegenheit, kleine, sehr eingeschränkte oder auch allmählich sich ausweitende Schreibaufgaben zu Einzelaspekten der Interpretation zu stellen. Die entstehenden kurzen Texte können den Unterricht bereichern, indem die Klasse unterschiedliche Sichtweisen, inhaltliche Ansätze, Schreibstile und Formulierungsvarianten kennenlernt, Gespräche darüber in Gang kommen und sich weitere Vorschläge daran anschließen. Zum andern erleichtern Interpretationsergebnisse, die die Schülerinnen und Schüler bereits erarbeitet haben und ihnen in Stichworten vorliegen, die Konzentration auf das Schreiben, das dadurch entlastet wird. Einen Vorschlag dazu enthält das nächste Kapitel.

Das Interpretieren verlangt als „Basisoperator des Interpretationsaufsatzes" ein „[h]ermeneutisches, d. h. auf Erkennen und Verstehen gerichtetes Arbeiten am Text". Es umfasst eine „erklärende und wertende Textauslegung", eine „Untersuchung von Textinhalt und Textform und ihrer Wechselbeziehung mit Hilfe textanalytischer Mittel und Verfahren" sowie eine „Synthese analytisch gewonnener Ergebnisse".[1] Um den schillernden Begriff des Interpretierens klarer zu fassen und auf die Anforderungen eines Aufsatzes über Gedichte zu beziehen, informieren sich die Schülerinnen und Schüler über den Inhalt und den Aufbau eines Interpretationsaufsatzes sowie die Vorgehensweise anhand des **Arbeitsblattes 60** auf S. 228. Offene Fragen werden in einem Unterrichtsgespräch beantwortet.

■ *Informieren Sie sich auf dem Arbeitsblatt 60 über den Inhalt, den Aufbau und das Verfassen eines Interpretationsaufsatzes.*

Aus den Einzelaspekten, wie sie das Arbeitsblatt 60 und ergänzend dazu die Gesichtspunkte für die Interpretation von Lyrik sowie die Kompetenzbeschreibungen in den **Zusatzmaterialien 1** und **8** auf S. 235, 246 verzeichnen, lassen sich für ein Gedicht oder auch mehrere Texte eingeschränkte Schreibaufgaben ableiten, die den Schülerinnen und Schülern verdeutlichen, was damit gemeint ist, und sie zum Üben anregen. Die folgenden Beispiele bieten eine Auswahl und können vom Lehrer oder von der Lehrerin dort eingesetzt werden, wo es im Unterrichtszusammenhang sinnvoll erscheint. Die Seitenangaben verweisen auf die Anwendung in diesem Modell.

---

[1] Operatorenkatalog von 2008 für die schriftliche Abiturprüfung im Fach Deutsch an den allgemein bildenden und beruflichen Gymnasien in Baden-Württemberg auf der Grundlage der Einheitlichen Prüfungsanforderungen (EPA) der Kultusministerkonferenz aus dem Jahr 2002.

Baustein 8: Der Interpretationsaufsatz

- *Formulieren Sie erste Eindrücke, Empfindungen und Wirkungen zu einem Gedicht in einem kurzen Text.*

- *Formulieren Sie zu einem Gedicht einen einleitenden Gedanken, der zu dem Thema oder einem inhaltlichen Schwerpunkt hinführt und Interesse für die Interpretation weckt.*

- *Verfassen Sie eine Einleitung des Interpretationsaufsatzes, die Angaben zum Text – Verfasser, Überschrift, Quelle, Entstehungszeit – enthält und das Thema benennt.*

- *Fassen Sie den Inhalt des Gedichts kurz zusammen.*

- *Beschreiben Sie den Aufbau/die Gliederung des Gedichts.*

- *Untersuchen Sie, welche Ausstrahlung und Wirkung von der Natur in einem Gedicht ausgeht oder welche Bedeutung ihr zukommt.*

- *Beschreiben Sie das Verhältnis zwischen Ich und Natur.*

- *Erläutern Sie, was Sie aus der Darstellung der äußeren Natur über das innere Befinden des Subjekts erfahren.*

- *Leiten Sie aus einem Detail des Gedichts eine verallgemeinernde Schlussfolgerung ab.*

- *Wählen Sie aus der Übersicht in Zusatzmaterial 1 einen/einige geeignete/n inhaltliche/n oder sprachlich-formale/n Gesichtspunkt/e aus und schreiben Sie dazu Ihre Erkenntnisse und Begründungen auf – erst stichwortartig, dann in einem zusammenhängenden Text.*

- *Formulieren Sie eine/mehrere Interpretationshypothese/n als Teil der Vorarbeit für den Interpretationsaufsatz. Überprüfen Sie diese, indem Sie Begründungen und Textbelege suchen – erst stichwortartig, dann eventuell auch in einem zusammenhängenden Text. (Vgl. S. 40–42, 96, 158 f.)*

- *Identifizieren und deuten Sie ein Wort- bzw. semantisches Feld, d. h. „Wörter mit vergleichbaren und verwandten Bedeutungen"[1] – erst stichwortartig, dann in einem zusammenhängenden Text. (Vgl. S. 43 f., 158 f.)*

- *Identifizieren Sie ein auffälliges Merkmal der Satz-, Vers- oder Strophenstruktur und leiten Sie daraus inhaltliche Erkenntnisse ab – erst stichwortartig, dann in einem zusammenhängenden Text. (Vgl. S. 35 f., 73, 93–95, 156–158, 194–196)*

- *Ordnen Sie das Gedicht literaturgeschichtlich ein und begründen Sie Ihre Entscheidung.*

---

[1] Karl-Dieter Bünting, Wolfgang Eichler: Grammatiklexikon. Kompaktwissen für Schule, Ausbildung, Beruf. 3. Aufl. Nach der Rechtschreibreform aktualisiert und erweitert. Berlin: Cornelsen Scriptor 1997, S. 209.

Baustein 8: Der Interpretationsaufsatz

Die Gespräche über die kurzen Schülertexte in der Klasse sollten eher Gelungenes als Fehlerhaftes in den Vordergrund rücken. Wenn Korrekturen oder Ergänzungen nötig sind, können sie als Ratschläge oder Verbesserungsvorschläge artikuliert werden. Geeignete Impulse lenken das Gespräch in diese Richtung:

- Was ist in dem Text gelungen?
- Wodurch überzeugt er besonders?
- Was können Sie aus ihm lernen?
- Welche Ratschläge geben Sie dem Verfasser/der Verfasserin?
- Machen Sie Verbesserungsvorschläge.
- Zu welchen weitergehenden Überlegungen regt Sie der Text an?
- Formulieren Sie diese Überlegungen in einem weiteren kurzen Übungstext.

8.2 Schriftliche Gedichtinterpretation

Die Aufgaben auf den Arbeitsblättern dieses Modells bestehen häufig darin, den Inhalt der Gedichte zu erschließen sowie Sprache und Form in Wechselbeziehung dazu funktional zu untersuchen. Die dabei erarbeiteten Ergebnisse und gesammelten Erfahrungen bilden die Grundlage für das Verfassen von Interpretationsaufsätzen und bereiten es vor. Wie aus stichwortartigen Aufzeichnungen eine Gedichtinterpretation entstehen kann, illustriert ein Beispielaufsatz zu Goethes Gedicht *An den Mond* (vgl. Arbeitsblatt 10 und die Ausführungen dazu auf den S. 36–38, 56).

Beispielaufsätze sollen die Schülerinnen und Schüler weder mit überzogenen Erwartungen und unrealistischen Maßstäben konfrontieren oder gar Ängste erzeugen noch enge Muster als ausschließlich richtige Lösungen vorgeben, sondern eine Vorstellung davon vermitteln, wie ein Interpretationsaufsatz aussehen und was er enthalten kann. Sie wollen die individuellen Gestaltungsräume und Vorlieben keinesfalls beschneiden, sondern erweitern, etwa dadurch, dass die – auch kritische – Auseinandersetzung mit ihnen dem eigenen Schreiben Impulse gibt und die schriftsprachlichen Fähigkeiten ausbaut. Beispielaufsätze veranschaulichen außerdem, wie die abstrakten Vorgaben auf dem **Arbeitsblatt 60** (S. 228) umzusetzen sind.

Beim Lesen des Beispielaufsatzes auf dem **Arbeitsblatt 61** (S. 229f.) vergleichen ihn die Schülerinnen und Schüler automatisch mit eigenen Vorstellungen, wie sie einen solchen Text schreiben würden. Deshalb tauschen sie ihre Gedanken über das Beispiel zunächst zu zweit und dann im Unterrichtsgespräch aus und ziehen Folgerungen für ihr eigenes Schreiben. Sie identifizieren einzelne Teile, benennen diese und beschreiben, was sie enthalten. Dieser Aufgabe widmen sie sich zunächst allein, dann vergleichen sie ihre Ergebnisse mit ihrem Sitznachbarn und schließlich bringen sie ihre Einsichten in ein Unterrichtsgespräch ein.

■ *Lesen Sie den Beispielaufsatz zu Goethes Gedicht „An den Mond" (vgl. Arbeitsblatt 10) auf dem Arbeitsblatt 61.*
Tauschen Sie Ihre Gedanken zu den Aufgaben 2 und 3 zunächst mit Ihrem Sitznachbarn und dann im Unterrichtsgespräch aus.

■ *Bearbeiten Sie die Aufgaben 4 und 5 allein. Vergleichen Sie Ihre Ergebnisse anschließend wiederum mit Ihrem Sitznachbarn und bringen Sie Ihre wichtigsten Erkenntnisse in ein Unterrichtsgespräch ein.*

Der Aufsatz besteht aus folgenden Teilen: einigen *einleitenden Gedanken* zur Wirkung des Mondes (Z. 1–9); *Angaben zu dem Gedicht,* das zu interpretieren ist, seinem Titel und Verfasser, der Quelle, der Entstehungszeit sowie einem kurzen Hinweis auf dessen *Inhalt und Thema* (Z. 9–26); einem kurzen, persönlich gefärbten *ersten Eindruck* (Z. 22f.); der Beschreibung der *Strophenform* und der *inhaltlichen Gliederung* des Gedichts (Z. 27–39); einer *eingehenden, linear angelegten, d. h. dem Verlauf des Textes folgenden Interpretation*, in der Inhalt, Sprache, Form und Wirkung in ihrem Wechselspiel untersucht und nach dem hermeneutischen Prinzip Einzelheiten und allgemeinere Einsichten aufeinander bezogen werden (Z. 40–142); *zusammenfassenden Betrachtungen* (Z. 143–153); der *Einordnung in literaturgeschichtliche Epochen* (Z. 154–161) und die *Biografie des Dichters* (Z. 161–173) und schließlich einem *persönliches Fazit* (Z. 174–187).

Über die Gliederung hinaus lässt sich in dem Aufsatz verfolgen, wie grammatische Kenntnisse, zum Beispiel über Wortarten und Gliedsatzarten, helfen, sprachliche Formen zu benennen und für die Interpretation zu nutzen. Außerdem können sich die Schülerinnen und Schüler noch einmal die Regeln des Zitierens und ihre korrekte Anwendung in Erinnerung rufen.

Ein häufig beklagtes Defizit von Schüleraufsätzen besteht darin, dass Inhalt, Sprache und Form nicht in ihrer Wechselbeziehung untersucht werden, sondern die sprachlich-formalen Mittel nur funktionslos benannt sind. Der Lösungsvorschlag zu Hölderlins Gedicht *An die Natur* auf dem **Arbeitsblatt 4** (S. 50) kann dabei helfen, dieser Schwäche entgegenzuwirken, wenn es so kopiert wird, dass in der Tabelle nur eine Spalte ausgefüllt ist. Die Schülerinnen und Schüler untersuchen dann, welche sprachlich-formalen Mittel den inhaltlichen Stichworten entsprechen oder – umgekehrt – wie sich jene mit dem Inhalt in Verbindung bringen lassen. So erwerben sie allmählich ein Gespür für die Bedeutung der Wechselbeziehung von Inhalt, Sprache und Form, die sich bei jeder weiteren Interpretation an augenfälligen Einzelelementen nachweisen, vertiefen und damit im Bewusstsein verankern lässt.

> ■ *Ergänzen Sie auf dem Arbeitsblatt 4 die leere Spalte durch sprachlich-formale Mittel bzw. inhaltliche Gesichtspunkte, die den Eintragungen in der jeweils anderen Spalte entsprechen.*
>
> ■ *Vergleichen Sie Ihre Ergebnisse mit denen Ihres Sitznachbarn.*
> *Erläutern Sie den Zusammenhang zwischen Inhalt und Sprache bzw. Form, der Ihnen am wichtigsten erscheint, im Kurs.*

8.3 Gedichtvergleich

An die schriftliche Interpretation eines einzelnen Gedichts schließt sich die komplexere Aufgabe eines Vergleichs zweier lyrischer Texte aus unterschiedlichen Epochen an. Was die Schülerinnen und Schüler dabei über die Hinweise auf dem Arbeitsblatt 60 (S. 228) hinaus beachten müssen, fasst ein Tafelbild mit ihren Überlegungen und zusätzlichen Informationen des Lehrers oder der Lehrerin zusammen.

> ■ *Was müssen Sie bei einem Gedichtvergleich über die Hinweise auf dem Arbeitsblatt 60 hinaus bedenken und beachten?*

> **Ergänzende Hinweise zum Verfassen eines Gedichtvergleichs**
>
> (über die Informationen auf dem Arbeitsblatt 60 hinaus)
>
> - **Textgrundlage** sind zwei Gedichte von unterschiedlichen Autoren und/oder aus verschiedenen Epochen zu einem übergreifenden Thema (z. B. der Einstellung des Menschen zur Natur)
> - **Vergleichbar** sind alle Aspekte eines lyrischen Textes: Inhalt, Aufbau, Form und Sprache
> - Für den **Aufbau** gibt es drei Möglichkeiten:
>   – getrennte Analyse der beiden Gedichte und anschließender Vergleich
>   – direkter Vergleich nach vorab festgelegten Aspekten, die in der Einleitung genannt werden
>   – ausführliche Interpretation eines Gedichts und Berücksichtigung des zweiten nur in vergleichender Perspektive
>   Häufig legt die Aufgabenstellung den Aufbau nahe.
> - Achten Sie vor allem auf sinnvolle und ansprechende Überleitungen.

Auf dem **Arbeitsblatt 62** (S. 231) sind für einen Gedichtvergleich Joseph von Eichendorffs *Stimmen der Nacht (1)* und Ingeborg Bachmanns *Entfremdung* vorgesehen. Der Beispielaufsatz dazu auf dem **Arbeitsblatt 63** (S. 232–234) dient entweder wiederum der Vorbereitung auf einen eigenen Interpretations- und Vergleichsaufsatz, dem andere Gedichte zugrunde liegen, oder dem Vergleich mit der eigenen Arbeit zu diesen Texten. Das Beispiel wird wie dasjenige zu einem einzelnen Gedicht besprochen. Einer ergiebigen Auseinandersetzung damit sollten aber die inhaltliche, formale und sprachliche Untersuchung der Gedichte und ihr Vergleich vorausgehen.

■ *Lesen Sie den Beispielaufsatz auf dem Arbeitsblatt 63, in dem zwei Gedichte von Eichendorff und Bachmann (vgl. das Arbeitsblatt 62) interpretiert und verglichen werden.*
Tauschen Sie Ihre Gedanken zu den Aufgaben 2 und 3 zunächst mit Ihrem Sitznachbarn und dann im Unterrichtsgespräch aus.

■ *Bearbeiten Sie die Aufgaben 4 und 5 allein. Vergleichen Sie Ihre Ergebnisse anschließend wiederum mit Ihrem Sitznachbarn und bringen Sie Ihre wichtigsten Erkenntnisse in ein Unterrichtsgespräch ein.*

8.4 Überarbeitung und Besprechung von Schüleraufsätzen

Zur Korrektur und Überarbeitung ihrer eigenen Texte finden sich die Schülerinnen und Schüler in Dreiergruppen zusammen. Sie unterstützen sich dabei untereinander mit Verbesserungs- und Formulierungsvorschlägen, die sie mit einer sog. Textlupe herausfinden und sich gegenseitig mitteilen. Der als **Zusatzmaterial 9** auf Seite 247 beigefügte Bewertungsbogen kann ihnen dabei eine Hilfe sein.

■ *Bilden Sie Dreiergruppen, in denen Sie Ihre Interpretationsaufsätze zu einem einzelnen Gedicht oder zu zwei lyrischen Texten korrigieren und überarbeiten. Der Bewertungsbogen (Zusatzmaterial 9) kann Ihnen helfen, auf einzelne Teile und Gesichtspunkte zu achten.*

Unterstützen Sie sich dabei gegenseitig mit Verbesserungs- und Formulierungsvorschlägen.

Verwenden Sie bei der Korrektur der fremden Arbeiten eine sog. Textlupe, eine Tabelle mit folgenden Spalten, in der Sie Ihre Bemerkungen eintragen.

Das gefällt mir/ ist gelungen	*Das stört mich/ist falsch/ verstehe ich nicht/ist zu verbessern*	*Meine Tipps und Vorschläge*

Der Bewertungsbogen eignet sich auch als Grundlage bei der Besprechung von Schüleraufsätzen im Kursverband. Die Items werden vor dem Vortrag unter den Zuhörenden aufgeteilt, sodass jeder auf zwei bis drei Punkte achten muss und dennoch alle abgedeckt sind. Dieses Vorgehen fördert die Konzentration und damit die Qualität der Rückmeldungen. Diese sollten wiederum vor allem Gelungenes hervorheben oder Ratschläge enthalten, die für den Verfasser oder die Verfasserin auch akzeptabel sind. Schließlich kann der Bewertungsbogen bei der Korrektur von Klassenarbeiten Verwendung finden. Er informiert die Schülerinnen und Schüler, wie ihre Note im Einzelnen zustande kommt.

Notizen

Hinweise zum Verfassen eines Interpretationsaufsatzes

■ *Lesen Sie die folgenden Informationen.*

Aufgabe

Gedichte wollen weder informieren noch unterhalten; sie konfrontieren vielmehr die Leser und Leserinnen mit Situationen, Erlebnissen, Gefühlen, Erfahrungen, Einsichten und Gedanken in einer Art und Weise, in der Sprache nicht nur als Instrument benutzt wird, sondern mit allen ihr gegebenen Möglichkeiten ihre Wirkung entfalten kann:
- in der Struktur (Grammatik) und Bedeutung (Semantik) von Worten, Sätzen und Texten
- in der Metrik (Verse, Jamben, Trochäen, Daktylen) sowie Strophen- und Reimformen (Paar-, Kreuz-, Schweif-, umarmender oder Binnenreim)
- in Klängen (helle/dunkle Vokale, Alliterationen)
- in Bildern (Vergleiche, Metaphern, Symbole)

Diese Ebenen wirken in lyrischen Texten zusammen und erzeugen ein **mehrschichtiges** und **mehrdeutiges Sprachgebilde**, das es in einem Interpretationsaufsatz schriftlich zu erschließen gilt.

Vorgehen

Bei der Bewältigung dieser Aufgabe helfen folgende Schritte:
- mehrfaches und genaues *Lesen*, das alle Ebenen der Sprache berücksichtigt
- *Markieren* von bedeutsamen Textstellen (Schlüsselwörtern, semantischen Feldern, Wiederholungen, beziehungsvollen Andeutungen, sprachlichen oder formalen Besonderheiten, Bildern, rhetorischen Mitteln) mit unterschiedlichen Farben oder Symbolen (Unterstreichen mit geraden, gewellten, gestrichelten oder gepunkteten Linien; Striche, Pfeile, Bögen, Frage- und Ausrufezeichen, Blitze)
- *Notieren* von Zusammenfassungen in eigenen Worten, Erläuterungen, Bezügen, Deutungsaspekten und -hypothesen sowie insbesondere Beziehungen zwischen inhaltlichen, sprachlichen und formalen Elementen (vgl. Zusatzmaterial 1)
- *Entwurf* einer Linear- (dem Verlauf des Gedichts) oder einer aspektgeleiteten (den Schwerpunkten folgenden) Analyse, in der sich inhaltliche, sprachliche und formale Einzelbeobachtungen zu übergreifenden Erkenntnissen zusammenfügen
- *Begründen*, *Ergänzen* und *Überprüfen* bisheriger Einsichten: Finden sich zusätzliche Belege? Ergeben sich weitere Überlegungen oder gedankliche Bögen? Sind die bisherigen Notizen und Entwürfe haltbar?

Inhalt und Aufbau

- einleitender, Interesse für das Gedicht und seine Interpretation weckender Gedanke
- Angaben zum Text (Verfasser, Überschrift, Entstehungszeit, Quelle)
- Thematik
- unmittelbarer Eindruck, persönlicher Zugang, subjektives Empfinden
- formale (Strophen) und inhaltliche Gliederung
- inhaltliche Erläuterung und Deutung nach dem hermeneutischen Prinzip: gegenseitige Erhellung durch Erkenntnisse im Detail und Verständnis des Textganzen
- Aufbau, Form und Sprachgestaltung in **Wechselwirkung** mit Inhalt, Absicht und Wirkung
- Einordnung in den Kontext (Epoche, Gesamtwerk des Verfassers, politisch-soziale, geistesgeschichtliche Zusammenhänge)
- eigene Wertung (zu den Aussagen des Gedichts oder zu dessen Gestaltung als sprachliches Kunstwerk, evtl. mit Blick zum ersten Eindruck), Gegenwartsbezug, zeitgebundener und zeitübergreifender Gehalt

Beispielaufsatz zu Goethes Gedicht *An den Mond*

1. Lesen Sie Goethes Gedicht auf dem Arbeitsblatt 10 und dann den Interpretationsaufsatz.
2. Vergleichen Sie den Aufsatz mit Ihren Vorstellungen, wie Sie einen solchen Text verfassen würden.
3. Was können Sie aus dem Beispiel für das Verfassen eigener Interpretationsaufsätze lernen? Ich welchen Punkten lässt sich der vorliegende Aufsatz verbessern?
4. Welche Teile können Sie erkennen? Schreiben Sie passende Bezeichnungen an den Rand.
5. Überprüfen Sie, inwieweit die Vorgaben des Arbeitsblattes 60 umgesetzt wurden.

Wenn der Mond in voller Größe am Nachthimmel leuchtet, übt er auf die Menschen einen eigentümlichen Reiz aus, der sich noch verstärkt, wenn man allein ist und sich außerhalb von Städten oder Dörfern aufhält. Die Faszination des Erdtrabanten führte dazu, dass er mit Göttern in Verbindung gebracht und in Liedern besungen wurde. Das bekannteste von ihnen kennen schon kleine Kinder: Der Mond ist aufgegangen. Auch Johann Wolfgang von Goethe wendet sich mit einem Gedicht „An den Mond", dessen Licht die Landschaft erhellt und den Dichter veranlasst, seine innersten Empfindungen und Gedanken auszusprechen. Der Text in der Fassung von 1789 findet sich im ersten Band der Berliner Goethe-Ausgabe, der 1976 in dritter Auflage im Aufbau-Verlag in Berlin und Weimar erschienen ist, auf Seite 69f. und geht auf eine ältere Version aus den Jahren 1777/78 zurück, in denen Goethe in Weimar ein Gartenhaus im Ilmtal bewohnte. Die nächtliche Szenerie des Gedichts könnte also Eindrücke jener Zeit und damalige Stimmungen des Dichters wiedergeben. Die Verse, die beim ersten Lesen ruhig und bewegt zugleich wirken, werfen einen Blick in die seelischen Tiefen des lyrischen Ichs, das sich in der Natur nicht einsam, sondern geborgen fühlt und mit sich ins Reine kommt.

Die neun Strophen bestehen jeweils aus vier Versen, in denen sich vier- und dreihebige Trochäen abwechseln und die in stumpfen Kreuzreimen enden. Diese formale Gleichmäßigkeit bringt Ruhe in das Gedicht, die sich aber nicht durchgehend auf den Inhalt überträgt. Sie ist zwar in den beiden Strophen am Anfang und am Schluss zu spüren, in denen das Ich erleichtert und sogar selig ist, mit dem Fluss kommt aber Bewegung in dessen Gefühlswelt, die sich steigert und ihren Höhepunkt in zwei schmerzlichen Ausrufesätzen in der fünften, der mittleren Strophe findet, die deshalb nicht nur die formale, sondern auch die inhaltliche Achse des Gedichts darstellt.

Die zwei ersten Verse entwerfen mit wenigen Worten das grandiose Bild einer nebligen Naturlandschaft bei Nacht, die der Mond mit seinem Licht beglänzt. Sie ähnelt derjenigen in dem eingangs erwähnten Lied vom aufgehenden Mond, dessen erste Strophe folgendermaßen endet: „Und aus den Wiesen steiget/Der weiße Nebel wunderbar." Das Subjekt, das den Mond wie auch später den Fluss in der zweiten Person als direktes Gegenüber anspricht, verlagert die Aufmerksamkeit aber schnell von der äußeren Umgebung auf den seelischen Zustand, von „Busch und Tal" auf „mein Gefild" (V. 1, 5), dem der Mond Linderung verschafft. Er löst die Seele des Ichs (V. 3f.), öffnet sie also und befreit sie von Spannungen und Belastungen, und zwar vollständig, wie das durch die Inversion ans Ende der Strophe gerückte, adverbial gebrauchte Adjektiv „ganz" betont. Mit seinem „Blick" nimmt der Mond Anteil am „Geschick" des Ichs (V. 6, 8), fühlt mit und hilft deshalb wie ein guter Freund, mit dem dieses ihn vergleicht. In der dritten Strophe geht das Subjekt darauf ein, was es „[i]n der Einsamkeit" umtreibt und bedrückt, nämlich freudige und schmerzliche Gefühle, die in der Erinnerung aufleben. Mit dieser Erklärung wendet sich das Gedicht vom Mond ab und dem ebenfalls freundlichen „liebe[n] Fluss" zu, den das Ich in seinem Fließen nachdrücklich auffordernd anspricht, indem es das Verb im Modus des Imperativs wiederholt und den Satz mit einem Ausrufezeichen abschließt. Mit dem Fluss, bei dem es sich um die Ilm in der Nähe von Goethes Gartenhaus in Weimar handeln kann, kommen Gedanken an Zeit und Vergänglichkeit auf. Er veranschaulicht in einem weiteren Vergleichsbild, dass nicht nur punktuelle Ereignisse wie „Scherz und Kuss" (V. 15) vorübergehen, sondern auch auf Dauer angelegte Einstellungen wie die Treue. In der vierten Strophe weicht die vorher zwiespältige Gefühlslage ausschließlicher Trauer, die auch in Zukunft nicht vergeht: „Nimmer werd ich froh" (V. 14). Die Mittelstrophe führt nun die unterschiedlichen Empfindungen und Gedanken zusammen und lenkt sie in eine neue Richtung: Sie setzt zum einen der sich ausbreitenden Melancholie mit dem Adverb „doch" das einst erfahrene Glück entschieden entgegen und zum andern dem Vergehen die bleibende, aber quälende Erinnerung, die ein zweites „doch" verstärkt. Die in der Vergangenheit erlebte Freude wirkt also in der Gegenwart schmerzlich weiter. Nach dieser wie der dritten ausschließlich ich-bezogenen Strophe spricht das Subjekt in den beiden folgenden wieder den Fluss an, dessen Fließen und Rauschen helle i- (V. 13 f.) und dunkle a- und u-Assonanzen (V. 21, 23) sowie Alliterationen (V. 25 f.) hörbar machen. Das Ich fordert ihn dazu auf, „meinem Sang/Melodien zu[zuflüstern]" (V. 23 f.), ihn als Dichter also zu inspirieren. Auch in dieser Strophe verstärkt die Wiederholung des Verbs „Rausche" (V. 21, 23) in der Form des Imperativs den Appell; allerdings folgen die gleichen Worte nicht hintereinander, sondern sie leiten Verspaare mit unterschiedlichen Bitten ein. In der sechsten Strophe schließt sich ein Konditionalsatz an, der wegen der Jahreszeiten aber auch temporal verstanden werden kann. Er zeigt zwei gegensätzliche Zustände des Flusses, in denen sich menschliche Empfindungen als literarische Grundmuster und damit Anregungen für den Dichter erkennen lassen. Die reißenden Wasser „in der Winternacht" (V. 25) machen den Fluss gefährlich und durch das Adjektiv „wütend" (V. 26), das ihn personifiziert, wird er zum Bild innerer Aufwühlung und heftiger Erregung. Im Frühling dagegen umgibt und nährt er die grünenden Pflanzen oder ihre Blütenknospen und symbolisiert so das sich erneuernde Leben und die Schönheit der erwachenden Natur. Das Gedicht klingt in den beiden Schlussstrophen mit dem Gefühl der Glückseligkeit aus, indem es Situationen und Verhaltensweisen in der Form einer allgemeinen Erkenntnis beschreibt, durch die diese höchste Stufe innerer Zufriedenheit erreicht wird. Dadurch beruhigen sich die starken Emotionen in der Mitte des Gedichts vollkommen. Die vorletzte Strophe besteht aus einem Subjektsatz, der sich an das einleitende Signalwort „Selig" anschließt und der die Voraussetzungen dieses Gefühls benennt: Distanz zur Welt ohne Bitterkeit und einen engen Freund, der mit einem genießt. Was beide gemeinsam mit Freude auskosten, ist in dem Objektsatz der letzten Strophe zu erfahren: das Durcheinander der eigenen Empfindungen, die im „Labyrinth der Brust/Wandel[n] in der Nacht" (V. 35 f.), andern Menschen verborgen und wohl auch dem lyrischen Ich selber ein Rätsel bleiben. Wegen dieses Rückzugs aus der Welt und von Menschen ins innere Empfindungsgefilde erscheint es wenig wahrscheinlich, dass es sich bei dem Freund um ein menschliches Gegenüber handelt. Viel näher liegt es, dass der Mond gemeint ist, dem die Überschrift das Gedicht widmet und der in V. 7 mit einem Freund verglichen wird. Wenn diese Vergleichsbeziehung am Ende des Gedichts wegfällt und von dem Mond als tatsächlichem Freund die Rede ist, zeigt sich darin Goethes inniges Verhältnis zur Natur, das auch das Gedicht insgesamt ausstrahlt.

Nicht nur der Mond und der Fluss, die das Ich persönlich ansprechen und personifizieren, sondern auch die nächtliche Landschaft (V. 1 f.) und die Jahreszeiten des Winters und des Frühlings (Str. 7) ziehen es in seinen Bann, spiegeln seine Empfindungen und helfen ihm, im verwirrenden Hin und Her seiner Gefühle wieder Halt, Ruhe, Geborgenheit und Orientierung zu finden. Nicht unter Menschen und in ihrer Gesellschaft fühlt es sich wohl, sondern in der Einsamkeit der Natur. Dort besinnt es sich auf sich selbst und wird von seinen Seelenschmerzen und seiner Zerrissenheit geheilt.

Die Emotionen, die das Ich bedrängen, sind ebenso ein Kennzeichen der Epoche des Sturm und Drang wie deren heftiges individuelles Erleben, während das Nachdenken über sie und die Auseinandersetzung mit ihnen sowie die verallgemeinernde Einsicht, durch die sich am Schluss wieder eine ruhige Ausgeglichenheit einstellt, eher auf die Klassik verweisen.

Da die erste Fassung des Gedichts auf die Jahre 1777/78 zurückgeht, in denen Goethe sich als prominentes Mitglied der Weimarer Hofgesellschaft auf neue Aufgaben und Umgangsformen einstellen musste, nachdem er vorher als Student und junger Anwalt viele Freiheiten hatte, kann auch die spätere Fassung mit diesen Veränderungen und dadurch ausgelösten Irritationen und persönlichen Krisen in Verbindung gebracht werden. Der Dichter verließ seinen früheren Freundeskreis, bekleidete im Herzogtum Sachsen-Weimar hohe staatliche Ämter und übernahm große Verantwortung, sodass seine literarische Arbeit ins Stocken geriet.

Über den biografischen Hintergrund hinaus regt das Gedicht zu allen Zeiten dazu an, das eigene Verhältnis zur Natur zu überdenken und es mit einer sehr intensiven, freundschaftlich-liebevollen Beziehung zu vergleichen, die den Umgang mit Menschen übertrifft. Die Natur in ihrer Beständigkeit ist zwar nicht den Schwankungen und Unsicherheiten menschlicher Verhältnisse unterworfen, kann diese aber nicht ersetzen. Gespräche mit Eltern und Geschwistern, im Freundeskreis oder mit anderen Vertrauten sind unerlässlich, um unter den gegenwärtigen Lebensbedingungen, die vielfältiger als in der Goethezeit, komplizierter und kaum zu überschauen sind, Orientierung und die eigene Identität zu finden.

Interpretation und Vergleich zweier Gedichte

■ *Interpretieren und vergleichen Sie die beiden Gedichte.*

Joseph von Eichendorff (1788–1857)
Stimmen der Nacht

1.
Weit tiefe, bleiche, stille Felder –
O wie mich das freut,
Über alle, alle Täler, Wälder
Die prächtige Einsamkeit!

5 Aus der Stadt nur schlagen die Glocken
Über die Wipfel herein,
Ein Reh hebt den Kopf erschrocken
Und schlummert gleich wieder ein.

Der Wald aber rühret die Wipfel
10 Im Schlaf von der Felsenwand,
Denn der Herr geht über die Gipfel
Und segnet das stille Land.

Joseph von Eichendorff: Sämtliche Gedichte und Versepen.
Hrsg. von Hartwig Schultz. Frankfurt am Main und Leipzig:
Insel 2007, S. 359.

Ingeborg Bachmann (1926–1973)
Entfremdung

In den Bäumen kann ich keine Bäume mehr sehen.
Die Äste haben nicht die Blätter, die sie in den Wind halten.
Die Früchte sind süß, aber ohne Liebe.
Sie sättigen nicht einmal.
5 Was soll nur werden?
Vor meinen Augen flieht der Wald,
vor meinem Ohr schließen die Vögel den Mund,
für mich wird keine Wiese zum Bett.
Ich bin satt vor der Zeit
10 und hungre nach ihr.
Was soll nur werden?

Auf den Bergen werden nachts die Feuer brennen.
Soll ich mich aufmachen, mich allem wieder nähern?

Ich kann in keinem Weg mehr einen Weg sehen.

I. B.: Werke. Hrsg. v. Christine Koschel, Inge von Weidenbaum, Clemens Münster.
Erster Band. München: Piper 1978, S. 13.

Beispielaufsatz eines Gedichtvergleichs

1. Lesen Sie den Aufsatz, in dem die beiden Gedichte auf dem Arbeitsblatt 62 interpretiert und verglichen werden.

2. Vergleichen Sie den Aufsatz mit Ihren Vorstellungen, wie Sie einen solchen Text verfassen würden.
   Oder:
   Vergleichen Sie den Aufsatz mit ihrem eigenen zu diesen Gedichten.

3. Was können Sie aus dem Beispiel für das Verfassen eigener Interpretationsaufsätze lernen? In welchen Punkten lässt sich der vorliegende Aufsatz verbessern?

4. Welche Teile können Sie erkennen? Schreiben Sie passende Bezeichnungen an den Rand.

5. Überprüfen Sie, inwieweit die Vorgaben des Arbeitsblattes 60 umgesetzt wurden.

Menschen begegnen der Natur als den Dingen und Erscheinungen, die sie nicht geschaffen haben und die ohne ihr Einwirken existieren, mit unterschiedlichen Einstellungen und Empfindungen. So wird ein Bauer im Mittelalter, der Wälder rodet und Äcker bebaut, in ihr vor allem das sehen, was ihm mühsame Arbeit abverlangt und was ihm auch Angst macht, während der neuzeitliche Stadtbewohner sie als Ort der Harmonie und der Freiheit betrachtet, wo er sich erholt und wonach er sich sehnt. In den beiden Gedichten „Stimmen der Nacht (1.)" von Joseph von Eichendorff, das in dem von Hartwig Schulz 2007 im Insel Verlag in Frankfurt am Main und Leipzig herausgegebenen Sammelband „Sämtliche Gedichte und Versepen" dieses Dichters veröffentlicht wurde, und „Entfremdung" von Ingeborg Bachmann, das in dem 1984 in München erschienenen Band „Liebe: Dunkler Erdteil" enthalten ist, erlebt das Ich die Natur extrem gegensätzlich: Im ersten erfreut und beglückt die einsame nächtliche Landschaft das Subjekt, das sich in ihr Gott nahe weiß, im zweiten entziehen sich ihm dagegen die gewohnten Naturerscheinungen. Es ist dort nicht in der Lage, sie wahrzunehmen, geschweige denn zu genießen, und verliert dadurch jede Orientierung. Eichendorffs Gedicht verbreitet eine ruhige, ausgeglichene, andächtige Stimmung in einem Raum ohne Lärm, Sorgen und Widersprüchen und steht damit im krassen Kontrast zu den Versen Bachmanns, in denen das Subjekt in seinen Grundfesten erschüttert ist, nicht mehr weiterweiß und resigniert.

Die drei Strophen des Gedichts „Stimmen der Nacht" aus je vier Versen ohne einheitliches Metrum, jedoch mit Kreuzreimen, in denen sich weibliche und männliche Endungen abwechseln, gliedern auch dessen Inhalt: In die Einsamkeit der weiten Landschaft in nicht ganz dunkler Nacht (V. 1), wie sie die erste Strophe schildert, dringen in der zweiten ferne Glockenschläge, die aber nur kurz Unruhe stiften. Erst in der dritten bewegen sich die schlafenden Baumspitzen, wenn der Herr das Land segnet. Alle Strophen bestehen aus einem Satz – einem elliptischen Ausruf und zwei Aussagen. Die formale Ordnung stimmt also mit der syntaktischen Struktur überein. Das Gedicht beginnt nicht, wie in der Überschrift angekündigt, mit akustischen Reizen, sondern mit optischen: Im Einleitungsvers werden „tiefe, bleiche, stille Felder" durch aneinandergereihte Adjektive beschrieben, die das vorangestellte „[W]eit" dominiert. Als Anfangswort strahlt es sogar auf das ganze Gedicht aus. Im dritten Vers erweitern sich die „Täler, Wälder" durch das wiederholte hyperbolische unbestimmte Zahlwort „alle" ins Unendliche. Der zweite Vers schildert nach einem Gedankenstrich übergangslos die Wirkung der Felder bei Nacht auf das Ich: „O wie mich das freut". Das Empfindungswort „O" verstärkt die in der Redewendung schon gesteigerte Begeisterung zusätzlich, und die i-Assonanzen erhellen die Dunkelheit klanglich. Der Schlussvers der Eingangsstrophe feiert die Einsamkeit der nächtlichen Natur und ihre Pracht, die das Ausrufezeichen noch vergrößert. Nach diesem visuell entworfenen Stimmungsbild, in dessen Stille kein Laut zu vernehmen ist, setzt die zweite Strophe mit dem Schlagen der Glocken in der Stadt ein, deren Klang über die Wipfel der Bäume die Natur erreicht. Ein Reh erschrickt zwar, aber es „schlummert gleich wieder ein" (V. 7 f.). Es vertritt nicht nur die Tierwelt, sondern den Teil der Natur, der sich durch die Töne aus der Stadt nicht weiter stören lässt. Hauptsätze benennen das unspektakuläre Geschehen eines akustischen Impulses und seiner Folge. Nur in dieser mittleren Strophe tritt die Stadt als Ort, wo Menschen zusammenleben und –wirken, mit dem Bereich, der sich ohne ihr Zutun erhält, in eine durch die Glocken anklingende Beziehung. Deren Töne verweisen auf die zur Ruhe gekommene, schlafende Menschenwelt. Die letzte Strophe wendet sich wieder ganz der Natur zu und erhöht sie religiös. Das adversative „aber" in Vers 9 erzeugt einen Gegensatz zwischen der nur einen Moment lang unterbrochenen Ruhe des Rehs und den sich regenden Baumwipfeln, die sich „[i]m Schlaf von der Felsenwand" rühren (V. 10). Die Ursache dieser Bewegung nennt der sich anschließende Kausalsatz, der als Höhepunkt das Gedicht abschließt: „Denn der Herr geht über die Gipfel/Und segnet das stille Land". Dieses religiöse Ereignis kündigen die Glocken in der zweiten Strophe an, deren Schläge die Wipfel (vgl. V. 5) – anders als das Reh – veranlassen, auf das Erscheinen des Herrn zu reagieren. Da die Wipfel schlafen und wie am Anfang des Gedichts auch am Schluss Stille über dem Land liegt, müssen es Stimmen des Traums oder der inneren Welt sein, die in der Nacht zu vernehmen sind. Nur auf dieser Ebene ist das heilige Geschehen zu bemerken und zu erleben.

Während das Ich in Eichendorffs Gedicht nur im zweiten Vers von sich selbst spricht und damit weitgehend eins ist mit der nächtlichen Natur, ihrer Stimmung, ihren Reaktionen und ihrem Erleben, ist es in Bachmanns „Entfremdung" weitaus stärker präsent: fünfmal durch das Personal- und zweimal durch das Possessivpronomen (V. 1, 6–9, 13 f.). Es nimmt nicht Eindrücke und Ereignisse in sich auf, die es bezaubern, sondern vermisst sie, reflektiert sein Verhältnis zur Natur und muss feststellen, dass es sie verloren hat und mit ihr jede Möglichkeit, sich zurechtzufinden. In der ersten, mit elf Versen weitaus längsten von drei Strophen in freien Rhythmen ohne Endreime beschreibt das Subjekt irritiert, wie sich die Natur ihm entzieht, und fragt zweimal besorgt, wie es weitergehen soll. In der zweiten Strophe aus zwei Versen glaubt es eine Antwort gefunden zu haben, doch in der letzten, einer Einzelzeile, zerbricht auch diese Hoffnung. Die einzelnen Verse bestehen überwiegend aus abgeschlossenen Hauptsätzen, die sich auch parataktisch aneinandergereiht zu einer Klimax fügen (V. 6–8) oder durch zwei Prädikate verlängern. Mit Ausnahme der mittleren Strophe steht das Gedicht im Zeichen von Negationen, die sich in der ersten auf Bäume, Blätter, Früchte und Wiesen erstrecken. Die Flucht des Waldes und das Verstummen der Vögel vor den Augen und Ohren des Ichs verbinden die Verneinungen noch enger mit ihm und verstärken diesen Zusammenhang durch einen parallelen Satzbau (V. 6 f.). Die Liebe, die den süßen Früchten fehlt (V. 3), und das Bett, als das sich dem Subjekt keine Wiese mehr anbietet (V. 8), gehören einem anderen semantischen Feld als dem der Natur an, das den Grund für die „Entfremdung" andeutet: eine zerbrochene Liebesbeziehung. Deshalb sättigen die Früchte auch nicht (V. 4) und das Ich hungert nach der Zeit – der Gemeinsamkeit? – , obwohl es paradoxerweise „vor der Zeit" schon sattgeworden ist (V. 9 f.). Das elementare Bedürfnis nach Nahrung veranschaulicht also metaphorisch die Zerrissenheit zwischen nicht mehr vorhandener Liebe und Sehnsucht nach ihr. In dieser verzweifelten Situation stellt das Subjekt zweimal die Frage: „Was soll nur werden?" (V. 5, 11), mit der es sich der Zukunft zuwendet und einen Ausweg sucht. Auf dieser Suche richtet es in der zweiten Strophe den Blick wieder in die Natur, und zwar auf das Beständigste in ihr, die Berge, auf denen „nachts die Feuer brennen" (V. 12). Damit können Orientierungszeichen ebenso gemeint sein wie das weithin sichtbare Feuer der Liebe, das nachts auflodert. Im Unterschied zu der umfassenden Ratlosigkeit in den Fragen der ersten Strophe fühlt sich das Ich durch Berge und Feuer zu einer konkreten Entscheidung herausgefordert: „Soll ich mich aufmachen, mich allem wieder nähern?" (V. 13) – der Natur und dem oder der Geliebten, um die innere Distanz zu beiden zu überwinden. Das Adverb „wieder" deutet eine ehemalige Nähe und Vertrautheit an, die der Entfremdung vorausgegangen ist. Der erwogene Aufbruch zu dem, was einst vorhanden war, findet aber nicht statt, denn das Ich kann Wege nicht mehr erkennen. Es gibt entmutigt auf, sich aus der Depression zu befreien.

In beiden Gedichten ist das Ich allein in der Natur, es erlebt sie aber ganz unterschiedlich mit gegensätzlichen Empfindungen: froh und fasziniert im einen Fall, bedrückt und niedergeschlagen im andern. Das Subjekt befindet sich in Eichendorffs Gedicht im Einklang mit der Natur und diese Harmonie zeigt sich auch formal in gleich langen Strophen. In Bachmanns Text weichen ihre Umfänge dagegen extrem voneinander ab, was auf die Irritation und Isolation des Ichs hinweist. Es fühlt sich ausgeschlossen und verzweifelt. Wenn die Vögel nicht mehr zwitschern, entsteht wie bei den anderen Verneinungen von Naturelementen eine Leere, während in der erfüllten Stille von Eichendorffs Gedicht die „Stimmen der Nacht" zu vernehmen sind. Die Natur entfaltet ihre Pracht für das Erscheinen des Herrn, bei Bachmann entzieht sie sich, sodass das Ich einsam und verlassen zurückbleibt. Völlig verunsichert sucht es fragend vergeblich nach Lösungen, in dem älteren Gedicht weiß es sich dagegen fraglos in Gewissheiten geborgen. Beide Naturgedichte erweitern ihr Bedeutungsspektrum: von der äußeren Welt über die innere zum religiösen Ereignis oder zur Liebe. So wird die Natur für das Subjekt zum Raum der Selbstfindung oder des Selbstverlusts.

Eichendorff, der bekannteste Lyriker der Romantik, schildert in dem Gedicht einen Moment vollkommener Übereinstimmung des Menschen mit sich und der Welt und damit die innere Einheit der Person, die in der Literatur der Moderne zerbrochen ist. Allerdings findet auch Eichendorffs Ich diese Harmonie nicht in der menschlichen Gesellschaft, sondern fernab von ihr, in der Natur, in der Nacht und sogar jenseits der Realität. Zu den Merkmalen romantischer Lyrik gehören auch die Ausdehnung ins Unendliche (V. 3) und Religiöse (V. 11 f.), womit das Gedicht seinen Höhe- und Schlusspunkt erreicht. Mit dem Sehen und Hören sprechen beide Gedichte unterschiedliche Sinne an, aber bei Eichendorff erweitert sich dadurch die Wahrnehmung, bei Bachmann verengt sie sich. Die Eindrücke beleben dort das Gefühl, mit dem das Ich alles ganzheitlich erfasst; dagegen sind Feststellungen und Fragen hier Ausdruck der Erkenntnis, dass mit der Natur auch die Richtschnur für Leben und Handeln fehlt. Die aneinandergereihten, lapidaren, kaum verbundenen Aussagen kennzeichnen die Lyrik in der zweiten Hälfte des 20. Jahrhunderts. Sie entsprechen einem Lebensgefühl, das von technischer und ökonomischer Rationalität geprägt ist und die Menschen in die Vereinzelung treibt. Die Natur wird nur noch unter dem Gesichtspunkt des Nutzens gesehen, ausgebeutet und ihres Eigenwerts beraubt, an dem sich Eichendorffs Subjekt begeistert. Die Menschen haben sich von ihr entfremdet, sodass keine Gefühle mehr für sie aufkommen. Angesichts ihrer Gefährdung entstehen aber auch Bewegungen, die sie schützen wollen. Auf solche Kreise wirkt der Enthusiasmus in Eichendorffs Gedicht jedoch eher befremdlich. Ihr Anliegen, die natürliche Umwelt mit ihren Arten und Formen zu achten und zu erhalten, tragen sie sachlich, manchmal auch emotional oder provokativ, selten aber poetisch vor. Jenseits solcher Überlegungen zum gegenwärtigen Umgang mit der Natur zeigen die beiden Gedichte, wie unterschiedliche Stimmungen und Befindlichkeiten in Naturbildern dargestellt werden können.

Gesichtspunkte für die Interpretation von Lyrik

Bei der Interpretation von Naturgedichten können Sie Aspekte berücksichtigen, wie sie in der folgenden Tabelle enthalten sind.
Diese helfen Ihnen, Zugänge zum Inhalt, zur Sprache und zur Form der oft außerordentlich dichten Texte zu finden und so eine schriftliche Interpretation vorzubereiten.
Versuchen Sie Wechselwirkungen zwischen inhaltlichen und formalen Gesichtspunkten zu erkennen, indem Sie diese aufeinander beziehen.

Inhalt	Sprache und Form
Überschrift	
Gliederung	Vers-, Reim-, Strophen- und Gedichtform
Raum/Umgebung/Ort und Zeit	(oder Verzicht darauf)
Naturbereich (belebt/unbelebt, Tages-/Jahreszeit)	
Geschehen – Situation – Empfindung – Reflexion	Wortfelder, semantische Bereiche, Schlüsselwörter, ungewöhnliche Bezeichnungen
Erlebnis-, Stimmungs- oder Gedankenlyrik	
abstrakt oder konkret[1]	Vokabular (Substantive, Verben, Adjektive)
Entwicklung oder Statik	Zeitform (gegenwarts-, vergangenheits- oder zukunftsbezogen)
Veränderung oder Beharrung	Übereinstimmung von Satz- und Versstruktur oder Enjambements
Bewegung oder Ruhe	
Gegensätze oder Harmonie	
Glück oder Schmerz	Verhältnis Ich/Natur
Sehnsucht oder Erfüllung	Bilder (Vergleiche, Metaphern, Symbole, Personifizierungen)
Begeisterung oder Befremden	
Nähe zur Natur oder Ferne von ihr	Farben, Laute
Einsamkeit/Abwesenheit oder Gemeinschaft	Klangformen (Assonanzen, Alliterationen)
selbst- oder naturbezogen	Wiederholungen
Äußerlichkeiten oder inneres Befinden	rhetorische Figuren
Zukunftsperspektive oder Hoffnungslosigkeit	Satzarten und -muster
Beobachtung oder Teilnahme	Sprachebene
Klarheit oder Irritation	Abweichungen von der Sprachnorm (Neologismen, Inversionen)
religiöse oder neutrale Haltung	
Natur und Dichtung	
Anspielungen (Beziehungen, Gesellschaft)	
Berücksichtigung mehrerer Deutungsebenen	
Hinweise auf Biografie und Epoche	

---

[1] Mit „oder" verbundene gegensätzliche Begriffe sollen nicht zu der falschen Einstellung führen, dass für ein Gedicht immer nur einer in Frage kommt. Vielmehr können durchaus beide Seiten in ihm angelegt sein.

Lyrische Formen mit Übungen

1. Lesen Sie die Hinweise und Beschreibungen zu Versmaßen, Vers-, Reim-, Strophen- und Gedichtformen.
2. Markieren Sie in den Verspaaren zuerst die betonten, dann die unbetonten Silben. Bestimmen Sie dann das Versmaß und die Versform.
Orden Sie den Textbeispielen ihre Beschreibungen/Begriffe zu (durch Linien oder gleiche Farben).

Begriffe

Vers und Versmaße

Vers	abgegrenzte und durch die regelmäßige Silbenfolge gegliederte Zeile; Form und Gestaltungsmittel dichterischer Sprache. Herkunft: lat. versus: Umkehr, Wende des Pflugs; Furchen- , Zeilenpaar
Jambus (Pl. Jamben)	unbetonte (Senkung, x) und betonte (Hebung, X) Silbe als Einheit (Takt, Versfuß) zur Gliederung von Versen: xX
Trochäus (Pl. Trochäen)	metrische Einheit aus einer betonten und einer unbetonten Silbe: Xx
Daktylus (Pl. Daktylen)	metrische Einheit aus einer betonten und zwei unbetonten Silben: Xxx

Enjambement (Zeilensprung, -bruch)
Vers- und Satzstruktur decken sich nicht; das Satzgefüge dehnt sich über das Versende hinaus aus.

Reimformen

Paarreim	aabb
Kreuzreim	abab
umarmender Reim	abba
schweifender Reim	aabccb
Binnenreim	Reim innerhalb eines Verses
Waise	reimloser Vers in einer Strophe mit Endreimen

stumpfe/männliche Kadenz	einsilbiges, betontes Reimwort (weit/schreit)
klingende/weibliche Kadenz	Reimwort aus einer betonten und einer unbetonten Silbe (Speise/Reise)

Versform

Alexandriner	Zeile aus sechs Jamben mit Zäsur in der Mitte
Distichon	sechshebige Verspaare aus Daktylen oder manchmal auch Trochäen. Bei der Zäsur des zweiten Verses, dem sog. Pentameter, stoßen zwei Hebungen aufeinander.

Strophenformen

Volksliedstrophe	vier Volksliedzeilen mit drei oder vier Hebungen und dem Kreuzreimschema abab mit abwechselnd weiblichen und männlichen Kadenzen
Terzine	italienische Strophenform aus drei Versen in fünfhebigen Jamben mit weiblichen Kadenzen und übergreifender Reimbindung aba/bcb/cdc/ ...

Stanze	italienische Strophenform aus acht Versen mit elf Silben/fünfhebigen Jamben, abwechselnd weiblichen und männlichen Kadenzen und einer strengen Reimform abababcc (zwei Terzinen mit abschließendem Reimpaar)

Gedichtform

Sonett	Gedicht aus zwei vierzeiligen Quartetten (Aufgesang mit dem Reimschema abba abba) und zwei dreizeiligen Terzetten (Abgesang mit dem Reimschema cdc dcd, das variiert werden kann)

Übungen

Die Lerche schwingt sich in die Luft,
Das Täublein fliegt aus seiner Kluft
Paul Gerhardt: Geh aus, mein Herz

dreihebiger Trochäus

Aber jugendlich immer, in immer veränderter Schöne
Ehrst du, fromme Natur, züchtig das alte Gesetz.
Friedrich Schiller: Der Spaziergang

vierhebiger Tochäus

Die ewig helle Schar will nun ihr Licht verschließen,
Diane steht erblasst; die Morgenröte lacht
[...]
Andreas Gryphius: Morgensonett

fünfhebiger Jambus

Der Mond ist aufgegangen
Die güldnen Sternlein prangen
Matthias Claudius

vierhebiger Jambus

Bunt sind schon die Wälder;
Gelb die Stoppelfelder
Johann Gaudenz von Salis-Seewis

zweihebiger Jambus

Dämmrung senkte sich von oben,
Schon ist alle Nähe fern;
Johann Wolfgang von Goethe

Distichon

O Mond, du bist mir wie ein später Freund,
Der seine Jugend dem Verarmten eint
Annette von Droste-Hülshoff: Mondesaufgang

Alexandriner

Sommermittag auf dem Hochwald brütet,
Aber auf der Lichtung treu behütet
Christian Wagner: Auf der Lichtung

dreihebiger Jambus

Ich ging im Walde
So für mich hin,
Johann Wolfgang von Goethe

fünfhebiger Trochäus

Rhetorische Figuren

Die folgende Liste soll nicht dazu dienen, dass die Schülerinnen und Schüler jede einzelne Eintragung auswendig lernen, sondern vielmehr das Verständnis für die Gestaltungsmöglichkeiten der Sprache jenseits der grammatischen Regeln fördern. Um die Figuren übersichtlicher darzustellen und ihre Zielrichtung zu verdeutlichen, sind sie in Gruppen zusammengefasst. Dabei lassen sich Überschneidungen oder umstrittene Zuordnungen nicht vermeiden. Ergiebige und kompetente Informationen über Begriffe und Definitionen liefern das Metzler-Literatur-Lexikon, hrsg. von Günther u. Irmgard Schweikle. 2., überarb. Aufl. Stuttgart 1990, und Uwe Spörl: Basislexikon Literaturwissenschaft. 2., durchges. Aufl. Paderborn: Schöningh (UTB) 2006.
Die Beispiele stammen aus Gedichten in diesem Unterrichtsmodell.

1. Wortfiguren (wiederholte, variierte oder neu geschaffene Wörter oder Wortfolgen)

Akkumulation (Häufung)	Aneinanderreihung von Wörtern, die zu einem Oberbegriff gehören	Sie [die Lotosblume] duftet und weinet und zittert
Amplifikatio (Erweiterung)	kunstvolle Aufschwellung einer Aussage über das Nötige hinaus	Ein/weites, schütteres,/lichtwühlig, lichtblendig, lichtwogig/zitterndes/Weiß
Epiphrasis (Nachsatz)	Fortsetzung eines abgeschlossenen Satzes zur Steigerung oder Verdeutlichung	O löst mir das Rätsel des Lebens, Das qualvoll uralte Rätsel
Figura etymologica	Spiel mit der Bedeutung von Wörtern des gleichen Stamms	Ewig muss die liebste Liebe darben, Was wir lieben, ist ein Schatten nur
Klimax (Steigleiter)	Eine Reihe von Wörtern oder Sätzen bringt eine Steigerung zum Ausdruck.	Wie viele, so verwundet, welkten, starben!
Neologismus	neu gebildetes Wort	Blumenwürzgeruch

2. grammatische Figuren (Satzbaumuster, Abweichungen vom üblichen Wortlaut oder Satzbau)

Aposiopese (Verstummen)	Abbruch der Rede vor der entscheidenden Aussage	Blüten kann man noch mit Schnee vergleichen,/ doch den Schnee ...
Asyndeton	Reihe gleichgeordneter Wörter, Wortgruppen oder Sätze ohne verbindende Konjunktion	Die Höhl, der raue Wald, der Totenkopf, der Stein / [...] Entwerfen in dem Mut unzählige Gedanken.
Chiasmus (Überkreuzstellung)	vertauschte Stellung gleicher Satzglieder in aufeinander folgenden Satzgefügen	Schöne Frühlingskinder, lächelt, Jauchzet, Blumen in dem Hain!
Ellipse (Auslassung)	unvollständiger Satz	Dünnbesiedelt das Land.
Exclamatio (Aufschrei)	Umwandlung einer Aussage in einen Ausruf	O Schöpfer! Was ich seh, sind deiner Allmacht Werke!
Hendiadyoin (eins durch zwei)	Verstärkung eines Begriffs durch zwei gleichwertige, mit *und* verbundene Wörter, meist Substantive	Ohne Rast und Ruh

Hypotaxe (Unterordnung)	Nebensatzgefüge	Der Geist, der alles weiß/Und doch so unwirsch, jünglingheiß/Sich martert, anklagt und sich schlägt,/Das Meer, sich zu befrein, bewegt
Inversion (Umkehrung)	Die übliche Reihenfolge der Satzglieder wird verändert.	Denn die warme Zeit wir bringen.
Parataxe (Beiordnung)	Hauptsätze folgen aufeinander.	Und nun schweigen sie [die Gewitterwinde]. Langsam wandelt/Die schwarze Wolke.
Parenthese (Einschub)	Einfügung eines selbstständigen, von Gedankenstrichen, Klammern oder Kommas begrenzten Satzes in einen anderen	Um mein Land, doch wo ist es? bin ich betrogen.
rhetorische Frage	Umwandlung einer Aussage in eine Frage	Tage der Wonne, Kommt ihr so bald?

3. Sinnfiguren (innere Organisation einer Aussage mit dem Ziel der semantischen Erweiterung oder Verdeutlichung)

Antithese (Gegen-Satz)	Verbindung gegensätzlicher Gedanken oder Begriffe	Lang ist die Liebe, doch nur kurz das Leben.
Apostrophe (Abwendung)	Anrede von Personen oder Dingen	Aus den Gärten komm ich zu euch, ihr Söhne des Berges!
Epitheton (Beiwort)	einem Substantiv oder Namen beigefügtes Adjektiv oder Partizip	bläuliche Frische
Interjektion (Einwurf)	in einen Satzzusammenhang eingeschobener Einwurf	Und euch betauen, ach!/Aus diesen Augen/ […] Vollschwellende Tränen
Oxymoron	Verbindung zweier sich widersprechender Begriffe	mit freud'gem Schrecken
Paradoxon (Unerwartetes)	Eine scheinbar widersinnige Aussage erweist sich als sinnvoll.	In den Bäumen kann ich keine Bäume mehr sehen.

4. Klangfiguren (Wirkung durch die akustische Gestalt eines Satzes)

Assonanz (Gleichklang)	übereinstimmende Vokale in zwei oder mehreren benachbarten Wörtern, oft am Versende	von ottern und robben
Alliteration	gleicher betonter Anlaut zweier oder mehrerer Wörter in unmittelbarer Nähe	Wind würgt den Wald.
Anapher (Wiederaufnahme)	Mehrere Satzteile oder Sätze fangen mit demselben Wort oder derselben Wortgruppe an.	Tot ist nun, die mich erzog und stillte, Tot ist nun die jugendliche Welt
Epipher (Zugabe)	Mehrere Satzteile oder Sätze hören mit demselben Wort oder derselben Wortgruppe auf.	Immer herrlicher offenbarst du dich! Immer dunkler wird die Nacht um dich, […]

Parallelismus	In aufeinander folgenden Sätzen sind die Satzglieder in gleicher Weise angeordnet.	Winter wandelt sich in Maie, Schnee verwandelt sich in Blüten
Repetitio (Wiederholung)		Muscheln, Muscheln, blank und bunt, findet man als Kind

5. Bildfiguren/Tropen (uneigentliche Rede, oft durch bildliche Übertragung)

Hyperbel	Übertreibung	Sie [die Rose] siehet tausend Blütensterne sprießen
Ironie (Verstellung)	Das Gegenteil des Gesagten ist gemeint.	Schön ist's, in des Tränenberges Lüften Bäume sehn in in silberweißen Düften
Litotes	Untertreibung durch Verneinung des Gegenteils	Wie auf nicht festem Grund all unser Hoffen steh
Metapher (Übertragung)	Ein Wort aus einem anderen Bedeutungszusammenhang ersetzt das eigentlich gemeinte.	die blauen Frühlingsaugen [für Veilchen]
Metonyme/ Synekdoche	Ersetzung eines Begriffs durch einen engeren oder weiteren desselben Bedeutungsfeldes/einen Ausdruck, der in sachlicher Beziehung zu ihm steht	die Herzschrittmacher, die emsig die Wanderwege hinauftickern
Periphrase	Umschreibung einer Person, einer Sache oder eines Begriffs durch kennzeichnende Tätigkeiten, Eigenschaften oder Wirkungen	der schöne Fremdling [Schmetterling]
Personifikation	Pflanzen, Tieren, Dingen oder abstrakten Begriffen werden menschliche Eigenschaften zugeschrieben.	Die frühe Morgenröte lacht
Symbol	Ein konkreter Gegenstand verweist auf einen allgemeinen Sinnzusammenhang.	Und unter ihm [Jehova] neigt sich der Bogen des Friedens [der Regenbogen]!
Synästhesie	Vermischung unterschiedlicher Sinneswahrnehmungen	braunes Knallen
Vergleich	Zwei Vorstellungen aus unterschiedlichen Bedeutungszusammenhängen werden ausdrücklich – durch „wie", „als ob" – zueinander in Beziehung gesetzt.	Einer Insel gleich trieb sie [die Erde] im Winde.

Handlungs- und produktionsorientierte Formen des Lyrikunterrichts

[...]

2. Aktives und produktives Lesen – teilweise veränderter – Gedichte

Aktives Hören und Sehen eines Gedichts
Rezitationen der Lehrkraft und/oder von Tonträgern; ggf. Illustrationen oder Verfilmungen zu einem Gedicht (z. B. [...] Gedichte aus dem Film POEM von Ralf Schmerberg, D 2003 [...])

Aktives Lesen
Erprobung verschiedener Vortragsweisen, Unterstreichen von Passagen, kommentierendes Lesen, Lesen mit verteilten Rollen [...]

Antizipierendes Lesen
Vermutungen zu Überschriften und teilweise rezipierten Gedichten

Rekonstruierendes Lesen
Wiederherstellen von zerschnittenen Gedichten, Ergänzen von weggelassenen Textteilen (z. B. End- oder Binnenreimwörter, Metaphern, Überschriften), Rekonstruktion zweier vermischter Gedichte, Wiederherstellen von Gedichten mit aufgehobener Zeilenstrukturierung („Prosafassung") etc.

3. Produktive Konkretisation literarischer Texte

Darstellende Konkretisation
Szenische Kontextualisierung und Interpretation eines Gedichtes, Gestaltung lebender Bilder zu einem Gedicht (Standbilder), Erstellen von Text-Bild-Collagen, musikalische Darbietung

Visuelle Konkretisation
Illustrieren von Kernstellen, Umsetzen in einen Comic (bei Balladen und Erzählgedichten); Herstellen eines passenden Videoclips [...], Umsetzen in Visuelle Poesie (ggf. unter Verwendung der Textverarbeitung [...]), Gestalten einer multimedialen Präsentation für PC mit MS-PowerPoint [...]

Konkretisation des lyrischen Ichs
Schreiben einer Rollenbiografie, Verfassen von fiktiven Briefen

Gedichte vergleichen
Selbstständige Beobachtung von Besonderheiten, wobei Vergleichstexte auch von den Schüler/-innen gesucht werden. Mögliche Gesichtspunkte: Themen und Motive, poetologische Aspekte, Entstehungsgeschichte (Fassungsvergleich), historische Kontexte (z. B. [Liebes]gedichte aus verschiedenen Epochen, Strömungen), literarische Qualität (Wertung)

4. Produktive Veränderung literarischer Texte

Parallelgedicht schreiben
Verfassen eines Gedichts nach dem Gestaltungsschema des gelesenen Textes

Veränderung der Textsorte
[...]Umschreiben eines [Gedichts] in einen Schlagertext etc.

Verändern sprachlich-stilistischer Gegebenheiten
Austausch bzw. Entfernen von Wörtern (Metaphern, Vergleichen, Reimschemata) und Erprobung der dadurch veränderten Wirkung

Verändern des Aufbaus
Umstellen der Strophen

5. Produktive Auseinandersetzung mit literarischen Texten

Produktive literarische Erörterung
Kommentierende Gestaltung, besonders geeignet für Textverarbeitungs- und Hypertextprogramme

Produktive Gesamtdarstellung der Auseinandersetzung mit einem Text
Erstellen einer Wandzeitung; Gestalten von Internetseiten, einer Literaturzeitung oder einer Gedichtanthologie; Erstellen eines Plakats zum Autor; Verfassen einer Empfehlung ...

Nachproduktion
Verfassen von eigenen Gedichten bei Verwendung der Gattung, des Stils, der Motive des Ursprungstextes; Gegentexte verfassen (z. B. aus einem schönen Naturgedicht ein Gedicht zur Umweltzerstörung machen).

Aus: Ulf Abraham, Matthis Kepser: Literaturdidaktik Deutsch. Eine Einführung. 3. neu bearb. und erw. Aufl. Berlin: Erich Schmidt, 2009, S. 156–159.

Am Meer

1. Beschreiben Sie die Fotografie.
2. Schreiben Sie in einigen Sätzen auf, was dem Mann durch den Kopf geht.

Hymnen auf die Schöpfung, und die Sonne und die Augen

Ermitteln Sie Bezüge zwischen den folgenden Gedichten und Ingeborg Bachmanns Sonnenhymne auf dem Arbeitsblatt 24.

Johann Wolfgang von Goethe
Ein zahmes Xenion (aus dem III. Buch)

Wär nicht das Auge sonnenhaft,
Die Sonne könnt es nie erblicken;
Läg nicht in uns des Gottes eigne Kraft,
Wie könnt uns Göttliches entzücken?
                            1822/23

In: Goethe. Berliner Ausgabe. Bd. 1: Gedichte. 3. Aufl. Berlin und Weimar: Aufbau-Verlag 1976, S. 667.

Johann Wolfgang von Goethe
Faust I: Prolog im Himmel (V. 243–286)

*Der Herr. Die himmlischen Heerscharen.
Nachher Mephistopheles.*

Die drei Erzengel treten vor.

RAPHAEL: Die Sonne tönt nach alter Weise
   In Brudersphären Wettgesang,
245 Und ihre vorgeschriebne Reise
   Vollendet sie mit Donnergang.
   Ihr Anblick gibt den Engeln Stärke,
   Wenn keiner sie ergründen mag;
   Die unbegreiflich hohen Werke
250 Sind herrlich wie am ersten Tag.
GABRIEL: Und schnell und unbegreiflich schnelle
   Dreht sich umher der Erde Pracht;
   Es wechselt Paradieseshelle
   Mit tiefer, schauervoller Nacht;
255 Es schäumt das Meer in breiten Flüssen
   Am tiefen Grund der Felsen auf,
   Und Fels und Meer wird fortgerissen
   In ewig schnellem Sphärenlauf.
MICHAEL: Und Stürme brausen um die Wette,
260 Vom Meer aufs Land, vom Land aufs Meer,
   Und bilden wütend eine Kette
   Der tiefsten Wirkung ringsumher.
   Da flammt ein blitzendes Verheeren
   Dem Pfade vor des Donnerschlags;
265 Doch deine Boten, Herr, verehren
   Das sanfte Wandeln deines Tags.
ZU DREI: Der Anblick gibt den Engeln Stärke,
   Da keiner dich ergründen mag,
   Und alle deine hohen Werke
270 Sind herrlich wie am ersten Tag.

MEPHISTOPHELES:
   Da du, o Herr, dich einmal wieder nahst
   Und fragst, wie alles sich bei uns befinde,
   Und du mich sonst gewöhnlich gerne sahst,
   So siehst du mich auch unter dem Gesinde.
275 Verzeih, ich kann nicht hohe Worte machen,
   Und wenn mich auch der ganze Kreis verhöhnt;
   Mein Pathos brächte dich gewiss zum Lachen,
   Hättst du dir nicht das Lachen abgewöhnt.
   Von Sonn' und Welten weiß ich nichts zu sagen,
280 Ich sehe nur, wie sich die Menschen plagen.
   Der kleine Gott der Welt bleibt stets von gleichem
                            Schlag
   Und ist so wunderlich als wie am ersten Tag.
   Ein wenig besser würd er leben,
   Hättst du ihm nicht den Schein des Himmelslichts
                            gegeben;
285 Er nennt's Vernunft und braucht's allein,
   Nur tierischer als jedes Tier zu sein.

Ebd. Bd. 8. 2. Aufl.1973, S. 156f.

Faust II: Türmerlied (5. Akt, V. 11288–11303)

Tiefe Nacht
LYNKEUS DER TÜRMER
   auf der Schlosswarte, singend:
   Zum Sehen geboren,
   Zum Schauen bestellt,
11290 Dem Turme geschworen,
   Gefällt mir die Welt.
   Ich blick in die Ferne,
   Ich seh in der Näh
   Den Mond und die Sterne,
11295 Den Wald und das Reh.
   So seh ich in allen
   Die ewige Zier,
   Und wie mir's gefallen,
   Gefall ich auch mir.
11300 Ihr glücklichen Augen,
   Was je ihr gesehn,
   Es sei, wie es wolle,
   Es war doch so schön!

Ebd., S. 519.

Gottfried Keller
Abendlied (1883)

Augen, meine lieben Fensterlein,
Gebt mir schon so lange holden Schein,
Lasset freundlich Bild um Bild herein:
Einmal werdet ihr verdunkelt sein!

5 Fallen einst die müden Lider zu,
Löscht ihr aus, dann hat die Seele Ruh;
Tastend streift sie ab die Wanderschuh,
Legt sich auch in ihre finstre Truh.

Noch zwei Fünklein sieht sie glimmend stehn,
10 Wie zwei Sternlein innerlich zu sehn,
Bis sie schwanken und dann auch vergehn,
Wie von eines Falters Flügelwehn.

Doch noch wandl ich auf dem Abendfeld,
Nur dem sinkenden Gestirn gesellt;
15 Trinkt, o Augen, was die Wimper hält,
Von dem goldnen Überfluss der Welt!

Conrady, S. 495/G. K.: Sämtliche Werke und ausgewählte Briefe.
Hg. v. C. Heselhaus. 4. Aufl. Bd. 3. München: Hanser 1979.

Friedrich Hölderlin

Geh unter, schöne Sonne, sie achteten
   Nur wenig dein, sie kannten dich, Heil'ge, nicht,
     Denn mühelos und stille bist du
       Über den Mühsamen aufgegangen.

5 Mir gehst du freundlich unter und auf, o Licht!
   Und wohl erkennt mein Auge dich, Herrliches!
     Denn göttlich stille ehren lernt ich,
       Da Diotima den Sinn mir heilte.

O du des Himmels Botin! wie lauscht ich dir!
10   Dir, Diotima! Liebe! wie sah von dir
     Zum goldnen Tage dieses Auge
       Glänzend und dankend empor. Da rauschten

Lebendiger die Quellen, es atmeten
   Der dunkeln Erde Blüten mich liebend an,
15   Und lächelnd über Silberwolken
      Neigte sich segnend herab der Äther.

F. H.: Sämtliche Werke und Briefe. Erster Band. Hrsg. v. Günter Mieth. München:
Hanser 1970, S. 260.

Johann Christian Friedrich Hölderlin (1770–1843), geboren in Lauffen/Neckar, aufgewachsen in Nürtingen; 1788–93 Theologiestudium in Tübingen ohne Neigung zum Pfarrerberuf; befreundet mit den später bekannten Philosophen Schelling und Hegel; unstetes Leben als Hauslehrer; tiefe Liebesgefühle zu „Diotima" Susette Gontard, der Gattin eines Frankfurter Bankiers, um dessen Kinder er sich kümmerte; nach dem Bruch Verstörung und Geisteskrankheit. Seine anspruchsvolle Lyrik und der Briefroman *Hyperion* suchen Orientierung in der griechischen Antike.

Bildvergleich

1. Vergleichen Sie die beiden Bilder und versuchen Sie, die Veränderungen zu erklären.

2. Wie beurteilen Sie die Veränderungen?

Kompetenzentwicklung durch den Interpretationsaufsatz

Die Schülerinnen und Schüler erwerben bei den Vorbereitungen und beim Verfassen eines Interpretationsaufsatzes folgende Kompetenzen nach den einheitlichen Bildungsstandards im Fach Deutsch für die Allgemeine Hochschulreife (Beschluss der Kultusministerkonferenz vom 18.10.2012)[1].

Domänenspezifischer Kompetenzbereich „Sich mit literarischen Texten auseinandersetzen" innerhalb des Kompetenzbereichs „Sich mit Texten und Medien auseinandersetzen"
Die Schülerinnen und Schüler können
- Inhalt, Aufbau und sprachliche Gestaltung literarischer Texte analysieren, Sinnzusammenhänge zwischen einzelnen Einheiten dieser Texte herstellen und sie als Geflechte innerer Bezüge und Abhängigkeiten erfassen
- eigenständig ein Textverständnis formulieren [...] und auf der Basis eigener Analyseergebnisse begründen
- ihr Textverständnis argumentativ durch gattungspoetologische und literaturgeschichtliche Kenntnisse über die Literaturepochen von der Aufklärung bis zur Gegenwart stützen
- relevante Motive, Themen und Strukturen literarischer Schriften [...] vergleichen und in ihre Texterschließung einbeziehen
- Mehrdeutigkeit als konstitutives Mittel literarischer Texte nachweisen
- diachrone und synchrone Zusammenhänge zwischen literarischen Texten ermitteln und Bezüge zu weiteren Kontexten herstellen

Prozessspezifischer Kompetenzbereich „Schreiben"
Die Schülerinnen und Schüler können
- Texte orthografisch und grammatisch korrekt sowie fachsprachlich präzise, prägnant und stilistisch angemessen verfassen
- anspruchsvolle Aufgabenstellungen in konkrete Schreibziele und Schreibpläne überführen und komplexe Texte unter Beachtung von Textkonventionen eigenständig [...] strukturieren [...]
- Textbelege und andere Quellen korrekt zitieren bzw. paraphrasieren
- Aufbau, inhaltlichen Zusammenhang und sprachlich-stilistische Merkmale eines Textes selbstständig fachgerecht beschreiben
- Schlussfolgerungen aus ihren Analysen, Vergleichen oder Diskussionen von Sachverhalten und Texten ziehen und die Ergebnisse in kohärenter Weise darstellen
- eigene Interpretationsansätze zu literarischen Texten entwickeln und diese argumentativ-erklärend darstellen, auch unter Berücksichtigung von Ideengehalt, gattungs- und epochenspezifischen Merkmalen sowie literaturtheoretischen Ansätzen
- bei der Auseinandersetzung mit Texten deren historische, kulturelle, philosophische, politische oder weltanschauliche Bezüge, auch in ihrer Relevanz für die Arbeitswelt, verdeutlichen

Prozessspezifischer Kompetenzbereich „Lesen"
Die Schülerinnen und Schüler können
- den komplexen Zusammenhang zwischen Teilaspekten und dem Textganzen erschließen
- aus anspruchsvollen Aufgabenstellungen angemessene Leseziele ableiten und diese für die Textrezeption nutzen
- im Leseprozess ihre auf unterschiedlichen Interpretations- und Analyseverfahren beruhenden Verstehensentwürfe überprüfen
- die Einsicht in die Vorläufigkeit ihrer Verstehensentwürfe zur kontinuierlichen Überarbeitung ihrer Hypothesen nutzen
- Verstehensbarrieren identifizieren und sie zum Anlass eines textnahen Lesens nehmen
- Kontextwissen heranziehen, um Verstehensbarrieren zu überwinden
- im Leseprozess ihr fachliches Wissen selbstständig zur Erschließung und Nutzung voraussetzungsreicher Texte heranziehen

---

[1] http://www.kmk.org/fileadmin/veroeffentlichungen_beschluesse/2012/2012_10_18-Bildungsstandards-Deutsch-Abi.pdf, S. 61 f.

Bewertungsbogen *Lyrikinterpretation*

Kriterien	Indikatoren	1	2	3	4	5	6	Noten
Sprache								
Ausdruck	treffend, korrekt							unangemessen
	abwechslungsreich							eintönig
Satzbau	variabel							gleichförmig
	korrekt							fehlerhaft
R/Z	kaum Fehler							zahlreiche, gravierende Fehler
Inhalt								
Inhalt und Form	erfasst							nicht erfasst
deutende Erklärungen	vielfältig							eindimensional
	tiefgehend							oberflächlich
	überzeugend							nicht einleuchtend
textanalytische Mittel und Methoden	sicher beherrscht							nicht verwendet
Wechselbeziehung von Inhalt, Sprache und Form	plausibel erläutert							nicht erschlossen
Verbindung von Erkenntnissen im Detail und über den gesamten Text	aufschlussreich							nicht gelungen
Vergleich	Gemeinsamkeiten herausgearbeitet							nicht angestellt
	Unterschiede gegenübergestellt							
(literatur)geschichtliche/ biografische Bezüge	begründet dargelegt							fehlen
Bewertung von Haltungen und literarischer Qualität	begründet							nicht vorhanden
Aufbau	schlüssig geordnet							ungeordnet

Register

Seitenzahlen in normaler Schrift verweisen auf die Arbeitsblätter mit den Gedichten sowie auf die Ausführungen dazu,
kursiv gedruckte Ziffern auf Stellen, an denen die Gedichte oder die Arbeitsblätter, auf denen sie zu finden sind, bloß erwähnt werden.

Überschriften und Anfänge der Gedichte

Abendlied (Gerhardt) 32f., 53, *67f., 101*
Abendlied (Keller) 96f., 244
Abschied 131f., *138,* 145
Adler und Taube 133f., 146
älter als der bischofsstab 40f., 58f., *133,* 208f.
Am Meer, am wüsten, nächtlichen Meer 73–75, 87
An den Mond 36–38, 56, *97, 101,* 224f., 229f.
An die Natur 23–26, 49f., *149,* 225
An die Sonne 93–97, 114f., *196*
An die Wolken 91–93, 112f.
An die Zikade 167–169, 181
Auf der sauber verputzten Friedhofsmauer 158–160, 166
Auf Dionysos 167–169, 181, *201f.*
Augen, meine lieben Fensterlein 96f., 244
Aus dem Leben I 193–195, 214
Aus den Gärten komm ich zu euch 128–130, 144
Bei einem Wirte, wundermild 130, 144
Berg' und Burgen schaun herunter 61f., 81
Betrifft: Erster Schnee 104–106, 119
Bist du der Geist 75–78, 88
Blaue Hortensie 65–67, 83, *123*
chamäleon 40f., 58f., *133,* 208f.
Da ich noch um deinen Schleier spielte 23–26, 49f., *149,* 225
das ende der eulen 198, 205–207, 219
Dem Schwarzwald zu 132f., *138,* 145
Der Abend 33–35, 54, *61, 101,* 208f.
Der Albatros 137f., 147
Der dem Jüngling Kraft im Kampfe 167–169, 181, *201f.*
Der Einsiedler 78–80, 90, *101*
Der junge Westwind 205, 207–209, 219
Der Mond verbirget sich 27f., 51, *68, 71, 101,* 170, 175f.,
Der Morgen *61, 101,* 175f., 187
Der Morgen kam 36, 38f., 57, *101,* 175f.
Der Neckar 177–179, 191
Der Panther 135f., 147
Der Säntis (Sommer) 106f., 120
Der Säntis (Herbst) 109–111, 121
Der verwundete Baum 154–156, 164
Die Aussicht 149f., 161
Die Bäume *131,* 211–213, 221
Die blauen Frühlingsaugen 21f., 46, *61, 123*
Die Eichbäume 128–130, 144
Die Frager vor dem Ozean 75–78, 88

Die Frühlingsfeier 68–71, 84f., *167,* 170
Die Lotosblume ängstigt 62f., 81, *101*
Die Rosen im Garten *123,* 196–198, 216
Die Sonne tönt nach alter Weise 96f., 243
Dünnbesiedelt das Land 107f., 120, *151*
Du gute Linde, schüttle dich 106f., 120
Durchgearbeitete Landschaft 156–160, 165
Ein Adlersjüngling hob die Flügel 133f., 146
Eines Morgens leuchtet es ins Zimmer 104–106, 119
Ein Fichtenbaum steht einsam 63f., 82, *131*
Einkehr 130, 144
Einsamkeit 172–174, 186, *193*
Entfremdung *149,* 226, 231–234
Er weiß dass es eintönig wäre *131,* 211–213, 221
Es ist heiß 126–128, 143, *149*
Espenbaum 35f., 55, *131*
Es fällt ein Stern herunter 63f., 82
Es stehen unbeweglich 62f., 81
Es war, als hätt' der Himmel 97–100, *101,* 116
Ferner Morgen 101–103, 118
Fetter grüne, du Laub 108–111, 121
Fragen 73–75, 87
Fremder Garten 126–128, 143, *149*
Freudig war vor vielen Jahren 177–179, 191
Frisch atmet des Morgens lebendiger Hauch *101,* 175f., 188
Frühling 1938 198–200, *205,* 217
Frühling 1946 202–205, 218
Frühzeitiger Frühling 104f., *108,* 119
Füllest wieder Busch und Tal 36–38, 56, *97, 101,* 224f., 229f.
Gedenken an E. 205, 207–209, 219
Geh unter, schöne Sonne 96f., 244
Herbstgefühl 108–111, 121
Herbsttag 110f., 121
Herr: es ist Zeit 110f., 121
Heute, Ostersonntag früh 198–200, *205,* 217
Hierher, sagen mit Bekannte 154f., 164
Hier in den Mulden *61,* 65–67, 83
Hier sind wir durchgegangen 156–160, 165
Hörst du wie die Brunnen rauschen *101,* 179f. 192
Holde Anemone 202–205, 218
Ich hab in kalten Wintertagen 193–195, 214
ich spreche von euerm nicht 198, 205–207, 219
Ich weiß doch *131,* 209–211, 220

Ihr Zuschauenden 202f., 218
Im Grase 151–154, 163
Immer sind es Bäume *131*, 211–213, 221
Immer zu benennen 27, 30f., 52, *67*
Im Nebel 91f., 112f.
Im Sommer 107f., 120, *151*
In deinen Tälern wachte mein Herz mir auf 177–179, 191
In den Bäumen *149*, 226, 231–234
In dieser Einsamkeit 172–174, 186, *193*
In eines Armen Gärtchen *61*, 123f., 126, *133*, 142
Juni 27–30, 52
Kein Himmel. Nur Gewölk ringsum 138–140, 148
Komm Trost der Nacht, o Nachtigall 78–80, 89, *101*
Komm' Trost der Welt, du stille Nacht 78–80, 90, *101*
Landschaft bei Dormagen 158–160, 166
Landschaft der Seele 138–140, 148
Lange bevor/Wir uns stürzten 149–152, 162
Lasst mich in Gras und Blumen liegen 151–154, 163
Lebloser Klotz 98–100, *101*, 116
Lied des Einsiedlers 78–80, 89, *101*
Lobe den HERRN, meine Seele 169f., 182
Mählich durchbrechende Sonne 97, 194–196, 215
Meine Blumen 23–25, 47f., *61*, *123*
Möwenflug 73–75, 87, *133*
Möwen sah um einen Felsen kreisen 73–75, 87, *133*
Mondnacht 97–100, *101*, 116
Morgenfantasie *101*, 175f., 188
Morgengedanken 27f., 51, *68*, 71, *101*, 170, 175f.
 Muget ir schouwen *61*, 170f., 183f.
Muscheln, Muscheln 21f., 46
Nacht 100f., 103, 117
Natur 154f., 164
Neue Naturdichtung *131*, 211–213, 221
Nicht essbar, doch voll braunem Knallen 21f., 46
Niemand knetet uns wieder 71–73, 86, *123*, 170
Notturno 41–44, 60f., *101*
Nun ruhen alle Wälder 32f., 53, *67*f., *101*
Nun stemmt sich nach dem Breisgau 139f., 148, 208f.
Oft kommt es dass das Schiffsvolk 137f., 147
O Täler weit, o Höhen 131f., *138*, 145
Parabase 177–179, 191
Prall hängen überall die Preiselbeeren 200–202, 217
Psalm (Celan) 71–73, 86, *123*, 170
Psalmen des Alten Testaments 69f., 85, 169f., 182

Rose und Schmetterling *61*, 123–126, *133*, 142
Russischer Herbst 200–202, 217
Schlechte Laune vor reizvoller Landschaft 139f., 148, 208f.
Schlechte Zeit für Lyrik *131*, 209–211, 220
Schneeglöckchen 21f., 46, *123*
Schöne Frühlingskinder, lächelt 23–25, 47f., *61*, *123*
Schöner als der beachtliche Mond 93–97, 114f., *196*
Schönes, grünes, weiches Gras 97, 194–196, 215
Schön ist's, von des Tränenberges Höhen 149f., 161
Schön wie niemals sah ich jüngst die Erde 27–30, 52
Sein Blick ist vom Vorübergehn der Stäbe 135f., 147
Selektion 126f., 143
Selig preis ich dich Zikade 167–169, 181
Seltsam, im Nebel zu wandern 91f., 112f.
Sie haben mit dem Beile 154–156, 164
Sommer *61*, 65–67, 83
So wie das letzte Grün in Farbentiegeln 65–67, 83, *123*
Stimmen der Nacht *101*, 226, 231–234
'S war doch wie ein leises Singen 21f., 46, *123*
Tage der Wonne 104f., *108*, 119
Über das Frühjahr 149–152, 162
Und immer wieder 91–93, 112f.
Und wie ich abends quer hinan 33–35, 54, *61*, *101*, 208f.
Uns lockt die Morgenröte *61*, *101*, 175f., 187
Unter deren Blicken getötet wurde 202f., 218
Unterm weißen Baume sitzend 64f., 82
Wär nicht das Auge sonnenhaft 96f., 243
Weit tiefe, bleiche, stille Felder *101*, 226, 231–234
Welche Unordnung die Rosenblätter 126f., 143
Wende dich, du kleiner Stern 100f., 103, 117
Wenn das weiße Morgenlächeln *61*, 123–126, *133*, 142
Wenn ich an einem schönen Tag 109–111, 121
Wie steht er da vor den Verdunkelungen *123*, 196f., 216
Wilde Kastanie 21f., 46
Wilder Rosenbusch *123*, 196f., 216
Wind würgt den Wald 41–44, 60f., *101*
Zueignung 36, 38f., 57, *101*, 175f.
Zum Sehen geboren 96f., 243

Verfasser/innen

Anakreon 167–169, 181, *201f.*
Ausländer, Rose *61*, 123–126, *131, 133,* 142, 211–213, 221
Bachmann, Ingeborg 93–97, 114f., *149, 196,* 226, 231–234
Baudelaire, Charles 137f., 147
Becher, Johannes R. 132f., *138,* 145
Bobrowski, Johannes 27, 30f., 52, *67*
Borchert, Wolfgang 21f., 46
Braun, Volker 156–160, 165
Brecht, Bertolt *131,*149–152, 162, 198–200, *205,* 209–211, 217, 220
Brentano, Clemens *101,* 179f., 192
Buselmeier, Michael 205, 207–209, 219
Celan, Paul 35f., 55, 71–73, 86, *123, 131,* 170
Donhauser, Michael 33–35, 54, *61, 101,* 208f.
Droste-Hülshoff, Annette von 106f., 109 –111, 120f.,
Eichendorff, Joseph von 21f., 46, 78–80, 90, 97–100, *101,* 116, *123,* 131f., *138,* 145, 226, 231–234
Enzensberger, Hans Magnus 126–128, 143, *149,* 198, 205–207, 219
Fels, Ludwig 154f., 164
Fried, Erich *131,* 211–213, 221
Gerhardt, Paul 32f., 53, *67f., 101*
Goes, Albrecht 138 -140, 148
Goethe, Johann Wolfgang 36–39, 56f., 96f., *101,* 104f., 108 -111, 119, 121, *133f.,* 146, 175–179, 191, 224f., 229f., 243
Goll, Yvan 75–78, 88
Grimmelshausen, Hans Jakob Christoffel von 78–80, 89, *101*
Gryphius, Andreas 172–174, 186, *193*
Hagedorn, Friedrich von *61, 101,* 175f., 187
Haller, Albrecht von 27f., 51, *68, 71, 101,* 170, 175f.

Heine, Heinrich 21f., 46, 61–65, 73–75, 81f., 87, *101, 123, 131*
Herrmann-Neiße, Max 41–44, 60f., *101*
Hesse, Hermann 91f., 112f.
Hölderlin, Friedrich 23–26, 49f., 96f., 128–130, 144, *149,* 177–179, 191, 225, 244
Holz, Arno 97, 194–196, 215
Huchel, Peter 21f., 46
Jentzsch, Bernd *61,* 65–67, 83
Kaléko, Mascha 104–106, 119
Kaschnitz, Marie Luise 27–30, 52
Keller, Gottfried *61,* 100f., 103, 117, 123f., 126, *133,* 142, 193–195, 214, 244
Kerner, Justinus 151–154, 163
Kirsch, Sarah 107f., 120, 126f., 143, *151*
Klopstock 84f., 68–71, *167,* 170
Kunert, Günter 98–100, *101,* 116
Langgässer Elisabeth 202–205, 218
Lenz, Hermann 200–202, 217
Meyer, Conrad Ferdinand 73–75, 87, *133,* 154–156, 164
Morgenstern, Christian 91–93, 112f.
Opitz, Hellmuth 139f., 148, 208f.
Rilke, Rainer Maria 65–67, 83, 110f., 121, *123,* 135f., 147, 196f., 216
Sachs, Nelly 202f., 218
Schacht, Ulrich 101–103, 118
Schiller, Friedrich 23–25, 47f., *61, 101, 123,* 175f., 188
Schreiber, Mathias 158–160, 166
Schubart, Christian Friedrich Daniel 149f., 161
Stadler, Ernst *123,* 196–198, 216
Uhland, Ludwig 130, 144
Wagner, Jan 40f., 58f., *133,* 208f.
Walther von der Vogelweide *61,* 170f., 183f.

Literaturhinweise

Textsammlungen

a) für Schülerinnen und Schüler
Dietrich Bode [Hrsg.]: **Deutsche Naturlyrik**. Eine Auswahl. Stuttgart: Reclam (UB 18944) 2012.

Constanze Neumann [Hrsg.]: Und voll mit wilden Rosen. **Die schönsten Naturgedichte**. Frankfurt am Main: Fischer Taschenbuch 2008.

b) weitere
Der große CONRADY. Das Buch deutscher Gedichte. Von den Anfängen bis zur Gegenwart. Erweiterte Neuausgabe. Ausgewählt und hrsg. v. Karl Otto **Conrady**. Düsseldorf: Artemis & Winkler 2008. © Patmos Verlag.

Andrea Wüstner [Hrsg.]: **Das Meer**. Gedichte. Stuttgart: Reclam (UB 18302) 2005.

Christine Hummel [Hrsg.]: Der weiße Nebel wunderbar. Gedichte. Stuttgart: Reclam (UB 18578) 2008.

Andrea Wüstner [Hrsg.]: In blauer Luft. **Wolkengedichte**. Stuttgart: Reclam (UB 18513) 2008.

Heinke Wunderlich [Hrsg.]: Blumen auf den Weg gestreut. Gedichte. Stuttgart: Reclam (UB 40016) 1993.

Heinke Wunderlich [Hrsg.]: Diese Rose pflück ich Dir. Die schönsten **Rosengedichte**. Stuttgart: Reclam (UB 18101) 2001.

Hartmut Vollmer [Hrsg.]: **Der Wald**. Gedichte. Stuttgart: Reclam (UB 18546) 2008.

Evelyne Polt-Heinzl, Christine Schmidjell [Hrsg.]: Das ABC der Tiere. Gedichte. Stuttgart: Reclam (UB 18441) 2003.

Evelyne Polt-Heinzl, Christine Schmidjell [Hrsg.]: „Alle Vögel sind schon da!". Gedichte. Stuttgart: Reclam (UB 18528) 2008.

Evelyne Polt-Heinzl, Christine Schmidjell [Hrsg.]: Frühlingsgedichte. Sommergedichte. Herbstgedichte. Wintergedichte. Stuttgart: Reclam (UB 18104–18107) 2001.

Evelyne Polt-Heinzl, Christine Schmidjell [Hrsg.]: Grüne Gedichte. Stuttgart: Reclam (UB 18927) 2012.

Hermann Peter Piwitt, Susann Henschel [Hrsg.]: Des Wassers Überfluss. Von Brunnen, Quellen und schönen Wassern. Gedichte. Stuttgart: Reclam (UB 18450) 2006.

Wissenschaftliche und didaktische Literatur
Ulrich **Kittstein**: Deutsche Naturlyrik. Ihre Geschichte in Einzelanalysen. Darmstadt: Wissenschaftliche Buchgesellschaft 2009.

Wendy Anne Kopisch: Naturlyrik in Zeiten der ökologischen Krise: Begrifflichkeiten – Rezeption – Kontexte. Kassel: University Press 2012.

Uwe Spörl: Basislexikon Literaturwissenschaft. 2. Aufl. Paderborn: Schöningh 2006.

Wolfgang Beutin u. a.: Deutsche Literaturgeschichte. Von den Anfängen bis zur Gegenwart. 7., erw. Aufl. Stuttgart, Weimar: Metzler und Poeschel 2008.

Wolf Wucherpfennig: Deutsche Literaturgeschichte. Von den Anfängen bis zur Gegenwart. Stuttgart: Klett 2010.

Gudrun Blecken: Naturlyrik vom Mittelalter bis zur Gegenwart. Interpretationen zu wichtigen Werken der Epoche. Hollfeld: Bange Verlag (Königs Erläuterungen) 2012.

Margret und Karlheinz Fingerhut: Naturlyrik. Ein Arbeitsbuch für die Schule. Frankfurt am Main: Dieserweg 1984 (vergriffen).

EinFach Deutsch
Unterrichtsmodelle
Herausgegeben von Johannes Diekhans

Ausgewählte Titel der Reihe:

Unterrichtsmodelle – Klassen 5–7

Michael Ende: Momo
140 S., DIN-A4, kart.   Best.-Nr. 022548

Erich Kästner: Emil und die Detektive
59 S., DIN-A4, kart.   Best.-Nr. 022399

Victor Caspak, Yves Lanois: Die Kurzhosengang
114 S., DIN-A4, kart.   Best.-Nr. 022564

Otfried Preußler: Krabat
131 S., DIN-A4, kart.   Best.-Nr. 022331

Unterrichtsmodelle – Klassen 8–10

Alfred Andersch: Sansibar oder der letzte Grund
167 S., DIN-A4, kart.   Best.-Nr. 022489

John Boyne: Der Junge im gestreiften Pyjama
116 S., DIN-A4, kart.   Best.-Nr. 022510

Charlotte Kerner: Blueprint. Blaupause
118 S., DIN-A4, kart.   Best.-Nr. 022439

Wolfgang Herrndorf: Tschick
111 S., DIN-A4, kart.   Best.-Nr. 022583

Unterrichtsmodelle – Gymnasiale Oberstufe

Barock
152 S., DIN-A4, kart.   Best.-Nr. 022418

Jurek Becker: Jakob der Lügner
165 S., DIN-A4, kart.   Best.-Nr. 022413

Georg Büchner: Lenz. Der Hessische Landbote
141 S., DIN-A4, kart.   Best.-Nr. 022426

Georg Büchner: Woyzeck
115 S., DIN-A4, kart.   Best.-Nr. 022313

Die Lyrik Bertolt Brechts
200 S., DIN-A4, kart.   Best.-Nr. 022488

Wolfgang Koeppen: Tauben im Gras
244 S., DIN-A4, kart.   Best.-Nr. 022458

Thomas Mann: Buddenbrooks
202 S., DIN-A4, kart.   Best.-Nr. 022354

Dramentheorie
186 S., DIN-A4, kart.   Best.-Nr. 022433

Johann Wolfgang von Goethe: Die Leiden des jungen Werthers
128 S., DIN-A4, kart.   Best.-Nr. 022365

Günter Grass: Die Blechtrommel
197 S., DIN-A4, kart.   Best.-Nr. 022374

Franz Kafka: Die Verwandlung. Brief an den Vater NEU
177 S., DIN-A4, kart.   Best.-Nr. 022496

Die Kurzgeschichte auf dem Weg ins 21. Jahrhundert
132 S., DIN-A4, kart.   Best.-Nr. 022396

Liebeslyrik
244 S., DIN-A4, kart.   Best.-Nr. 022381

Literatur seit 1945 – Traditionen und Tendenzen
197 S., DIN-A4, kart.   Best.-Nr. 022386

Naturlyrik
247 S., DIN-A4, kart.   Best.-Nr. 022550

Joseph Roth: Hiob
173 S., DIN-A4, kart.   Best.-Nr. 022556

Rhetorik NEU
163 S., DIN-A4, kart.   Best.-Nr. 022491

Friedrich Schiller: Kabale und Liebe NEU
156 S., DIN-A4, kart.   Best.-Nr. 022561

Sprachursprung – Sprachskepsis – Sprachwandel
274 S., DIN-A4, kart.   Best.-Nr. 022455

Juli Zeh: Corpus Delicti
85 S., DIN-A4, kart.   Best.-Nr. 022557

Das könnte Sie auch interessieren: EinFach...online – Das Klausurenportal

Ausgearbeitete, praxiserprobte Klassenarbeiten und Klausuren für die S I und S II (Mittel- und Oberstufe) im frei zu bearbeitenden Wordformat. Das Angebot umfasst jeweils einen konkreten Vorschlag mit Aufgabenstellung sowie einen individualisierbaren Bewertungsbogen mit Erwartungshorizont, Bewertungsschema und Punkteraster. Die Abgabe erfolgt ausschließlich an Lehrkräfte und Referendare mit entsprechendem Nachweis. Bezug nur über den Onlineshop.

www.schoeningh-schulbuch.de/einfachonline